臺海風雲六十年

大陸如何看待臺灣問題（政策論述篇）

李家泉 著

崧燁文化

臺海風雲六十年：大陸如何看待臺灣問題（政策論述篇）

目 錄

一、歷史縱觀篇

紀念《馬關條約》簽訂一百週年

香港回歸洗刷了我中華民族百年國恥
　　——1997年4月在中共中央黨校某學習班講課提綱之一

繼承孫中山先生遺志，實現中國完全統一
　　——寫在辛亥革命九十週年前夕
　　一、李登輝的「夢」
　　二、陳水扁當政以來
　　三、外國勢力與臺獨
　　四、統一大勢不可違

臺灣光復時期的恢復與發展（1945—1949）

現代臺灣歷史與兩岸關係的幾個片段
　　一、戰後接管臺灣
　　二、美國與臺灣（1）
　　三、美國與臺灣（2）
　　四、「八二三」炮戰
　　五、中國政府對臺政策的發展
　　六、國民黨大陸政策的演變
　　七、臺獨勢力的發展

必須還原歷史真相——抗日戰爭70週年紀念有感

臺灣歷史上先後三次「去中國化」運動

「二二八」事件的三個「是什麼」

臺灣四代領導人及其大陸政策評估

蔣經國生前最後一次政策大調整
　　一、調整的內容
　　二、背景和原因
　　三、四次大教訓
　　四、四個「三角形」

蔣經國去世前夕國民黨領導層的矛盾
　　一、矛盾的焦點
　　二、矛盾的表現
　　三、發展的趨勢

蔣經國和「後蔣經國時代」
　　一、「三個不好」
　　二、「三大難題」
　　三、「三種可能」

李登輝和「後李登輝時代」
　　一、李登輝及其外國影子
　　二、臺灣的「李登輝時代」
　　三、「後李登輝時代」的臺灣

陳水扁和「後陳水扁」時期
　　一、陳水扁當局的主要特點
　　二、問題教訓啟示
　　三、「後陳水扁」時期之展望

一次有關臺灣文獻史料會上的發言

兩岸關係上的科學發展觀

馬英九主政臺灣後兩岸關係新態勢
　　一、馬英九上臺後的「四大變化」
　　二、兩岸關係發展的新機遇和新挑戰
　　三、關於幾個具體問題的看法

結束語
改革開放三十年與臺海形勢
　　　一、和平統一是改革開放政策的要求
　　　二、對臺政策的三次戰略性調整
　　　三、力爭在改革開放中實現和平統一

二、形勢剖析篇
蔣經國晚年的臺灣形勢與三場政治風波
關於海外學者對臺灣問題的一些看法和建議
李登輝「戒急用忍」政策的由來
民進黨執政後的兩岸關係
　　　——參加第九屆海峽兩岸關係學術研討會有感
　　　一、臺灣「變天」後的基本態勢
　　　二、歷史遺留下來的重大難題
　　　三、值得臺當局深思的幾個問題
　　　四、海內外華人的共同願望
從唐飛下臺看臺灣海峽形勢
　　　一、陳水扁主政後的新一輪政治風波
　　　二、唐飛下臺所反映的各種深層矛盾
　　　三、對臺灣政局和兩岸關係走向的估計
陳水扁的「變」與「不變」
　　　兩岸關係上面臨的「困局」
　　　「變」的條件與可能性
　　　「變」也不是那麼簡單
　　　向陳水扁先生進一言
略議當前臺灣政壇的諸種亂象
　　　一、島內的政經形勢不佳

二、政壇出現「文革」現象
　　三、兩岸政經形勢在「逆轉」
　　四、向美、日投懷送抱不會有好處

臺獨也是紙老虎——答《新華網》記者問
　　開場白
　　「公投制憲」：起於私慾，終將幻滅
　　臺灣民意：民心思安，瞭解需時日
　　美國因素：兩面手法，表裡不一
　　中國方略：力爭和平，不懼挑戰
　　結束語

十問陳水扁

兩岸關係中的「四個對立」
　　一、兩種「悲情」的對立
　　二、兩種「方向」的對立
　　三、兩種「和平」的對立
　　四、兩種「緊迫感」的對立
　　作者的結論

陳水扁在聯合國問題上的謬論

逆潮流而動的政治鬧劇

臺灣是不是處在「文革」末期？

民進黨的下滑趨勢與兩岸關係
　　一、民進黨的下滑趨勢
　　二、兩岸關係的新特點
　　三、對於未來的新期待

「三合一」勝選後看國民黨及其未來
　　一、勝選原因及眾人期待
　　二、未來將「任重而道遠」

三、國民黨歷史功過簡評
　　四、兩岸關係和臺灣政黨
從「扁七點」看「廢統」陰謀
從「反貪倒扁」到「北高選舉」
臺灣奈何「統」聲低而「獨」聲高———國民黨與民進黨觀察比較
臺灣北高兩市選舉之我見
陳水扁的新花招———「入聯公投」
　　一、目的所在
　　二、手段毒辣
　　三、應對之策
陳水扁對「國共和解」的逆反心態
「鬧劇演員」陳水扁的最新表演
「胡布會」為何冷漠視扁
一份挑釁性臺獨宣言書
陳水扁所謂「三條件」本質是什麼？
新一屆臺灣「立委」選後的兩岸關係
民進黨的「造反」哲學
　　一、民進黨的「造反」
　　二、人民否定「臺式文革」
　　三、人心思「安」，人心思「和」
　　四、臺灣不能再亂下去
臺灣兩候選人的一場辯論戰
「藏獨」和臺獨遙相策應
民進黨竟然猛打「西藏牌」
馬勝謝敗的意義為何？
敗選後猶念「臺獨經」
就馬英九當選回答媒體幾個問題

春天的燕子真的來了！？
感想與希望——皖臺經濟發展學術研討會上的發言
馬英九面臨的機遇和挑戰
兩岸關係的春天來了
祝「兩岸首航」
臺灣政情觀察芻議
臺灣在北京奧運中的兩種「情」

三、大政方針篇

如何理解「一國兩制」的內涵及特徵
「一國兩制」的基本內容
「一國兩制」的基本特點

「一國兩制」的現實可行性
「一國兩制」完全可行
「一國兩制」比其他方案更可行
「一國兩制」對中國統一最為有利

關於「一國兩制」的幾個問題
發展兩岸關係的主要障礙在哪裡
發展兩岸關係的指導思想問題
何謂「一國」及如何實現的問題
如何保證「兩制」落實的問題
兩岸統一前的「過渡」問題

鄧小平同志關於「和平統一、一國兩制」的基本思想
——在全國對臺系統一次學習班的講課提綱
一、「一國兩制」的形成、發展
二、「一國兩制」的基本內涵
三、「一國兩制」的主要特徵

四、「一國兩制」的理論意義

「一國兩制」可確保臺灣人民權益

一個中國——符合臺灣人民的根本利益

兩制並存——充分考慮了臺灣人民的實際利益

高度自治——旨在讓臺灣人民更好地當家做主

和平協商——可以防止相互間的武力對抗

臺灣當局為何重彈「一國良制」？

所謂「好制度」和「壞制度」

「一國良制」也是「死胡同」

「一國兩制」是歪曲不了的——評「臺灣兩岸關係說明書」

「一國兩制」是歪曲不了的

「一國兩制」最合情合理

兩種不同的理念基礎

還是實事求是些為好

兩岸實現「一國兩制」前怎麼辦？

「一國兩制」構想的成功實踐

香港問題的特殊性

「一國兩制」在香港的實踐

「一國兩制」的理論意義

香港回歸，臺灣何去？——寫於 1997 年 7 月香港回歸前夕

一、全中國人民的殷切期待

二、大局為重必將柳暗花明

三、偏見比無知離真理更遠

四、不可走向人民期待的反面

「一國兩制」果真不適用於臺灣嗎？

一、臺灣當局為何反對「一國兩制」

二、「一國兩制」完全適用於臺灣

三、「一國兩制」對兩岸都有好處

澳門回歸與「一國兩制」
　　一、澳門問題的歷史回顧
　　二、「一國兩制」在澳門
　　三、港澳回歸望臺灣

「一國兩制」的臺灣模式探討
　　——在一次對臺政策學習班上的發言
　　一、「一國兩制」的來龍去脈
　　二、「一國兩制」和它的臺灣模式
　　三、「一國兩制」存在的五個「誤區」
　　四、「一國兩制」是兩岸「雙贏」之路

「錢八條」與「一國兩制」
　　一、「錢八條」包含有哪些內容
　　二、關於「保持政府架構」問題
　　三、臺獨主張者的八個「盲點」

關於對臺實行「一國兩制」及相關問題探討
　　一、傳說中的一個故事
　　二、主要難點之所在
　　三、可探索的思考方向
　　四、對幾個問題的看法

「一國兩制」是兩岸統一的最佳模式
　　——一次內部學習座談會上的發言
　　一、「一國兩制」，適用臺灣
　　二、「一國兩制」，核心「一國」
　　三、「一國兩制」，四大好處
　　四、「三心」高照，前路光明
　　五、三個「可以」，切實可行

香港「一國兩制」對臺灣應有啟示
我看《反分裂國家法》
《反分裂國家法》旨在把我對臺政策「法制化」
　　——在《思想者論壇》會上的發言節錄
　　座談會開場白
　　以民為本的根本體現
　　新階段 新做法
　　新法更具權威性和約束力
　　應予澄清的傳言與「誤區」
　　真正的「時間表」操之在臺灣當局
　　綠營強烈反對摻雜諸多政治因素
　　臺獨高潮已過 開始曲折下降
　　對手的選擇與對待
　　下一步的設想——依靠臺灣人民
以民為本是兩岸關係的核心
指導對臺工作的綱領性文件
　　——從江澤民的「八項主張」到胡錦濤的「四個絕不」
香港回歸十年話臺灣
　　一、東方明珠已更加亮麗
　　二、臺當局害怕香港模式
　　三、當前最突出的問題
　　四、「以獨逼戰，拉美下水」？
　　五、「一國兩制」的光芒不會磨滅
　　胡錦濤重申「一個中國」的對臺方針
　　讀胡錦濤對臺政策最新講話有感

四、政策闡述篇

和平統一大業不可視為做交易

讀中國政府關於臺灣問題發表的第一個白皮書

　　一、臺灣問題白皮書的發表具有重要歷史意義
　　二、關於白皮書中提到的幾個問題
　　三、中國政府解決臺灣問題的基本方針
　　四、兩岸關係現狀及前景展望

讀中國政府關於臺灣問題發表的第二個白皮書

　　白皮書是在當前這個新的歷史條件下發表的
　　白皮書非常突出地強調了一個中國的原則
　　要不要維護一個中國原則，是「愛臺灣」
　　　　還是「害臺灣」的分水嶺
　　只有徹底清除「兩國論」流毒，兩岸和平統一才有希望

再讀中國政府關於臺灣問題發表的第二個白皮書

兩岸關係中有關美國因素的幾個問題

　　——寫於 1998 年 5 月柯林頓總統訪華之前

從柯林頓訪華看中美和海峽兩岸關係

　　——寫於 1998 年 7 月柯林頓總統訪華之後
　　一、關於柯林頓總統訪華的影響和意義
　　二、關於對柯林頓總統這次訪華所取得成果的評估
　　三、關於臺灣問題在這次克江高峰會談中所處地位
　　四、關於中美兩國關係的發展前景
　　五、關於中美關係和兩岸關係的交互影響

港澳回歸話臺灣

　　一、中國統一大業的又一盛事
　　二、臺、港、澳三地之異同
　　三、「一國兩制」是「雙贏」政策

海峽兩岸關係中的幾個敏感問題
江澤民「八項主張」的歷史和現實意義
  兩年醞釀「江八點」
  從「促統一」到「反分裂」
制定《反分裂國家法》的重大意義
「九二共識」的迷津與真相
中國政府對臺政策的重大發展
  ——紀念江澤民同志「八項主張」發表 12 週年
大陸的對臺政策與兩岸關係——香港無線電視臺記者訪談摘要
民進黨終年炒作「主權」何時了？

五、經濟透視篇

臺灣農村經濟關係的變化
從對外貿易看臺灣經濟
  一、引言
  二、外貿在臺灣經濟中的地位和作用
  三、臺灣對外貿易的基本特徵
  四、當前臺灣外貿中的幾個問題
  五、結論
中國統一與臺灣經濟
兩岸經貿現狀、前景和希望——在上海「二十世紀世界經濟
  對海峽兩岸之挑戰」研討會閉幕式上的發言摘要
兩岸經貿關係現狀及發展趨向探討
  一、兩岸經貿的新形勢及特點
  二、兩岸經貿存在的主要問題
  三、未來兩岸經貿關係之展望
臺灣經濟是怎樣發展起來的？

一、特殊的歷史條件和背景
　　二、經濟發展策略上的一些做法
　　三、對臺灣經濟發展的評估和看法
從香港資本地區構成看兩岸經貿發展趨勢
　　一、在港外資與兩岸經貿
　　二、在港華資與兩岸經貿
　　三、在港臺資與兩岸關係
　　四、在港中資與兩岸經貿

一、歷史縱觀篇

　　本篇主要是談，1949年國民黨政府自中國大陸退據臺灣以來的兩岸關係，時間跨度為60年，歷經臺灣五代領導人，即蔣介石、蔣經國、李登輝、陳水扁和馬英九。山河依舊，人事滄桑，變化至多。馬英九剛上任不久，故篇幅較少。文中的一些地方也涉及中國的近現代史和一些重要歷史事件。

紀念《馬關條約》簽訂一百週年

　　今年（1995）是《馬關條約》簽訂100年，也是全世界反法西斯戰爭勝利和臺灣光復50週年，緬懷中國近百年來的不幸歷史和目睹海峽兩岸目前的分隔現狀，深感過去勝利的來之不易和未來責任之重大和艱難。前事不忘後事之師。我們絕不可讓歷史的悲劇重演，而一定要奮發圖強、再接再厲、堅持鬥爭，完成中國的統一、振興和富強大業。

一

　　早在16至17世紀，日本侵略者就曾數次出兵窺伺臺灣。19世紀中葉，日本經過「明治維新」走上了資本主義發展道路，力圖躋身列強，加緊了對中國的侵略。1894年它發動了侵略中國的「甲午之戰」，翌年3月攻占澎湖。腐敗的清政府被迫於1895年4月17日與日本簽訂了喪權辱國的《馬關條約》，將臺灣和澎湖

列島割讓給日本，並向日本賠償白銀2萬萬兩。臺灣從此淪為日本的殖民地。

從臺灣被割讓給日本造成抗日戰爭勝利和臺灣回歸中國的50年間，海峽兩岸人民在反抗日本帝國主義侵略的鬥爭中，始終是同呼吸、共命運、相互支援、共同奮鬥的。他們同仇敵愾，前仆後繼，流血犧牲，寫下了無數可歌可泣的壯麗篇章。

《馬關條約》的簽訂，是中華民族的奇恥大辱。當割地議和的消息傳出時，全國為之譁然。康有為、梁啟超等集18省赴京會試的舉子1200餘人舉行大會，痛斥投降派所謂「京師為重，邊地為輕」的謬論，要求完全廢棄這一賣國條約。這就是中國近代史上著名的「公車上書」。譚嗣同等怒斥清廷「舉疆土而贈之於人」。在北京參加會試的臺籍進士、舉人，聯名上書清政府都察院，痛陳：「數千百萬生靈皆北向慟哭，閭巷婦孺莫不欲食倭人之肉，各懷一不共戴天之仇，誰肯甘心降敵！」清朝駐臺將領劉永福，更抗旨拒絕內渡，率黑旗軍與臺灣同胞一道，戰鬥了5個月，重創數萬入侵日軍，一位日本人當時曾記載道：「每個人，甚至年輕婦女都拿起武器來，一面呼喊著，一面投入戰鬥。我們的對手非常頑強，絲毫不怕死」。當時的福建、廣東等地居民，紛紛自發地為臺灣軍民捐輸餉銀，有些人則私乘小船渡臺抗日。但腐敗的清政府，竟然喪心病狂，三令五申封鎖東南沿海，嚴禁大陸人民援臺，終置臺胞抗日於孤立無援絕境。

在以後漫長的日軍占據臺灣期間，臺灣人民的反抗此起彼伏，始終沒有停止過，大陸人民與臺灣人民相互間的聯繫和支援也從來沒有中斷過。1906年以後，臺灣人民在中國大陸資產階級民主革命的影響之下，又多次地舉行愛國武裝起義，反對日本的殖民統治。其中苗栗起義是辛亥革命直接影響下較大的一次愛國抗日鬥爭，領導人羅福星是孫中山先生的同盟會派赴臺灣的人員之一。此次起義因事機洩露而慘遭日人鎮壓。1920年初，臺灣人民又在「五四」運動的直接影響下，紛紛掀起文化啟蒙與民族解放運動，與中國各地的民族民主革命運動相呼應。廣東中山大學等高等院校的臺籍學生受郭沫若等人的啟發和影響，建立「廣東臺灣革命青年團」。該團在發表《告中國同胞書》中呼籲：「勿忘臺灣」，「臺灣乃中國之臺灣，民族乃中國之民族，土地乃中國之土地」。與此同

時，臺灣各地農會和各種工會組織如雨後春筍般地組織起來。1937年日本發動侵華戰爭，臺灣人民奮起抵制「皇民化運動」，島內的反戰活動亦時有發生，許多臺籍愛國志士更是不遠萬里奔回中國大陸投入抗日的洪流之中。8年抗日戰爭的勝利，實是兩岸人民長期聯手奮戰的結果。

二

抗日戰爭的勝利，使日本帝國主義霸占的中國領土臺灣終於重歸中國版圖。

臺灣是中國不可分割的一部分，第二次世界大戰期間的國際協定曾對此重新加以肯定。1943年12月1日，中、美、英三國共同簽署的《開羅宣言》中規定：「日本所竊取於中國之領土，例如滿洲、臺灣、澎湖列島等，歸還中國」。1945年7月26日，中、美、英三國，後又有蘇聯參加簽署的《波茨坦公告》中重申「《開羅宣言》之條件必將實施」。

1945年8月15日，日本宣布接受《波茨坦公告》中的條款，無條件投降。中國人民在8年的艱苦抗戰中付出了巨大的犧牲，終於打敗了日本侵略者，使臺灣重新回歸到中國的懷抱，結束了臺灣人民蒙受日本帝國主義奴役欺凌的屈辱歷史。臺灣及澎湖列島正式重歸中國版圖，所有一切土地、人民、政事皆置於中國主權之下。全省臺胞欣喜若狂，家家戶戶張燈結綵，歡飲通宵。人們流著熱淚，在祖先靈位前焚香叩首，稟光復喜訊。

這一勝利是多麼來之不易啊。日本帝國主義發動的侵華戰爭，使中國人民的生命財產蒙受巨大損失：傷亡3500萬人，經濟損失5000億美元。日本侵占臺灣期間，先後殺害臺灣人民65萬人，財產損失更不計其數。抗日戰爭的勝利，臺灣的回歸中國，這是中國人民、海峽兩岸人民以鮮血和生命換取來的，「一寸山河一寸血」，中國第一大島臺灣，浸透著多少中華兒女保疆衛土而灑下的鮮血啊！這一鬥爭的勝利，不僅是臺灣人民的勝利，中國人民的勝利，也是人類正義、進步事業的偉大勝利。

但不幸的是，抗戰勝利後的國民黨政府為獨占勝利果實，在美國出錢出槍支持下，又於1946年7月發動了全國規模的反共反人民內戰。人心不可逆，大勢不可違。中國人民在中國共產黨領導下，經過三年多的人民解放戰爭，終於打敗了蔣介石集團，取得了這場戰爭的勝利。1949年10月1日，代表中國人民的新政權——中華人民共和國正式宣告成立，中華人民共和國政府成為中國唯一合法的政府。如今它已與159個國家建立正式外交關係，並替代原國民黨政府成為聯合國安全理事會常務理事國之一。原國民黨集團的一部分軍政人員於1949年退據臺灣。自那時起，臺灣當局在外國反華勢力的庇護和支持下，偏安一隅，以種種藉口抗拒統一，從而又造成了臺灣海峽兩岸40多年（迄1995年）的隔絕狀態。

三

自1949年以來，海峽兩岸關係始終存在著統和獨、分裂和反分裂的鬥爭。由於島內政治生態的變化，外國勢力的介入，各種因素的交互作用，使得這種鬥爭變得相當複雜。兩岸關係時而緊張，時而緩和，矛盾交錯，變動不定。

1940年代末期至50年代中期，國民黨方面不甘心自己在大陸的失敗，幻想捲土重來。朝鮮戰爭爆發後，美國對國民黨的政策由「撒手不管」而改為積極「扶蔣反共」。對此，蔣介石增加了幻想，妄想依仗美國的軍事援助，加緊策劃「軍事反攻」，並提出所謂「一年準備，兩年反攻，三年掃蕩，五年成功」的復辟目標。然而都完全破產了。

50年代中期至70年代末期，美國政府中的一些人，妄圖使海峽兩岸「劃峽而治」，保持中國的分裂局面。1954年12月，美蔣之間簽訂了《共同防禦條約》。但新中國的不斷壯大，美國在朝鮮和越南戰爭中的失敗，又迫使國民黨不得不將「反攻大陸」的政策調整為「建設基地、策進反攻」的政策。

1978年底中共十一屆三中全會決定把黨和國家的工作中心轉移到經濟建設上來；與此同時，對臺政策也相應逐漸調整為「和平統一、一國兩制」的方針。

中國共產黨和政府對臺方針的這一調整，完全是根據中華民族的長遠利益和整體利益考慮的，是實事求是，也是誠心誠意的。其主旨是實現兩岸合作、發展經濟、共振中華之千秋大業。1979年中美建交，我人大常委會發表《告臺灣同胞書》，並採取了一系列有利緩和兩岸關係、促進「三通」、推動統一的實際步驟和具體措施。其間，在我和平統一方針的推動和影響下，臺灣當局亦將其「反共復國」政策相應調整為「三民主義統一中國」，特別是自1987年11月起又開放臺灣民眾大陸探親。於是海峽兩岸關係出現了前所未有相對緩和時期。

兩岸關係本可以國家民族的根本利益為重，繼續朝著不斷改善、良性互動，並為未來的和平統一創造條件的方向前進。然而以李登輝為首的當權派，卻加緊進行所謂「憲政體制改革」，實行「臺灣政權臺灣化」，並在其政策誤導下使臺獨和「獨臺」勢力競相發展。近年來李登輝尤其著力於「務實外交」和「重返聯合國」的活動，1995年上半年更以美國為重點目標，在與美國一些反華勢力的勾結下實現了訪美之行，並在美國康乃爾大學發表了一篇要向「一個中國」原則宣戰的影響極壞的演說，從而使兩岸關係進入新的緊張時期。

四

李登輝主政臺灣初期，人們曾對他有所期待。在兩岸人民的共同努力下，雙方的經濟文化等各方面的交流日漸增多，兩岸關係本已出現一些可喜的發展趨勢。但是隨著臺灣島內外形勢的變化，以及李登輝個人權力慾望的膨脹，其與「一個中國」的原則越行越遠。目前的兩岸關係已出現嚴重倒退現象，言之使人痛心。

中共中央總書記、國家主席江澤民在1995年1月30日的講話中指出：「堅持一個中國的原則，是實現和平統一的基礎和前提。中國的主權和領土絕不容許分割。任何製造『臺灣獨立』的言論和行動，都應堅決反對；主張『分裂分治』、『階段性兩個中國』等等，違背一個中國的原則，也應堅決反對」。這些，就是

當前兩岸關係上必須遵循的原則和方向，任何偏離和背棄這些原則和方向的言行，都將嚴重破壞兩岸關係的發展，甚至導致兩岸衝突和對抗。

面對最近一個時期來各方對李登輝妄圖分裂中國主權和領土言行的揭露和批判，李登輝一再解釋說，他絕不是搞分裂，絕不是搞「兩個中國」或「臺灣獨立」。然而這是完全不能自圓其說的。別的且不說，僅以他至今仍在鼓吹的所謂「臺灣命運共同體」、「中華民國在臺灣」、「兩岸分裂分治」、「對等政治實體」以及要求「參與聯合國」等來說，就都是最具代表性的「兩個中國」、「一中一臺」或「臺灣獨立」論。因為所有這些，都是以分割國家主權和領土為前提的，是徹底背棄「一個中國」原則的。他所講的臺灣「命運共同體」，就是一方面把臺灣和中國分開，一方面又把臺灣人民綁在他這個分裂中國的「共同體」上；「中華民國在臺灣」，其實是把臺灣視為「主權獨立的國家」，是披著「中華民國」外衣的臺獨；他所說的「兩岸分裂分治」、兩個「對等政治實體」，其實是把兩岸視為「兩個互不隸屬」的國家政權，一個叫「中華民國在臺灣」，一個叫「中華人民共和國在大陸」。這同樣是用「分裂分治」和「政治實體」進行包裝的「兩個中國」或「一中一臺」貨色。臺灣是中國不可分割的一部分，是中國的一個省，根本不是什麼「主權國家」，絕無資格參加聯合國。至於李登輝等提出所謂「臺灣參加聯合國有利於中國統一」，那只不過是自欺欺人之談。

李登輝所主導的現行大陸政策，是造成目前兩岸關係嚴重後退或漸趨緊張的重要根源。他這個政策，一是「以富傲人」，強調兩岸經濟差距、人均收入懸殊而拒絕統一；二是「以小欺大」，不僅辱罵中國大陸為「土匪」、「一群惡勢力」，且不時在沿海向我軍民挑釁；三是「以外壓內」，挾洋人以自重，抗拒兩岸人民的統一願望；四是「以假亂真」，骨子裡是「獨」，但卻不時放出「統」的煙幕，口中說「統」，行不離「獨」。更嚴重的是，以李登輝為代表的臺灣當局的一些人，為達到其阻礙兩岸關係發展和分裂中國的目的，竟打著「民主」和為「臺灣2100萬人」請命的幌子，煽動和誤導臺灣民眾，企圖把一部分受欺騙、受矇蔽的民眾推上與我「和平統一、一國兩制」方針相對抗的第一線，這實在是一個大陰謀。

應該指出，中國共產黨和政府提出的「和平統一、一國兩制」的大政方針，完全是尊重歷史、尊重實際、合情合理和實事求是的。江澤民總書記1995年新春講話所提出的「八點主張」，又對此進行了新的闡述和發揮，十分具體和切實可行。在這些方針和具體原則下，臺灣人民所要求的「高度自治」和「當家做主」是完全可以實現的。然而，李登輝等人對此卻置若罔聞，視而不見，甚至對我「和平統一、一國兩制」的大政方針一再進行惡意的歪曲和攻擊，妄圖欺騙輿論，誤導民意，惡化兩岸關係。難怪島內有些人在說，李登輝其實是「司馬昭之心，路人皆知」了！

現在的中國已不是100年前的中國，12億中國人民已經真正站立起來了。中國政府和人民完全有能力和決心保衛自己的國家主權和領土完整。兩岸山水相連，血脈相通，自古一家，命運與共，絕不允許把臺灣從中國分割出去，一切從事分裂中國活動的人都不會有好下場。與此同時，我們也殷切期望兩岸關係盡速回到正常健康的發展軌道上來，並在此基礎上進一步謀求統一和振興中華之道。如此則國家幸甚，中華民族幸甚！

（原載《求實》雜誌，題為〈絕不允許把臺灣從祖國分裂出去〉）

香港回歸洗刷了我中華民族百年國恥——1997年4月在中共中央黨校某學習班講課提綱之一

現在離香港回歸的日子已經屈指可數了。正像外電報導的那樣，1997年6月30日午夜的鐘聲敲響以後，香港將發生翻天覆地的變化，從此將結束為英國殖民統治的長達156年多的歷史。這對中國來說無疑是一件大事，百年國恥得以洗雪。這是中國人民的大喜日子，是鄧小平「一國兩制」構想的成功實踐，具有劃時代的歷史、現實意義和國際意義。

香港地區包括：（1）香港島，79.77平方公里；（2）九龍，11.7平方公里；（3）新界，984.53平方公里；周圍還有230多個大小島嶼。香港總面積約

1095平方公里，人口截至1995年底共有630.7萬人，其中華人占98%。

清政府當年與英國政府先後簽訂了三個不平等條約：

第一個不平等條約——《南京條約》。1840年，英國發動侵略中國的鴉片戰爭，並逼迫清政府於1842年簽訂了此一條約，強制割讓了香港島。

第二個不平等條約——《北京條約》。1856年英國夥同法國發動了第二次鴉片戰爭，並逼迫清政府於1860年簽訂了此一條約，強制割讓了九龍。

第三個不平等條約——《展拓香港界址專條》。1898年，英國政府藉口保證香港，又迫使清政府簽訂了此一條約，強制租借了九龍半島（深圳河以南，九龍半島界限街以北及附近島嶼），租期99年，1997年租滿。

以上三個不平等條約的正式文本至今仍保存在臺灣，最近港報透露臺當局正考慮於1997年7月1日前向外界展示。

英國占領香港後，清政府曾試圖用武力收復，道光帝為此下了幾十道諭旨，一些封疆大吏也曾上摺具奏，但清政府沒有能力捍衛國家領土完整和主權獨立，並被迫簽訂了條約。

北洋政府期間，在1919年的巴黎和會和1921年的華盛頓會議上，中國代表曾提出收回租借地的問題。但終因英國的頑拒和當時中國的軍閥混戰、政局不穩和缺乏實力作外交後盾而嚴重受挫。

華盛頓會議後，即1924年1月，孫中山先生在中國共產黨支持和幫助下召開的中國國民黨第一次全國代表大會上通過的宣言中，明確提出了廢除帝國主義強加給中國的不平等條約的奮鬥目標，並將取消列強在華租借地放在突出地位。但是，孫中山先生沒能實現這個目標。

以蔣介石為首的國民黨政府從來沒有提出廢除上述三個不平等條約，收回香港主權。歷史至少曾經有過兩次收回機會：（一）太平洋戰爭爆發後，中、美、英成為共同反對日本侵略的盟邦，這一形勢迫使英國不得不考慮中國廢除不平等條約的要求。（二）1945年8月日本無條件投降時，香港屬於盟軍中國戰區，蔣介石是這個戰區的最高統帥，中國軍隊離香港也最近，完全可以搶先接管香港。

然而這兩次卻都是坐失良機。1942年下半年，中英雙方曾就廢除不平等條約多次進行接觸和談判，但蔣介石都在英國的無理和頑固堅持下讓步了。日本投降後，由於蔣介石奉行矛頭對內、堅持反共的錯誤政策，急於搶奪抗戰勝利果實，所以在獲得英方答應蔣可以以香港為派兵北上的「轉運站」以後也讓步了。最大的諷刺是，蔣介石作為盟軍中國戰區的最高統帥，連在香港接受日軍投降的受降權都被英國人奪走了。

現在，再來談一下，新中國成立後，中華人民共和國政府在香港問題上的立場、態度和方針政策。

香港和澳門都是中國的領土，中國人民一百多年來的奮鬥，其重要目標之一，就是要廢除外國侵略者強加在中國人民頭上的一切不平等條約，以洗刷百年國恥，其中當然包括收回香港和澳門，恢復行使對這裡的主權。但新中國成立後，卻又為何遲遲沒有實踐呢？這就不能不聯繫到當時的國際國內形勢，以及中國政府在這個問題上的戰略方針。

中國政府從不承認帝國主義強加給中國的三個不平等條約，主張在適當時機透過談判解決這個問題。早在1957年4月，周恩來總理在一次會議上就表示說：「香港的主權總有一天我們是要收回的」。1972年3月8日，即中國恢復在聯合國的合法席位不久之後，中國政府駐聯合國代表在致聯合國非殖民化特別委員會主席的信中鄭重聲明：「香港、澳門屬於歷史遺留下來的帝國主義強加於中國的一系列不平等條約的結果。香港和澳門是被英國和葡萄牙當局占領的中國領土的一部分，解決香港、澳門問題完全是屬於中國主權範圍內的問題，根本不屬於通常的所謂『殖民地』範疇。中國政府主張，在條件成熟時，用適當的方式解決港澳問題，在未解決以前，維持現狀」。當年11月的聯合國大會以99票對5票通過決議，把香港和澳門從殖民地名單中除去。

新中國成立後，中國政府對香港所採取的是「長期打算，充分利用」的方針。實踐證明，這個方針是完全正確的。一是利用香港的特殊地位，打破了以美國為首的西方資本主義國家的全面封鎖；二是利用香港的特殊地位，拓展國際貿易，引進外資和賺取外匯，為中國的社會主義建設服務；三是利用香港的特殊地

位,向外界宣傳中國,讓世界更多更好地瞭解中國,以突破西方的歪曲宣傳。朝鮮戰爭爆發後,香港在上述方面更發揮了獨特作用。中國政府所需要的許多戰略物資,如石油、化學品、橡膠、汽車、機械等,不少都是從香港轉運而來,廣大愛國港澳同胞在反對西方國家集團對我進行貿易制裁時作出許多重要貢獻。

總之,新中國成立後的很長一段時間內,香港在保持中國與國際關係方面,造成了窗口作用、橋梁作用、緩衝作用和反制作用。

自70年代末、80年代初開始,解決香港問題的時機和條件已逐漸成熟。這主要表現在以下四個方面:

(一)國際形勢已趨於緩和,和平與發展成為時代的主要特徵,中國政府提出的和平共處五項原則已成為國際社會普遍公認的重要準則。

(二)中國的國際環境已有所改善,國際地位有所提高。1979年元月中美建交,世界上的絕大多數國家,特別是一些主要大國,都已承認中華人民共和國為中國唯一合法的政府。

(三)自中共十一屆三中全會以後,中國的改革開放政策已取得成功,政局穩定,經濟繁榮,人民團結,國力增強,形勢大好,具有瞭解決香港問題的實力。

(四)找到了符合香港特殊情況和解決香港問題的特殊政策,這就是在香港實行「一國兩制」,既可恢復行使主權,又能保持香港的繁榮穩定,並兼顧各有關方面的利益。

於是,解決香港問題被提上日程。小平同志於80年代初提出的三大任務之一是實現中國的統一,自然包括解決香港問題。英國政府是很敏感的,對此已早有察覺,於是一次又一次地派人到北京來摸底。最早有1979年3月香港總督麥理浩訪問北京,接著1981年4月英國外交大臣卡靈頓訪華,1982年英國前首相希思訪華,同年9月24日英國首相柴契爾夫人訪華。當他們在摸清中國政府的決心以後,又總想「以主權換治權」,即承認香港主權屬於中國,但仍由英國繼續管治。中國政府當然不會答應。

英國政府一直不甘心退出香港。從中英談判開始，直到中英《聯合聲明》簽訂之後，仍不斷地尋找藉口，製造麻煩。他們先後曾向我們打過「四張牌」：

一是「條約牌」。強調原簽訂的三個不平等條約繼續有效，不能單方面「毀約」。鄧小平斬釘截鐵地回答說：「主權問題不是一個可討論的問題」，「中國政府在這個問題上沒有迴旋的餘地」，「香港是中國的領土，我們是一定要收回來的」，「時間可以定在1997年，但中國要收回的不僅是新界，而且包括香港和九龍」。

二是「經濟牌」。認為香港只有在港英政府管理下才能保持經濟繁榮。鄧小平回答說：這個前提是錯誤的，「香港繼續保持繁榮，根本上取決於中國收回香港後，在中國的管轄之下，實行適合於香港的政策」，「我們希望取得英國的合作，但這不是說，香港繼續保持繁榮必須在英國的管轄之下才能實現」。

三是「民意牌」。說什麼，讓英國人繼續留在香港，發揮管理作用，這是港人的願望和要求。他們甚至鼓勵港人組織「訪英團」和「上京團」，製造民意，大造輿論，妄圖對中國政府施加壓力。一些親英的港府官員，以600萬港人代表自居，發表所謂「聲明」和「公報」。中國政府為此做了大量工作，終於挫敗了港英當局的企圖。

四是「民主牌」。在上列圖謀被挫敗，中英兩國終於簽署《聯合聲明》後不久，英國政府又支持港督拋出所謂《代議制綠皮書》，計劃對已實行一百多年的香港政制進行改革，大幅度增加立法局行政局的民選議員和單方面加快「民主改革」，力圖使1997年後的香港成為英式「港人治港」，或某種獨立、半獨立的政治實體，儘量保留英國在香港的影響。中國政府與港人一起，堅決地維護了中英《聯合聲明》。

英國政府所拋出的以上「四張牌」，結果都被一一挫敗了。中國政府收回香港的決心是不可動搖的。早在1982年9月24日，鄧小平與英國首相柴契爾夫人會談時，已經說得很透。鄧說：「解決香港問題的『時機已經成熟』，如果中國在1997年，也就是中華人民共和國成立48年後還不把香港收回，任何一個中國領導人和政府都不能向中國人民交代，甚至也不能向世界人民交代。如果不收回，

就意味著中國政府是晚清政府,中國政府是李鴻章!」鄧還提醒柴契爾夫人說:「中國政府在做出這個決策的時候,各種可能都估計到了。我們還考慮了我們不願意考慮的一個問題,就是如果在15年的過渡時期內香港發生嚴重的波動,怎麼辦?那時,中國政府將被迫不得不對收回的時間和方式另作考慮」。

　　此後,從鄧的這次講話開始,共經歷了兩年多時間的艱辛談判,中英兩國政府終於1984年12月19日在京簽署了關於香港問題的聯合聲明,確認中華人民共和國政府於1997年7月1日恢復對香港行使主權。1985年5月27日,中英兩國政府代表各自代表本國政府交換了中英兩國《關於香港問題的聯合聲明》及其三個附件的批准書。中國政府對香港的基本方針政策已在這個聯合聲明中予以闡明。根據中華人民共和國憲法,全國人民代表大會又著手制定《中華人民共和國香港特別行政區基本法》。這個基本法的起草,從1985年7月開始到1990年初,共經歷了四年多的時間,並於1990年4月4日由第七屆全國人大第三次會議討論通過。香港基本法的誕生,標幟著「一國兩制」的方針已經法律化,標幟著「一國兩制」的偉大構想即將在香港成為現實。自那時以來,香港基本法在實踐過程中,雖然遇到了這樣那樣的困難,包括前面談到的港英當局所進行的一些干擾,但畢竟是大局已定,不可逆轉,香港就要回歸中國了。

　　香港回歸,指日可待,再過兩年多澳門也將回歸。這將一洗一個半世紀以來中國人民所蒙受的奇恥大辱。無數先烈拋頭顱、灑熱血、為之犧牲奮鬥的目標,今天終於實現了。這是繼1949年10月1日毛澤東主席在天安門開國紀念日高呼「中國人民已經站起來了」以來的又一個大喜慶的日子,我們將又一次振臂高呼「中國人民已經站得更穩健了」。上一次是中國人民獲得大解放的紀念日,是取得新民主主義革命勝利的紀念日;這一次是在國際上獲得揚眉吐氣的紀念日,是洗雪百年國恥的紀念日,也是建國48年後取得有中國特色的社會主義的重大勝利的紀念日。

繼承孫中山先生遺志,實現中國完全統一——寫在辛亥革命九十週年前夕

1911年的辛亥革命，是近代中國一次偉大的民主主義革命。此次革命起義後不久，即1912年元月，孫中山先生在南京就任中華民國第一任臨時大總統。孫先生在發布的《臨時大總統就職宣言》中，將中國「民族之統一」、「領土之統一」列為對內五大「指導方針」中的兩個最優先方面，至今已快90週年了。令我們引為欣慰的，是孫先生的遺言，在中國大陸已完全實現，不僅新疆和西藏都已實現統一，連長期被外國殖民者統治的香港和澳門亦已重歸中國版圖，先後於1997年和1999年恢復行使主權。

　　然而令人十分遺憾的是，寶島臺灣在被日本帝國主義霸占50年之久後，雖於二戰後重回中國，然自1949年起，在外國反華勢力的干預和庇護下，又長期與中國大陸保持分割局面。尤其是，在外國反華勢力與島內分裂主義分子的結合與勾結之下，臺灣從中國大家庭中分裂出去的危險性正在加劇，我全體中華兒女和炎黃子孫不能不對此高度警惕。

一、李登輝的「夢」

　　臺灣在兩蔣統治時期，海峽兩岸雖隔海對峙，但在信守一個中國原則上並無分歧。唯自李登輝主政臺灣後，情況即逐漸發生變化。在李氏立足未穩，羽翼未豐之時，不得不假惺惺地表示要堅守一個中國原則，但從1993年開始，在完全排除異己勢力之後，他即公開背離一個中國原則。及至1999年7月，公然拋出「兩國論」，其臺獨和分裂中國面目更昭然若揭。

　　此後，在臺灣社會，即逐漸流傳開一個關於李登輝「夢中遇見三個人」的故事：

　　遇見的第一個人是孫中山先生。李見孫先生眼睛四處看望，東尋西找，似有所失。於是就問：「國父老人家，您在尋找什麼？」孫回答說：「我的三民主義不見了！」

　　遇見的第二個人是蔣介石先生。他也是眼睛四處看望，東尋西找，似有所失

的樣子。於是也問：「總統蔣公，您在尋找什麼？」蔣答：「中國國民黨不見了！」

遇到的第三個人是蔣經國先生。他同樣是眼睛四處看望，東尋西找，似有所失的樣子。於是也問：「經國總統先生，您在尋找什麼？」蔣答：「李登輝不見了！」李馬上答稱：「我就是李登輝」。蔣搖頭說：「你不是李登輝」。

這個故事說明了什麼呢？說明李登輝主政臺灣以後，孫中山先生的三民主義沒有了，中國國民黨沒有了，李登輝也不是當年蔣經國所認識和瞭解的李登輝，一切都變了。今日的臺灣當政者已完全背棄孫中山先生的三民主義，今日的中國國民黨正被改造成一個不認同中國的「臺灣國民黨」（注：連戰出任黨主席後已正式宣稱：我們的黨是「中國國民黨」），今日的李登輝已完全背叛蔣經國，成為一個不折不扣的民族分裂主義者。

二、陳水扁當政以來

孫中山先生主張的中國「民族之統一」、「領土之統一」，不僅為李登輝所踐踏，而他的接班人陳水扁更有過之而無不及。

在通往臺獨的道路上，陳水扁與李登輝做著同一個並且是薪火相傳的夢。自比「摩西」的李登輝，視陳水扁為「約書亞」式的接班人，在把他推上所謂「總統」寶座以後，真是處處關愛備至，不允許「在野黨」把這個「還沒有學會走路的小孩」，就逼著他「跑步」。

李登輝和陳水扁，一個被分裂主義者稱為「臺灣之父」，一個則自稱是「臺灣之子」，子承父業是理所當然的。李登輝是「兩國論」的提出者和倡導者，陳水扁表面上不提「兩國論」，而實際上卻在悄悄執行「只做不說」的「兩國論」路線。

2001年5月18日，即臺灣「綠色執政」一週年前夕，陳水扁在一次講話中，

把自己掌管的政權比作「龍蝦換殼」，説龍蝦在成長的過程中，「必須經過一次又一次的換殼」，讓「舊的殼脱去」，「新的殼逐漸長硬」。

這個「換殼」，當然是逐漸的，悄悄的，「只做不説」的，由少到多和由暗到明，最後完成「去中國化」和換上「臺灣國」的外殼。

君不見，臺灣發行的新臺幣已被改稱「國幣」；

臺「外交部」的屋頂已被塗上「綠漆」；

臺灣地圖冊上的中國地圖和臺灣地圖已經變換位置，其首頁已為臺灣地圖取代；

臺灣地方劇歌仔戲，正在被一些人改稱為臺灣的「國劇」；

本屬中國地方話的「閩南話」，正在被提倡為所謂臺灣「國語」；

在中國和國際華人社會所通用的漢語拼音，正在被篡改為與所謂閩南語「相近」的「通用拼音」；

所謂「臺灣共和國護照」正在部分臺獨分子中私下流傳；

所謂「中華民國護照」一律以括號加注「臺灣」兩字，對外機構也一律凸顯「臺灣」兩字。

夠了，諸如此類，數不勝數，陳水扁的「臺獨夢」做得多香啊！以上所有這一切，無非是為了以「漸變」促「突變」，以「量變」促「質變」，最後使臺灣從中國大家庭中分離出去。

最值得注意的是，陳水扁於7月14日回應錢其琛副總理關於對臺灣實行「一國兩制」的談話。他説：「中共所謂『一國兩制』的言論，就好比你的鄰居有一天突然跑到你家裡來，很粗暴地説：『你的房子我要定了，但是我可以允許你們住在這裡，而且可以繼續使用部分家具。』」陳接著説：「但很清楚，這個家原本就是屬於我們的，並非鄰居的」。

這實際上，是陳欲有意攪渾水。兩岸關係是「鄰居」關係嗎？兩岸關係是「一家人」關係，絕不是「鄰居」關係。兩岸的主權，即陳水扁講的「房子」，

29

是全體中國人民的，不是屬於哪一個政黨，哪一個執政者的，他們只有一定時期內的管理權和使用權，而沒有所有權。陳水扁要的不是臺灣的房子，而是中國主權的一部分，要把統一的中國領土主權一分為二，這是絕不可能得逞的。

三、外國勢力與臺獨

要實現孫中山先生所提出的「民族之統一」，「領土之統一」，就必須反對外國干預勢力，反對外國霸權主義。沒有他們的撐腰和打氣，臺灣的分裂主義分子是不可能像今天這樣越來越猖狂的。

我們完全有根據有理由認為，臺灣問題之所以長期不能解決，中國的完全統一之所以不能盡快實現，與外國反華勢力的長期染指臺灣與干涉中國內政是分不開的。

戰後直至五六十年代的臺獨活動，始終擺脫不了日本的影子。1945年日本天皇宣布投降後，其駐臺灣總督安藤利吉即曾策動部分軍國主義分子和收買一些臺籍漢奸，在臺灣建立起密謀「臺灣獨立」的地下組織。國民黨自大陸退據臺灣後，由於實行高壓統治，臺獨組織被迫撤至日本以此為活動基地，曾先後在日成立所謂「臺灣民主獨立黨」、「臺灣臨時國民議會」、「臺灣共和國臨時政府」等。他們追隨當時美國炮製的「臺灣法律地位未定論」，公開鼓吹臺灣脫離中國和依附日本。

美國早在50年代和60年代，亦已出現臺獨組織，不過聲勢還不算大。但在日本的臺獨組織，由於內部組織分裂及國民黨當局的滲透策反，逐步趨於衰微之後，自70年代開始臺獨運動的指揮重地，即由日本轉至美國。先後在美成立有「臺灣獨立聯盟」、「世界臺灣同鄉聯誼會」、「臺灣人公共事務會」（FAPA）等組織。「臺灣獨立聯盟」總部設在美國，在美國本土、日本、加拿大、歐洲、南美洲以及臺灣都設有分部。在美的臺獨組織，均以美國國會和政府為遊說活動的重點。

自80年代後期開始，特別是李登輝主政臺灣以後，海外的臺獨運動中心即逐步轉入島內。李登輝作為外國反華勢力在臺灣島內的總代理，其對分裂中國的活動特別盡心和賣力。臺灣民進黨成立於1986年，但其真正發展並最終取得政權，是在李登輝主政期間。在李登輝的姑息、鼓勵和慫恿下，包括美國、日本在內的各種海外臺獨組織，紛紛湧入臺灣島內。在美的最大臺獨組織——「臺灣獨立聯盟」遷臺後，不久即與民進黨合流。1992年5月，臺立法院修改刑法，廢除「刑法第100條」和「國安法」，從此島內的臺獨分子及其活動被完全合法化，並為取得政權準備了必要條件。

由上可見，臺灣問題之所以拖延至今而仍不能解決，一個重要原因是外國侵略勢力的干預。當年日本實行的是「以華制華」策略，並美其名曰建立所謂「大東亞共榮圈」，如今美國實行的是「以臺制華」，實際也是「以華制華」策略，亦美其名曰保護所謂「亞太地區安全」，這些實際都是強盜邏輯。

四、統一大勢不可違

孫中山先生於1924年二次北上時曾指出：「統一是中國全體國民的希望。能夠統一，全國人民便享福，不能統一便要受害」。歷史的實踐正是如此。

如今的國內外形勢，與孫先生在時已經大不相同了。實現中國的完全統一，已是歷史發展的不可抗拒的趨勢。

一是新中國的崛起。1949年新中國建立，中國人民站起來了；近20多年的改革開放，新中國的政權更加鞏固，中國人民滿懷信心地面向未來。國家主席江澤民在慶祝中國共產黨成立80週年大會上說：這80年來，中華民族經歷了從貧窮落後到繁榮昌盛，從山河破碎到強大統一，從受人欺凌到揚眉吐氣的偉大變革。目前中國無論在政治上、經濟上、外交上和國防上，都出現了前所未有的大好局面。歷史遺留下來的香港問題和澳門問題，已依據「和平統一、一國兩制」的方針順利地加以解決。臺灣問題和港澳問題的性質雖不同，但同樣可依據「和

平統一、一國兩制」的方針來談判解決。不過，在具體條件上一定會比解決港澳問題更寬鬆和更富彈性，會更多地考慮臺灣人民的實際權益。關於這一點，錢其琛副總理在不久前接見臺灣新黨代表團時已講得很清楚。13億中國人民，絕不允許少數分裂主義者勾結外國反華勢力把臺灣從中國大家庭中分裂出去。

二是臺灣人民的覺醒。由於複雜的歷史原因和國際因素，臺灣人民在實現兩岸統一上存在這樣那樣的顧慮是可以理解的，而極少數分裂主義者和外國反華勢力，卻利用島內人民的這種顧慮從中挑撥離間，使他們在統一問題上更加疑慮重重。然而隨著中國大陸的日趨繁榮昌盛，香港澳門回歸後出現的興旺景象，以及中國在國際上的地位日益提高，島內人民對中國的向心力正在不斷增強。尤其是，主張臺獨的民進黨執政以來，堅持意識形態掛帥，堅持分裂路線，使臺灣出現一片亂象，島內人心更加動盪不安和心向大陸。民進黨內以臺獨為訴求的「神主牌」已搖搖欲墜了。在此情況下，美國見勢不妙，乃於2001年4月一次即允准出售先進武器40餘億美元以示支持。臺灣當局欣喜若狂，而臺灣民眾則公開罵說：「美國與中共作對，卻把臺灣當作『棋子』用，並且要臺灣『自費』購買美國武器，為美國人『擋子彈』，這對臺灣未必是福啊！」在一些媒體所作的民意調查中，擁護「一國兩制」者，已由過去的3.6%躍升至33%。

三是世界華人的支持。廣大海外同胞已掀起「反獨促統」、振興中華的愛國主義浪潮。據報導，目前世界各大洲，如亞洲、歐洲、美洲、澳洲、非洲，凡是有華僑或華人的地方，大都已成立有中國和平統一促進會組織，並已先後在中國、德國、美國、日本等多地召開了聲勢浩大的「反獨促統」大會。在柏林召開的一次會上，歐洲中國和平統一促進會的張曼新說：「兩岸自古一家，包括臺灣在內的960萬平方公里的國土是整個中華民族賴以生存發展的不可分割的家園，如果只強調臺灣少數人的『民意』，而拒絕兩岸13億人的民意，顯然就是對中華民族整體的背叛」。在東京的一次會上，來自美國的「全球華人反獨促統聯盟」會長程君復先生，更情義深重地說：「辛亥革命和抗日戰爭時期，海外華僑華人心繫民族危亡，先後實現了兩次大團結，為國家的獨立和民族的振興作出了重大的貢獻，而現在兩岸關係正處在關鍵階段，海外華僑華人正在實現第三次大團結，共同推動中國完全統一的早日實現」。這一切，說得多好啊！全體海外華

僑華人將是推動中國實現完全統一的一支巨大的不可忽視的力量。

值此紀念辛亥革命90週年之際，筆者可以完全有信心地說：在未來若干年內，中國的完全統一和中華民族的偉大復興一定要實現，也一定能夠實現。

（王功安等主編：《孫中山與祖國的和平統一———紀念辛亥革命九十週年學術研討會論文集》，中山大學出版社）

臺灣光復時期的恢復與發展（1945—1949）

中國人民經過8年浴血抗戰，歷盡艱難困苦，付出巨大犧牲，終於在盟軍支持和配合下，迫使日本殖民帝國主義者於1945年8月15日宣布無條件投降，臺灣根據國際協議重新回到中國懷抱。

臺灣在光復之前，長期受日本殖民帝國主義的奴役和壓迫。第二次世界大戰末期，盟國飛機為反擊日本侵略者的頑強抵抗，僅1944年10月至1945年5月7個多月的時間內，對臺灣主要城市的轟炸即達萬架次以上。許多工廠、碼頭、船塢遭到嚴重破壞，尤以農業、糖業、交通運輸最為嚴重。戰前臺灣全島計有13家船業株式會社，具有相當可觀的造船能力，因受戰爭破壞而陷於停頓狀態；全臺公私營鐵路9012公里，因路基被炸、橋梁被毀、軌道受損，加上火災、風災的侵襲，整個鐵路運輸基本陷於癱瘓。在農村，農田水利設施及農民住房損失慘重，其中灌溉設施毀於戰火者約有半數；在城市，無論大、中、小城市及港口都受到不同程度的轟炸，其中以高雄、基隆、新高（今臺中）、馬公四大港口受害最烈；全臺所有火力、水力發電站、輸電線以至電纜都有損壞。正像臺報所稱，戰後日本人留下的已是一個「洗劫一空」和「斷垣殘壁」的臺灣。社會秩序混亂，各種事件頻仍，以糧食著稱於世的臺灣，此時竟不時發生「搶米風潮」。

為使臺灣經濟得到迅速恢復和發展，南京國民黨政府根據臺灣的特定情況，採取了一系列的政策措施：

（一）清理接收敵偽資產

早在1945年11月1日，臺灣省行政長官公署暨警備總司令部接收委員會（簡稱臺灣省接收委員會）即組成，由行政長官兼任主任委員，作為臺灣全省接收日產工作的最高領導機關。凡關於接收法令的執行事項，接收手續的擬議、審核事項，接收證件和封條的頒發，以及接收清冊的查核、彙報等等，概由接收委員會統一辦理。接收委員會按日產所屬部門分成民政、財金商業、教育、農林漁牧、糧食、工礦、交通、警務、文化、司法、總務11個組，分別接收臺灣總督府及日本帝國政策各機關所屬財產。

接收工作大體上是按照南京國民黨政府1945年11月23日頒布的《收復區敵偽產業處理辦法》進行。接收委員會主要接收日產中的公有財產部分，如臺灣製糖會社這類由日本帝國政府及臺灣殖民當局經辦的產業，即該委員會的接收重點。隨著日僑遣送工作的開始，接管當局又於1946年1月於省接收委員會下設日產處理委員會，主要側重接收日人私有財產。根據後來國民黨政府核准頒布的《臺灣省接收日人私有財產處理辦法》，所有日產，無論其屬公有或私有，原則上一律沒收歸公，如屬交通、工礦、農林等企業廠所，除經指定撥歸公營者外，得出賣或出租或官商合營。日本殖民帝國主義在臺灣統治50年，各種產業遍及臺灣全省，截至1946年11月底，所交出的食品、機械、化學、金屬、紡織等工廠即達5969家，計有工業從業人員25萬人，受過大學和高等技術專業教育的人員有1500餘人。這些對於後來臺灣經濟的恢復與發展都曾發揮了積極和重要的作用。

（二）恢復與發展農業生產

主要採取了如下措施：

1.重新整治農田水利。臺灣光復初期，耕地面積共有86萬餘公頃，其中具有農田水利工程的約占耕地面積的70%，但因戰爭及自然災害的影響，大部分年久失修，缺乏灌溉之利的已近24萬公頃，約占原灌溉面積的一半。1946年，臺灣省農林處撥出經費舊臺幣1647萬元，同時令各縣農田水利協會自籌經費，擬定修復計畫，分別輕重緩急，分期分批進行治理。到該年底，已修復竣工的農田

水利工程達466處，受灌面積26.6萬多公頃，其餘13處亦於次年陸續竣工。與此同時，臺行政長官公署撥款舊臺幣1400萬元，共修竣堤防及護岸4400多公尺，興建排水壩7個。

2.增加化肥生產與供給。臺灣農業在耕作技術上一向遠較中國各省先進，化肥使用量很大，日人統治期間每年即約需65萬噸，光復初期因耕地面積稍降，每年需要量減至約40萬噸，但全省化肥生產總量即使達最高產量時亦未突破10萬噸，遠不敷實際所需。而且，化學肥料成本很高，農民無力購買。為此，主管當局一面積極開闢肥源，除努力組織恢復與發展化肥生產外，並向海外購得了一大批化肥；一面又採取以肥料交換穀物的辦法，以解決農民資金的困難。農民在領取化肥之後，可「以本期收穫穀物按照一定比例，於收穫時期將穀物繳償」。這樣，缺肥問題得以緩和。1946年9月，臺灣省改行田賦徵實制度，因民間餘糧無多，以穀換肥制度乃自行停止。

3.部分調整土地關係。臺灣在光復之前，全島土地耕種面積約87.7萬多甲，其中約2／3強為日本殖民當局或日本私人所占有，屬於臺灣人民所有者不到1／3。光復後，國民黨在臺主管當局根據《恢復區土地清算辦法》及《臺灣省公有土地處理規則》，將所有原由日本殖民當局或日本私人所占有的土地一律收歸國有，實即集中在當時的臺灣省政府手裡。這些公有土地，後來除撥出一部分歸省署各機關及公營企業單位使用外，剩下的絕大多數均出租給無地及少地的農民耕種。農民向官府承租土地、貸款、種子，並向官府繳納地租，從而實際淪為官府當局的佃戶，官府則成了「超級地主」。1948年，臺灣省政府迫於各方的壓力，開始試辦「公地放領」，即將上述從日本人手中沒收的一部分土地，按規定補償辦法出售給無地或少地農民。當年計放領耕地約3383甲，受益農戶有千家。1949年1月開始，又實行「三七五」減租等改革辦法，限制出租耕地的最高租額不得超過主要作物生產品全年收穫總量的37.5%，使原有不合理的租佃制度得到一定改善。

在採取以上一系列措施後，農業生產逐步有所恢復。由於戰爭的嚴重破壞，臺灣光復初期的農業產量十分低落。1945年全省稻穀產量總計63.8萬餘噸，僅及

日本統治時期最高年產量的1/3，甘薯年產量為11.65萬餘噸，也遠低於日本統治時期的最高年產量。1949年，水稻種植面積由1945年的50.20萬公頃增至74.76萬公頃，產量由63.8萬噸增至121.4萬噸；甘薯種植面積由1945年的13.50萬公頃增至23.61萬公頃，產量由116.65萬噸增至216.60萬噸。

（三）恢復和發展工業生產

重點抓四大工業部門：

一是製糖工業。在日本統治時期，臺糖年產量通常在100萬噸左右，最高年產量為1939年的140餘萬噸。1944～1945年度，由於蔗田改作，原料不足等原因，臺糖年產量降至32.7萬噸，不及全盛時期的1/4，1945～1946年度，全臺實際有收穫的蔗田僅3.3萬餘公頃，年產糖進一步降至8.6萬噸。1946年5月1日，由國民黨政府資源委員會操辦的臺灣糖業股份有限公司成立。為恢復臺糖生產，除鼓勵農民種植甘蔗外，還積極發展自營農場，更新生產設備，採用新技術，培養管理人才，1946年起廢除了日本統治時期限價收購甘蔗的政策，改行「分糖法」。所謂「分糖法」，即蔗農將所收穫的甘蔗售予臺糖公司後，由臺糖公司按該甘蔗的實際糖產量以一定比例付還蔗農砂糖。由是大大調動了蔗農生產甘蔗的積極性。1948～1950年度，甘蔗種植面積由1946～1947年度的3.19萬公頃增加至12.04萬公頃；同時間砂糖產量由3.08萬噸提高至63.13萬噸。

二是電力工業。臺灣電力工業本有相當基礎，但在第二次世界大戰後期因盟國飛機多次轟炸而招致重大損失。到1945年8月日本宣布投降時，全臺發電量不過3.2萬千瓦而已。1946年5月1日，國民黨政府的資源委員會和臺灣省行政長官公署合辦的臺灣電力股份有限公司成立，並擬定了恢復臺灣電力工業的三年計畫，先期籌款400萬美元與4200萬元舊臺幣，用作修復或更新受戰爭破壞的各發電所舊存電氣設備，然後再籌款230萬美元與11400萬元舊臺幣，用以完成日據時期已興建但尚未竣工的烏來、天冷、霧社三處發電工程。到1947年底，共完成大小工程110多處，使發電能力恢復到21.3萬多千瓦，發電總量達57600萬千瓦時。1949年10月，日月潭兩個發電所的修復工程基本完工，新裝置的14.3萬千瓦發電設備全部啟用。到1950年，經修復及初期擴充，全臺發電總量已恢復

到33.2萬千瓦，大體接近日本統治時期的水準。

三是機械工業。臺灣光復後，日本殖民當局留下的機械工業計有350個廠家，包括用於軍事服務的機械修造工廠，規模都不太大。這些工廠被接收後，分別改組為臺灣機械公司和臺灣省工礦股份有限公司機械分公司，兩者成為光復後最初幾年臺灣機械工業的主體。臺灣機械公司成立時，總資本額為舊臺幣10億元，所屬工廠都靠海邊，交通十分便利，原料來源充足，業務不斷擴大。到1950年，該公司已擁有工具機341部，工作機109部，電熱爐53部，電氣設備361部，材料實驗設備26部。臺灣省工礦股份有限公司機械分公司的規模更小，除坐落在松山的第六機械廠能夠從事鍍鋅器具製造，以及第七機械廠能夠製造汽車車身和柴油機外，其他5個工廠只能從事一般的機械修理工作。該公司成立後業務仍有相當發展，特別是後來隨著國民黨大批人員自大陸遷臺，核心技術能力不斷獲得補充，其業務更有所發展。其他光復初期的民營機械工廠約有707家，但大都為私人小本經營，設備簡陋，技術落後，更談不上動力設備。

四是水泥工業。這是臺灣建材工業中發展較早的一個工業部門，在日本統治時期已有一定基礎，二次大戰末期同樣受到戰爭破壞。1946年5月1日，國民黨在臺主管當局將接收日本的各水泥製造工廠改組為「國省合營」的臺灣水泥股份有限公司，對水泥實施統制生產。1947年，國民黨政府撥出財政專款50萬美元，投資於臺灣水泥工業的恢復工作。與此同時，國民黨政府又在聯合國農村復興基金中獲得53萬美元的貸款，從加拿大獲得26萬美元的貸款。由於資金順利解決，臺灣水泥工業得以迅速恢復和發展。1950年，臺灣水泥總產量達33.19萬噸，遠超過日本統治時期的生產水準。

（四）整頓財政金融秩序

國民黨政府在接管臺灣的初期，當時的財政金融制度十分混亂。財政會計年度是沿用日本殖民統治時期的舊制，每年從4月1日起至次年3月31日止，而中國財政會計年度則為每年1月1日起至12月31日止，一時還無法改正過來，只好沿用舊有預算。原有的苛捐雜稅，疊床架屋，名目繁多，人民不堪負荷。其中有的是日本殖民當局為保護日商在臺利益而設置的特種稅，有的是他們很早就設置的

税收項目。臺灣的財政收入，在日據時期主要來源於官營事業和專賣事業，租稅收入居其次。光復以後，因百業凋敝，人民納稅能力更低，1946年稅課收入僅占歲入總額的19.4%，於是臺灣當局把財政收入的希望更多地寄託在公營事業盈餘和專賣收入上。然而由於通貨膨脹及大陸全面內戰的影響，加上一部分公營事業轉售為民營，公營事業盈餘收入明顯下降。至於物資專賣，原僅限於菸、酒、樟腦、火柴、度量衡5種，後經調整只保留菸、酒兩種，初期所占收入比重仍然有限。在金融方面，存在的問題更多。由於日本殖民當局在宣布投降後仍大量濫發銀行券，造成了嚴重的通貨膨脹，1945年10月底，舊臺灣銀行券的發行總額已達28.97億元，較同年8月15日前增長了一倍多。後來，在臺灣主管當局採取的緊縮政策和控制下，舊銀行券的發行額已不斷有所下降，但為應付緊急需要，自1946年2月造成8月，臺灣銀行又將舊銀行券加印「中華民國」同年號後陸續發至42.4億多元，較之日本宣布投降時膨脹近3倍，使臺灣物價猶如脫韁之馬而不斷上漲。

　　在這段時間內，國民黨臺灣接管當局為整頓財政金融秩序，曾採取一系列政策措施。1946年4月初，經臺灣省行政長官公署及財政部核准，省財政處著手編制1946年度臺灣省地方預算，自當年4月1日起至當年12月31日止，不再延至次年3月31日止。自此以後臺灣會計年度和預算制度完全與中國各省市實現一體化。在租稅制度方面，1946年3月國民黨政府財政部公布了《整理臺灣稅制五原則》。主要精神是要求實現公平公理、減輕負擔、適度調整、去繁就簡、統一稅制。根據這五條原則精神，臺灣省政府經報准廢除了出港稅、特別法人稅、利益配當稅、公債利率稅、建築稅和織物消費稅等12種苛捐雜稅。不久又廢除了馬券稅、銀行稅、銀行券發行稅等雜稅。總之，凡是涉及苛、繁、雜、擾的課稅一律廢除。與此同時，臺灣接管當局以中國稅法為依據，參酌臺灣具體情況，對日本殖民統治時期制定的各種稅法加以修正，使之與中國稅法相一致。這項工作從1945年11月開始，到1948年底為止，共有20餘種稅法得到修正。其中有的是更改稅名，有的是降低稅率，有的是提高起稅點。田賦在日本統治時期是徵收貨幣，1946年以後改徵實物。關稅和鹽專賣收入，分別移歸海關和鹽務總署接收，筵席稅、娛樂稅、登錄稅等則移歸各有關縣市徵收。隨著稅收工作的改進和

臺灣經濟的復甦，課稅收入在臺灣歲入總額中的比重由1946年的19.4%上升至49%，但這以後所占比重則一直徘徊在30%上下。至於公營事業，隨著生產的發展，盈餘收入雖不斷增加，但由於前述原因的影響，其盈餘收入在歲入總額比重上仍只占10%～20%。改革以後的專賣事業，雖然在專賣品的種類上減去很多，但隨著生產的發展其往後的收入反而有所增加。1947年菸酒公賣局繳庫總數僅為舊臺幣11.5億元，1948年即上升為70億元，增加5倍多，約占臺灣歲入總額的11%，往後仍續有提高。

臺灣的金融機構，在日本殖民統治時期計有銀行7家，產業金庫1家，信託會社1家，信用組合農業會約400餘家。臺灣光復後，一律加以接收和改組。其中株式會社臺灣銀行改組為臺灣銀行，這是臺灣金融機構的樞紐，享有發行貨幣、代理省庫、辦理信託業務及管理臺灣省境內進出口匯兌業務等特權；株式會社勸業銀行改組為臺灣土地銀行，係為調劑臺灣土地金融而設，地位與中國各省的中國農民銀行分行相當，旨在直接或間接地扶植農村農林漁牧的發展；株式會社儲蓄銀行歸併於臺灣銀行儲蓄部。株式會社商工銀行、株式會社華南銀行、株式會社彰化銀行，分別改組為臺灣工商銀行，華南商業銀行，彰化商業銀行，三者係以官為主、官商合辦的金融機構，旨在協助臺灣銀行調劑臺灣金融，扶植中小企業的發展。原株式會社臺灣產業金庫改組為臺灣合作金庫，負有復甦臺灣農村經濟的使命，旨在吸收農村閒散資金，發展合作事業。其他眾多保險、信託等會社亦分別改組為產業保險、人壽保險等股份有限公司，或歸併於臺灣銀行信託部。

臺灣省行政長官公署鑒於臺灣接管後舊銀行券大量發行，造成嚴重的通貨膨脹之勢，於是自1946年9月1日起，准予臺灣銀行正式發行新幣。規定凡持有舊銀行券者必須在兩個月內（後又延長一個半月）到各地銀行兌換新幣，此即後來所通稱的舊臺幣。發行總額原定為30億元，後實際增加至60億元，其中相當一部分是用作兌換舊臺灣銀行券的。截至1946年11月底，共收回舊臺灣銀行券34.4億多元，其餘大體在年底補兌完畢。據統計，改用舊臺幣以後，臺灣貨幣的發行額實際上又淨增加20多億臺元。然舊臺幣的發行，就當時來說，其對隔離大陸惡性通貨膨脹禍害仍造成了相當作用。據臺灣省文獻委員會資料，如果以

1945年8月臺灣物價指數為100的話,則1946～1949年各年年底分別為214、825、2120、11100;而當時大陸「國統區」物價指數同時以8月為100,則1946～1949年年底分別為496、3250、32000、450000。可見臺灣物價上漲的幅度要比大陸「國統區」小得多。

　　臺灣主管當局為縮小大陸發行的法幣極度膨脹給臺灣經濟帶來的嚴重影響,還不得不不斷地適時調整臺幣與大陸法幣的匯率。從1947年1月到9月,匯率由1:35、1:40到1:97。1948年以後,臺幣與大陸法幣和金圓券的兌換比率幾乎天天都在調整,然而臺幣畢竟是國內貨幣的一種,不可能不受法幣貶值的影響。加之,臺灣主管當局為應付各方面的緊急需要,不得不大量印發舊臺幣,且舊臺幣發行準備金和保證金也嚴重不足,因而亦無法阻擋舊臺幣的不斷膨脹趨勢。其膨脹幅度雖較大陸法幣為低,然亦大大超過了當地人民的負荷,1947年初,臺灣銀行只奉准增發60億元,6月復增發60億元,總計達到180億元,比1946年發行之初膨脹了300%。1948年底發行總額已達1420億元,到1949年6月舊臺幣改革前夕,更高達5270多億元,比1946年發行之初膨脹了87.8倍以上。物價因之飛漲,從而給臺灣經濟的恢復和發展,以及臺灣人民的生活帶來深重的災難。

　　這裡應該特別提到的是,1947年所暴發的「二二八」事件,固然在政治上與國民黨當局的獨裁統治和貪汙腐敗有關,但在經濟上與當時嚴重的通貨貶值、物價飛騰、人民處於水深火熱之中的嚴峻形勢也是分不開的。當時日趨險惡的臺灣經濟形勢與國民黨接管臺灣後的腐敗、獨裁統治交織在一起,終於激起臺灣人民的強烈反抗,釀成歷史上著名的「二二八」政治事件。

（李家泉主編:《臺灣經濟總覽》,中國財政經濟出版社）

現代臺灣歷史與兩岸關係的幾個片段

一、戰後接管臺灣

1945年，中國人民經過八年抗戰，終於打敗了日本侵略者，取得了抗日戰爭的偉大勝利，臺灣從此擺脫了日本的殖民統治，重新回到中國懷抱。

　　根據歷史事實，第二次世界大戰期間的國際協定重新肯定了臺灣是中國領土不可分割的一部分。1943年11月，中、美、英三國簽署的《開羅宣言》稱：「三國之宗旨在剝奪日本自1914年第一次世界大戰開始以後在太平洋所奪得或占領之一切島嶼，在使日本所竊取於中國之領土，例如滿洲、臺灣、澎湖列島等，歸還中國」。1945年7月，中、美、英三國，後又有蘇聯參加簽署的《波茨坦公告》，重申「《開羅宣言》之條件必將實施」。

　　1945年8月15日，日本宣布接受《波茨坦公告》中的條款，無條件投降。同年10月25日，臺灣省行政長官兼警備總司令陳儀在臺北市公會堂（後改名為中山堂），接受日軍第10方面軍司令長官安藤利吉的投降。陳儀宣告：「自即日起，臺灣及澎湖列島已正式重入中國版圖。所有一切土地、人民、政事皆置於中國主權之下」。

　　臺灣回歸中國，臺灣全省同胞欣喜若狂，家家戶戶張燈結綵，祭告祖先，通宵歡飲。街頭上鑼鼓喧天，載歌載舞，鞭炮震耳，全臺灣和全中國人民無不興高采烈地歡呼臺灣回到中國懷抱，慶祝中國人民抗日戰爭的偉大勝利。

　　國民黨政府命陳儀出任臺灣行政長官。根據有關文件記載，「其治臺策略，主要係靠特殊化的行政體系加上全面性的經濟統治」。第一，實行行政長官公署制度，由長官掌握行政軍事一元化的權力；第二，為全面掌握日本機關和人員的財產，不讓其他勢力介入，實行了集中統一的接收辦法。這樣，本地人很難取得從政或參與政治的機會；當時還留用了一批日本官吏和警察，容易使人想起日據時代的總督府，因而也引起人們極大的不滿；加上官吏的貪汙腐敗、軍警的橫行殘暴，使接收變成「劫收」，這就為不久後的社會動亂埋下了禍根。1947年的「二二八事件」，就是在這樣的歷史背景下發生的。

　　當時先後接收的日產企業（包括日臺合辦企業）860個，其中日人支配的775個，臺灣人支配的企業85個。臺資企業原則上賣給民間，日資企業除規模較小者進行出售或預定出售外，其餘399個大企業實行公營，其中有19家企業由國

民黨省黨部接收。戰前日本人在臺灣的獨占企業，戰後幾乎全部以國家資本的形式為國民黨政府接收。

從日本殖民統治者手裡接管下來的臺灣，由於受到戰火的摧殘，一些工礦業和基本設施受到破壞，尤其是有關民生的工農業生產基本上處於停頓狀態，生活物資匱乏。當時農業就業人口約占就業總人口的46%，而1945年稻米生產量卻只有64萬噸，比全省最低消費量還少22萬噸，出現嚴重米荒。工業生產只能勉強維持，發電量以及肥料、水泥產量都只達以往的1／3。對外貿易亦陷於停頓。生產衰退，百業凋敝，人民生活水準顯著下降。應該說，戰後國民黨對臺灣經濟的恢復和發展，是作出了一定貢獻的。

二、美國與臺灣（1）

抗日戰爭結束以後，美國政府基於他們全球戰略和本國利益的考慮，主動地出錢、出槍、出力，幫助國民黨打內戰。中華人民共和國誕生以後，美國政府本可以從中國內戰的泥潭中拔出來，但它不但沒有這樣做，反而對新中國繼續採取孤立遏制政策，並積極扶植和利用國民黨控制下的臺灣，以之牽制和對抗新生的中國政權。

美國是「臺灣問題」的始作俑者。其欲利用臺灣，干涉中國內政，是蓄謀已久的。早在1948年秋冬之際，國民黨軍隊在大隊節節敗退時，美國政府就已開始考慮在對華政策上「把臺灣與中國大陸分開來處理」。從1949年1月到3月，美國國務院在幾經醞釀和補充後，終於提出了一份所謂的「全面對臺政策報告」，確定「不讓臺灣、澎湖落入共產黨手中」，而為達此目標，認為「最切實的手段就是把這些島嶼跟中國大陸分割開」。這是經過美國總統批准、首次明文確定以割裂中國領土臺灣為基本目標的政府文件。

1950年6月25日，朝鮮戰爭爆發，美國總統杜魯門公然命令美國第七艦隊進駐臺灣海峽，阻止中國政府解放臺灣，並正式提出所謂「臺灣地位未定論」。

朝鮮停戰後，1954年12月，美國與臺灣當局簽訂了所謂《共同防禦條約》，公然將臺灣置於美國政府的「保護」之下。

從1951年起，美國恢復對臺灣國民黨當局的軍經援助。自1951年到1965年7月的15年間，臺當局僅接受美國各類經濟援助即達14.822億美元。這對臺灣國民黨當局穩住經濟、政局和人心都具有極其重要的作用。

美國政府的意圖是十分清楚的。它就是要在臺灣海峽畫一條線，讓雙方不得踰越，從而實現其「劃峽而治」、製造「兩個中國」的圖謀。這種做法，不僅遭到中國政府的堅決反對，也不為國民黨蔣介石所接受。

中國是聯合國創始會員國，也是安全理事會五個常任理事國之一。但是由於美國的無理阻撓，操縱表決機器，致使新中國在聯合國及安理會的合法席位，長達22年之久一直被臺灣當局所竊居，直至1971年10月25日，第26屆聯大始以壓倒多數的票通過了恢復中華人民共和國在聯合國席位的提案，美國所炮製的「兩個中國」圖謀遭到徹底破產。

三、美國與臺灣（2）

1979年1月中美建交。美國政府在雙方簽字的《建交聯合公報》中聲明：「承認中國的立場，即只有一個中國，臺灣是中國的一部分」，「中華人民共和國政府是中國唯一合法政府。在此範圍內，美國人民將與臺灣人民保持文化、商務和其他非官方關係」。

然而中美建交公報的墨跡未乾，1979年4月美國參、眾兩院先後通過《臺灣關係法》，並於當月10日經美國總統簽署生效。該關係法公然聲稱：「美國決定與中華人民共和國建立外交關係，是基於臺灣的前途將透過和平方式解決這樣的期望」；「以非和平方式包括抵制或禁運來決定前途的任何努力，是對西太平洋地區的和平與安全的威脅，並為美國嚴重關切之事」；美國仍將「向臺灣提供防禦性武器」。這樣一來，美國一方面表示遵守中美聯合公報，執行一個中國政

策；另一方面又以美國的國內法《臺灣關係法》為基礎，繼續在政治、經濟、軍事等各方面扶植臺灣。這就是美國對華執行的所謂「雙軌政策」。表面上，美國在強調臺灣問題的和平解決，實際上，是處心積慮地阻礙中國的和平統一。這已為往後的歷史事實所充分證明。

美國軍售臺灣的政策不僅一直未變，且有越益加劇之勢。據統計，從1950年到1978年的28年間，美國軍售臺灣武器價值累計約100多億美元；而自1979年中美建交到2000年底的21年間，美國軍售臺灣的武器竟高達400多億美元，其中僅1994年至1999年即達133億美元。2001年4月24日，美國新政府決定向臺灣出售的各種高性能進攻武器，更高達40億至60億美元。美國最近決定出售的這筆武器，無論在數量、質量、規模、機制與領域等諸多方面，都較過去有新的更大的突破。難怪陳水扁洋洋得意地說：「最近國際形勢的發展也讓我們更有信心」。這裡所說的「國際形勢的發展」，顯然就是指的美國新政府在售臺武器上所表現的「親臺」傾向，所說的「讓我們更有信心」，也顯然指的美國對臺灣新當局在「獨立建國」上所給予的「鼓勵」與「鼓舞」。

日本在臺灣實行的殖民統治長達50年之久，與臺灣社會有著千絲萬縷的聯繫。臺灣回歸中國後，日本右翼勢力妄圖重新染指臺灣的野心始終不死。在臺灣問題上，這些人與美國反華勢力既勾心鬥角又相互聯合和配合。如果說，美國主要著重於政治和軍事上對臺灣的控制，日本則主要著重於經濟、科技和社會文化方面對臺灣的滲透和控制。日本親臺勢力與臺灣分裂主義分子，長期保持有聯繫，暗中勾結，狼狽為奸。他們積極推動臺灣分裂主義代表人物訪日，並妄圖發展甚至提升日臺間實質關係。

四、「八二三」炮戰

歷史上的「八二三」炮戰，是指始於1958年8月23日，中國人民解放軍在金廈海峽對國民黨軍隊所展開的一次大規模炮戰。這場炮戰長達40餘日，世界為

之注目。

中國人民解放軍之所以要發動這場炮戰,一是為了反擊國民黨在美國慫恿下對中國大陸沿海不斷進行的騷擾活動,二是為了支援中東人民反對美軍武裝入侵黎巴嫩的正義鬥爭。

1958年8月23日中午12時開始,我福建前線所有炮兵陣地同時向金門開火,萬炮齊發,炮彈如雨,約兩小時即落彈5.75萬發。據報導,火力的猛烈和密集,「與攻擊柏林的炮火差不多,甚至有過之而無不及」。在三天之內約有10萬發炮彈飛向金門,不僅重創了國民黨軍隊,也是對美國政府干涉中國內戰的一次嚴正警告。人們讚譽毛澤東所指揮的這場炮戰是「智慧之戰」。

在炮擊金門達到預期目的之後,中共中央決定暫停炮擊。10月6日上午,北京電臺播出毛澤東親自起草,以中華人民共和國國防部長彭德懷名義向臺灣、澎湖、金門、馬祖軍民發布的文告。文告說:「我們都是中國人。三十六計,和為上計。金門戰鬥,屬於懲罰性質」。「臺、澎、金、馬是中國領土,這一點你們是同意的,見之於你們領導人的文告,確實不是美國人的領土」。「臺、澎、金、馬是中國的一部分,不是另外一個國家。世界上只有一個中國,沒有兩個中國。這一點,也是你們同意的,見之於你們領導人的文告」。「你們領導人與美國人訂立軍事協定,是片面的,我們不承認,應予廢除。美國人總有一天肯定要拋棄你們的」。

文告中還談到了暫停炮擊的目的和條件。目的是「為了人道主義」,為了讓國民黨軍隊「可以充分地自由地輸送供應品」。條件是「沒有美國人護航」,「如有護航,不在此例」。又說:「美國人總是要走的,不走是不行的」,「一個東太平洋國家,為什麼跑到西太平洋來了呢?西太平洋是西太平洋人的西太平洋,正如東太平洋是東太平洋人的東太平洋一樣。這一點是常識,美國人應當懂得」。針對美國官方所謂「停火」,文告說:「中華人民共和國與美國之間並無戰爭,無所謂停火。無火而談停火,豈非笑話?」至於海峽兩岸之間,「是有戰火的,應當停止,並予熄滅,這就需要談判」。

1958年10月25日,毛澤東在以國防部長彭德懷名義起草的《告臺灣同胞

書》中，再一次重申了以上文件精神，並特別強調說：「相信你們絕大多數都是愛國的，甘心做美國人奴隸的只有極少數」，「中國人的事只能由我們中國人自己解決。一時難於解決，可以從長商量」，「化敵為友，此其時矣」。毛澤東的這些話，至今讀起來仍覺親切，頗有現實意義。

五、中國政府對臺政策的發展

新中國成立以來，中國共產黨和政府就把解決臺灣問題，完成國家的統一大業作為自己應實現的歷史任務之一。40餘年來，其針對不同時期的實際提出相應的政策措施，鮮明地表明了中國共產黨人對解決臺灣問題的堅定立場和理性的政策思想，這是促進海峽局勢發展的最重要動力。

（一）「解放臺灣」方針的形成

1949年10月1日，中華人民共和國宣告成立。當年底，以蔣介石為首的國民黨勢力大部從大陸潰退到了臺灣，並依仗美國的扶植，繼續維持著一個所謂「代表全中國」而與新中國相敵視和對抗的政權架構。逃臺之初，蔣介石即提出「一年準備，兩年反攻，三年掃蕩，五年成功」的復辟目標，並把這一復辟幻想化為一系列對大陸進行騷擾竄犯的軍事行動。1950年6月25日朝鮮戰爭爆發後，美國公開食言，把「臺灣屬於中國」的諾言予以推翻，謊稱「臺灣地位未定」的同時，又派遣艦隊進駐臺灣海峽。中國共產黨和政府為繼續完成新民主主義革命任務，反對外國勢力干涉，捍衛國家領土的完整，提出了「一定要解放臺灣」的鬥爭目標。1949年12月31日中共中央發表《告前線戰士和全國同胞書》明確提出，中國人民目前的重要任務就是：「解放臺灣，完成統一中國的事業」。1950年6月27日美國政府派遣艦隊進駐臺灣海峽後，中國政府當日即發表聲明，強調「臺灣屬於中國的事實永遠不能改變」，「全體中國人民必須萬眾一心，為從美國侵略者手中解放臺灣而奮鬥到底」。

（二）「和平解放」方針的提出

1953年7月朝鮮停戰協議簽訂，1954年初召開柏林會議，同年7月越南停戰協議在日內瓦簽訂，一系列事態的發展表明國際緊張局勢已開始趨於緩和。面對這一新的形勢變化，中共對臺政策開始作了一些新的調整。中華人民共和國總理周恩來於1955年4月在萬隆召開的亞外會議上，提出與美國談判以緩和海峽局勢的建議。周恩來提出：「中國人民和美國人民是友好的，中國人民不要跟美國打仗。中國政府願意與美國政府坐下來談，討論和緩遠東緊張局勢的問題，特別是和緩臺灣地區的緊張局勢問題」。當年7月，美國政府作出反應，同意於8月1日兩國開始進行大使級會談。中美雙方先在日內瓦後在華沙舉行大使級會談，至1970年1月20日結束，前後達16年，舉行135次會議。由於美國拒絕從臺灣海峽撤軍，且要求中共承諾不對臺使用武力，致使談判無法達成具體結果。與此同時，中共向國民黨當局提出了關於國共舉行談判，以和平方式解決臺灣問題的倡議，1955年5月13日，國務院總理周恩來在人大常委會第十五次會議上提出，「中國人民解放臺灣有兩種可能的方式，即戰爭的方式和和平的方式。中國人民願意在可能的條件下，爭取用和平的方式解放臺灣」。對此，國民黨亦作出了某種反應，於1957年春派出「立委」宋宜山祕密到大陸與中共領導人進行試探性接觸，雖然並未取得具體結果，但中共和平政策的提出，無疑贏得了政治上的主動，得到包括李宗仁在內的不少海外國民黨人士的積極反應。

　　值得指出的是，在國共長期的分裂對峙中，中共對於國民黨堅持一個中國，反對美國分裂陰謀的立場，一直是採取積極態度給予支持和援助的。其中最突出的表現在處理金門馬祖的防衛政策上。1958年「八二三」金門炮戰後，中共領導人即注意到美國政府與蔣介石之間圍繞著是否防守金馬問題產生了嚴重分歧。其時，美國極力反對防守金馬，主張撤軍，是一個旨在切斷臺灣與中國大陸的聯繫紐帶，以實現「劃峽而治」的政治謀略。中國大陸在「一個中國」原則下，採取了「聯蔣制美」的戰略方針，從而挫敗了美國的分裂陰謀。

（三）「和平統一」方針的制定

　　1979年中美正式建交，這為臺灣問題的解決，消除國際上的最大障礙創造了條件；為中共調整對臺政策、制定和平統一中國方針提供了現實基礎。全國人

大常委會於元旦發表《告臺灣同胞書》，提出了臺灣與大陸實現和平統一的大政方針，表示在解決統一時，「將尊重臺灣現狀和臺灣各界人士的意見，採取合情合理的政策和辦法，不使臺灣人民蒙受損失」，並建議透過商談，盡快結束兩岸的軍事對峙狀態，實現通商、通郵、通航和兩岸人民的正常往來。爾後中共領導人鄧小平、葉劍英、胡耀邦、鄧穎超等在多種場合發表談話，系統地闡述了中共對臺灣回歸中國，以「一國兩制」方針實現兩岸和平統一的原則立場和政策構想。這些方針政策和構想大體可歸納為以下10點：

1.臺灣一定要回歸中國，不能長期維持分裂的局面，這首先是民族感情問題，也是解決臺灣問題的基本前提。

2.解決臺灣問題可以有兩種方式，和平方式和非和平方式；中共主張用和平方式解決，因為非和平方式總是不好，不符合兩岸人民的根本利益，但中共不能向其他國家保證，承諾只採取一種方式而不採取任何其他方式，因為這終究是中國的內政。

3.解決臺灣問題的辦法由兩岸執政的國共兩黨實行對等談判，你不吃掉我，我不吃掉你；同時充分尊重包括臺灣人民在內的全國各族人民的意願，真誠地希望與海內外一切主張中國統一的黨派、團體和社會人士交換意見。

4.實現臺灣與大陸和平統一的根本方針是尊重歷史尊重現實，實行「一個國家、兩種制度」，即在中華人民共和國內，大陸實行社會主義制度，臺灣實行資本主義制度，雙方都不把自己所實行的政治社會制度強加給另一方。

5.國家實現統一後，臺灣現行社會經濟制度、生活方式，與外國的經濟文化聯繫長期維持不變。臺灣人民的各種合法利益和外國在臺投資等均得到保護，不受侵犯。

6.統一後，臺灣可作為一個特別行政區，享有高度的自治權，包括立法權、獨立的司法權和一定程度的外事權。並可保留軍隊及從外國購買必要的防衛武器，但條件是不能損害統一的國家的利益。

7.統一後，臺灣的黨政軍系統都由臺灣自己來管，中央政府不干預臺灣地方

事務；臺灣當局和各界代表人士還可擔任全國性政治機構的領導職務，參與國家管理。

8.統一後，臺灣地方政府在對內政策上可以搞自己的一套，但在國際上代表中國的，只能是中華人民共和國。

9.中國統一後，中國共產黨和中國國民黨及其他黨派將持久合作，長期共存，互相監督。

10.臺灣問題是中國的內政，必須由自己來解決，絕不允許外人干預插手，製造「兩個中國」或「一中一臺」，破壞中國的和平統一；但歡迎外國友好人士和政府做推動兩岸關係發展的工作，對中國和平統一作出貢獻。

與此同時，中共還採取了一系列旨在緩和兩岸關係，促進「三通」、推動統一進程的實際步驟和具體措施。

六、國民黨大陸政策的演變

國民黨撤至臺灣後，直至蔣經國去世前，面對美國、大陸和島內形勢的發展變化，其對大陸的政策和做法的調整演變，大體經歷了三個不同時期：

（一）軍事反攻政策的破產

自1949年國民黨退據臺灣至50年代前期，是其推行積極軍事反攻政策時期。時值第二次世界大戰後的國際冷戰時期，在美國推行對共產主義「圍堵」政策，發動侵朝戰爭及扶蔣反共的形勢鼓勵下，國民黨提出「確保臺灣，反攻大陸」的口號，叫嚷「一年準備，兩年反攻，三年掃蕩，五年成功」，幻想爆發第三次世界大戰，依仗美國支持捲土重來，借武力重返大陸。1952年10月，國民黨退據臺灣後首次召開的第七次代表大會，通過了關於「反攻大陸」的決議案，宣稱從心理、政治、軍事等各方面對中共進行作戰。其間，國民黨一面整頓內部、進行清黨改造和「土地改革」，一面採取一系列軍事步驟，對大陸進行騷擾

竄犯活動。僅1950年頭8個月，國民黨先後派出多批飛機轟炸上海、南京、廣州、廈門等大陸城市，派遣數十股武裝人員對大陸東南沿海和西南邊境進行竄犯活動。這些軍事行動均遭到中共方面的沉重打擊，無一獲得成功。隨著美國在朝鮮戰爭中的失敗，其復辟幻想遂告破產。

（二）冷戰對峙政策的終結

50年代中期至70年代是其推行冷戰對峙政策時期。特點是國民黨當局雖仍繼續堅持「反攻復國」的基本立場，但迫於客觀現實，不得不對其大陸政策開始有所調整。1958年「八二三」金門炮戰後，在內外輿論壓力下，10月美國國務卿杜勒斯訪臺與蔣介石會談，在雙方發表的《聯合公報》中，國民黨雖未保證放棄使用武力，但確認統一中國的主要途徑「為實現孫中山之三民主義，而非憑藉武力」，放棄了「反攻大陸」的口號，將之改為「光復大陸」，提出「三分軍事，七分政治」，並開始執行「經營臺灣」、「建設三民主義模範省」的政策。與第一時期明顯不同，國民黨已開始把注意力放到建設臺灣上。70年代以後，聯合國驅蔣、尼克森訪華，日本、加拿大等國相繼與之「斷交」，臺灣新興地方勢力亦加緊爭權，其統治地位日形動搖。1970年釣魚臺事件後，島內外掀起了愛國統一運動，要求國民黨早日結束海峽兩岸分裂局面。為了穩定內部，蔣經國於1972年出掌行政院後，便著力推行「革新保臺」、「往下扎根」的方針，一面大力進行經濟建設，一面大量提拔地方人士參政。然而隨著地方勢力的擴大，70年代末期相繼發生了中壢、高雄反蔣事件，使國民黨的偏安求存政策亦面臨破產威脅。

與此同時，臺灣當局對大陸的軍事行動逐步減少。自1958年金門炮戰後，雙方除時斷時續的炮擊，以及國民黨曾於1962年前後，利用大陸面臨三年暫時經濟困難時期，派遣多股武裝特務進行偷襲外，其軍事行動已明顯減少。值得注意的是，在大陸的「十年動亂」期間，國民黨雖曾有「揮師北伐」的幻想，但受內外因素的牽制，除派遣特務進行暗中破壞外，並沒有明顯的實際性的軍事行動。其原因，一是懾於大陸軍事力量的強大，未敢輕舉妄動；二是時值戰後西方資本主義經濟的轉型時期，豐沛的資金，活躍的國際市場，為第三世界國家和地

區的經濟發展提供了有利時機，國民黨亟望利用這一機會，大力促進經濟的發展，以增強其在臺灣立足的實力。其間，臺灣軍事費用也由50年代初占財政支出的80%～90%，逐漸降至40%～50%。

（三）所謂「三民主義統一中國」

截至1988年元月，蔣經國逝世前，其大陸政策的調整大體經歷了以下三個演變階段：

——《告臺灣同胞書》發表後的兩年內，是消極反對階段。國民黨一方面採取非常頑固僵硬的立場，把中共提出的「三通」統一建議一概視為「統戰陰謀」，並提出「絕不接觸、絕不談判、絕不妥當」的「三不政策」作為回應。但另一方面，也相應停止了對大陸的炮擊行動，在臺灣海峽採取了一些有利於緩和緊張局勢的措施。

——從1981年3月國民黨召開十二大前後到1986年3月國民黨十二屆三中全會前這5年多時間內，國民黨的基本立場雖沒有變化，但其做法和態度開始出現了一些微妙的變化。如檢討臺灣內外形勢，確認「偏安不能自保，分裂必然滅亡」的基本理念；改變「反共復國」方針，提出「三民主義統一中國」，在不放棄「三不政策」的前提下，開始放寬對大陸宣傳的尺度及對和平統一問題的輿論控制。臺灣一些官方、半官方的報刊開始議論統一的途徑和條件，提出了「大中華聯邦」、「中國國協」、「大中國邦聯」、「多體制國家」、「一國兩席」、「一國良制」、「兩制一國」、「一國兩治」等各種設想。與此同時，逐步鬆動了對兩岸民間文化學術交流和間接貿易的限制，兩岸關係開始出現鬆動。雙方民間人員來往接觸日趨頻繁，間接貿易逐步發展。

——1986年3月國民黨十二屆三中全會至1988年1月蔣經國逝世前的兩年時間內，國民黨當局在內外重重壓力下，開始推行較前「開明的做法」。其在逐步調整內部統治體制的同時，對處理兩岸關係的態度較前積極、做法較前靈活，處置更為果斷。當局言論表現出對「三不政策」做有限度鬆動和修正跡象，蔣經國的不少談話未再提「絕不接觸」，其他一些國民黨領導人也曾表示：「三不政策」「不是不可改變的」。彈性處理華航貨機事件，這是在「業務會談」名義

下,對「三不政策」的一次重大突破。特別是1987年7月宣布解嚴後,部分放寬對臺灣民眾的出入境限制,首次允許臺灣民眾可以香港為出境觀光旅遊的首站;不久又宣布自1987年11月2日起,允許除現役軍人和公職人員以外的臺灣居民,可經由第三地區轉赴大陸探親;有限度開放對大陸的部分出版物的入境限制,准許臺灣學術機構進口大陸學術及文藝著作,允許臺灣出版商經由第三地區獲得大陸科技、文藝、史料等非政治性書刊,並經申請審核後以繁體字在臺翻印出版,同時適當開放大陸風光和文物錄影帶進口等。

七、臺獨勢力的發展

臺獨思潮與活動的產生,有其複雜的歷史、社會、政治原因,也是美國、日本反華勢力支持下的產物。臺獨勢力的分裂活動,始於臺灣重歸中國版圖之後,經歷了一個較長時間的發展過程,如今已成為臺灣社會的「毒瘤」,是對兩岸關係的發展與中國和平統一的嚴重障礙。

（一）臺獨分裂勢力的三個時期

1.1950、60年代的臺獨以日本為活動中心。1945年日本天皇宣布投降後,其駐臺灣總督安藤利吉即曾策動部分軍國主義分子和收買一些臺籍漢奸分子,在臺灣建立起密謀臺灣獨立的地下組織。國民黨自大陸撤至臺灣後,由於在臺灣實行高壓統治,臺獨在島內無法進行活動,於是日本成為臺獨勢力的活動中心。1950年廖文毅、邱永漢等轉移到日本,1951年在日本東京正式成立所謂「臺灣民主獨立黨」,1955年宣布組成「臺灣臨時國民議會」,1956年進而成立「臺灣共和國臨時政府」。他們追隨當時美國炮製的「臺灣法律地位未定論」,公開鼓吹臺灣脫離中國,依附日本。60年代中、後期,由於其內部組織發生分裂,新生代的「臺獨分子」紛紛脫離廖文毅,另立門戶,自成體系地組織新團體。在此情況下,加之國民黨當局的滲透策反,廖氏等主要頭目先後回臺灣,歸順國民黨。於是,在日本的臺獨勢力漸趨衰微。

2.七八十年代的臺獨以美國為活動中心。早在50年代和60年代，美國即已出現臺獨組織，所稱「臺灣獨立聯盟」，曾逐漸由祕密走向公開，但聲勢還不算大。1970年1月初，島內臺獨頭目彭明敏在美國策劃下逃出臺灣，經瑞典轉往美國。其後不久，分散在日本、西歐、美國等地的臺獨勢力，均相繼聚集於美國，使「臺灣獨立運動」指揮重地逐漸由日本轉至美國。1971年6月在美組成立統一指揮、協調臺獨活動的機構——「世界臺灣人爭取獨立聯盟」（簡稱「臺灣獨立聯盟」）。該聯盟總部設美國，在美國本地及日本、加拿大、歐洲，後來還有南美洲等都設有分部。臺獨於是以美國為大本營，並在美國反華勢力的慫恿和支持下，積極開展分裂中國的活動。1974年到1982年，又先後在美成立「世界臺灣同鄉聯誼會」、「臺灣人公共事務會」（FAPA）等組織。它們都以對美國國會和政府的遊說活動為重點，同時也注重加強對臺灣島內的滲透和黨外分離勢力的聯繫。

3.90年代以來臺獨運動中心轉入島內。80年代後期開始，海外的臺獨運動即逐步向島內轉移，鼓吹實行「獨立建國」。1986年臺灣最大反對黨「民進黨」宣布成立，其領導權基本上一直為臺獨分子所把持。該黨第一屆全國黨代表大會通過的黨綱，主張「臺灣前途由臺灣全體住民決定」。其後並通過了「臺灣人民有主張臺灣獨立的自由」、「臺灣國際主權獨立」等決議。李登輝主政臺灣後，在其姑息與慫恿下，海外臺獨組織加強向島內滲透，美國最大的臺獨組織「臺灣獨立聯盟」遷回臺灣，其成員不久即集體加入民進黨。1991年10月，民進黨召開五大，更將「建立主權獨立自主的臺灣共和國暨制定新憲法，應交由臺灣人民以公民投票方式選擇決定」列入黨綱。1992年5月，臺立法院修改刑法，廢除「刑法第100條」和「國安法」，從此島內的臺獨分子及其活動被完全合法化。他們透過選舉及其他做法，進入島內各級「民意機構」和權力機構。2000年3月18日，島內實行大選，民進黨代表人物陳水扁以占全島選民39.3%的選票當選為臺灣領導人。至此，臺灣島內和兩岸之間的統獨之爭進入了一個新階段。

（二）臺獨組織的四個派別

臺獨組織因各自的國際政治背景和集團利益利害的不同，在推進「臺獨運

動」的策略與做法上有不同的主張，從而形成不同的派別。從過去和現實的實際情況看，大致可分為四種類型：

1.「皇民化臺獨派」，即以廖文毅為代表的「臺灣共和國臨時政府」。他們主張臺灣從中國版圖分裂出去，依附於日本，成為日本統治的屬地；臺灣人民改名換姓，成為日本天皇的子民。這一派到60年代後期逐漸沒落。

2.「社會主義臺獨派」，又稱臺獨左翼派。以史明、左雄、李義雄為代表的「臺灣獨立會」、「臺灣共產黨」等組織。他們主張「臺灣獨立加臺灣革命」，鼓吹「不斷革命」，透過「臺灣獨立」，「過渡到社會主義社會」，實現臺灣「真正的獨立」。

3.「倒蔣臺獨派」，又稱「激進暴力派」，即以蔡同榮、張燦鍙等為代表的「世界臺灣獨立聯盟」。他們主張透過暴力手段實現臺灣獨立。他們聲稱自己是「臺灣人」，不是中國人，「臺灣人應獨立建國」。

4.「革新自決派」，又稱「隱形臺獨派」。主要是以彭明敏為代表的「臺灣人公共事務會」，以及島內的臺獨派別。這一派認為蔣經國死後臺灣現實的政治環境發生了變化，以激烈而明顯的手段來進行「臺獨運動」太不明智，太不理智，容易遭受裁制，主張以「臺灣住民自決」的可進可退、較為隱蔽的手法進行「臺灣獨立運動」，或透過「政黨競爭」、議會多數等方式取得臺灣主控權後再宣布臺獨較為有利。這種主張及其勢力在島內有發展之勢。

必須還原歷史真相——抗日戰爭70週年紀念有感

2015年的7月7日，是抗日戰爭70週年紀念日，撫今思昔，感慨良多。

抗日戰爭的8年，正是我11歲到18歲、兒童到青年的黃金年華。我是在國民黨政權統治下長大的，父親當時是一個鄉的小學校長，全家臨時住在一個鎮子上。這個小學，實際上又是一個學生補習社，是這個鎮和鄉的文化中心。他們幾

乎每年都要舉辦一次抗日戰爭紀念活動。大約抗日戰爭進入中期階段，我已經是這個學校或學生補習社的「小秀才」。學校裡或鎮上每一次較大的紀念活動，一些同學的會議發言稿，多數都是要求我主寫或起草的。有一年的7月7日，一個全區性的抗日紀念大會在鎮上召開，我那當時不過5歲的弟弟，在這次會議上被抱上臺去講演，其講稿就是我奉父命起草並讓他背熟然後上臺去講的，其年歲讓全場為之譁然和叫好。我們兩人到現在都很清楚地記得，那個講稿就曾提到：「日本帝國主義者侵占了中國的臺灣和東北三省……」我後來成了對臺工作的關注者，成了研究臺灣的學者，説明我和臺灣是有一定緣分的。

我父親主管的小學校，曾被當時住在附近一個鎮的日本鬼子騷擾過，與我同村的一個李氏親屬亦被日本侵略者殺害了。日本侵略者的燒殺淫擄，是無人不知、無人不曉、無人不恨的。

「人」不僅是自然產物，也是社會產物，環境產物。我們從小就知道愛國，就仇恨日本鬼子，就反對日本侵略者，這和我們生長的年代和環境是分不開的。我們這些人，不可能有辜寬敏、李登輝、呂秀蓮、黃昭堂以至陳水扁、游錫堃、謝長廷這樣一些人的感情。而且，日本殖民主義者在侵占臺灣時，先之以「威」，鎮壓和殺死臺灣人民不知多少萬人；而後繼之以「德」，如興修農田、發展工業等。這後者也還是為了侵略戰爭的需要。許多人只看到了後面的表象，而未看到前面，因而感念不已。其中有些人，如李登輝家族、辜寬敏家族，則受到了拔擢和重用，實際上他們全家都「皇民化」了。他們忘記了歷史，也背叛了歷史。

現今的民進黨當局，不是把清算的矛頭指向當時的日本侵略者、殖民者，而卻指向自己的另一部分同胞，特別是指向抗日戰爭勝利後才移民臺灣的所謂「外省人」，動輒扣以「親共」、「賣臺」之類的大帽子。日本侵略者在臺灣統治半個世紀，包括屠殺、徵兵、重稅、「慰安婦」、「皇民化」等等，罪惡滔天，不但沒有被清算，而且極盡「美化」之能事，説了很多掩飾其罪行及違背事實的話，諸如把日本「殖民」改成「日據」，「投降」改成「終戰」，有些綠營政黨領導人甚至還去日本參拜「靖國神社」。兩相對比，如今的臺灣當局親誰愛誰、

恨誰打誰，再清楚也不過了。

　　老實說，我對國民黨的過去並無好感，當年我是背叛它參加革命工作的，國民黨是不受大陸人民歡迎而被趕到臺灣的。到了臺灣以後，又長期反共拒和，給了臺獨以滋生、發展的空間和條件。不過，共產黨對國民黨的過去仍然是一分為二的，認為它是抗戰的、愛國的，有否定也有肯定。其到臺灣後，在抗擊美國的「劃峽而治」，發展臺灣經濟，實現解嚴解禁，開放兩岸探親，以及後來的實行「本土化」政策等方面，都是有貢獻的。不能什麼都否定，什麼都一棍子打死，這是不對的，也是違背歷史事實的。物極必反，如今是民進黨自己正在走向歷史的反面。

　　什麼本省人、外省人，我看沒有「外省人」就沒有「本省人」，現在的「本省人」都是過去的「外省人」。本省人「愛臺」、外省人「賣臺」，這更是荒謬至極。真正「賣臺」又「賣國」的，說到底就是民進黨集團中的極少數人。說別人「賣臺」，實際是為保護自己而放出的煙幕彈，是用來欺騙臺灣民眾的。民進黨搞的「去蔣化」、「去國民黨化」，目的是搞「去中國化」，既「賣國」又「賣臺」。歧視「外省人」，反對「外省黨」，隨便扣「紅帽子」，實際上是在搞「族群法西斯」，最後目的自然也是在反對大陸的中國共產黨，妄圖實現「臺灣獨立」。

　　我曾經對民進黨抱著極高的期待，希望它能夠成為「良性政黨」，帶領臺灣民眾走上正途，正確解決國共內戰遺留下來的兩岸關係問題。然而，我失望了，大失所望。

　　臺灣現在已被民進黨中的極少數野心分子搞亂了。歷史被扭曲，是非被混淆，黑白被顛倒。然而或早或遲，或快或慢，終究會「還原歷史真相」。

　　2007年3月6日，我給《中國評論》新聞網寫了一篇稿子，題為〈請看「正名」者，人亦正其「名」〉；終有一天，我會再寫一篇：〈請看「清算」者，人亦清其「算」〉。

臺灣歷史上先後三次「去中國化」運動

　　陳水扁的「一邊一國論」，激起了包括臺灣在內的全體中國人民的強烈憤慨，各地一片聲討和批判之聲。陳水扁等一夥，雖已被迫「降溫」、「滅火」，但其臺獨本性是不可能改變的，我們絕不可絲毫放鬆警惕。

　　從李登輝到陳水扁，我們似已發現他們在走臺獨、分裂中國這條路上，有著一條共同的運行規律，這就是「民主化—本土化—去中國化—臺獨化」。這實際上是他們實現臺獨的四個步驟：第一是「民主化」。所謂民主，這不過是一個幌子，是他們為奪取權力，實現其臺獨野心的一個工具。藉口所謂「當家做主」，強調「臺灣前途由臺灣人民決定」。第二是「本土化」，強調「認同臺灣」、「臺灣優先」，反對「認同中國」和實現統一。凡「認同臺灣」而不「認同中國」者，被視為「愛臺」，否則就是「賣臺」。第三是「去中國化」，這是他們強調「民主化」和「本土化」的最重要目的，是問題的關鍵。凡與中國或中國大陸有關係的標語口號、地圖畫冊、徽章標記、機構名稱、街道名稱、公司名稱等等，都在「去」字之列。第四是「臺獨化」，即在「民主化」、「本土化」、「去中國化」都大體完成後，再動用「民意」，鼓動「公投」，最後實現民進黨的「獨立建國」目標。

　　這裡我要特別指出的，是所謂「去中國化」問題。這對分裂主義者來說，是最重要也是最艱難的問題。中國大陸民主黨派領導人之一的成思危先生，最近在接見一海外華裔華人文化教育交流團時說：「中國是一個文明古國，包括臺灣人民、港澳人民在內的中華各族兒女共同創造的五千年燦爛文化，始終是維繫中華民族的精神紐帶」。這些話說得多好啊。臺灣人是中國人，是中華民族不可分割的部分，臺灣的領土主權也是整個中國領土主權不可分割的部分。歷史已經證明，不論誰要在這塊土地上搞「去中國化」運動，都是不可能得逞的。

　　這可以從日本開始的臺灣先後三次「去中國化」運動為例來說明：

　　第一次，是日本人搞的「皇民化」運動。所謂「皇民化」運動，實際就是

「去中國化」運動。日本侵略者心裡明白，要想真正統治臺灣，必須首先征服臺灣民心，割斷在臺灣的中國人與中國大陸的血肉聯繫。於是，他們在臺灣開展「皇民化」運動，從姓氏稱呼到語言文字、到生活習慣、到思想信仰、到包括教科書在內的各種出版物，統統要求實行「皇民化」或「去中國化」，並進行這方面的「教育」。1941年前後還集中地大搞一次。結果怎麼樣呢？除了極少數如李登輝之流，被徹底「皇民化」之外，其餘人並沒有被征服。而且，越是這樣做，越是激起人們對中國的懷念。日本對臺灣進行了50年的殖民統治，而「誓不臣倭」的英雄的臺灣人民也堅持了50年不屈不撓的抗日鬥爭。

第二次，是李登輝搞的「兩國論」運動。表面上，這個「兩國論」是李登輝1997年才提出來的，實際上在他主政的12年內一直都是在有計劃地推行他的「兩國論」理念。內心想的是「兩國論」，行動上做的是「去中國化」。要想落實「兩國論」，必須推行「去中國化」。所謂「民主化」和「本土化」，其要害是「去中國化」，也是為了實現「去中國化」。在他主政的幾年內，島內的各種矛盾、族群矛盾和統獨矛盾，越炒越熱。「本土化」亦稱「臺灣化」，李氏不僅在機構設置、區域劃分、人事制度上搞「臺灣化」，在政治、軍事、思想、教育、文化等各個方面都推行「臺灣化」。中國國民黨被越加「臺灣化」，所稱「中華民國」也被越加臺灣化。結果怎麼樣？這個首號臺獨頭子，已被絕大多數的臺灣人民所唾棄。目前雖仍垂死掙扎，但卻絕無「回天之力」。

第三次，是陳水扁搞的「一邊一國」論。陳水扁是2000年3月18日，在其「臺獨教父」李登輝的大力扶持和一手運作下上臺的，當年5月20日就職。兩年多來，他對李登輝亦步亦趨，更加賣力地推行「去中國化」運動。李登輝搞的是「激（急）進臺獨」，而他搞的是「漸進臺獨」。其具體做法是，由近到遠，由小到大，由內向外，由量到質，化整為零，蠶食漸進，一點一滴地推動臺獨。這兩種臺獨，一脈相承，形式不同，本質一致。在陳的「一邊一國論」拋出後，這兩種臺獨實際上已經「合流」了。陳水扁像李登輝一樣，完全錯誤地估計了形勢。原以為「一邊一國」論一出籠，不僅臺灣島內支持，美國會策應，中國大陸亦對他「無可奈何」。未想到，「機關算盡太聰明，反誤了卿卿性命」，現竟成了繼李登輝之後第二個新的「麻煩製造者」。不得已，被迫撤兵，節節敗退。完

全可以肯定,是不會有好下場的。

由上可見,從日本的「皇民化」運動,到李登輝的「兩國論」和陳水扁的「一邊一國論」,都是搞的「去中國化」運動,都是要從根本上把臺灣從中國大家庭中分裂出去。李登輝的「去中國化」運動,是從日本「皇民化」運動那裡學來和搬來的,他自己其實早就被徹頭徹尾地「皇民化」和「去中國化」了。陳水扁作為「李摩西」欽定的繼承人「約書亞」,他的「去中國化」一套,則是間接來自日本、直接來自李登輝。在手法和做法上,雖不愧為「一代勝過一代」,但也一定會一代比一代敗得更慘。

臺灣的分裂運動或「去中國化」運動不是孤立的,表面上看事情出在臺灣,也是臺灣人參加的,實際上根源卻在外國,沒有外國勢力的介入和參與,是不可能成得了氣候的。外國勢力的介入約分三個時期:從抗日戰爭勝利、臺灣回歸中國到50年代和60年代,整個臺獨活動的基地和中心都在日本;70年代到80年代,臺獨活動的基地和中心轉移至美國;自80年代末至整個90年代以來,臺獨活動的基地和中心即移至臺灣島內。然人所共知,李登輝或陳水扁所推行的臺獨,如果沒有外國勢力的撐腰和打氣,不可能成為今天如此的囂張之勢。

中國人民反對臺獨和一切分裂主義者的決心是不可動搖的,所進行的反分裂、反臺獨的鬥爭,實際是中國近代史反侵略、反壓迫、反干涉鬥爭的繼續,是為維護民族獨立、維護國家主權和領土主權完整所進行的鬥爭的繼續。筆者亦堅信,中國人民所進行的這場正義鬥爭,一定會獲得全世界包括美國和日本在內的一切愛好和平的人士和人民的理解和支持。這一正義鬥爭一定會獲得最後勝利,不獲全勝絕不收兵。

(原載《人民日報》海外版)

「二二八」事件的三個「是什麼」

2007年是臺灣「二二八」事件60週年，為了表示對這一事件的紀念，我翻閱了有關「二二八」事件的許多歷史資料，並有感而寫了順口溜式的詩句：

　　一年一度「二二八」，轉眼已是六十年；

　　深恨心存不善者，奈何傷口屢撒鹽。

　　今朝紀念非往日，兩次選舉迫眼前；

　　藍綠磨刀聲霍霍，不知何日有寧天？

　　1947年2月27日傍晚，臺北專賣局武裝緝私員和警察，沒收了貧苦婦女林江邁的菸和錢，並用槍托敲打其頭部致重傷，血流不止（後經送院治療獲救），引起了民眾不滿。緝私人員面對憤怒的群眾，又開槍打死了一個無辜的民眾，激起了更大的民憤，終於在第二天，即2月28日，在全島引發成燎原之火，釀成更大的流血事件，亦即所稱「二二八」事件。這是歷史的不幸，是歷史的傷痛。

　　今年年底是臺灣「立委」選舉年，明年3月又是臺灣地區領導人的選舉年，加上民進黨政權被陳水扁家庭及其一夥人的弊案緊緊纏身，為擺脫困局，殺出血路，並能繼續掌控臺灣政權，民進黨便在「二二八」事件上大做文章。對此，許多有識之士早就預料到。民進黨藉機歪曲事件的真相，製造新的仇恨和悲情，從而為「修憲」、「制憲」和大搞「法理臺獨」製造輿論。吾儕不可不倍加警惕！

　　對於「二二八」事件，我想最重要的是搞清三個「是什麼」：

　　第一，這個事件的「大背景」是什麼。一是日本侵略者走了，但留下的是千瘡百孔的臺灣，政治、經濟、社會、治安問題一大堆，流氓、地痞、浪人、黑道、失業者比比皆是，僅各方彙集統計的失業人口就有30多萬人。二是國民黨人來了，面對一個不熟悉的世界，一切為之茫然，而且當時忙於「內戰」，去臺的人力、軍力和財力均不足，特別是軍紀敗壞，「接收」變成了「劫收」。三是外國勢力乘機滲入，留在臺灣的美國人和日本人，出於各自的政治目的，或明或暗地插手，使問題變得更加複雜化。總之，當時的臺灣，工廠被毀，生產不足，經濟凋敝，百業蕭條，糧荒蔓延，物價飛漲，哀鴻遍野，到處充滿了危險的「火藥筒」。「二二八」事件就是在這樣的形勢下爆發的，因一件偶然的「緝私血

案」，而引發成燎原之火，此乃偶然中的必然。

　　第二，這個事件的「真相」是什麼。後來的臺獨分裂主義者，把這次事件扭曲為「族群衝突」、「文化衝突」、「外省政權濫殺本省人」、「本省人反抗外省人」，甚至說是「國家認同問題的起始」、「臺獨運動的開端」，然而事實完全不是那樣的。眾多專家學者和有關方面的調查研究認為，當時情勢十分混亂，既有「本省人殺外省人」，又有「外省人殺本省人」，還有「本省人殺本省人」，傷亡者也不是一些別有用心者所渲染的1萬人、2萬人、3萬人，以至臺獨分子史明在所著《臺灣人的百年史》中竟妄稱「十幾萬人」，影響十分惡劣，而實際上是3000多人，其中本省人和外省人各有1000多人。臺灣著名學者、「立法委員」李敖，更以多年收集的大量歷史資料，論證實際死亡者不到2000人，其中本省和外省人各800餘人。臺獨分裂主義者為突出渲染本省人被殺，而對外省人被殺的真相卻一直加以隱瞞。這次事件是日本統治臺灣50年，以及國民黨政權接管以後各種社會矛盾的總爆發，是臺灣人民一次規模巨大的「反暴政、爭民主、求自治」的運動，與中國大陸當時的「反獨裁、反內戰、反饑餓」運動一脈相承、遙相呼應。

　　第三，有人扭曲事件的「企圖」是什麼。「二二八」事件實際上是臺灣人民第一次大規模反抗國民黨暴政的愛國民主運動，是在全國人民如火如荼的解放鬥爭形勢鼓舞下發生的一次人民起義，其核心精神是民主和愛國，根本不是一些別有用心者所歪曲的，是什麼「臺灣人反抗外來政權的獨立運動」，當時也根本不存在所謂「國家認同」問題。許多「二二八」事件親歷者證明，事件期間沒有一個人喊過「臺灣獨立」的口號，沒有出現過一張主張「臺灣獨立」的標語或傳單。如今，臺灣的「綠色」政黨、臺獨分裂主義者之所以惡意炒作和操弄「二二八」事件，並把「二二八」事件圖騰化、政治化和工具化，主要是為選舉服務，為保權服務，為掩蓋其執政無能和貪腐弊案服務，從長遠看，也是為其「獨立建國」服務。臺灣時下有所謂「四原罪」說，即「二二八原罪」、「外省黨原罪」、「外省人原罪」、「中國人原罪」，就是要把「二二八」事件定位為「中國人對臺灣人犯下屠殺原罪」的結論，此論何其荒唐，何其可惡，又何其可笑！

讓人們大惑不解的是，臺灣現在的執政黨對於「日本人」和「外省人」的感情，一親一遠，一熱一冷，差別為何如此之大？根據臺灣一些近代史專家的調查研究資料，日本殖民者在臺統治期間先後殺戮臺灣人民共65萬人，其中僅侵臺初期的4年就屠殺6萬多人，包括1930年10月的「霧社事件」在內，臺灣歷次的人民起義，哪一次被殺者不是成千上萬，腥風血雨，屍橫遍野，血流成河，為什麼民進黨、「綠色」執政者從來就無人提出要召開一次紀念會、追思會呢？難道這不是日本殖民者當年在臺灣推行的「皇民化」運動，也就是「去中國化」運動，在一些人身上取得了成功？還有，自民進黨在臺灣執政以來，臺灣人民因生活每況愈下等原因，平均每年自殺身亡者達4000餘人，為什麼這些現實問題不去解決，而卻忙著翻歷史、算舊帳，並且歪曲事實，不擇手段地搞「內鬥」？其用心昭然若揭。

　　總之，臺灣新的選舉又快要到了，民進黨為奪取選舉勝利，永保「綠色」執政，他們早就在醞釀一個新的陰謀，這就是在立論四個「原罪」的基礎上，繼續追究「二二八」事件的責任，追究當時國民黨領導人的責任，進而要現在的國民黨領導人承擔責任，使所有被稱為「中國黨」或「親中共」的藍色政黨徹底喪失在臺灣重新執政的合法性。馬英九即使不被「特別費」起訴，「二二八」事件紀念活動也不會放過他，馬英九已被起訴後還表示要參加2008年「大選」，到時同樣不會放過他。這樣一來，民進黨就可再次擊敗對手，「永續執政、一黨獨大」，繼續橫行臺灣。

　　然而，臺灣歷史乃整個中國歷史的一個部分，它並不是民進黨一家的歷史，更不是少數野心分子所能一手遮蔽的。歷史終歸是要還原真相的，任何人都不能一手遮天。「福兮禍所伏，禍兮福所倚」。一些包藏禍心者不要得意忘形得太早！

（原載《百年潮》雜誌）

臺灣四代領導人及其大陸政策評估

自1949年國共內戰、國民黨兵敗退據臺灣到2008年年底，差不多快60年了。其中兩蔣時期38年多，李登輝時期12年多，陳水扁時期8年。新的馬英九時期剛剛開始，兩岸迄未正式結束敵對狀態。海峽上空風雲變幻，時雨時晴，烏雲常在，從未出現過持續、穩定的晴空。尤其是自李登輝到陳水扁主政臺灣以後的20年，形勢更有越來越險惡之勢。對蔣介石、蔣經國、李登輝、陳水扁四個時期的內政及其大陸政策和他們個人應做如何評價？以下擬就此發表一點個人看法和意見。

　　蔣介石時期，進行了以鞏固蔣氏在臺統治為中心內容的第一次政經改造運動。1950年7月，國民黨中常會臨時會議通過《中國國民黨改造案》，並根據這個改造案將一些異己的黨政元老、軍事將領、派系首腦人物等排擠出決策圈，繼而整頓各級組織，進行黨員登記，發展新黨員，培植起一批擁護蔣介石、蔣經國父子的新實力派。與此同時，還在經濟上整頓財政，改革幣制，穩定物價，特別是接受了大陸時期忽視農民利益的教訓，實行了土地改革，恢復與發展農業生產。這樣，就建立了以蔣氏父子為核心的對國民黨的絕對控制權，奠定了國民黨在臺灣實行專制獨裁長達數十年的統治基礎。

　　因為戰爭狀態沒有結束，這個時期中國大陸對臺灣的基本政策是武力解放臺灣，也不排除在某種可能條件下爭取和平解放臺灣。同一時期內，國民黨的大陸政策主調則是「確保臺灣，反攻大陸」。先是配合朝鮮戰爭和美國對我採取的「圍堵」政策，叫嚷什麼「一年準備，兩年反攻，三年掃蕩，五年成功」；繼而隨著幻想破滅，又將「反攻大陸」改為「光復大陸」，提出「三分軍事、七分政治」的反共方針，實際上已開始轉向長期打算，注重經營和建設臺灣。

　　蔣經國時期，進行了「革新保臺」和「扎根臺灣」為中心內容的第二次政經改造運動。蔣經國是在蔣介石去世的前三年即1972年出任行政院長的，實際上已開始接班。從這個時候起，他面對「外交」潰敗，社會矛盾上升，內憂外患齊來的局面，為「求變求存」而不得不調整內部政策，提出所謂「新人新政」的方針。其主要做法是推進「本土化」，起用新人，往下扎根。重點抓經濟建設，除繼續推進已有的「四年經建計畫」外，又提出「六年經建計畫」，推動「十大經

濟建設」和「十二大經濟建設」項目。主政期間，大量拔擢地方人士和社會精英，吸收了許多具有專業技術知識的人才，諸如李登輝、李國鼎、孫運璿、蔣彥士等所謂「技術型官僚」，都是蔣經國出任行政院長以後吸收和錄用的。這樣，就使得省籍矛盾與官民矛盾有所緩和，蔣經國的個人權力地位也因而得到鞏固與強化。

這個時期，中國大陸的對臺政策，隨著中共十一屆三中全會確定的黨和國家工作重心轉移的變化，已明確地提出「和平統一、一國兩制」的大政方針，而國民黨同一時期的大陸政策，則相應地調整為「三民主義統一中國」，雙方都不再強調武力了。在大陸十年「文革」動亂期間，國民黨雖曾一度躍躍欲試，甚至有過「揮師北伐」幻想，但始終未敢輕舉妄動。這個期間，國民黨基本上是嚴守陣地，靜觀待變，除了派遣小股特務干擾破壞外，沒有明顯的實際軍事行動。整體說來，臺灣在這個時期的軍費已較蔣介石時期大幅降低。

李登輝時期，進行了「本土化」和所謂「政黨政治」為中心內容的第三次政經改造運動。1988年元月13日，蔣經國去世，李登輝接掌黨政軍大權。從1990年至1997年，先後實行了六次「修憲」，包括終止「動員戡亂時期」，「廢除臨時條款」；「總統」由臺灣地區人民直接選舉產生；凍結臺灣「省長」、「省議會」選舉，虛化「臺灣省政府」功能等；經過歷次「憲政改革」，1949年以前在大陸時期產生的「中央民意代表」全部退職，國民大會、立法院等機構的代表全部在臺灣地區選舉產生。「總統」、「直轄市長」及地方「縣市長」亦均由所在地區民眾選舉產生。與此同時，修改所謂刑法、「國安法」，取消「黨禁」，使大批境外臺獨分子得以返臺，使以「臺灣獨立建國」為訴求的臺灣民主進步黨獲得迅速發展，成為當時臺灣島內僅次於國民黨的第二大政黨。

李登輝的第三次政經改造運動所形成的大陸政策，是對我和平統一方針的嚴重挑戰。本來，港澳問題是在這個時期內按「一國兩制」原則解決，應該對臺灣問題的解決有某種啟示和促進作用；而相反，卻使李登輝為代表的分離主義勢力有一種恐懼感和緊迫感，從而加快了分裂中國的步伐。儘管李登輝分裂主義的真面目一開始還隱藏較深，但仍時有表露。可大體歸結為四個字：「一綱三目」。

一綱，就是追求「獨立的國際人格」。三目是，對內，加速「臺灣政權臺灣化」；對外，大搞「金錢務實外交」；對大陸，強調「對等政治實體」。顯然早就包藏禍心，不過仍有許多迷惑和掩人耳目的詞句。後來，李登輝又有所謂「七塊論」、「兩國論」、「獨立建國論」，終於把所有偽裝都剝下來了。

陳水扁時期，在李登輝「明修棧道、暗渡陳倉」策略下，透過選舉取得政權後，迅即對國民黨留下的權力結構進行了大改造，從行政機構到工商、金融、文化、教育等各級管理部門普遍進行「綠化」。為更好地矇蔽和欺騙群眾，他在第一個四年任期內，施政上將李登輝的「急進臺獨」，改為「漸進臺獨」，即採取化整為零，由量到質，蠶食漸進的做法。這個時候，儘管他和李登輝之間，也存在這樣那樣的矛盾，有「漸進」和「急進」的不同，明爭暗鬥，時緊時緩，但在本質和目標上是一致的，李登輝於1999年提出「兩國論」，陳水扁則於2002年提出「一邊一國論」。

陳水扁在主政臺灣初期，在兩岸關係上雖然講過「四不一沒有」，即不宣布臺獨，不「變更國號」，不推動「兩國論」入憲，不推動「統獨公投」，沒有廢除「國統綱領」和「國統會」。陳水扁是因為有「319槍擊案」才獲得連任的。在第二個四年的任期內，他將原來的「四不一沒有」再改成「四要一沒有」，最主要的是要主權，要正名，要「修憲」，要「獨立建國」，「漸獨」又變成「急獨」。李登輝則相反，淡化原來的「急獨」，轉向了中間派和「淺綠」。陳水扁一方面悄悄地推動臺獨的深化和細化，特別是「文化臺獨」；一方面又加大臺獨步伐，走向了分裂中國的不歸路。他拒絕承認「九二共識」，不承認「一個中國」，不承認是「中國人」，不接受「一國兩制」，不接受「直接三通」，因而使兩岸關係在政治上基本處於凍結狀態。臺灣的「海基會」和大陸的「海協會」，也基本上沒有什麼聯繫了，不過兩岸民間的經貿文化交流還是照常的，並仍有所發展。

這裡，擬就臺灣以上四個時期的情況提出幾個問題來探討，也談一點個人看法：

（一）從1949年到現在這50多年，兩岸關係究竟是在前進還是後退？有人

說，從經貿關係看，是在大幅度前進；而從政治關係看，則是在大幅度倒退。後者主要是因為李登輝提出「兩國論」，陳水扁又提出了「一邊一國論」，從「一個中國」退到「兩個中國」，再到「臺灣正名」、「獨立建國」。筆者則認為，李登輝、陳水扁都不能代表歷史發展的主流。總的說，兩岸政治關係仍是在前進。例如，蔣介石時期，兩岸關係可說是「隔海對罵」，你罵我「共匪」，我罵你「蔣匪幫」。蔣經國時期，兩岸關係是「單方喊話」，這時我方提出「和平統一、一國兩制」的大政方針，但對方就是不作任何回應。李登輝時期和陳水扁時期，儘管他們都是搞分裂的，堅決反對「一個中國」，反對「一國兩制」，但兩岸間的政治關係還是在前進和發展。在李登輝時期，且不談民間個人或團體的接觸往來，就是具有官方背景的政治接觸往來，也還是不斷的。兩岸之間先是「空中喊話」，各說各話，後又透過「海基會」和「海協會」面對面地進行「直接對話」，這都是一種進步。陳水扁時期，表面上看政治關係確是大幅倒退，但實際上也還是在前進，只不過是這種前進暫時被一些密密的雲層掩蓋著罷了。臺灣政壇的一些政黨，包括民進黨在內，來大陸的人不是少了，而是更多了，只是兩岸政治層面接觸的方式各有不同而已。至於兩岸民間學者的交流接觸，更是越來越頻繁，越來越密切。即使是一些最敏感的政治話題，也一樣可以自由探討，這在過去幾乎是不可想像的。這能不說是包括政治關係在內的一種進步嗎？事物總是曲折的，本質和現象，主流和支流，並不都是「合而為一」的，有時甚至是顛倒反映的。經濟關係是一切關係的基礎，自然也是政治關係的基礎。無論是李登輝的「兩國論」還是陳水扁的「一邊一國論」，不僅背離了國人的民族思想感情，而且缺乏應有的經濟關係和經濟利益作基礎，違背兩岸特別是臺灣人民的切身利益，因而是脆弱的，也是注定要失敗的。

（二）對上述四個時期中中國大陸的對臺政策、臺灣的大陸政策及其相互關係如何評估？總的說，59年來的兩岸關係始終是圍繞著彼此力量的消長而互動的，蔣介石時期，我方強調武力解放，臺方強調武力反攻，但都限於實力和諸多因素而實際上停留於口號，形成武裝僵持共處的局面。蔣經國時期，我方提出「和平統一、一國兩制」的方針，臺方提出「三民主義統一中國」，誰也不接受對方主張，雙方沒有接觸對話，形成和平僵持共處局面。李登輝時期，情況變

了，雙方都想打破這種僵持不下的局面。我方希望透過港澳問題的和平解決，從而加速對臺和平統一的進程；臺方則不甘心「被統一」，從而加速分裂中國的進程。陳水扁主政以後，深感形勢發展對己不利，時不我待，其分裂步伐更是加快了，一面加緊內部的「綠化」，一面提出「一邊一國論」對抗我「一個中國」。島內藍綠持續對抗，政局動盪不安，兩岸關係「經熱政冷」，「三通」遙遙無期。但從近60年來的整體發展趨勢看，未來仍然是有利於「統」而不利於「獨」的。蔣介石時期的「反攻夢」破滅了，蔣經國時期的「隔絕夢」（不接觸、不談判、不妥協）破滅了，李登輝的「分割夢」破滅了，陳水扁的「臺獨夢」也自然會破滅。總之，這四人的美夢都破滅了。13億中國人民求統一、求團結、求振興的意志是不可抗拒的。

（三）對上述四個時期臺灣地區領導人及其所執行的政策應如何評估？蔣介石和蔣經國父子主政期間，在反共和實行獨裁統治方面，尤其是蔣介石確實做了不少壞事，盡人皆知，也早有定論，毋須贅述。但兩位先生值得肯定的也有這樣幾點：（1）堅持「一個中國」，堅決反對「臺灣獨立」，反對「兩個中國」和「一中一臺」，頂住了美國「劃峽而治」的巨大壓力，表現了民族愛國主義。這是一個歷史性貢獻，並曾得到毛澤東、周恩來等多位中共領導人的充分肯定。（2）對臺灣經濟的發展有不可磨滅的功勞。蔣介石先生曾推行經濟體制改革，幣制改革等。蔣經國在發展農業、輕工業和重工業方面更是下了工夫的。蔣氏父子十分重視發揮經濟專家的作用，為後來臺灣經濟的發展奠定了堅實基礎。扁、李在政治上力貶兩蔣，經濟上卻靠著兩蔣打下的「老底子」過活。（3）開放臺灣民眾赴中國大陸探親。在蔣經國去世前的一兩年內，他為適應形勢的發展而對大陸採取了逐步放寬的政策。1987年7月，首次允許臺灣民眾可以香港為出境觀光旅遊的首站；1987年11月起，進一步允許除現役軍人和公職人員以外的臺灣民眾經過第三地轉赴大陸探親。兩岸交流往來局面的打開，實際是從蔣經國開始的，這是一件具有重要歷史意義的大事。蔣經國去世，李登輝上臺後在兩岸經貿文化交流上雖也做了一些工作，但總體上並無任何實質性進展和突破，而且為臺獨的進一步發展創造了條件。他主政臺灣12年，力圖使「臺灣政權臺灣化」，「中國國民黨臺灣化」，「『中華民國』臺灣化」，從而把臺灣引向與中國大陸

對抗的分裂主義道路。陳水扁接班後,「李規陳隨」,並且沿著李登輝「民主化—本土化—去中國化—臺獨化」的道路越走越遠,越走越起勁,最後終於被臺灣人民所拋棄。

2008年5月20日,臺灣新的第五代領導人馬英九上臺主政,筆者已發表過多篇文章,這裡就不說了。

(本文是在〈國民黨退據臺灣50年〉一文基礎上新改寫的,略有補充和修改。)

蔣經國生前最後一次政策大調整

按:本文內容是作者於蔣經國去世前夕一次內部報告會上發言的一部分,新標題是收入本書時加的。

國民黨自1949年逃臺以來,先後面臨過三次生存危機,經歷過三次政策大調整。第一次是1949年至1952年期間,主要是為穩定人心、立足臺灣而進行的;第二次是1971年前後,主要為應付聯合國驅蔣、尼克森訪華後在國際上出現的空前孤立處境而進行的;第三次是自1986年開始,至今仍在進行的政策調整,這是為應付內外面臨的新困境而進行的。這裡要講的主要是這第三次。

一、調整的內容

自1986年3月,即國民黨的第十二屆三中全會以來,經過一系列的醞釀和準備,終於在島內外政策上作出了一些新的調整。這突出地表現在以下兩個方面:

一是實行「政治革新」。內容包括「解除戒嚴」、「開放黨禁」、「改造『國會』」(「國會」係指國民黨1949年由大陸敗退臺灣以前,根據其所謂

「憲法」成立的三個「民意機構」——國民大會、立法院、監察院）以及黨務、人事的革新調整等。其中「解除戒嚴」一項，已從1987年7月15日起開始實行，並以所謂「國家安全法」代替已執行了「38年之久的戒嚴令」。其他各項亦在醞釀和擬定辦法之中。

二是鬆動「大陸政策」。從1987年初開始研擬辦法，現已部分公布並付諸實行。其中包括：自7月28日起，解除赴港觀光的限制，允許臺灣居民以港澳為出境第一站；11月2日起，開始辦理回大陸探親登記，允許臺灣除現職軍公人員外，凡血親、姻親、三親等以內，不分年齡、黨籍、省籍，均可申請去大陸探親，一年可探一次，一次可達三個月。其他如間接貿易、進口和出版大陸「非政治性」書籍等方面，亦較過去有不同程度的放寬。

這次政策調整，是對國民黨長期堅持的「反共戒嚴體制」的一個突破。儘管步伐還不很大，但畢竟還是邁出了重要的可喜的一步。

這次政策調整，蔣經國是經過長久的深思熟慮後才進行的。據報導，為了保證以上兩方面調整的順利進行，他還起用了許多被認為對蔣家忠誠也比較開明的人士。1987年3～4月和10月，先後在黨、政、軍三方面進行了人事調整。在中央黨部和主要省市黨部，更換了九個主任級以上的負責人；在行政院，變換了七個部長級的主要負責人；在軍事系統，也調動了五個將級的軍事將領。其中最重要的，是1986年到1987年，先後調鄭為元出任「國防部長」，蔣緯國出任「國家安全會議祕書長」，李煥出任國民黨中央黨部祕書長。

二、背景和原因

臺灣國民黨當局為什麼會作出這些政策調整？這有多方面的因素。例如國際因素、中國大陸因素和臺灣島內的因素。但歸根結底是島內因素。因事物發展的根本原因在內部，內因是根據，外因是條件，外因必須透過內因才能起作用。因此，本文著重從島內因素來探討國民黨調整上述政策的必然趨勢。

近40年來，臺灣島內的經濟結構發生了很大變化。如以1986年與1952年比較，在臺灣三大產業結構中，工業所占比重由18.0％升至47.3％；農業由35.9％降至6.5％；服務業仍維持在46.2％左右，但在內涵上已由面向農業為主轉向面向工業為主。三大產業產值比重上的變化，說明臺灣已由一個以農業經濟為主體的自然經濟轉變為以加工出口經濟為主體的工商業經濟。

　　在此同時，臺灣的社會階級結構也發生了很大變化。工業就業人口所占比重由16.9％升至41.5％；農業就業人口由56.1％降至17.0％；服務業就業人口也由27.0％升至41.5％。現臺灣的中小企業約70餘萬家，約占臺灣整個工商企業戶數的97％。在臺灣社會，中小企業主和相當於他們的生活水準的人，都被稱作中產階級。這樣的中產階級，已取代原來的農民地位，成為社會中最重要的穩定力量。

　　經濟基礎變了，社會的人口和階級結構也變了，而近40年來，凌駕於這個社會之上的上層結構——國民黨當局，變化卻極其有限。說明這樣的上層結構和它的社會經濟基礎早就不能適應了，到了應該調整的時候了。

　　從50年代到60年代，國民黨統治下的臺灣，基本上是以官營資本為基礎、外省籍官僚為主體所組成的政權機構。這個時候，臺灣國民黨當局雖也有這樣那樣的矛盾和鬥爭，但主要限於國民黨高層內部的權力之爭，而整個臺灣島，總的說來，卻無庸爭辯地是國民黨的一統天下。這是國民黨當局在臺統治的「黃金時代」。

　　70年代以來，情況開始逐漸有所變化。70年代中期，經濟領域即已形成官營資本、外國資本和私人資本（以臺省私人資本為主）「鼎足而立」的局面。當然，在這三大資本中，官營資本仍然是實力最強的。

　　與之相適應，政治領域也出現了臺灣報刊稱之為「保守派」（又稱主流派、官邸派）、「開明派」（又稱務實派、洋務派，政治上更多地傾向美國）與「地方派」（根據其對臺灣當局的態度又分擁護派與反對派，後者以臺灣黨外地方勢力為主）三大勢力並立的局面。在這三大政治勢力中，無疑仍是「保守派」實力最強。

這個以三大資本為社會背景的三大政治勢力以及其發展趨勢，無疑對國民黨主流派長期獨享的「一統天下」提出挑戰。實際上，如今的臺灣已遠不止是這三大政治勢力，而是正以這三大勢力為背景和基礎向著「多元化」社會邁進。各種政治勢力和利益集團，都在要求參與政治，希望實現權力再分配。在當前所謂「經濟自由化、國際化」、「政治民主化、本土化」的巨大洪流衝擊下，社會上原潛伏著的各種矛盾均趨於表面化。昔日「一統天下」的「黃金時代」正在落幕，其所長期堅持的專制獨裁和反共戒嚴體制搖搖欲墜。當前所實行的「政治革新」和調整「大陸政策」就是在這個背景下，迫於形勢而不得不進行的。

三、四次大教訓

從1984年下半年開始,臺灣社會的各種矛盾已趨於激化,問題成堆,形勢嚴峻,這也是國民黨調整政策的背景和原因。國民黨當局從以下的四件事中獲得了重要教訓:

第一件:1984年10月15日,國民黨當局的情治機構,透過「竹聯幫」的陳啟禮、吳敦、董桂森三人,在美國舊金山江南(劉宜良)住宅,把這位《蔣經國傳》的作者殺害了。此即所謂「江南案」。緊接著不久,即1985年2月間,為轉移人們對江南案的視線,有關當局又製造了一個「十信案」,即臺灣最大民營金融機構——第十信用合作社的金融舞弊案。此兩案像地震一樣強烈地震撼著臺灣島內和海外的華人社會,結果與國民黨當局某些人當初所設想的完全相反,不但沒有造成「殺雞儆猴」的作用,而且越加暴露了國民黨自己,激起了島內人民和廣大華僑的憤慨,使自己處於十分尷尬和不利的局面。它向國民黨當局表明:當今的臺灣社會,非過去可比了,如果再像過去那樣一味依靠警察特務恐怖等一類手段來維持自己的統治,已經不靈了!

第二件:1985年7月開始,美國政府一些官員曾先後傳出,希望中國海峽兩岸「彼此直接接觸」,「臺灣與中國大陸之爭,如能和平解決,對各方都有好處」。美國「並不想讓臺灣成為自己不沉的航空母艦」。於是全島震驚,認為美國對臺政策要變了,要「出賣臺灣」了。一些黨政要員們惶惶然不可終日,一心以為大難之將至。其實這也不是第一次,而每一次這方面有什麼風吹草動,都要搞得島內一些人心驚肉跳。美國眼裡的臺灣,既是「資產」,又是「包袱」,後者正在超過前者;臺灣眼裡的美國,既須「依靠」,又須「提防」。兩者關係一向微妙。這一次發生的是震動最大的一次,它又一次向國民黨當局表明:當今這個時代,依靠外國人的「保護」終非善策。兩岸關係一天不正常,臺灣島內就一天難得安寧!

第三件：1986年3月國民黨十二屆三中全會前的幾個月，先是1985年8月16日，後是同年12月25日，蔣經國親自公開向外表態：蔣氏家族絕不能也絕不會出來接他這個「總統」的班。島內一些反對派的刊物發表文章說：夫以一島「總統」之尊，如此兩次當著天下人面賭咒發誓，這是歷史上罕見的。於此也可見蔣經國所受內外壓力之大！據說，美國人和臺灣島內一些人，都擔心蔣氏第三代出來接班，擔心第三代會進入國民黨中常會。香港一些報紙還透露，儘管蔣經國兩次賭咒發誓，表示不會讓蔣氏家人接班，但美國人還是不放心，繼續對臺灣當局施加壓力。為了讓美國和臺灣島內人放心，也為了表明自己的心跡，蔣經國終於在十二屆三中全會前夕，斷然地採取了措施，將蔣孝武外放新加坡。於是這場歷時數月的風波才完全平息下來。它向國民黨當局表明：在當今的臺灣，如果再搞「家天下」、子承父業、專制獨裁，已經不可能行得通了。

第四件：1986年初到年底，臺民主進步黨（簡稱民進黨）在經過一段祕密籌劃，並在國民黨還未正式宣布開放黨禁之前，突然於9月28日紀念孔夫子誕辰之時宣布成立。國民黨上下為之愕然！此事看起來很突然，但實則反映了事物發展的必然趨勢。國民黨去臺灣快40年了，早就不能代表中國，但卻以臺灣這樣一個島嶼，維護著被外國人傳為笑柄的所謂「中華民國」法統，仰仗外國，堅持「三不」（即不接觸、不談判、不妥協）政策，偏安拒和，抱殘守缺，使不滿者越來越多。民進黨就是在這樣背景下成立的。他們中的一些人，甚至公開打出臺獨旗號，欲在國共之間別樹旗幟，另謀出路，使臺灣脫離中國。這當然是不能允許，也不可能得逞的。但事情之所以發展至此，其根源還在國民黨的「三不政策」，是國民黨的這一政策逼出來的。它向國民黨當局表明：在當今的臺灣社會，死抱著僵硬的反共戒嚴體制和大陸政策是不行的，這實際上是在為臺獨意識的蔓延和發展創造條件，是在為自己掘墳墓。

以上四件大事，四個訊息，再次向國民黨說明：老路子走不通，老章程不濟事，老框框要不得，老辦法不靈驗。正像蔣經國自己所說的那樣：「時代在變，潮流在變，環境在變」，臺灣不能不變。國民黨不能不變，國民黨的政策也不能不變。以「變」制變，以變求「存」，轉被動為主動，變守勢為攻勢，這就是國民黨當局當前所以要實行「政治革新」和調整「大陸政策」的內在原因和基本背

景所在。

四、四個「三角形」

為了更好地說明國民黨調整政策的背景和原因，我們還可以從以下四個「三角形」關係的淺析中得到進一步的啟示：

一是美國、中國、蘇聯的「大三角」關係。這是從全球的角度來看的。美國不願意國民黨與大陸的關係搞得太僵，認為這樣將影響中美關係，影響美國在大三角這一戰略格局中的地位。因而，美國也不時對臺施加點壓力，要它適當鬆動兩岸關係。美國一些官員如班立德、李潔民、溫伯格等於1985年下半年，以及美國國務卿舒茨、助理國務卿西古爾先後於1987年3月15日和4月22日關於臺灣與大陸關係的講話，都有對中共表示點「友好」和對臺施加點「壓力」的味道。

二是美國、大陸、臺灣的「中三角」關係。這是從中美兩國三方的角度來看的。美國的對華政策是「雙軌制」，既要搞好與大陸的關係，又要繼續維持與臺灣的關係。它交替或同時地運用兩手：「扶蔣制共」和「和共壓蔣」。上面講到的是「和共壓蔣」，但「和共」這一面往往是姿態性的，而「壓蔣」這一面則是實實在在的。美國在臺灣的目的，一是要推行西方的「政治民主化」。雷根總統曾經直言不諱地說，這種政治民主化是「反共產」的最有力武器。二是要維護臺灣這個「政治實體」。美國中央情報局於1971年6月提出的一份政策報告中，把這一點說得十分清楚。報告稱，美國將透過「臺灣政權臺灣化」，在臺灣建立一個「由臺灣人控制的代議制」政府，然後再「設法就臺灣的最終法律地位問題與中國對話」。由此可見，無論美國的「扶蔣制共」也好，「和共壓蔣」也好，都是圍繞著製造「一中一臺」這個根本目標轉動的。臺灣當局目前進行的政策調整是好事，有利於島內發展和兩岸人民的交往，這是必須肯定的。但美國的推動則是別有考慮的。這一點不能不加以警惕。

三是共產黨、國民黨、臺地方勢力的「小三角」關係。這是從中國國內這個

一國三方的角度來看的。就國民黨來說，它同樣在交替或同時地運用這樣兩手：「和臺拒共」和「和共壓臺」。就前者來說，和臺是假，拒共是真；就後者來說，和共是假，壓臺是真。國民黨有兩怕：一怕臺獨，二怕中共。但就這兩者來說，最怕的還是臺獨，因為中共隔海相望，特別是1979年以來，又強調和平統一，「一國兩制」，因而不是現實威脅。而臺獨則不同，它生長於臺灣意識和臺灣人中，一旦蔓延和發展起來，就要置國民黨於死地。因而，一些臺灣官方報紙只將「中共」之患列為「皮膚病」，而將臺獨之患列為「心臟病」。既然在島內外壓力下不得不搞「民主化」，解除戒嚴，開放黨禁和報禁等，那就同時也鬆動「大陸政策」，這樣就可借10億人口的聲音淹沒少數人的臺獨聲音。一面拉臺人之手以拒中共之和，一面又借中共之力以鎮臺獨之勢。

四是「宮廷派」、「開明派」「地方派」的「小小三角」關係。這是純從臺灣島內這個角度看的。「宮廷派」掌握黨、政、軍、警、特大權，實力最強，當前主要是維護現有權益。「開明派」和「地方派」也各有自己的優勢，前者形象較好，影響較大；後者土生土長，當地群眾擁護。而這兩者又都有美國給予較多的撐腰。當前主要是發展和壯大自己，力求與「宮廷派」平分秋色，「共享治權」，甚至取而代之。它們在政治改革與大陸政策上與美國的態度是一致的，並有聯合向「宮廷派」施壓和進逼之勢。「宮廷派」不敢過於得罪他們，一怕美國不高興，二怕引起群眾反響，三怕中共有隙可乘，因而只好妥協讓步。

由此可見，無論從哪個方面看，國民黨當局目前的做法，實在是被逼上山，不得不為。如果更全面地加以概括，那就有以下三層意思：第一，革新保臺，革新保黨，以變制變，以變求存；第二，改善形象，籠絡人心，拖住美國，穩定內部；第三，和而不談，競而不戰，通而不統，分而不離。

（〈當前臺灣形勢和兩岸關係展望〉一文節錄，見《世界形勢縱覽》，時事出版社，第506頁）

蔣經國去世前夕國民黨領導層的矛盾

按：本文內容是作者於蔣經國去世前夕在一次內部報告會上發言的一部分，新標題是收入本書編輯時加的。

當前臺灣當局所面臨的問題已經不是變與不變的問題，而是向什麼方向變和如何變的問題。就是說：大變還是小變？快變還是慢變？真變還是假變？朝著有利於中國和平統一的方向，還是不利於中國和平統一以至於分裂中國的方向變？這是關係到國民黨存亡，關係到包括臺灣人民在內的整個中華民族利益的大事，是兩岸人民所共同關心的大事。圍繞所有這些問題，國民黨高層的矛盾和鬥爭是十分激烈的。

一、矛盾的焦點

就近兩三年來的情況看，矛盾主要集中在以下兩個方面：

第一，究竟如何解決權力繼承問題。這當然不只是指蔣經國一人的權力繼承，而是指整個權力結構的調整和權力的再分配。簡單概括地講，存在著「四化」或「四個過渡」的問題：

一為「非蔣化」，即由蔣家人（包括親信家臣）到非蔣家人的過渡；

二為「本土化」，即由大陸省籍人為主到本省人為主的過渡；

三為「年輕化」，即由年老一代人到中、青年一代人的過渡；

四為「集體化」，即由個人專制獨裁到集體領導和民主化的過渡。

比較突出的，一個是「非蔣化」，一個是「本土化」。蔣氏父子，從蔣介石到蔣經國，從大陸到臺灣，先後統治達60年。蔣介石是「蔣一世」，蔣經國是「蔣二世」，會不會再出現一個「蔣三世」？這是美國和臺灣島內最關切的問題。據說，蔣經國對培養兒子接班，原來一直並不死心，只是因為上述幾次事件引發的動盪，特別是第三次動盪，使蔣經國想通了，感到不能再讓蔣孝武接班：因為這樣做的結果，將使自己聲名狼藉，而且目的達不到；即使扶上去了，也會

被拉下來，這會把自己搞得非常狼狽和尷尬。究竟怎麼樣，還要看一看。所謂「本土化」，就是讓更多的臺灣人掌權。現在島內，外省籍與本省籍的矛盾很尖銳，蔣經國正在注意調整這兩者間的關係。他的二公子蔣孝武前不久跟臺灣省籍的蔡惠梅小姐結婚了。蔣孝武42歲，蔡惠梅28歲，這不是一般的婚姻，而是政治結合，就像其祖父蔣介石於1927年與宋美齡結婚一樣，是政治婚姻。蔡惠梅是從美國學校畢業的，後來在美國公司做事，然後又成為蔣孝武的家庭英文教師，最後結婚，誰知道這是不是有意安排的。據說結婚以後，蔣氏父子跟臺灣高層臺籍官員的關係已有所改善。臺灣島內的一些政要，還有一些著名的大資本家也請小夫妻作客，他們到新加坡或其他地方，也往往要去蔣孝武那兒看看。

我們如果把上述這「四化」或「四個過渡」這些方面表現的矛盾集中到一點，那就是今後要讓更多的本省人、年輕人去取代老一代的、政治上長期居於壟斷地位的、以蔣家親信近臣為主體的外省籍官僚。中共十三大以後，國民黨當局及輿論普遍反映還不錯，但國民黨最大的顧慮和擔心是，中共老一輩領導退了下來，順利地解決接班人問題，是否會給反對派和民進黨人以某種啟發，趁機也逼國民黨內這些老一代的人下臺。

第二，究竟如何解決兩岸之間的關係問題。目前隨著兩岸間接貿易的發展，國民黨開放大陸探親政策的實行，相互間的關係雖有所緩和與改善，但遠還談不上解決。現在臺灣當局執行的「大陸政策」也可簡單概括地歸結為以下「四性」或「四條原則」：

一為「民間性」，不准進行官方接觸；

二為「單向性」，有來無往，不能有來有往；

三為「間接性」，必須透過第三個地區；

四為「漸進性」，要慢慢來，不能搞得太快。

這「四性」，實為「四個不許可」：一為不許可官方性的接觸。目前開放探親，在臺灣很熱鬧，稱作「大陸熱」。有各種各樣的促進會，什麼「外省人返鄉探親促進會」、「老兵返鄉促進會」、「海峽兩岸懇親促進會」等等。還有各種

各樣的探親團,什麼「考察團」、「觀光團」、「祭祖團」、「進香團」,還有「夫人團」。什麼是「夫人團」?據報導,過去有些從臺灣回到大陸探親的人,遲遲不歸,他們在臺灣的太太懷疑自己的丈夫是否又與原配夫人重結良緣,放棄了自己,因而又自動組織起來回大陸探親,叫「夫人團」。臺灣還成立有「大陸民謠採集團」、「代送骨灰公司」等等。什麼是「代送骨灰公司」?當年很多人隨國民黨赴臺,國民黨說:「一年準備,兩年反攻,三年掃蕩,五年成功」,可如今已近40年,仍未能反攻回去,結果死在臺灣。他們有遺言,要將骨灰送回大陸。因而有人專門為此組織了公司,以遂一些人「生未返鄉、死必回葬」之願。目前島內所有以上這些活動都是民間性的,一律不許官方介入,至少名義上如此。二為不許大陸人去臺灣。本來,9月16日的國民黨中常會上,林洋港即已提出,只許在臺灣的大陸人回大陸探親,而不許在大陸的臺灣人回臺灣探親,這不對等,也不公正。他們自己這樣說沒事,可是當《人民日報》報導了一條小消息,說大陸也有人希望去臺灣探親,這就不得了,他們緊張得要死。他們說:大陸十億人口,你來百分之一、千分之一,臺灣也受不了。梁實秋的女兒要求去臺灣參加父親的葬禮,被卡住了,他們不敢公開地破這個先例。三為不許進行直接往來。對此,島內人有不少意見。我們提出「三通」,即通商、通航、通郵。現島內有人在這「三通」之外又提出新的「三通」,即通匯、通文、通婚,加起來是「六通」。但只要是間接的,官方都默認,就是不准你直接的「通」,更不能去宣傳,一宣傳就完了。四為不許走得太快,要慢慢來。臺灣主要怕走得太快,有可能引起島內局勢的爆炸。他們擔心「螻蟻之穴,可以潰千里之堤」,尤其害怕造成兩岸「三通」、和談的假象。1987年5月10日,蔣經國在一次會上搬出他老子的話說,除非我想「自殺」、「自掘墳墓」,否則不能與中共「和談」。

　　國民黨的開放大陸探親政策已經付諸實行。據公布,每年約20萬人,路費等等要花10億美元。下一步如何,看來還是走一步看一步,小心謹慎得很。

二、矛盾的表現

總的是「宮廷派」與「開明派」之間的矛盾。這主要表現在以下四個方面：

一為高層當權者之間的矛盾。從現象上看，以俞國華與李煥的矛盾最突出。俞國華是國民黨的行政院長，其地位有點像「總理」；李煥是國民黨中央黨部的祕書長，其地位有點像「總書記」。兩人在大陸政策上是針鋒相對的。

李煥認為：國民黨應順乎潮流，順乎民意，以開放民眾赴大陸探親為起點，制定整體性的前瞻性的大陸政策，逐步地開放兩岸的文化、學術、體育、經濟等各方面的交流，以增進兩岸關係，消除敵意，最後爭取在有利於國民黨的情況下，更多地按照國民黨的意圖，實現中國的和平統一。

俞國華則認為：國民黨的旗幟是「反共」，「反共復國」向為「基本國策」，目前「開放民間探親，僅是基於親情人倫的考慮」，並非「反共拒和立場有任何改變」。因此，他強調繼續堅持「三不」（不接觸、不談判、不妥協），反對全面調整現行大陸政策。

兩人在島內的政治革新上也有矛盾。李煥主張加速民主化和本土化，大膽起用臺灣開明人士，而俞國華等則擔心，這樣做的結果，有可能使大權旁落給本省人，從而招致難以設想的後果。

兩人都是蔣經國的親信，但兩人所代表的政治勢力則不同。據說，俞國華的後面有沈昌煥等撐腰。所以有人說，「開明派」和「保守派」的矛盾，實際上是「兩煥」、「兩個祕書長」的矛盾，即中央黨部祕書長李煥與總統府祕書長沈昌煥的矛盾。據報導，沈昌煥拚命拉住俞國華，挑撥他和李煥的關係，給李煥散布了不少流言蜚語，說他有「野心」想「擴大自己的權力」，「降低行政首長的影響力」；說現在的中央黨部實際成了「太上行政院」，而現在的行政院卻變成了「執行院」。李煥的一些講話被抓住了，但一般估計，李的這些話沒有蔣經國的同意，他是不會講也不敢講的。所以，我們有的同志說，俞國華對蔣經國的最高指示「理解不深」。俞國華在「兩煥」之間似乎有些搖擺，最近講話似較前有點變化。

二為高層元老派之間的矛盾。元老派之間在對島內及大陸政策等問題上，原來似乎意見是一致的，現在開始在分化。宋美齡於1986年10月25日回臺灣，沒

有再回美國，看來蔣經國也不願讓她走。宋、蔣關係過去不太好，現在似有緩和。他們之間在根本利益上是一致的，也有一個大局問題。蔣經國在調整內外政策方面需要宋美齡的幫助，宋美齡看樣子也在幫蔣經國的忙。不過，在蔣介石當政時期，國民黨的一些元老們，對她是百依百順的，現在就不那麼聽話了，據說宋對此十分感慨，還流了眼淚。究竟是哪些人不太聽話，我們當然不清楚。從公開報導的材料看，沈昌煥和郝伯村等，過去都是她信得過的，關係也比較好，但現在在一些問題的態度上好像有點不同。另有一些元老，據說對島內政治革新和開放大陸探親也持反對態度，他們向蔣、宋等哭訴，說這樣下去會「亡黨亡國」，不能「放了戒嚴體制」，不能「丟掉反共旗幟」，不能「淡化反共意識」，否則就「有負先總統教導」。這些元老過去都是追隨蔣介石的，是蔣經國的長輩，蔣經國不能不買帳。關於開放大陸探親，本來9月16日的國民黨中常會上就應定下來，後來卻一拖再拖。一直拖到10月14日才通過，15日公布，估計與元老派的反對有關。

　　三為元老派與少壯派之間的矛盾。谷正綱、沈昌煥、郝伯村、袁守謙等是國民黨內的元老派。趙少康、洪昭男、李勝峰等代表國民黨的少壯派。少壯派對元老派在兩個方面很不滿：一是占著位子不讓。說老一代的外省籍人為了維護自己的利益，而犧牲了他們這些外省籍第二代人的利益。二是在大陸政策上太僵化，太不靈活。他們主張與大陸實行「三通」，主張步伐要邁大一點，快一點。少壯派說，臺獨勢力的出現和擴大是國民黨的「三不」政策造成的，但他們也反對兩岸在現在就進行和談統一。

　　四為少壯派與少壯派之間的矛盾。少壯派實際上有三派：一是具有顯赫家世的權貴子弟，如陳履安、蔣孝嚴、錢復、宋楚瑜、鄭心雄、連戰、關中等，臺報稱為新「保守派」，但比老一代要好些。二是國民黨中下層的官僚子弟，如趙少康、洪昭男、郁慕明、李勝峰、簡又新等，又稱新「激進派」。他們主張兩岸關係改善的步伐再大一些，但在「保」國民黨這一點上與前者都是一致的。三是臺灣本省籍的新貴，如吳伯雄、施啟揚、許水德、高育仁等，屬新興「地方派」。這些人也是擁護國民黨的。目前在國民黨內最活躍的是趙少康等為代表的這一派，臺報說：他們有「三好」——「好學歷、好口才、好形象」，敢說敢為，敢

與黨外年輕的反對派對陣。蔣經國似有意把他們推向前線應付困局。

國民黨內部的各派政治勢力，最近以來鬥爭比較激烈。其中引人注目的是圍繞大陸政策而進行的以下三次大較量：

第一個回合，是圍繞開放來大陸探親問題而進行的一場鬥爭。1987年初，蔣經國即指示中央黨部祕書長馬樹禮研究開放探親問題，但阻力很大，進展很慢。1987年7月，李煥接替馬樹禮後，行動比較得力，他強調要順應民心，變被動為主動，並要部屬積極研究方案。8月中旬，李煥公開表示要開放探親，甚至談到兩岸可以「互訪」。9月4日，李煥在高雄發表講話，表示要進行「政治反攻」，但「絕不是要取代中共政權」，而是要「以臺灣經濟繁榮、政治民主、教育發達和文化進步來影響大陸」。

李的這些講話和活動被「保守派」抓住了。9月5日，李在高雄的講話受到谷正綱、沈昌煥和黃少谷等人的抨擊。9月19日，在國民黨中常會上研究開放大陸探親問題時，有人說李的講話是「和共」，「喪失立場」，「有違背基本國策」。與此同時，一些為「保守派」掌握的報刊也大造輿論，說李煥的講話是「不知身分，自作主張，喪失法統」。這樣的時候，元老們激憤異常，蔣經國也得讓三分。因此他在這次中常會上，強調了「三個不變」：一為「反共基本國策不變」，二為「光復國土目標不變」，三為「維護國家安全的原則不變」。我看這話是講給元老們聽的，目的在安撫他們。在此同時，又提出成立一個「五人小組」，進一步審議開放大陸探親問題，並吸收元老派中的「立法院長」倪文亞參加，以使元老派們放心。

第二個回合，是圍繞李煥兒子主持的一次會議而進行的一場鬥爭。李煥的二公子李慶華，是「團結自強協會」的祕書長。他在國民黨的中央圖書館召開了一個有關開放探親的會，原計劃600人參加，實到2700餘人，可見出席者之踴躍。李慶華在會上發表了講話，並建議當局在行政院下成立「大陸事務部」，統籌新的大陸政策。這一下被元老們抓住了，說大陸政策一向是由黨部嚴密控制的，如今這方面有了問題，竟向行政院施加壓力。還抓住了李說的其他一些話。於是收集材料，添油加醋，透過「保守派」頭子沈昌煥，向蔣經國告了李煥父子一狀。

他們説李慶華違背了「審時度勢、謀定而動」的原則，為國家安全「敞開了一個巨大的漏洞」。在這種情況下，李慶華終於不得不被迫辭職了。

第三個回合，是圍繞臺灣《自立晚報》兩名記者採訪大陸應否處罰問題而進行的一場鬥爭。1987年9月，該報兩名記者李永得和許璐到大陸來採訪，據説事先曾得到李煥的默許，否則他們不會有這個膽量。在9月16日的國民黨中常會上，臺灣《中國時報》董事長余紀忠表示，對兩記者訪問大陸事不必過於追究；而前臺灣《中央日報》董事長曹聖芬、《聯合報》董事長王惕吾等人則主張「嚴加懲處」。據説蔣緯國在會上也主張最多給個「口頭警告」就行了，不要搞得太厲害。而元老派們多支持曹、王意見，要求給予懲處。否則，惡例一開，日後更不好辦。雙方爭執十分激烈。最後還是請蔣經國出面講了話，這才平息下來。

關於俞國華與李煥的矛盾，這裡我想補充兩點：

1.李煥於9月4日在高雄的講話，已引起一些人的注意。香港政論家梁厚甫在《百姓》雜誌發表評論文章，説李煥這個講話是「石破天驚」。他指出了三點：①「不取代中共政權」，意即不與中共爭正統；②「政治反攻」，意即不用武力，而是和平解決；③李的講話，只提「臺灣地區」，而並未提「中華民國」。沒有蔣經國的首肯，李煥是絕不敢講這些話的，那麼，這是否反映了蔣經國的意圖？

2.李煥與俞國華同是蔣經國的心腹幹將，他們之間所表現的不協調，似有更複雜的原因。李煥不久前曾自稱他和俞的關係是好的。隨後俞國華的講話似乎也較以前有些變化。例如他説，「對大陸反攻，主要靠思想而不是武力」。這和李煥關於「政治反攻」等一類講話並沒有什麼不同。人們在猜測，這也許是蔣經國從中作了溝通和協調。

三、發展的趨勢

關於國民黨高層矛盾的特點和發展趨勢有以下幾點看法：

1.表現在國民黨高層「宮廷派」、「開明派」和「地方派」的矛盾和鬥爭，實際是整個臺灣社會各種矛盾和鬥爭的一個匯合點和縮影。正如前面已經說到的那樣，它淵源於臺灣經濟結構、社會結構和政治結構的變化，說明國民黨近40年所長期維護的上層結構已經遠不能適應經濟基礎和社會變動的要求了。調整和變革將是臺灣上層結構領域不可逆轉的趨勢，反映在國民黨高層內部的各種矛盾和鬥爭也將是不可避免的，且有繼續加劇之勢，在一定條件下並有可能激化和表面化。

2.在國民黨高層三大政治勢力中，處於弱勢的兩方即「開明派」和「地方派」，已出現有聯合並將繼續加強這種聯合以抗拒「宮廷派」的壓力的趨勢。反映在國民黨領導核心，基本上是「宮廷派」和「開明派」的對立和鬥爭。一個是要維護舊的法統和統治體制，從而保留既得權益；一個是要突破舊的法統和統治體制，實現權力再分配。在這一點上，「地方派」和「開明派」的利益是一致的。從整個社會看，「開明派」居於優勢；而從國民黨領導核心看則居於劣勢。從短時期看，「宮廷派」仍不得不作出某種讓步和妥協；而從長遠看，兩者的矛盾又將是難以調和的，不能排除雙方因衝突而導致攤牌和決鬥的可能。

3.島內的政治革新與調整大陸政策，兩者已經形成為一個相互影響、相互激盪和相互促進的局面。前一個時期國民黨主要是抓政治革新，使島內的政治緊張氣氛有所緩和；而與此同時島內臺獨意識和臺獨傾向也有所發展和蔓延，從而又反過來使國民黨不得不加速對大陸政策的調整步伐。有人說調整大陸政策，這可能是蔣經國對付臺獨的一個「高招」，海外朋友說：大陸這邊批臺獨越批得厲害，臺灣當局的日子就越好過，這是有道理的。臺灣對大陸政策的調整，反過來又刺激了臺獨勢力，他們有些著急了，迫不及待地要把「住民自決」的口號公開地改為「臺灣獨立」的口號。這樣一種更動關係，使雙方的鬥爭和攤牌提前了。看來，島內一場更大更嚴峻的圍繞統與獨而進行的鬥爭較量將是不可避免的。

(〈當前臺灣形勢和兩岸關係展望〉一文節錄，見《世界形勢縱覽》，時事出版社）

蔣經國和「後蔣經國時代」

按：本文內容是作者於蔣經國去世前夕在一次內部報告會上發言的一部分，新標題是收入本書時加的。

蔣經國是1972年5月出任行政院院長的。1975年4月蔣介石病逝，蔣經國子承父業，於1976年11月當上國民黨中央委員會主席，1978年春出任「總統」。父子兩人，都是強人政治，個人獨裁。蔣經國在臺灣，似乎比他老子的威信還高。現在已經77歲了，健康不佳，風燭殘年，人命危淺，標幟著臺灣的蔣經國時代就要結束了。從蔣介石時代過渡到蔣經國時代，還是「和平而有秩序」的，沒有引起什麼社會動盪，因為蔣介石培植蔣經國花了近40年時間，早在蔣介石去世前就實際上接班了。而現今蔣經國的情況就大不相同，時代已經變了，諸兒也不爭氣，接班無希望，其他接班者也若明若暗，不是十分明朗的。他死後的臺灣政局會怎樣？這幾乎是島內外人所共同關注的。

一、「三個不好」

就當前來講，蔣經國有「三個不好」：

一是身體不好。1986年10月25日，他去機場接宋美齡，當飛機落下來以後，他是「抬著上去」接的，宋是「抬著下來」見的。記者報導說，母子二人都「不良於行」。1987年「雙十節」，他硬撐著出場講話，人們見到他面部浮腫，聲音嘶啞，連雞蛋那麼大的字都看不太清了，身邊還站著保鏢，半步也不能離。蔣說自己除了糖尿病以外，健康狀況良好，實際上並不是這樣。現在他一身至少有七種病：糖尿病、高血壓、心臟病、風濕性關節炎、腎功能衰竭、末梢神經炎、視網膜脫落。1986年4月，蔣即裝上了心律調節器；1987年下半年起，開始以「輪椅代步」。據說，他有一隻腳的腳趾已被截去，由於下身壞死，醫生還

建議截肢，但蔣經國堅持不肯。

二是心情不好。上面講到有四次大事件，大教訓，引發四次社會動盪。在前一個時期或是更早一些時候，他為了蔣孝武的事，主要是「江南案」的牽連，搞得心煩意亂，動輒發脾氣，摔茶杯，扔手杖，敲桌子。這以後又為兩件事傷神，一是島內反對派，尤其是民進黨成立後，立法院內搞「杯葛」，立法院外搞「街頭運動」。前幾天，即12月25日，蔣經國坐輪椅出席「行憲四十週年」紀念大會，遇上民進黨組織的「示威」，氣得臉色發青，兩手發抖。二是兩岸關係問題，進難、退難，維持現狀也難。外有中共「逼和」，內有臺獨隱患；既不能做「民國罪人」，也不能做「民族罪人」；既不想做「鄭成功的後代」，也不想當「臺獨的國父」。

三是休息不好。一言九鼎，絕對權威，大事小事都得找他，非他不能拍板。1986年9月，民進黨成立後的兩個多月，蔣先後出來會客、講話18次，差不多每兩三天就有一次公開活動。表面上似乎身體在恢復，健康不錯，實際上根本不是這回事。可能有兩個因素：第一，秉性好強，也閒不住，因而能撐就撐；第二，形勢的需要，非他不足以壓陣。尤其是內外調整政策以來，各方面出現的矛盾很多，他更擔心出問題。例如上面談到的1987年「雙十節」，本來已經很累了，但第二天，即10月11日，又去新竹主持軍事演習，他坐著輪椅抬上汽車，往返三個小時，加上主持會議一個半小時，滿打滿算也得四個半至五小時。如此病殘衰弱之軀，竟然如此連續不輟地工作，如果不是非他莫屬，實在是難以想像的。

早在1985年，據說美國有一醫療專家就曾就蔣經國的病判斷說：如果護理得好，估計可以再活兩三年。以蔣現在的身體狀況，兼之心情不好，休息不好，看來不會拖得很久。人們早就開始議論「後蔣經國時代」了。

二、「三大難題」

「後蔣經國時代」的臺灣，是「治」還是「亂」？看來主要取決於以下三個

問題能否獲得合理而正確的解決：

一是權力繼承問題。早在1985年7月初，鄧小平同志與外賓一次談話中就曾指出：蔣經國先生的「身體壞極了，不知哪一天會突然見上帝。蔣經國一去，臺灣會不會發生動盪？據我們瞭解，臺灣還沒有一個人能代替他」。足見我中央領導人早就注意這個問題。國民黨一向「以黨領政」，前兩代都是所謂「強人政治」。蔣介石死時的接班人是明確的，而蔣經國至今，似並無「明確的接班人」。現在比較引人注目的，無非是國民黨中央黨部祕書長李煥、「副總統」李登輝、行政院院長俞國華、「國家安全會議」祕書長蔣緯國、總統府祕書長沈昌煥、參謀總長郝柏村6人。這些人當然都是蔣家政權的股肱之臣，是蔣經國信得過的。未來可能是他們集體接班，也可能還要作些調整。他們的政治觀點並不是完全一致的，傾向於保守的「宮廷派」勢力似居於優勢。「開明派」和「地方派」次之。從美國回來的宋美齡已經90歲了，如果蔣經國死時她還健在，是會努力施加她的影響的。總之，蔣經國死後的權力繼承和核心團隊的安排是一個關係到臺灣政局能否穩定的頭等問題。尤其是在目前的條件下，臺灣正進入一個新的權力結構的「轉型期」，諸如省籍矛盾、新舊思想的矛盾、新老團隊的矛盾等，問題很多，這一問題就顯得更加突出。

二是「政治革新」問題。說到底，是權力的再分配問題，如前所說，隨著臺灣加工出口工業的發展，臺灣的經濟結構、階級結構和社會結構都已發生很大變化，如果還要和過去一樣，在政權和整個上層結構中仍繼續保持由國民黨少數權勢人物控制的一統天下，已經很難了。看來蔣經國死後，已經開始的「政治革新」還會繼續下去。與此同時，各股政治勢力圍繞此一問題所進行的鬥爭也不會就此終止。矛盾的焦點，不是要不要進行政治革新，而是如何革新和革新到什麼程度。因為所謂政治革新，就是要求民主化，要求對本省人開放政權，要求更多的外省人從黨政要職上退下來，由本省人替上去。估計蔣經國死後，「開明派」和「地方派」的勢力會膨脹，也可能趨於聯合。社會輿論要求革新的呼聲也會隨而增高，而一旦當這種革新被認為將危及「宮廷派」和其他權勢人物的根本利益時，矛盾將進一步激化，衝突將不可避免。這是未來臺灣政局可能面臨的第二大難題。

三是「大陸政策」問題，實際就是如何處理好兩岸關係。臺灣與大陸人民，同是中華民族的後裔，兩岸山水相連，整然一體，是不可以分割的。統一乎？「獨立」乎？維持現狀乎？長期維持現狀是不可能的，歸根結底是「統」和「獨」之爭，是臺灣未來兩種前途和兩種命運之爭。這個問題是很現實的，是誰也迴避不了的。如果得不到正確和合理的解決，臺灣就很難有真正的安寧，臺灣經濟也很難獲得進一步的繁榮和發展。目前在臺灣島內，愛國統一力量在發展，臺獨意識和影響也在擴大，蔣經國死後兩者的矛盾肯定會更加突出。問題是，新當權者採取什麼樣的應對之策。在現行有關兩岸關係的政策上，是繼續前進還是後退呢？前進就是和平統一之路，後退就是臺獨或事實上的臺獨之路。現在國民黨有三塊「擋箭牌」：一是「經濟差距」，二是「制度不同」，三是「統戰陰謀」。從目前情況看，這些論調也頗有一些市場和同情者。臺灣島內和海外華人社會中，有些原本處於中間狀態的知識分子，公開寫文章抨擊「一國兩制」。今後只要大陸政經形勢繼續好轉，這些中間狀態的知識分子還會發生變化的，實際上有的已在變化。特別是中共十三大提出「社會主義初級階段」的理論後，他們中一些人很高興，認為統一更有希望了，因為中共強調的有中國特色的社會主義，與臺灣強調的「三民主義」並「不是水火不相容」的。蔣經國之後的新當權者，要想擺脫困境就必須繼續推進和發展蔣經國的「大陸政策」，這是關係到臺灣能否長治久安的更根本和更重要的課題。搞得不好，臺灣就可能出現新的動盪不安局面。

三、「三種可能」

　　早在1985年，鑒於蔣經國的身體狀況，人們就開始議論「後蔣經國時代了」。當年12月下旬，臺灣政大教授蔡政文在展望臺灣未來十年政局時，就曾作過三種「假設」，即「困局」、「亂局」與「和局」。所談未來十年，實際指的就是蔣經國身後。我的理解，「困局」，就是指再「拖」下去，勉撐難局；所講的「亂局」，就是指各股政治勢力相互傾軋，混戰一場，並可能出現各種不同

情況；所講的「和局」，就是與中共進行接觸、對話，實現和平統一中國大業。這幾種假設，是比較有代表性的。

哪一種可能性最大呢？我們不是算命先生，不好妄加揣測。但從各種現實情況分析，至少在蔣經國死後初期，一不會大亂，二不會和談。而最大可能是介於此兩者之間，繼續維持目前的困難局面，即偏安拒和，再拖下去。第一，蔣經國對他的身後已有部署，現在黨政軍特等要害部門基本上都是他選拔的親信重臣，大體可以控制局面，至少蔣經國死後的一個短時期內，仍有可能出現「沒有蔣氏牽頭的蔣氏政權」。第二，臺灣與韓國、菲律賓的情況不同，它有嚴格的軍官輪換制和政工制，不那麼容易實現「軍人政變」或「軍人干政」。過去美國對蔣氏父子政權未見得就那麼滿意，但要像在別處一樣動輒「換馬」，則不那麼容易。第三，蔣經國現在推行的「政治革新」和調整了的「大陸政策」是得人心的，其死後大概仍會繼續。島內人心思治，人心思安，主張穩步革新者多，以民進黨為代表的少數激進派，一時成不了大氣候。第四，美國、日本和我們，都不希望臺灣出亂子。至於和談，上面已經談到了，現在還看不出這種前景，蔣經國死後的一個時期內，也很難會有大的變化。只要他們的日子還可以過，各種矛盾大體都協調，沒有出現直接威脅他們的生存和權益的重大壓力或亂子，是不會輕啟和談之門的。不排除蔣死後，會有一些政治勢力的代表人物，向我們伸出觸角或試探摸底，但那絕不等於和談。

現在，要研究的問題是：蔣經國死後，其所維持的「困局」究竟能保持多久？這就要根據未來各種情況的變化來研判。我認為要國民黨和談，必須有三個條件：（1）美國不支持它了，（2）經濟支撐不住了，（3）內部矛盾到不可調和了。而這三個條件的出現，又需要另外一個更重要的條件，這就是大陸政治經濟形勢的進一步好轉，中國的國際地位增強，對臺灣有更大的壓力和吸引力。希望我們自己能在經濟上、政治上很快地走上正軌，持續地保持正常、健康的發展趨勢。我們雖然在經濟和人民生活的某些方面還趕不上臺灣，但是我們有大國的政治地位，整體的經濟優勢，這些都遠不是臺灣這個島所能望及的。我對兩岸統一的前景是很樂觀的，因為臺灣問題看起來很複雜，很難解決，什麼國際背景，美國的《臺灣關係法》呀，什麼國民黨的反共拒和政策，臺灣島內的臺獨意識和

臺獨影響在蔓延發展呀，等等。但我看這些統統是次要的。只要我們自己不再走大的彎路，不再有大的失誤，把國民經濟搞好，把政治改革搞好，真正體現有中國特色的社會主義的優越性，再加上能正確執行中央制定的臺港澳政策，問題並不一定就那麼難解決，也不一定要拖太長時間。一切就看今後臺海形勢的發展吧，不要太樂觀，也不要太悲觀。

（〈當前臺灣形勢和兩岸關係展望〉一文節錄，見《世界形勢縱覽》，時事出版社）

李登輝和「後李登輝時代」

李登輝和臺灣的「李登輝時代」，已因國民黨的敗選和李登輝的下臺而宣告落幕。對於李登輝這個人和他主政臺灣12年的表現，究竟如何評價？臺灣的「後李登輝時代」又會是怎樣？願就此談一點個人看法，鑒往知來，以為後來者戒。

一、李登輝及其外國影子

人不僅是自然的產物，也是社會和環境的產物。李曾自稱：「我是臺灣人，也是中國人」。但他既無日本統治時期一般臺灣人民那種受奴役、受壓迫、受欺凌的感受和感情，更無傳統中國文化所孕育和培養出來的愛國情懷和民族感情。這與他的出身、經歷、接觸的人和所受的教育等，都是分不開的。

李在不久前出版的《臺灣的主張》一書中，對於自己處於日據時期的童年，有著充滿幸福感和自豪感的描述。他說：「就我的人生來說，最大的幸福是生長在一個小康之家，讓我有機會接受完整的教育」。所以說是「小康之家」，是因為他父親是日本刑警，較一般人收入為高，而且在日本殖民當局特許下，其家庭

可以經營鴉片和豬肉（徐淵濤著：《替李登輝卸妝》），其收入就更高。李所以說是「接受完整的教育」，是因為家庭經濟條件好，「從小學、到中學、到高等學校」，以至日本本土的「京都帝國大學」，他都讀了。由此可見，當時的李登輝及其家庭，有著較一般人優越的社會地位，不僅是「小康之家」，而且正像李本人所講，是當時臺灣社會的「精英階層」。這就不難理解：李登輝為什麼沒有當時臺灣社會一般被奴役、被壓迫、被欺凌的勞苦大眾的思想感情？又為什麼至今仍不時為日本殖民統治者歌功頌德？

李還在這本書上，大言不慚地說：在日本統治臺灣時期，「若從歷史觀點來看，或許可算是個悲哀；但若以個人自身來說，毋寧是幸福」。「直到今天，我仍然感謝時代讓我能有此體驗，開啟我幸福的人生」。李對自己在日據時期的青少年生活竟是如此懷念！難怪出身大陸的臺灣著名文人、記者陸鏗先生在讀完李的上述這本書後，不禁頗有感慨地說：原來是「日本文化鑄造了李登輝」。

臺灣一些學者在提到李登輝時有三種說法：一是「李登輝和日本人沒有什麼兩樣」；二是「李登輝比日本人還要日本人」；三是「李登輝不是一般的日本人，而是日本軍國主義思想化了的日本皇民」。

李登輝一輩子都未來過中國大陸，是一個連「中國為何物」都搞不清楚的人。心裡只有日本，看的是日本電視，讀的是日本報刊，聽的是日本廣播，也愛說日本話，言必稱日本，行必效日本。他發表過很多親日、媚日的文章和講話，而對中國大陸人，甚至在臺灣的外省人，完全是另外一種感情，充滿著鄙視和仇視，如同當年的日本皇軍一樣。這樣的人，怎麼能指望他來愛中國和贊成中國統一呢？

其實這樣來說李登輝還不全面。筆者對他總的有三句概括的話。其一，日本人的感情。實際是指當年日本殖民統治者的感情，不能把他等同於一般的日本人。一般的日本人，大多對中國仍然是很友好的。其二，美國人的價值觀。他兩次赴美留學，讀農業碩士和博士學位，接受了美國一些人的民主自由觀，把中國反對外國染指中國領土主權的鬥爭，說成是「舊主權觀」、「狹隘的民族觀」。其三，中國分裂勢力的總代表。他完全繼承了日本軍國主義思想的衣鉢，一心肢

解和分裂中國，不僅在舊的臺獨組織中有許多「情同手足」的「鐵哥們」，而且欲圖把孫中山先生締造的中國國民黨改造成「臺獨黨」，還和大陸境內的「藏獨」和「疆獨」眉來眼去，勾勾搭搭。用心何其險惡！

二、臺灣的「李登輝時代」

　　國民黨自1949年兵敗退據臺灣以來，整整50個年頭了。這50年中，有一個蔣介石時代，大體25年；有一個蔣經國時代，大體13年；自1988年起，有一個李登輝時代，大體12年。2000年3月大選，國民黨慘敗，李登輝被從黨主席「寶座」上拉下來，所謂「總統」亦將卸職，他的這個時代就要結束了。

　　李登輝主政臺灣12年，在分裂中國的道路上越走越遠。蔣氏父子主政臺灣38年，雖有「反共情結」，但始終認同「一個中國」。而自李登輝主政臺灣以來，開始雖伴裝奉行蔣氏「一個中國」政策，然待地位漸穩、羽毛漸豐以後，真相就慢慢暴露出來了。後來就乾脆揭下偽裝，赤膊上陣，繼「七塊論」後，又公開拋出「兩國論」。2000年3月大選中，索性臨門一腳，「棄連保扁」，致使民進黨上臺，國民黨下臺。

　　在李登輝的主導下，12年內臺灣已進行六次「修憲」：

　　第一次，1991年4月，增補「新國代」，辭退「老國代」，以「憲法增修條文」代替「動員戡亂時期臨時條款」。

　　第二次，1992年3月到5月，決定臺灣當局領導人由所謂「中華民國自由地區人民直接選舉」，任期由六年改為四年。

　　第三次，1994年4月到9月，取消行政院長對「總統」發布的人事任免的「副署權」，強化「總統制」。

　　第四次，1997年5月到7月，取消立法院對「總統」任命行政院長的「同意權」，繼而凍結臺灣「省長」、「省議會」功能。

第五次，1999年9月，強行決定把本屆「國大」延期兩年，擬為凍結「國代選舉」，進一步凍結「中華民國憲法」，並為制定「臺灣基本法」鋪路。後因東窗事發，在內外輿論壓力下，不得不「丟車保帥」，將「議長」蘇南成開除黨籍。

第六次，2000年4月，「國大」虛級化，「名存實亡」。臺報稱，「作為憲法上最高權力機關的國民大會已經走入歷史」。

歷次「修憲」的結果，「國會臺灣化」了，「憲法臺灣化」了，「總統臺灣化」了，最後是「中華民國臺灣化」了。「中華民國臺灣化」，即使「中華民國」與「臺灣共和國」等同化，雖異名而同質。所以，六次「修憲」，一次比一次更靠近「臺灣國」。

李登輝在臺灣所進行的「本土化」運動，是為臺獨目標服務的，在做法上與日本殖民者當年在臺灣推行的「皇民化」運動十分相似，實際上也是他從那裡搬來的「經驗」。例如，他布置修改教科書，妄圖割斷臺灣與中國大陸的歷史關係；他要求推廣「臺語」（即閩南話），欲使之成為臺灣的「國語」；他鼓吹「臺灣命運共同體」，欲圖否認「臺灣是中國的一部分」，等等。這與日本當年的做法不是完全一樣嗎？如果說當年日本在臺灣搞的「皇民化」運動，是要把在臺灣的中國人改造成不認同中國和不同於中國人的日本皇民，而李登輝在臺灣進行的「本土化」運動，就是要把今天在臺灣的中國人，不論你是本省的還是外省的，統統改造成不認同中國和不同於中國人的臺灣人或新臺灣人。

這裡順便提一下呂秀蓮，她同樣是李登輝一手培養的日本「皇民化」思想十分嚴重的人，如今又被推上所謂「副總統」的寶座了。她幾乎成了李登輝推行臺獨路線的「急先鋒」，其一言一行無不在李的唆使和指揮之下。上面談到，李登輝在談到日本統治臺灣時說：「若從歷史觀點來看，或許可算是個悲哀；但若以個人自身來說，毋寧是幸福」。請看呂秀蓮是怎麼說的，1995年《馬關條約》簽訂一百週年時，她跑到日本的簽約地點，胡說什麼「幸虧把臺灣割讓給日本，不然臺灣哪有今天的經濟成就」，「《馬關條約》把臺灣割讓給日本是中國人的大不幸，但卻是臺灣人的大幸」。幾乎是鸚鵡學舌，一模一樣，感情何其相通！

第二年5月，李登輝就把她聘為「國策顧問」。

三、「後李登輝時代」的臺灣

2000年3月18日，這對國民黨來說是一個無法忘記的日子。在一心分裂中國的「民粹主義」者李登輝的領導下，終於這一天輸掉了國民黨在臺灣維持了55年的政權。臺《聯合報》發表社論說：李登輝「十二年的風華光燦，竟於這一天的傍晚，與夕陽一起落了山」。國民黨下臺，民進黨上臺，這個「後李登輝時代」又會是怎樣的呢？

在這次大選中，臺灣曾出現「三強」：一是以民進黨陳水扁為代表的臺獨勢力，現該黨已由在野黨一躍而為執政黨，但仍係「弱勢政權」，問題成堆；二是以國民黨連戰為代表的「獨臺」勢力，現該黨則已由執政黨變為在野黨，但畢竟是「百年老店」，不會迅速消失；三是以原「超黨派」宋楚瑜為代表並自稱「反獨」的勢力，雖然敗選，但票差甚微，民望仍高，現已另組新黨即親民黨。這三大派勢力，在大選後仍將保持「三強鼎立、三分天下、相互掣肘、相互競鬥」的局面，不會因為大選結束而結束。

國民黨的所謂「獨臺」勢力，過去主要是指打著「中華民國」旗號搞變相臺獨，亦即把兩岸稱為「特殊的國與國關係」。今後是不是變，向什麼方向變，現在還不好說。

各派政治勢力之間，將會出現既有聯合，又有鬥爭的交錯複雜局面。一是權力之爭。國民黨在臺統治50餘年，如今一夜之間就失去了政權，黨內精英會不會心有不甘，重整旗鼓，再決雌雄？民進黨如今奪得主政地位，有了大餅了，這個大餅將如何分配？無論黨內或黨外，分餅、搶餅之爭勢所難免。二是政體之爭。臺灣本來就是中國的一個省，如今是省不省，非國稱國，不倫不類，不成體統，從而在修憲或制憲、改法或立法、政體如何確立等方面，或明或暗的鬥爭也是勢所難免的。三是臺灣前途之爭。統乎？獨乎？維持現狀乎？察乎大勢，非獨

即統,老是騎在牆上是不行的。況且中國大陸已提出「時間表」問題,不允許久拖,隨著兩岸形勢的發展變化,島內各派政治勢力圍繞這一問題的鬥爭定會加劇。

兩岸關係是影響臺灣政局的最重要因素。主張臺獨的民進黨上臺,已使兩岸關係面臨前所未有的嚴峻形勢,這自然是李登輝長期培養和扶植臺獨勢力的結果。一場新的反分裂、反臺獨的鬥爭又開始了。

筆者認為,兩岸戰爭的因素確實在增長:一是主張臺獨的民進黨領導者已被推上前臺執政,使統「獨」對立尖銳化;二是大陸對和平統一的失望情緒在蔓延,主張戰爭解決問題者越來越多;三是美國的一些反華勢力,一再違反中美關係的三個「聯合公報」、一個「聯合聲明」,明裡暗裡為臺獨勢力撐腰打氣,包括出售先進武器,使臺獨分子有恃無恐。

與此同時,我們也應該看到,臺灣島內有利於和平談判與和平統一的因素亦在增長,臺灣民眾正在覺醒中。大選剛剛結束,他們就把一向主張分裂的李登輝從國民黨主席的寶座上拉下來,從而,使我們看到:「寄希望於臺灣人民」已出現新的曙光。只有覺悟了的臺灣人民,可以制止臺獨,制止一些別有用心者妄圖把臺灣從中國大家庭中分裂出去。

最值得警惕的是,美日少數外國反華勢力與島內分裂勢力的勾結。他們總是欲圖染指臺灣,保持兩岸的分割現狀,以牽制中國的發展。此即所謂「以臺制華」,與當年日本軍國主義者「以華制華」的侵略政策如出一轍。我們絕不可以稍有麻痺。

最後,我呼籲兩岸同胞團結起來,維護國家領土主權的統一和完整,特別是臺灣人民要堅決制止島內的臺獨和分裂傾向,反對外國勢力干涉中國內政,化「危機」為「轉機」,化干戈為玉帛,努力避免在海峽兩岸中國人之間發生一場不幸的戰爭。

(原載香港《大公報》,收入中日友誼出版公司出版之《兩岸「雙贏」之路》)

陳水扁和「後陳水扁」時期

陳水扁2000年當選，2004年連任，如果能做滿任期，應該是8年，而如今已超過6個年頭了。這6年多來，臺灣政不通、人不和，風不調、雨不順，政績寥寥，怪事成堆，天怒人怨。有些人不得其解，而統稱之為「陳水扁現象」。這是不奇怪的。

這種現象的產生是複雜的。有個人原因，也有社會原因；有現實原因，也有歷史原因；有客觀原因，也有主觀原因；有政治原因，也有非政治原因。總之，陳水扁現象與民進黨現象和臺灣政治現象，都是分不開的。本文主要是從陳水扁當局的角度來透視目前存在的「陳水扁現象」。

一、陳水扁當局的主要特點

陳水扁當局主要有以下五個特點：

（一）先天不足，後天失調

陳水扁是作為臺灣民主進步黨（簡稱「民進黨」）的代表人物執政的，而這個黨是從民間團體「黨外編輯作家聯誼會」（簡稱「編聯會」）發展起來的。從1983年9月「編聯會」的成立，到1986年9月民進黨的正式成立，中間不過三年；再從這個黨的成立到2000年5月執政，中間也不過十三年半的時間，因而實際上是一個沒有經過「懷胎十月」的「早產兒」，無論在思想上、政治上、組織上以至黨的宗旨和目標上都是不成熟甚至模糊的。至於為什麼會如此匆忙地成立以至執政，誰也說不清楚，估計那是臺灣島內各種錯綜複雜的原因造成的。先天不足，後天失調，體弱多病，難經風雨，這是完全可以想見的。執政以後，短短六年，從唐飛到蘇貞昌，先後換了五個行政院長，從謝長廷到游錫堃，也換了四任黨主席。政黨不分，政體不固，政爭不斷，政風不正，政策多變，事故頻出，

股市屢跌，社會動盪，民心不安。各種人為事件舉其大者有「八掌溪事件」、「高屏橋事件」、「核四停建風波」、「護照更名風波」、「8100億投資案」、「烽火外交受挫案」、「政策買票大放送」等等。這樣一個不成熟的執政黨，不成熟的地區領導人，使臺灣人民飽受煎熬和痛苦。

（二）以「獨」為綱，以權為本

民進黨的成立，主要是在反抗國民黨的專制獨裁，除極少數人外，大多數人並沒有提出臺獨訴求。但在民進黨領導權被少數野心分子所掌控後，其臺獨傾向便越來越明顯。1987年11月9日，民進黨召開第二屆黨代表大會，乃將「人民有主張臺灣獨立的自由」列為大會決議；1988年4月17日，民進黨第二屆黨代會第一次臨時大會，通過所謂「四一七決議文」，提出在「如果國共片面和談」等「四個如果」條件下，民進黨將「主張臺灣獨立」；1991年10月12日，民進黨召第五屆第一次代表大會，正式通過把臺獨主張列入黨綱的決議，即主張「建立主權獨立自主的臺灣共和國」。自此民進黨即完全誤入歧途。1998年12月16日，民進黨中央召開「中常會」時，少數委員如沈富雄等，曾提出修改「臺獨黨綱」，但未被會議所接受。1999年5月民進黨第八屆第二次代表大會通過的《臺灣前途決議文》，雖然放出有取代「臺獨黨綱」之意，但卻強調「臺灣已是主權獨立國家」，「任何對此現狀的變動，必須經由臺灣全體住民以公民投票的方式決定」，實際上是比原「臺灣黨綱」更露骨、更嚴重的臺獨主張的宣示，後來一直被陳水扁當局奉為圭臬。

「臺獨黨綱」是最大的「私」字。6年多的實踐證明，它並不是臺灣的主流民意，更不符合兩岸最大多數人民的最大利益，它只反映和適應了臺灣島內極少數別有用心的利益集團的需要，他們表面上是為臺灣人民，實際上是為自己或小集團謀私利。政治上，可以大封「諸侯」，加官晉爵，結派拉幫，攬權自重；經濟上，可以分擁「領地」，掌握金脈，收買賄賂，中飽私囊；國際上，可以冒充「國家」，鑽營附會，假公濟私，撈取好處。這一切，自然就需要一個「獨為號召，似獨非獨，不統反統」的「小朝廷」，作為維護自己利益的「靠山」和「保護傘」。這個小朝廷的本質就是「以權為本」、「保權第一」。這是一個既得的

利益小集團，上臺之前為了搶權奪權，上臺之後一切為了保權固權。對於他們來說，權是命根子，有權就有錢。

（三）政治掛帥，經濟下滑

執政之前，一切為了奪權。而執政之後，則一切為了保權和固權，大搞政治掛帥和意識形態掛帥。政治主要落實在選舉上。一搞起選舉，全身是勁，精神煥發，唾沫橫飛，什麼「兩岸牌」、「本土牌」、「悲情牌」、「民意牌」、「民主牌」、「改革牌」等等，應有盡有，應用得滾瓜爛熟，使對方幾無招架之功。然而辦起實事來，這也不行，那也不會，敷衍應付，言不由衷。所以，臺灣媒體和輿論界廣泛流傳著一種帶貶義的話，說陳水扁是「選舉動物」，「施政無能，選舉有方」。亦說是「律師性格，巧言善辯，不講誠信，反覆無常」。各種各樣騙人的政治口號喊得震天價響，然幾乎都是不能也無法兌現的。

至於經濟呢，則基本上停留在一些口號上。什麼「打造綠色臺灣」啦，「活力臺灣、速度臺灣、優質臺灣、魅力臺灣」啦，等等，哪一樣不是空空洞洞的口號。這樣那樣的「經發會」、「拚經會」、「金融會」、「改革會」、「建設會」，不知開了多少，哪一個得到了真正的落實！臺灣年經濟增長率，民進黨執政前的1999年為5.32%，2001年降為－2.2%，其後諸年也大部停留在3%～4%左右。一向號稱亞洲「四小龍」之首的臺灣，早已落在「四小龍」韓國、新加坡和香港之後。人們說，現在的臺灣經濟是「四高一低」，即失業率高、債務高、物價高、自殺率高，經濟增長率低。2005年全臺灣自殺人口達4700人。

（四）政風不正，弊案連連

由於這個黨先天不足，後天失調，加上以「獨」為綱，以權為本，乃必然用人唯親，饑不擇食，使許多不學無術、缺乏專業和趨炎附勢者趁機而入，藉機謀取私利。陳水扁身邊和周圍有所謂「一妻、二祕、三師、四親家、五總管」之稱者，幾乎無不涉案。在其執政集團和陳氏家族中，已經被揭露和涉及的弊案有「高鐵案」、「高捷案」、「禿鷹案」、「國票案」、「炒股案」、「臺開案」、「禮券案」、「二次金改案」、「陳由豪案」、「SOGO百貨案」、「土地買賣案」、「公務機要費案」等等，一個接一個，數也數不清。別的且不說，

僅「公務機要費」，就是一個「大黑洞」，每年4800萬（新臺幣），大部用的假單據，或無單據，其去向說不清楚。臺灣一家報紙不禁感慨地說：「弊案爆得簡直像米花一樣。民進黨很腐敗，應已是社會之公論，唯民進黨竟腐敗至如此頭頂生瘡，腳底流膿的地步，卻仍令人驚愕不置！」（臺灣《聯合報》）

中國有句俗話：「一人得道，雞犬升天」。這已完全印證在陳氏「小朝廷」中。僅陳妻吳淑珍從涉及的「禮券案」中所撈取的好處就不知其數；陳的女婿趙建銘從股票「內部交易」中所得利益，據報導已達12億元新臺幣。趙建銘一家包括其父母及兄弟親屬，依仗陳家權勢所撈取的經濟好處，也在百萬、千萬新臺幣以上不等。

（五）臺式「文革」，八大表現

海峽兩岸，自古一家，長時間以來都是一個「小生產者」社會。臺灣雖較大陸稍早地走向工商社會，但仍係一千家萬戶的個體工商戶，沒有擺脫其小生產者固有的先天不足的弱點。這一點，在陳水扁奪權和掌權之後的各種「文革」表現中，已得到充分證明。

主要表現如下：

1.如同大陸昔日「紅衛兵」一樣，在「民主」大旗下奪權。奪權以後，一切以保護所謂本土「新生政權」為中心；

2.如同「以階級鬥爭為綱」一樣，一切以「一邊一國」論為綱。「族群鬥爭」本質上就是階級鬥爭，一部分人欺壓另一部分人。

3.如同重視「階級出身」一樣，強調「出生地」，本土出生者如同「紅五類」，天然「愛臺」，非本土出生者如同「黑五類」，天然「賣臺」；

4.藍綠兩大營，相互對壘叫罵，大小山頭林立，派系鬥爭和口水戰不斷，「紅帽子」和「黑帽子」滿天飛；

5.政治和意識形態掛帥，喊口號不做實事，「抓革命不促生產」，使臺灣經濟一年不如一年；

6.派性領軍，山頭第一，用人唯「顏色」考量，不重視專業人才，「外行領導內行」；

7.政客作風，唯我獨尊，唯我獨革，臺上拉手，臺下踢腳，說空話的「巨人」，辦實事的「矮子」；

8.保「權」第一，保「位」第一，為保權保位而耍盡花招，更不惜挑動藍綠群眾互鬥。

總之，陳水扁當局似已進入衰敗時期，視民眾「反腐」為「奪權」，視藍營「罷扁」為「復辟」，全力反撲，掙扎圖存。陳水扁實際上不過是在作「困獸猶鬥」而已。

二、問題教訓啟示

陳水扁當局所面臨的問題，實際上是自1949年國民黨退據臺灣後到現在所累積的各種問題的總爆發。似乎是已經到了「癤子」快出頭、化膿、出血的時候了。有問題，有教訓，也有啟示。

（一）扁當局是一個變形的「歷史怪胎」

臺灣本來就是中國不可分割的一部分。歷史上雖曾被日本軍國主義搶占達半個世紀之久，但抗日戰爭勝利之後已回歸中國版圖。後來之所以出現臺灣問題，一是國共內戰造成兩岸「隔海分治」的局面；二是美國干預中國內政，使兩岸長期無法實現統一。陳水扁透過選票從國民黨手裡奪得政權後，其實是讓歷史在這個地方「拐了一個小彎」，並沒有根本改變這個政權的性質。而從李登輝到陳水扁，一直異想天開，妄圖割斷兩岸「歷史的臍帶」，改變臺灣政權的性質，然而這是永遠也不可能實現的。

臺灣問題實際上也是美國「亞洲政策」的產物。美國為了自身的戰略利益，長期給臺灣輸氧打氣，欲圖在臺灣培訓一個親美的「本土政權」，實現「以臺制

中」、「以中制蘇」的戰略。而如今蘇聯早已解體，所謂「共產主義威脅」也早不存在，說是「中國威脅」更是笑話。中國的和平崛起及其和平政策，中美關係的日趨改善，使得美國這種過了時的冷戰思維和政策，越加成為累贅和不必要。臺灣對於美國，實際上早就不是「資產」而是「包袱」。

（二）臺獨路線使陳水扁步入「死胡同」

六年多來，陳水扁在臺獨路上越走越來勁，也越滑越遠。他嘗到了執政的「甜頭」，一心想讓民進黨「永續執政、全面執政」，並由自己保持對民進黨的控制。他自2002年8月提出「一邊一國」論後，一直把「一邊一國」視為民進黨的「黨魂」。他與李登輝不同的是，李登輝想搞「臺灣正名」，直接建立「臺灣共和國」；而陳水扁搞的則是「柔性臺獨」，亦稱「曲線臺獨」，就像「切香腸」和「挖香腸」一樣，漸漸地、悄悄地，由量變到質變地實現「法理臺獨」。他擬把現有「中華民國」國號作為一種過渡，或曰「借殼上市」，然後使臺灣成為一個「全新、正常、完整、美麗、與大陸互不隸屬」的國家。他所說的「中華民國四階段」，即「中華民國在大陸」、「中華民國到臺灣」、「中華民國在臺灣」、「中華民國是臺灣」，完全是「臺獨路線」的說辭。他還為自己的「法理臺獨」制定了「修憲、公投、制憲、實施」的時間表。

然而，這絕對都是「一廂情願」的，「法理臺獨」的路子是不可能走得通的。從臺灣島內看，主流民意仍然是「求安定、求和平、求發展」，而絕不是陳水扁所說傾向臺獨的「臺灣主體意識」。從中國大陸看，13億中國人民堅決反對臺獨。正像胡錦濤總書記在「四個絕不」中所說的那樣，「反對臺獨絕不妥協」。再從國際大環境看，現已幾乎沒有臺獨的生存與活動空間。作為臺灣政權最主要的支持者美國，已一再聲明反對臺獨單方面改變現狀。臺灣一家報紙最近發表文章說：「若在十餘年前主張臺獨，也許可以說是浪漫主義或理想主義，但在十餘年後的今日若仍主張臺獨，卻絕對是『自欺欺人』，不是愛臺灣而是害臺灣，欲置臺灣於死地」。（《聯合報》）

（三）操弄「族群牌」造成藍綠尖銳對立

為適應美國對臺政策的需要，從李登輝到陳水扁，都是打的「族群牌」或

「本土牌」。臺灣四大族群結構的基本狀況是：「一大、二中、一小」。「一大」，指的是講閩南話、偏綠的族群，約占70％；「二中」，指的是非本土的「外省人」，偏藍的族群，約占15％，還有客家人約占12％；「一小」，指的是原住民，即少數民族，約占2％。（臺灣《財訊》月刊，2003年11月號）在這四大族群中，陳水扁重點是籠絡約占全臺人口70％講閩南話的本省人，稱「本土」，依靠他們來「打江山、坐江山」。這些人大部集中在臺灣南部。李登輝曾強調南臺灣是「保護臺灣主體性最堅強的航空母艦」。（《中國時報》2005年3月7日）他們主要抹黑和壓制的對像是約占15％、大多是不會講閩南話的外省人，稱「非本土」。為壓制他們，就必須把他們和大陸掛鉤，抹「紅」他們，也抹「黑」他們。這就是陳水扁為什麼要製造對中國大陸的仇視、強調中國大陸「是敵國而非祖國」、攻擊島內另一派「錯把敵國當祖國」的根源所在。

而其實，臺灣是一個移民社會，絕大部分居民都是從中國大陸移民臺灣的漢族（約占98％），大家只有移居臺灣時間早晚之分而根本沒有本省和非本省之別。不僅如此，而且根據歷史資料，臺當局把1945年日本投降前就住在臺灣、受過日本「皇民化洗禮」，其中有些至今還滿腦子「皇民化思想」的人都劃為「本土」和「愛臺灣」的人，而相反把這以後從大陸去的受過日本人殘害甚至參加過抗日戰爭的人，都劃為「非本土」、「不愛臺灣」，甚至「出賣臺灣」的人。這是非常不妥的。特別是把1949年隨「兩蔣」去臺、視臺灣為「復興基地」、參加過「反共復國」、親身參加過臺灣經建的人或他們的親屬，也動輒給扣上「親共」、「不愛臺灣」的大帽子，這更難免會讓人笑掉大牙。為了一己之私，為了政治需要，竟然不顧歷史事實，顛倒黑白，指鹿為馬，實在是太荒唐了。

值得指出的是，被民進黨一直視為「法寶」的族群鬥爭，至今仍在被操弄。近一個時期來，陳水扁和民進黨為反制藍營發動的「罷扁案」，又一次調動綠營群眾為「保衛本土政權」而進行了大反撲，雖然獲得了一時的成功，但肯定會為未來留下巨大隱患。

（四）陳水扁所倚恃的「民意牌」和「民主牌」

所謂「民意」，其實有真假之分。「民意」往往可因政治需要而被「引導」或製造出來，臺灣的民進黨就是一個典型。例如，臺灣民眾對中國大陸的仇視、憤恨，以至長期反對「三通」、反對「統一」，就主要是民進黨和綠營一手培植和製造出來的。他們把臺灣和臺獨畫上等號，把中共「反臺獨」說成是「反臺灣」、「打壓臺灣」，甚至是「聯藍反臺」。2006年6月27日，臺灣立法院的「罷扁案」，就被說成是「中共勾結臺灣賣臺集團」推動的。在南部地下電臺的煽動下，一些地區曾發生多起「火燒五星紅旗」事件。臺灣島內一些人的「臺獨意識」和「反大陸」情結，也就是這樣造成的。歪曲事實，無中生有，蠱惑民心，製造對立。這就是民進黨為「奪權」和「保權」而製造的「民意」。

　　在這種虛假或被完全扭曲的「民意」基礎上，所推動的「民主」自然也不是真正的「民主」。「民意」有真假之分，「民主」也有「民主」和「民粹」之別。人們長期爭論的一個問題是，即民主究竟是「目的」還是「手段」？有人說，它既是目的也是手段。我看，至少在現今的臺灣，民主被更多地用為「藉口」或「手段」，以達到個人或某個利益集團的政治目的。所謂「制憲」、「公投」、「正名」等，往往總是被一些人披上美麗耀眼的外衣。還有，「民主」絕不是要搞臺獨，把「民主」和臺獨結合在一起，這是非常荒謬的。臺灣人民要求「民主」和「當家做主人」的願望完全正當，也應該積極支持；但這絕不是一些具有個人政治野心者所說的那樣，是什麼要求建立一個使臺灣「脫離中國」、「兩岸互不隸屬」的「全新、正常、完整、美麗」的新國家。

　　（五）陳水扁在兩岸關係上的「最大敗筆」

　　人所共知，兩岸直接對話談判的基礎，就是1992年「海協會」和「海基會」所達成的「九二共識」，正因為有這個「九二共識」，才會有1993年兩岸兩會「辜汪會談」和後來的「辜汪會晤」，並達成若干「協議」和「共識」。這個「九二共識」的靈魂，就是雙方都承認「一個中國」，但不涉及它的具體內涵。陳水扁一上臺就拒絕承認這個「九二共識」，這是使他在兩岸關係和內外政策上一直陷於被動而一步步地邁向「死胡同」的最大原因。

　　就像過去一樣，為擺脫困境，他在面對立法院罷免案而拋出的《向人民報

告》中，仍然避開「九二共識」或「一中」原則，而大談什麼「兩岸和談」。美國政府也一直敦促臺灣當局並同時要求中國大陸與陳水扁當局直接對話，然而問題是：是按「九二共識」或「一中」原則來對話或談判呢，還是按照陳水扁在2002年拋出，至今仍未收回的「一邊一國」來對話或談判呢？反對「九二共識」和「一中」原則本身，就是妄圖把「一國」內部的兩岸關係搞成「政府對政府」、「國家對國家」的「國際關係」。中國大陸是不可能上當的。「解鈴仍須繫鈴人」，臺灣方面必須正視現實，面對現實，老是避開現實、繞開矛盾走是不行的。

三、「後陳水扁」時期之展望

香港一家刊物說：「今日臺灣政治中的陳水扁現象，將成為中國歷史上的荒誕一頁」。（香港《廣角鏡》2006年6月號）誠然，陳水扁這樣一個人，也確是臺灣現今特殊歷史條件下的一種特殊現象。如今他在臺灣，已經走向兩個任期的「盡頭」。他的未來會怎麼樣？臺灣立法院的罷免案雖未成功，但給予陳水扁的創傷仍然是嚴重的。根據臺灣最近民調，對陳水扁的「不滿意度」仍在上升，顯見危機並未過去。陳水扁第二個任期已經不到兩年了。在這個不到兩年中，「後陳水扁」時期是否會提前到來？或者像「跛腳鴨」一樣繼續走完這個任期？臺灣未來的走向究竟會如何？試提出以下幾點不成熟看法：

（一）陳水扁能否堅持到2008年

就是說，陳水扁能否大體平安地度過還剩下不到兩年的任期，直到2008年新選出的臺灣地區領導人接任。這至少要看以下幾個條件的變化：

一是陳水扁本人在「罷免案」後的表現。陳水扁之所以能「過關」，一是他成功地把自己和民進黨綁在一起，由民進黨出來為他「護短」。二是他打的「悲情牌」和「本土牌」，又一次獲得了成功。從而，把本來屬於「清廉」對「貪腐」的「決鬥」，順利地轉化為綠對藍、「本土」對「非本土」、「奪權」對

「反奪權」的「政爭」。但這只會是暫時的，下一步還要看他自己在言論特別是行動上真正的「反思」和「改錯」表現如何而定。

二是陳水扁「第一家庭」弊案的查證情況。「罷免案」雖然未獲得通過，但是陳水扁「第一家庭」弊案並未結束，還在繼續發展和發酵中。新揭的弊案正在不斷增加，並且每天都有新的情況。爆料揭弊者不但不會就此罷休，甚至會「刺激」他們越加認真地查弊揭弊，這一定會進一步衝擊陳水扁和他的「第一家庭」。不過，這個下一步的事情究竟會發展到什麼程度，還有待繼續觀察。

三是民進黨內部和綠營內部的整合情況。正像民進黨某黨員所說的那樣，這一次「罷免案」的結果是「扁解套、黨重創」。臺灣社會有一個順口溜：「弊案燒扁妻，扁妻拖阿扁，阿扁拖死民進黨」。有些黨內大佬，對陳水扁在「罷免案」未通過後所露出的「勝利者微笑」，表現了相當的不滿。黨內的不滿情緒還會繼續蔓延。臺聯黨在這次「罷免案」中的表現與民進黨並不完全同調。兩黨的分歧還有可能擴大。

四是行政院長蘇貞昌能否取得新政績。蘇貞昌上臺後所辦的唯一好事，是在兩岸「包機」上有所進展。但在這次「罷免案」中，他和陳水扁完全綁在一起，在反「罷免案」上也十分賣力。至少目前是同坐危船，利害相連，不得不如此。今後他和陳水扁的關係還很難說，也特別引人注目。設若繼續護扁護弊，施政上又毫無建樹，一旦惹起群眾憤慨，又可能興起新的「倒閣風」，從而增加政壇變數。

五是在野的藍營政黨和綠營政黨的整合。藍營的馬英九、宋楚瑜、王金平，實際上是三個山頭，協調上每每出現問題。民進黨這一次的受傷是比較嚴重的，但他們在對外上還比較一致，而藍營則不行。藍營常常是既經不起挫折的考驗，更經不起勝利和有利形勢的考驗。所謂「一山難容二虎」，何況一山有「三虎」乎！這對他們的反扁鬥爭不會沒有影響。不過，綠營內部特別是民進黨內部，對外的一致性究竟能維持多久，也是值得觀察的一個指標。

以上這一切，最後還得透過2006年底的北高兩市市長選舉和2007年底的「立委」選舉來檢驗。

（二）第二次政黨輪替的可能性

這裡所說的「政黨輪替」，是指兩個政黨之間的輪替，而非同一個政黨內部進行的輪替。例如，假如2008年臺灣地區領導人換成國民黨人執政，那就是政黨輪替；如果仍然是民進黨人執政，那就不是政黨輪替。實現第二次政黨輪替是可能的，但仍存在變數，還必須注意以下兩個條件：

一是2008年大選前的兩年，必須是政局大體穩定，不會發生阻礙政黨輪替的重大政治事件。例如，假若發生「倒閣」、「再罷免」、「政黨惡鬥」、「法理臺獨」、「宣布戒嚴」、「爆發戰爭」，以及其他事件導致大選不能正常進行時，那就無法實現輪替了。

二是準備進行輪替的政黨必須具有相對競爭優勢，且其代表人物在社會大眾中亦較具名望。就目前來講，臺灣最大的兩個政黨是民進黨和國民黨，最具實力和民望的是民進黨的蘇貞昌和國民黨的馬英九。後者能否戰勝前者呢？雖有可能，但存在的變數也不少。

在藍營政黨中，還有國民黨的王金平，親民黨的宋楚瑜，他們也未嘗沒有在2008年一試鋒芒的決心，有人似乎正想為此創造條件。但就眼下實力和影響力看還是難與馬英九比。

民進黨內也不只有蘇貞昌。他不過是「三王一後」中的一員，還有謝長廷、游錫堃和呂秀蓮。但從目前的實力和影響力看，似還難與蘇貞昌比。作為民進黨臺灣地區領導的候選人，首先是蘇貞昌，其次是謝長廷，還是有希望的。

不過，事情總是不斷變化的。政黨如此，個人也如此。從現在到2008年大選，還有將近兩年的時間，仍存在著許多可變因素。例如，民進黨有可能向好的方向變，這種可能性雖不大，但不能完全排除；民進黨也可能向更壞的方向變，因其處境很困難，不敢再得罪臺聯黨，其可能性不小，但壞也很難再壞到哪裡去。當民進黨向好的方向變化時，會發揮其本土的更多有利空間；當它向更壞的方向發展時，也可能利用本土造成更大的破壞作用，甚至會不擇手段地控制政局。不久前的「罷免案」，就是因為民進黨採取了「集體抵制」投票的做法，從而保住了陳水扁的權位的。民進黨與臺聯黨的互動也存在一些難測的因素。蘇貞

昌本人在民進黨以至整個綠營的優勢地位能否保持到2008年，現在還不好說。

至於國民黨呢，有積極因素也有消極因素。積極因素，是他們成員的文化素質一般比較高，中產階級多，專業人才多，也比較理性。不足之處是，太過溫文爾雅，很難與草莽成性的民進黨對陣。而且在藍營內部，一向山頭叢立，難以協調，歷史上曾為此而失利多次也從不接受教訓。馬英九本人，出自書香門第，為人也過於忠厚，缺乏應有膽識、方略和策略。自2005年底「三合一」選舉後，一度威望很高，不過半年時間，其民意滿意度就忽然從接近90%猛跌至50%左右。未來兩年以至更長時間，影響他的既有主觀因素，也有客觀因素。特別是扁李所煽動的「本土」情緒，對他這樣一個香港出生的外省人還會有多大影響，仍存在著難測的變數。

（三）未來兩岸關係的發展趨向

自2005年以來，兩岸關係的形勢大好。3月4日，胡錦濤總書記在對臺工作上發表了「四點意見」；3月14日，我全國人大通過《反分裂國家法》。緊接著，有一連串如同連珠炮式的國、親、新三黨負責人的「登陸熱」，從而把兩岸關係推向了新的高潮。陳水扁和民進黨看在眼裡，恨在心裡，採取了一系列反制措施，諸如拒絕中臺辦負責人赴臺參加「國共兩岸論壇會」，變「積極開放、有效管理」為「積極管理、有效開放」，終止「國統會」和「國統綱領」的運作，「拒絕兩只大熊貓赴臺」等。然而這一切，並未能阻止兩岸關係蓬勃發展的趨勢。並且，陳水扁的這些做法，也在臺灣島內受到廣大民眾越來越嚴厲的抨擊。

今後的兩岸關係，即陳水扁下臺前特別是「後陳水扁」時期，臺灣當局的大陸政策和兩岸關係的未來會是怎樣的呢？筆者有以下三點看法：

1.總的會向更緩和的方向發展。就眼下看，陳水扁的「罷免案」雖未被通過，但未來兩年肯定是「跛腳鴨」式的，且能不能幹完這兩年，還不能完全說死。未來兩年，他即使仍有把兩岸關係拉向後退之心，也已喪失拉其後退之力。況且，這樣做的風險太大了。最大可能則是，趁機在兩岸關係上做一點好事，以緩和自身目前的困難處境。兩岸「包機」所達成的幾項「共識」，實際就是在這種情勢下實現的。有人說，陳水扁為擺脫困境，有可能越加靠向基本教義派，甚

至繼續加緊推動「法理臺獨」以至「臺灣正名」。我個人則認為，這種可能性雖不能完全排除，但終究是「無力回天」了。

至於「後陳水扁」時期，繼續加緊「法理臺獨」以至公開的「臺灣正名」，其可能性更不大。

2.臺獨的活動空間已被大大壓縮。一是六年多來陳水扁的實踐已經證明，臺獨路線所帶來的後果十分嚴重，諸如族群惡鬥、兩岸對立、經濟下滑、在國際上孤立，什麼好處也沒有。二是中國大陸對臺灣「以民為本」和「以和為貴」這兩大政策威力無比。不僅是講，而且是做。是一種「不戰而屈他人之兵」的做法。三是臺獨之路，不僅已在臺灣島內為多數人反對，在國際上也已為多數國家所反對，被稱為「禍亂之源」、「麻煩製造者」、「和平安定局面的破壞者」。

中國的和平崛起，中央對臺政策的正確，中國國際地位的提高，中美關係的日趨改善，都使臺獨越加成為不可能。

3.兩岸統一的必然性和漸進性。臺灣問題是一個複雜的政治問題。所謂「冰凍三尺，非一日之寒」。兩岸長期隔海對峙，所累積的問題實在太多了，還需要做許多艱苦細緻的工作。在可預見的未來，臺灣無論是哪一個政黨上臺，臺獨不可能，統一也不是一蹴而就的。兩岸關係的當務之急，是加強經貿文化交流，爭取在「包機」節日化、常態化的基礎上，早日實現兩岸「直接三通」。

我全國人大所通過的《反分裂國家法》，實際上是為臺灣問題設置了「底線」，只要臺灣當局不觸踩這個「底線」，是不會採取「非和平」方式的。之所以如此，絕非懾於某些外國勢力的干涉，而是完全出於中國自身發展戰略的需要。而且，兩岸都是中國人，歷史上禍福與共，地理上山水相連，政治上同屬中國，文化上同出一脈，利益上不可分割。在目前這樣有利的形勢之下，兩岸共同開創和平發展與合作的新局面是完全可能的。只要我們能認真貫徹和落實中央的對臺政策方針，對臺灣人民示之以誠，助之以利，明之以理，曉之以義，並且能持之以恆，貫徹始終，相信在兩岸同胞的共同努力下，臺灣問題最後一定能取得合情合理、雙方都能滿意的解決。

（摘要刊於《百年朝》雜誌）

一次有關臺灣文獻史料會上的發言

本月12日下午，臺灣文獻史料出版工程編輯委員會召開了一次會議，我因是委員之一，也出席了這次會議。這次會議，主任委員陳雲林、副主任委員孫亞夫、葉克冬等都參加了，主要座談《館藏民國臺灣檔案彙編》。往後還會出版《明清宮藏臺灣彙編》等大量文獻資料。他們的發言和其他專家的發言，媒體都已報導了，本文就不談了。這裡只想談談我個人的一點感受和在會議上的建議發言。

這一次，有關臺灣文獻史料的出版，工程相當浩大，總計600冊，30餘萬頁，1.5億字，估計明後兩年可全部出完。僅從已出版的《館藏民國臺灣檔案彙編》看，內容即非常豐富，共300冊，含臺灣光復前部分，光復部分，光復後部分，有經濟、有政治、有文化、有人物等。參加會議的史學家們，對此讚不絕口，都認為出版這些文獻資料很有意義，很有價值。而包括我在內，一些專事臺灣研究的學者們更認為，這對於粉碎臺獨分裂主義者們的胡言亂語，更是重磅炸彈，也可以說是軟性原子彈，醒夢原子彈，和平原子彈。

我對處理這些文獻史料的主導思想是：「古文今用，死為活用」。為此，特在座談會上提出「六個可以」：

（一）可以用史料來證明，臺灣自古就是中國不可分割的部分。現有的一些史料陳述實在太簡單了。

（二）可以用史料來證明，臺灣人民歷來就是反抗外國侵略者的，包括對葡萄牙、荷蘭和日本侵略者。

（三）可以用史料來證明，歷史上的兩岸關係和人民，從來就是密不可分的：

共同開發——汗水流在一起；

共度患難——淚水流在一起；

共禦外侮——血水流在一起。

（四）可以用史料來證明，國民黨並不是有人講的是「光著屁股」去臺灣的。國民黨的黨產也並不完全來自臺灣而是包括大陸。

（五）可以用史料來證明，日本統治時期的臺灣真相和國民黨統治時期的「二二八事件」真相。

（六）可以用史料來證明，愛中國與愛臺灣，愛臺灣與愛中國從來就是一致的。

總之，我們應以現有充分的歷史文獻資料來說明，臺灣自古就是中國不可分割的部分，臺灣人就是中國人。現在的臺灣問題是國共內戰遺留下來的問題，不能因為臺灣被外敵侵占過，也不能因為自2000年起民進黨替代了國民黨執政，從而就改變了政權性質，改變了臺灣屬於中國這樣的基本事實。

筆者正在朝著用事實說明真相這個方向努力。過去曾經寫過一篇《中國歷史上一位真正稱得上「愛臺灣」的人——紀念劉銘傳出任臺灣巡撫120週年》；最近正在完成另一篇《中國歷史上又一位真正稱得上「愛臺灣」的人——紀念姚瑩出任臺灣兵備道170週年》。此兩位，都是當年臺灣最高行政長官，又都是我的安徽同鄉前輩。我以有兩位這樣的鄉前輩而引以為榮。「愛中國」與「愛臺灣」的一致性，在他們兩人身上有最完整的體現。臺灣島內的分裂主義者，出於對歷史的無知和盲目性，私字膨脹，獨迷心竅，妄圖割斷兩岸關係的歷史臍帶、血緣臍帶和法理臍帶，這是不可能做到的。他們現在搞的是「臺式文革」，想與中國脫鉤，造歷史的反，造中國的反，造老祖宗的反，造臺灣人民現實利益的反，是注定會失敗的。

兩岸關係上的科學發展觀

2007年12月18日至19日，我應邀參加了全國臺聯主辦的「2007年臺灣民情

研討會」，並在會上作了發言，題為《「臺灣意識」發展面面觀》。根據已寫文章，我是著重就「臺灣意識」發展的「三個關係」發的言，即歷史觀上的唯物與唯心，哲學觀上的思維與存在，政經學觀上的經濟基礎和上層結構，總起來是兩岸關係的科學發展觀，以作為對原文的補充。發言是提要式的，簡述如下：

一、「臺灣意識」發展的歷史觀——根據歷史唯物主義史觀，而不是唯心主義史觀，我將其發展過程界定為「三個階段」和兩次「質變」。

三個階段：

（一）日本統治時期——「臺灣意識」是與「皇民意識」相對立的，本質上是「中國意識」的一部分。

（二）國民黨統治時期——「臺灣意識」是與國民黨的專制獨裁意識相對立的，本質上是反對國民黨統治的。

（三）李登輝、陳水扁時期——「臺灣意識」是與「中國意識」相對立的，本質上是反抗中國大陸的。

兩次「質變」：

第一次：由反抗日本轉向反抗國民黨，兩者都具有一定積極和進步的意義。

第二次：由反抗國民黨轉向反抗中國大陸，實際是針對「一個中國」主權的，是錯誤的。

有沒有第三次？如果有，那就是由反對「一中」轉向認同「一中」，兩岸在「一中」基礎上走向和解。

我認為，這第三次「質變」的可能性是存在的，是符合科學發展觀的，但需要時間。原因是，民進黨現在的做法不得人心，人民越來越難承受。「大亂必有大治」，這也是一種客觀規律。

二、「臺灣意識」發展的哲學觀——根據唯物辯證法，思維和存在、精神和物質的關係，這是哲學觀上的最根本問題。據此，我歸結為「兩條原理」、「三點看法」。

兩條原理：

（一）物質第一性、存在第一性；物質決定精神，存在決定意識。

（二）精神反作用於物質，意識反作用於存在。

三點看法：

（一）從臺灣局部看，其「存在」，是孤懸海外。也就是我曾經在一篇文章比喻的是：「萬里藍天悲孤雁」；而其「意識」，則是不少人欲圖使臺灣實現「主權獨立」，脫離中國大家庭。這說明，臺灣未來存在著一種危險傾向。

（二）從中國整體看，臺灣畢竟只是中國的一個部分，其人口約占全中國的1／60，土地約占全中國的1／270。中國大陸是中國的主體，並且已經和平崛起，成為強大的物質存在，也有強大的意識形態力量。這一定會在兩岸關係上起主導和決定作用。

（三）從發展趨勢看，臺獨是不可能成氣候的。它本來就是一種脫離實際的、主觀唯心主義的幻想。在生產上，過去曾有人認為，「思想有糧就有糧」，「思想有鋼就有鋼」，「人有多大膽地有多大產」。這自然是唯心的，是違背科學發展觀的。

而在臺灣問題上，現在也有人認為，「想獨立就可以獨立」，「想脫離中國就可以脫離中國」，「想修憲、正名、獨立建國也都可以做到」，「只要有決心做下去，沒有做不到的」。這同樣是唯心的，違背人心和大趨勢，違背科學發展觀。

欲圖實現「臺灣獨立」，過去的廖文毅、彭明敏，沒有做到；如今的李登輝、陳水扁也沒有做到；他們都不可能做到。

三、臺灣意識發展的政經觀——根據政治經濟學原理，經濟基礎和上層結構的關係，是一種科學的辯證關係。我將其歸結為：「一個原理」、「兩大勢力」、「四個階段」、「四點認知」。

一個原理：經濟基礎決定上層結構，上層結構亦可反作用於經濟基礎。

兩大勢力：

（一）親蔣外省資本勢力——這是隨「兩蔣」於1949年起進入臺灣的；

（二）臺灣新興地方資本勢力——這是在國民黨扶植下，逐漸成長起來的。

四個階段：

隨著兩大資本實力的較量和演變，先是經濟基礎，再上層結構，明顯地出現以下不同階段：

第一階段——大體是1970年代中期以前，基本上是親蔣外省資本勢力「一霸天下」。此時上層結構的「總統」、「副總統」，全是外省親蔣資本的代表人物。

第二階段——大體上是70年代中期至80年代蔣經國去世之前，基本上是兩大資本勢力聯合政權，但以外省籍資本為主。此時上層結構的「總統」為外省籍，「副總統」為本省籍。

第三階段——大體上是蔣經國去世到李登輝接班前期，與第二時期相反，雖仍是聯合政權，但以臺灣籍資本為主。此時上層結構的「總統」為本省籍，「副總統」為外省籍。

第四階段——大體上是李登輝主政後期至陳水扁主政時期，與第一時期相反，基本上是臺灣新興資本勢力「一霸天下」。此時上層結構的「總統」、「副總統」均為本省籍。

四點認知：

（一）早在蔣經國主政後期，臺灣新興地方資本的資產總額，即約等於親蔣外省籍資本資產總額的三至四倍，但並沒有動搖親蔣外省資本勢力的經濟基礎及其政權，這就是上層結構的反作用。

（二）蔣經國去世後，政權先後落在以李登輝和陳水扁為代表的臺灣新興地方資本勢力手中，包括經濟、金融、科技、文化、教育在內的各個領域被迅速「綠化」，這同樣是上層結構的反作用。

（三）從臺灣局部看，目前的經濟基礎和包括意識形態在內的整個上層結構，都是一片「綠色」，臺獨傾向十分明顯，加上外國反華勢力的明幫暗助，更使臺獨運動發展到狂熱程度。然而，如前所說，中國大陸畢竟是中國的主體，目前不僅有強大的經濟基礎，也有強大上層結構，必然會在兩岸關係上造成決定和主導的作用。

（四）目前兩岸經貿、文化、科技、人員等各方面的交流交往，已把兩岸緊密地聯結在一起。有四個「最大」——兩岸經貿總額在臺灣對外貿易中所占比重最大，臺灣對大陸的出口貿易額在其對外總出口中所占比重最大，臺灣對大陸的貿易順差在其總貿易順差中所占比重最大，臺灣對大陸的投資金額在其對外投資總額中所占比重最大。一句話，臺灣對中國大陸經濟上的「依存度」已越來越高。經濟是基礎，是生命線，僅從這方面說，其欲脫離中國大陸而鬧獨立，那也是不可能的。

總之，從「臺灣意識」發展的三個方面——歷史觀、哲學觀、政經觀，實際也是「三個關係」來看，我們對兩岸關係的發展前景，是非常樂觀的，有信心的，它是建立在科學發展觀的基礎之上的，是符合胡錦濤總書記關於臺灣問題所說的「四個絕不」的指示精神的。胡錦濤同志於2005年3月關於臺灣問題所談的「四個絕不」，即一個中國絕不動搖，和平統一絕不放棄，寄希望於臺灣人民絕不改變，反對臺獨絕不妥協，總的就是關於兩岸關係發展觀的科學表述。臺獨之路是絕對走不通的，和平統一是一定能實現的。

馬英九主政臺灣後兩岸關係新態勢

馬英九先生已於2008年5月20日宣布就職，他的就職演說，總體上是好的，各方對於他充滿期待。

自1949年以來，「兩蔣」主政臺灣40年，李扁主政20年。從「兩蔣」到李扁，這是一個轉折點，兩岸由「正統」之爭轉向「主權」之爭，即由「一個中

國」之爭，轉向「兩個中國」或「一中一臺」之爭。馬英九上臺後，兩岸關係會否成為一個新的轉折點，即由兩個主權實體之爭，再轉向一個主權實體之爭，並進而轉向一個新的統一的中國呢？這是大家非常關注和期待的問題。

最近中國大陸的四川省，發生了歷史上罕見的大地震。大地震是一種天災，在現今條件下是很難抗拒的。而就兩岸來說，如果因為有人搞分裂，搞臺獨，而不幸發生戰爭，那就是人禍，是應該避免，也是可能避免的。現在，馬英九上臺，陳水扁下臺，兩岸和平發展共創雙贏的可能性大大增加了。

以下，我想結合馬英九的就職演說，談幾點不成熟的個人看法。

一、馬英九上臺後的「四大變化」

（一）島內政治板塊的變化。過去八年，臺灣島內的政治板塊，基本上是5對5，或4.5對5.5，即藍、綠兩大陣營，或兩大政治板塊，基本上是平局。藍營比重雖稍大，但因綠營掌控了政權，表面上藍大於綠，實際上是綠大於藍。而現在情況變了。全臺25個縣市，除了雲林、嘉義、臺南、高雄、屏東五個「農業縣」以外，其餘則是一片藍天。即使這五個農業縣，綠營也只是微弱多數。還有，立法院113個席位，藍營占87席（其中國民黨81席），占3／4。所以，現在的國民黨，已處於「一黨獨大」狀態。

（二）島內民眾心態的變化。過去的民進黨為了掌控政權，大炒「急獨」的意識形態，大刮「去中國化」的邪風，紅帽子滿天飛。馬英九以高票當選，說明這樣做已經不行了。如今在臺灣島內：

「本土」、「非本土」的界限——越來越模糊了；

「親共」、「賣臺」的大帽子——越來越不靈了；

假民主、真民粹的做法——越來越明朗了；

假臺獨、真要權的圖謀——越來越暴露了。

總之，民心思安，民心思和、民心思變、民心思治，這是島內民眾心態的主流和最大變化。

（三）兩岸對壘形勢的變化。過去的海峽上空，真是「黑雲壓城城欲摧」，不知什麼時候會「擦槍走火」。如今的馬英九政權，承認「九二共識」，主張恢復「海基會」和「海協會」的功能，恢復兩岸兩會的接觸和協商；主張週末包機正常化，盡快實現「直航」；主張強化兩岸經貿關係，開放陸資入臺和大陸觀光客入臺；主張為大陸臺資鬆綁，取消40％金額的限制；主張部分承認大陸學歷，也歡迎大陸學生投考臺灣大學等。凡此都說明，海峽兩岸有可能出現一個前所未有的和平合作與和平發展前景。

這一次的四川大地震，深深牽動著海峽兩岸的「同胞情」和「同胞愛」，這對兩岸和平合作與和平發展或許是一個良好的開始。

（四）政黨三角關係的變化。我曾寫過一篇文章，把海峽兩岸的三個主要政黨，即共產黨（紅）、國民黨（藍）、民進黨（綠），比喻為一個中國內三個不等邊的「三角關係」。2005年以來，以當時國民黨主席連戰來訪大陸為「契機」，出現了「國共和解」跡象。所憾國民黨當時並不是臺灣的執政黨，國共所推動的「兩岸經貿論壇」，雖達成不少有益於兩岸經貿關係改善和發展的共識以至協議，然都無法付諸實踐。現在已經不同了，國民黨已在臺灣成為執政黨，國共關係有可能成為兩岸政黨三角關係的主導力量。

以上這四點變化，是空前的，至關重要的，它可能是實現兩岸關係良性互動的開始，是結束兩岸敵對狀態的開始，是邁入兩岸和平合作與和平發展的開始，也可能是締結兩岸和平協議和逐步實現和平統一的開始。

二、兩岸關係發展的新機遇和新挑戰

馬英九已經上臺了，這是國民黨去臺灣以後的第五任領導人。馬英九祖籍湖南，生於香港，長於臺灣，留學美國，這四個地區，三個都是中國，情況也各不

相同。僅僅從這一點就可以看出，他是一位具有新時代烙印和新時代特色的中國人。他出身和成長於一個還沒有統一的中國，父親馬鶴凌是國民黨員，馬英九自幼年到中青年，都是一位受國民黨和美國教育影響很深的人。我看他，是愛國的，有一顆中國心，但又是一位在某種程度上還具有反共心結的中國人。

馬英九上任，從好的方面看，他不會搞臺獨，而且是反對臺獨的，這是我們感到寬心和放心的一點。但另一方面，他對中國大陸，對中國共產黨，也還是陌生的，有一定戒心的，要從他手中來完成中國的和平統一大業，也不是那麼容易的。

馬英九執政以後，在兩岸事務上，在經貿關係上，在直航、「三通」、交流交往上，以及在臺商投資大陸和開放大陸資金入臺、大陸遊客赴臺、大陸熊貓入臺等許多方面，都可能鬆綁，但是很難指望在他執政期間，兩岸關係的政治方面會有什麼重大突破。這一點不可過於樂觀。

馬英九是一位很穩健的人，也是一位很小心謹慎的人。當選以後，他既有高興的一面，也有感到壓力的一面，經常說自己「戒慎恐懼」，「如臨深淵，如履薄冰」。對他來說，也還存在以下問題：

（一）兩岸對立太久，積怨很深，積累的問題也太多了。尤其是民進黨執政八年，蓄意製造兩岸對立，大搞「去中國化」，留下的問題和後遺症也實在太多了，絕不是短時間就能消除的。

（二）民進黨雖然敗選，但得票率仍有41%，有540多萬張票，尤其是「深綠」和基本教義派，他們絕不會死心，不會就此罷休，少數「急獨」分子更有可能利用各種機會，對新政權進行干擾和破壞。

（三）美國樂見民進黨下臺，但也不會放鬆對臺灣新政權的控制，日本也會積極給予配合。美國的對臺政策是「不統、不獨、不戰」，今後很可能會將對臺戰略重點由「防獨」轉向「防統」。

（四）馬英九本人，是在長期的國共對立、兩岸對立、美中對立中成長起來的，其「反共」心結有歷史淵源，對新中國缺乏瞭解，兼之有「外省人」身分，

顧慮較多，不想也不敢在兩岸政策上邁大步。

「大亂必有大治」。我曾寫過一篇文章《誰將是臺灣的鄧小平？》，中國大陸有「十年文革」之亂，鄧小平應時而出，沒有辜負大陸人民的期待。臺灣島內也至少有「八年臺獨」之亂，馬英九能否能為臺灣的鄧小平？僅就臺灣政局和兩岸關係現狀來說，非常需要鄧小平式的人物。歷史在呼喚英雄，英雄也該呼應歷史。然而馬英九先生會是怎樣的呢？我看他現在面對的是一個歷史性機遇，也是一項重大的歷史性挑戰。

三、關於幾個具體問題的看法

（一）關於「九二共識」。筆者很高興地注意到，一個時期來，國民黨和馬英九先生始終堅持「九二共識」。這一次的「就職演說」也談到了。然而，什麼叫「九二共識」？各方還有不同的解讀。我看不一定再爭論了，但願求同存異就好。例如馬先生講的「九二共識」是「一中各表」，即「一個中國、各自表述」。這裡最重要的，自然是「一中」，只要能認同「一中」，至於它的「內涵」，可以按馬先生講的「互不承認也互不否認」。那就是求「一中」之同，存「各表」之異。

（二）關於「中華民國」。這個所謂「國號」，在臺灣已經用了六十年了。這次「就職演說」，馬先生最後還要呼喊「中華民國萬歲！」這對他是不能不喊的。對於這個稱號，民進黨反對，國民黨堅持，兩黨圍繞這個稱號所進行的鬥爭已有多年。馬英九及藍營裡的很多人對這個稱號有感情，是可以理解的。我個人的態度一直是，既不能承認也不要反對，承認了就是「兩個中國」，容易滑向「法理獨臺」；不要反對是因為它畢竟是以「一中憲法」為基礎的，對未來的兩岸談判有好處。國民黨與民進黨的最大區別，就在於國民黨堅持持「一中」而民進黨不要「一中」。

（三）關於「國際空間」。這包括參加聯合國、外交承認、參加國際組織

等。筆者認為，這些問題都必須在「一個中國」原則下才能討論解決。參加聯合國問題，有民進黨的「入聯」，有國民黨的「返聯」，這些都不可行，而最好的辦法，就是當年聯合國成立時國共兩黨共組代表團的做法。當年是國共兩黨共組代表團，現在可改為海峽兩岸共組代表團。至於外交承認和參加只有主權國家才能參加的國際組織，也同樣可以參考這個辦法。其基本精神是「一中」原則。

（四）什麼是「主體性」。臺灣島內許多人，無論藍營綠營，都強烈主張要保持臺灣的「主體性」。但什麼叫「主體性」？一種是臺獨的主體性，認為只有「主權獨立」才有「主體性」，這是不對的；而我個人則認為，「一個中國」原則下的「高度自治」才是最好的「主體性」。中國的「主權」屬於「一中」，是整體的，統一的，不可以分割；而「治權」則是可以相對分開的，可以「分擁」或「分享」。海峽兩岸，可以是「一個主權、兩個治權」。我們絕不可離開「一中」去談「主體性」，也不可離開「主權」去談「治權」。

（五）什麼是「和平統一」。這個問題，看起來理解上還有不同。很多人把和平統一看得難度很高，連馬英九先生都感嘆「自己有生之年恐難於看到」。而其實並不一定是這樣。臺灣著名學者王曉波教授數年前就説過：兩岸其實早就是「一國兩制」了。道理很簡單：如果彼此都不否認兩岸同屬於「一中」，那就更不可否認雙方實行的是「兩制」了。既然如此，那義為什麼還要講統一呢？那是因為，它只是「客觀存在」，還沒有主觀認同，臺灣還不承認，兩岸還沒有「共識」。如果我們能把這種「客觀存在」，透過談判協商，轉化為一種「共識」，一種「主觀認同」，也就是説，進而把兩岸現狀共識化、法律化、合理化和正常化，那就算是完成「和平統一」了！至於兩岸更高層級的整合，那是後人的事，現在可以不談。如此則兩岸實際上離和平統一併不是像馬先生和有些人所象的那麼遙遠。

（六）「反華」與「反共」。民進黨的大陸政策是「反華不反共」，國民黨的大陸政策是「反共不反華」。實際上，「反華」與「反共」是很難完全分開的。就中國大陸來説，我們不怕你「反共」，你有本事就反嘛，但是不能允許你「反華」，那是牽涉到主權，一個中國原則問題。民進黨與大陸和解的一個重要

條件是，你必須排除國民黨和反對國民黨，然而中國共產黨畢竟是愛國的和有原則性的政黨。

以上六個問題，主要是關於兩岸政治方面的，還有其他許多問題，例如兩岸經貿文化交流問題，中美關係和美臺關係問題等等。這裡就顧不上一一談到了。

結束語

總之，正如本文一開頭就已經談到的，自1949年以來，兩岸隔海對峙已經60年了，其中「兩蔣」時期40年，李扁時期20年。如今主張「臺灣獨立」的民進黨已下臺，承認「九二共識」和「一個中國」的國民黨已上臺，「雄雞一唱天下白」，海峽兩岸已出現了前所未有的晴朗天氣，也很可能是一個新時代的開始。馬英九先生在「就職演說」中提到，前不久蕭萬長先生在博鰲與胡錦濤會面時，提出「十六字」方針，即「正視現實，開創未來，擱置爭議，追求雙贏」；還提到，最近胡錦濤主席在北京會見連戰先生時，也提出「十六字」方針，即「建立互信，擱置爭議，求同存異，共創雙贏」。兩者的基本精神是一致的，這就是都主張擱置爭議，共創雙贏。但願這是兩岸關係一個新的轉折點，一個新時代的真正開始。兩岸人民應團結起來，攜手共進，求和平、求穩定、求發展，共同創造兩岸更美好的明天！

（原載香港《中國評論》）

改革開放三十年與臺海形勢

中國大陸的改革開放轉眼30年了。這個改革開放與臺海形勢有無關係？其影響程度如何？這是很多人所關注的。筆者認為，不僅有關係而且關係很大；不僅有影響而且影響至深。一句話，如果沒有改革開放，就不會有後來和平統一的

對臺政策的出臺和今日兩岸關係的明顯改善。

一、和平統一是改革開放政策的要求

中共中央總書記胡錦濤同志在中共十七大會議上指出：「改革開放是黨在新的時代條件下帶領人民進行的新的偉大革命，目的就是要解放和發展社會生產力，實現國家現代化，讓中國人民富裕起來，振興偉大的中華民族」。也正像胡錦濤同志在這次會上所說的，「改革開放是決定當代中國命運的關鍵抉擇」。正是由於改革開放，中國人民的面貌、社會主義中國的面貌、中國共產黨的面貌，才發生了歷史性的偉大變化。

中國大陸的改革開放是一項大政策，它是從1978年中共十一屆三中全會開始並逐步發展和完善起來的。中共十一屆三中全會的最大貢獻，就是把黨和國家的工作重心由「以階級鬥爭為綱」轉移到以發展社會生產力為中心的軌道上來，全面實現國家的現代化。30年來的改革開放，大陸已獲得了舉世矚目的偉大成就。沒有這樣改革開放的大政策，就不可能有中華民族的崛起和振興。改革開放使大陸具有中國特色的社會主義道路越走越寬，其前景是無限光明的。

那麼，中國大陸的改革開放，與臺海形勢有什麼關係呢？最明顯、最突出的，是使兩岸關係走向了和平發展的道路。大陸實行的改革開放政策和與之相應的和平對臺政策，不僅使本身將「武力解放」調整為和平統一政策，也迫使臺灣當局不得不將自己的「反攻復國」政策調整為「三民主義統一中國」政策，從而使兩岸關係由「武裝對峙」轉為「和平對峙」。雖然在中國大陸改革開放的30年中，兩岸關係僵持對立，摩擦不斷，有時候矛盾還十分尖銳突出，但總體上還是保持了和平相處的局面。

中國大陸的對臺政策與改革開放政策，是密不可分的。隨著改革開放形勢的發展，不僅要求有一個外在的和平安定環境，也要求有一個內在的和平安定環境。在新中國成立後的第一個30年，雖曾在主觀上力圖建立一個有利於社會主

義建設的內外環境，然在客觀上卻始終不曾出現過這樣一個環境，只有在後30年，即中共十一屆三中全會以後，才開始逐步地得到了實現。

中共十一屆三中全會，這是一個具有劃時代歷史意義的重要會議，它使中國大陸走向了和平發展的道路，也使兩岸關係走向了和平發展的道路。

中共十一屆三中全會，是在「四人幫」被打倒、文革結束、撥亂反正的歷史條件下召開的。十年文革實際上是一場「中國人鬥中國人」的浩劫，損失是巨大的。這就很自然地聯繫到臺灣問題和兩岸關係問題。臺灣人同樣是中國人，難道「中國人鬥中國人」，還要在兩岸關係和國共兩黨之間繼續下去嗎？很顯然，這對發展社會生產力和振興整個中華民族，是不會有什麼好處的。隨著新民主主義革命戰爭的基本結束，整個中國的形勢已大體定局，原有的對臺政策自應進行調整。

二、對臺政策的三次戰略性調整

簡要地說，中國大陸對臺政策的調整，共經歷了三個階段，三次轉變：

第一次戰略性調整，是從武力解放到和平解放的轉變。此後不再強調「武力解放」了。其轉折點是1955年，時間是在中國人民解放軍當年解放一江山島和大陳島之後，當時一方面與美國政府在日內瓦－華沙進行大使級談判，從1955年8月開始，一直談到1970年，共歷時15年，核心就是臺灣問題；另一方面由周恩來總理向臺灣當局提出了和平解放臺灣的倡議，條件非常寬鬆。1963年，周恩來根據毛澤東主席的指示，將此一和平解放政策歸納為「一綱四目」，一綱即臺灣必須統一於中國；四目是除外交必須統一於中央外，其他如軍政大權、人事安排等，均委於蔣介石先生；軍政及經濟建設費用不足之數，悉由中央政府撥付；臺灣的社會改革可以從緩，必俟條件成熟並尊重蔣的意見協商進行；雙方互不派特務，不做破壞對方團結之舉。這一切，都充分照顧了臺灣方面的利益。

第二次戰略性調整，是從和平解放到和平統一的轉變。此後不再提「解放」

二字了。其轉折點是1978年12月中共十一屆三中全會，黨和國家的工作重心實行了戰略轉移。這個時候國際形勢也逐漸發生了重要變化，中美關係趨於正常化，世界上大多數國家認同一個中國原則，承認臺灣是中國的一個部分。也就是在這樣一個歷史條件下，鄧小平不失時機和創造性地提出了「和平統一、一國兩制」的科學構想，並從而形成了我對臺工作一以貫之、長期不變的大政方針。這以後，首先遇到的港澳問題也是按照這個方針解決的。不過，對臺和對港澳還是有不同的，對臺政策比對港澳更寬。其基本點是：「一個中國，兩制並存，高度自治，和平談判」。但在香港作為恢復行使主權的象徵，中央政府要派駐軍隊，而臺灣已屬中國政權，可以保留原有軍隊，中央政府不派軍隊去，也不派行政人員去。

　　第三次戰略性調整，是從長期僵持到暫擱爭議的轉變。也可以說是從和平統一到和平發展的轉變。此時主要強調「同」點而存「異」了。其轉折點是2008年春。4月29日，中共中央總書記胡錦濤在第四次會見中國國民黨榮譽主席連戰時，提出了十六字箴言：「建立互信，擱置爭議，求同存異，共創雙贏」。這十六個字，是胡總書記在當前臺灣局勢發生積極變化、兩岸關係呈現良好發展趨勢的情況下提出的，是一個極其重要的指導思想，是我對臺政策又一次的重要調整，也可以說是一次新的重要轉變。自1979年以來，兩岸雖然基本上處於和平相處與沒有爆發戰爭的狀態，但卻仍然是處於僵持對立、政冷經熱、無法突破的「零和」局面。既然反對「一中」原則、主張臺獨的民進黨已經下臺，而認同「九二共識」、承認「一中」原則、反對「臺灣獨立」的國民黨已經上臺，說明臺灣島內的政治結構已經發生了有利於改善兩岸關係的重要變化，抓住這個時機，從而及時地調整原有的對臺政策自然是完全正確的和必要的。

　　以上對臺政策的三次戰略性調整的共同特點是「一中」與「和平」，也可以說它體現了人民所期待的「求統一、求和平、求發展」的共同願望。總的說，三次戰略性調整，尤其是後來的兩次，其對改革開放和發展社會生產力是十分有利的，是將原則的堅定性和政策的靈活性高度緊密地結合在一起的產物。

三、力爭在改革開放中實現和平統一

我對臺政策的三次戰略性調整，每一次都造成了良好的積極作用。

第一次戰略性調整，曾經出現過好趨勢。毛澤東和周恩來都發表了許多重要講話，並透過迂迴的方法，直接間接地與當時的國民黨政權領導人有所聯繫，他們也確曾心有所動，美國妄圖使兩岸「劃峽而治」的「隔絕夢」沒有得逞。但後來由於「文化大革命」的嚴重干擾而被迫中斷。

第二次戰略性調整，曾使兩岸關係形勢明顯好轉。1991年臺灣首先成立「海基會」，大陸繼而成立「海協會」，先後實現了「辜汪會談」和「辜汪會晤」，分別達成了一些「協議」和「共識」，使兩岸關係出現了前所未有的熱烈氣氛，兩岸經貿文化的交流交往得到迅速發展。然而先是李登輝於1999年7月提出了「兩國論」，後是陳水扁於2002年8月提出了「一邊一國論」，兩岸兩會連同已經達成的「九二共識」都被廢止，從而使兩岸關係再降至冰點。

第三次戰略性調整，有力地推動和促進了兩岸關係的發展。這次調整，是在島內民進黨下臺、國民黨上臺，兩岸關係出現新變化的情況下進行的。臺灣的「海基會」和大陸的「海協會」功能得到恢復，「九二共識」再次被確認，兩會並很快達成並簽訂了關於「週末包機」和「大陸人士赴臺旅遊」的協議。兩岸兩會氣氛空前融洽，人民普遍感受到「兩岸關係的春天真的來到了」。

不過，我們也要看到，任何好的「大趨勢」下也會出現某種「小逆流」。民進黨雖已下臺，但不會甘心自己的失敗，他們仍會挑撥離間，製造事端，妄圖捲土重來，東山再起。目前他們對兩岸兩會的復談，及其所達成的協議，總是「橫挑鼻子豎挑眼」，極盡攻擊之能事，然而滾滾長江水，「畢竟東流去」。

有人認為，過去30年的改革開放與和平統一政策，給兩岸關係帶來了和平穩定局面。但這話只說對了一半，由於我方提出了和平統一的對臺政策，近30年來兩岸確實沒有發生過戰爭，但和平並不等於穩定，30年來的風風雨雨，一直沒有停過，海峽上空仍然是黑雲遮天，陰多晴少，動盪不安，去年以後兩岸關

係曾一度進入「高危期」。目前勢轉情移，雖較過去大有好轉，但還不能說什麼問題都沒有了。不僅民進黨的「獨」聲不斷，國共兩黨和兩岸兩會關於「九二共識」的確認，也還只是求「一中」之同，存「各表」之異。尤其值得注意的是，美國對於中國的臺灣問題介入太深，目前中美兩國關係雖較前有很大改善，但美國政府仍常把美國自己的國家利益置於兩岸人民共同的政治、經濟利益之上。現各方包括中國大陸在內，都贊同「維持臺海現狀」，但那也只是暫時性的求取「平衡」之策。往後會怎麼樣？自然是大家都很關注的。

　　筆者認為，改革開放和臺海形勢的關係，說到底就是「發展」和「統一」的關係。改革開放為的是「發展」，臺海形勢最後要的是「統一」。改革開放即發展，這不是一般的戰術問題，而是具有高瞻遠矚的戰略考慮，是抓住發展機遇期、實現中國現代化的長遠戰略利益的需要。當然，中國的和平統一，是可以大大促進兩岸關係的發展的，兩者是統一的，密不可分的。然就兩者比較來說，發展或改革開放應高於統一，沒有發展或改革開放就很難談統一，必須把兩岸的和平統一融入兩岸和平發展的大戰略中，不是先統一再發展，而是應在兩岸關係的前進和發展中求統一，在兩岸共同的大發展或改革開放中逐步實現和平統一。

二、形勢剖析篇

　　本篇中除一篇是談蔣經國晚年的臺灣形勢外，其餘主要是談蔣經國去世後的臺灣形勢。其中又主要是談從李登輝到陳水扁，從陳水扁到馬英九，這兩次島內政黨輪替過程中的兩岸關係。不少文章都涉及島內政局中的權力之爭、族群之爭，以及兩岸關係中的統獨之爭、制度和意識形態之爭。第一次政黨輪替中鬥爭最激烈；第二次輪替後形勢已漸趨緩和，但存在問題仍不少。

蔣經國晚年的臺灣形勢與三場政治風波

　　當前臺灣島內的政治形勢，假使用一句話加以概括，就是「外壓內動」。記得尚昆同志在一次會議上談過這個意思，並指出這是當前臺灣形勢的基本特點。實踐證明，這個估計是完全正確的。我現在就想從這幾個字出發來加以闡述。

　　所謂「外壓」，主要是指美國的壓力。美國對臺灣施加的是什麼壓力呢？一個是壓國民黨對臺灣人、對臺灣黨外勢力開放政權；一個是壓國民黨鬆動對大陸的政策，適當緩和兩岸關係。就是說，不要跟大陸搞得太僵，太僵了對中美關係沒有好處。第三是壓國民黨對美國開放市場，以減少美臺貿易逆差。所說的壓，主要指的這三個方面。所謂「內動」，主要是指臺灣島內政局動盪。美國的因素和臺灣島內的因素，是互相作用和互相影響的。在美國的壓力下，結合內部因素，一個時期以來，特別是1985年下半年以來，臺灣政局一直動盪不安。臺灣對於美國，一方面是「資產」，這在現在還是主要的；一方面又是「包袱」，越往後就越如此。隨著國際和臺灣島內外形勢的變化，美國在基本政策不變的情況

下，也經常在這兩者之間進行一些調整。時而這樣做，時而又那樣做。再加上內外因素的結合和相互作用，就自然會造成臺灣政局長期動盪不安的局面。

1985年下半年以來，臺灣政局動盪不安，發生的事情很多，不能一一列舉。這種動盪局面計出現過三次較大的政治風波，或者說有三次高峰，它主要是圍繞著三件大事：

第一次，是1985年下半年（實際時間還要更早點）到1986年初，主要是圍繞美臺關係問題。假如我們當時稍微注意一下外報，特別是臺灣報刊，就可以發現：那時曾一度傳言紛紛，似乎是美國的對華政策，特別是對臺政策，已經或正在發生微妙變化。就是說，美國正改變它實行多年的「雙軌政策」，既跟大陸搞好關係，又跟臺灣搞好關係的政策。人們在猜測：美國是不是準備減輕或卸下臺灣這個包袱，把重點從臺灣移到大陸，壓臺灣和大陸對話、接觸、和談。那時臺港的一些報刊，還就此發表了一些社論，搞得國民黨十分緊張。

我們當時也在注意觀察和研究：難道美國對臺政策真的變了嗎？真的會轉向壓臺灣跟大陸對話、和談嗎？回答是不大可能。從1985年開始，也確曾出現過一些迷惑人的現象：就在李先念主席訪美前，美國國務院官員在國務院發表談話，希望兩岸能「直接彼此接觸」。緊接著，臺灣在美國的一些比較有名望的學者如邱宏達（四大金剛之首）、美國自由派的重要代表人物鮑大可、美國出席臺灣「國建會」的華裔學者胡世昌等，還有美國的一些重要官員如國防部長溫伯格、白宮主管對臺事務的官員班里德、李潔民，以及其他一些未透露身分的美國國務院官員等，均連續多次地發表內容大同小異、對臺灣施加壓力的談話，要臺灣改善與大陸的關係，實行直接對話。其中邱宏達講得更露骨、更厲害，說如果不這樣做，不調整對大陸的政策，那將會給自己帶來怎樣的危險。邱還特別提醒說：「這是美國人的聲音」。（見臺灣《民權新聞》）

這一件事是不是假的呢？不，是真的，外電及港臺報刊報導的並沒有錯。但是後來美國國務院官員、發言人都否認了，說沒有這回事，是人們把他們說的話聽錯了，曲解了，或理解得不全面，美國並沒有這個意思。

這個事情的風源在哪裡？美國政府為什麼會這樣做？它在臺灣引起的震盪實

在不小。當時有些外報，特別是臺港報刊很是熱鬧，猜測也多。親國民黨者惶惶不安，反國民黨者趁機開火。臺灣島內，8月分開一次學術討論會議，12月分又開一次，都是討論臺灣前途，討論臺灣跟大陸的關係問題。有的發表政見，火力很猛。臺灣是靠美國支持的，現在說美國要「出賣」它了，自然會引起震動。

實際上的風源可能起自1985年3月美國「大西洋委員會」的一次會議。這個大西洋委員會是一個權威性的學術研究機構，它經常反映雷根政府以及美國政壇主流派在對華政策上的意向。該委員會過去曾經召集好幾十個人，為時兩年，專門研究對華政策，並於1983年11月提出過《美國未來十年的對華政策》的報告，強調美國的所謂「不介入」政策。當時美國的一些做法基本上與大西洋委員會上決定的這個基調一樣。就是說，美國對中國的統一問題，不促進，不阻撓，不調解，而實際上卻是在阻撓。但在1985年3月，這個大西洋委員會又開了一次會議，可能是感到國民黨的大陸政策太僵化了，因此，經過研究，又提出了一個新的報告。據參加人之一邱宏達的回顧，這個報告有這樣兩段話：

（1）美國「不支持臺灣長期脫離中國的政策」，「不支持臺灣獨立」，也「不支持臺灣長期與大陸事實上的分離狀況」。

（2）與會者「多數認為，臺灣與大陸應加強接觸，以減低雙方緊張局勢」。至於大陸一方，「中共也應努力，使臺灣增加對中共的信心」。（見《百年潮》雜誌1986年2月號）

這次會議的基調與上次完全不一樣。由於美國大西洋委員會是一家權威性的研究機構，又是反映主流派及官方意見的，這個東西傳出來後，影響自然是很大的，對臺灣的壓力也大。就是在這以後不久，就接著颳風了。當然，還可能有其他因素，不過這些方面的資料我們沒有看到。先是大西洋委員會提出這個東西，緊接著一些有名望有權威的學者、一些美國有身分有影響的官員都陸續出來講話。那個時候許多報紙均就此進行猜測和分析，像紐約出版的《中報》，曾就此發表文章，說美國當時也的確是想壓臺灣一下，要臺灣調整一下僵硬的大陸政策，否則會影響中美關係。另外，當時臺灣的經濟形勢很不好，美國的包袱感加重，有減輕一下包袱的想法。與此同時，各種推測也不少，如認為鄧小平讓柴契

爾夫人、陳香梅女士給雷根帶信起了作用等。

　　這場風波後來在美國官員正式出面否認後終於平息了。美國為什麼要那樣做已如上述，但後來為什麼又否認呢？我看主要有這樣幾點：第一，美國只不過是想壓一下臺灣，要它把政策變得靈活、鬆動點，不要太僵硬了。這是美國的策略運用，並不是真正要改變對華政策。第二，一些與美國有關的學者及美國政府官員的一系列講話，已在臺灣引起強烈震撼，加上菲律賓馬科斯事件的影響，美國擔心臺灣會出亂子，不能不趕快收場。第三，自1986年2月開始，臺灣經濟形勢好轉了。根據臺灣官方公布的資料，去年臺灣經濟年增長率為10.8%，較去年的5.1%增加一倍還多，創1979年第一次石油危機以來的最高紀錄。第四，兩航直接談判成功，出乎美國意料之外。對於兩航直接談判，美國是贊成的，支持的，但並沒想到會真的談判成功，而且很順利。特別使美方惱火的是，在這次談判初期，臺灣方面提出香港、泰國、新加坡等航空公司出來作為代理人出面調停，就是不提美國航空公司。這件事使美國不高興，並引起它的警覺：將來兩岸會不會也這樣拋開我美國而直接地談判起來？這當然是美國所不願意看到的。第五，就是戈巴契夫幾次講話，要改善中蘇關係，而且在美國看來，戈關於改善中蘇關係的矛頭是指向美國的。美國政府感到不放心。他們對此懷疑、多心，不願再壓臺灣，以便繼續牽制中共。美國政府本來就不是真要壓臺灣與大陸和睦，加上又有這樣一些考慮，就自然會往回縮。而且他們的談話都是個人身分，並不是官方文件或代表政府的聲明，沒有任何法律效力。信口而講的，也就是信口而否認了。這些都是我個人的分析和看法，不一定對頭。

　　第二次，時間上與第一次有點交叉，是從1985年底到1986年3月底，即國民黨十二屆三中全會開會為止。這一次主要是圍繞著國民黨的權力繼承問題，而就當時來說又主要是圍繞蔣孝武是不是進入國民黨中常委，即進入國民黨的決策核心問題。圍繞這個問題而發生了持續幾個月的震盪。它實際上也是「江南命案」餘波的繼續。從國民黨權力繼承來講，現臺灣正面臨一個政治上的「轉型期」。什麼叫「轉型期」？就是臺灣現行權力結構要有「四個過渡」：

　　非蔣化——由蔣家人到非蔣家人的過渡；

年輕化——由老一代人到年輕人的過渡；

集體化——由個人獨裁到集體領導的過渡；

臺灣化——由外省人到本省人的過渡。

現在這幾方面存在的問題都不少。一些從大陸去的「黨國元老」，大都老謝凋零，臺灣化正在加速。「中央內閣」一級臺省籍官員占40%，省及「直轄市」一級占75%，縣市一級占100%。這四個化、四個過渡，實際上是一場爭奪領導權的鬥爭，也是爭奪臺灣前途主控權的鬥爭。在這四化、四個過渡中，當前爭奪最激烈的是「非蔣化」，特別是反對在蔣經國之後仍由蔣家人繼續執掌政權，反對蔣孝武「子承父業」。從20年代到80年代，從大陸到臺灣，蔣氏前兩代差不多60年當政。第一代蔣介石近半個世紀，第二代蔣經國從1975年算起也12年了。有蔣一世、蔣二世，不願再出現一個蔣三世。臺灣人民和各種政治勢力都十分注意這個問題。人們早就知道，1986年3月國民黨要開十二屆三中全會，因而距離會期越近，這個問題就越是顯得尖銳。

蔣經國連同非婚生子女在內，共是五男一女。他看上的主要是蔣孝武，早就蓄意培養他接班。唯諸兒不爭氣，蔣孝武也不太爭氣，使蔣經國大傷腦筋。從我們接觸的朋友和瞭解的情況看，似乎臺灣島內外都不太歡迎蔣孝武接班。我們曾接待一名旅美親蔣學者，他很直率地對我們講過他對蔣孝武的看法，他說蔣孝武不可能接班，因為他一無才幹，二無資歷，三是混血，高鼻子，藍眼睛，黃頭髮，一看就不像中國人，感情上接受不了。而且成天戴個墨鏡，連白天在辦公室也戴，活像個當代衙內，看著不順眼，況且江南案已搞得他聲名狼藉。他說，讓蔣孝武接班，美國人不會接受，臺灣人也不會接受。如果蔣經國不顧輿論而硬來，必然會眾叛親離，四面楚歌，最後置蔣孝武於死地。他還說國民黨內的開明派也普遍對蔣孝武有一些看法：一是形象不太好，二是臺灣人難接受，三是美國人不喜歡。據說，蔣孝武的母親蔣方良，先後偷偷回過蘇聯三四次，究竟她去幹什麼？美國也多少有點不放心。

關於蔣孝武的接班問題，我們還可往前回溯一下。蔣經國對此實際上早就感到壓力，他曾先後兩次為此發表談話，一次是1985年8月16日，對美國一個雜誌

講的，一次是1985年12月25日，在一個紀念會上講的。這兩次公開講話，都是說明蔣氏家族絕不能也絕不會接他這個總統的班。蔣氏竟以「總統」之尊，兩次當著天下人的面賭咒發誓，這是以往所未見的，也足見形勢對他壓力之重。第一次講了不行，第二次講也還是不行。島內外尤其是美國仍然不放心。錢復作為臺灣駐「北美協調會」的代表（被稱國民黨駐在美國的「地下大使」）於1985年12月悄悄地回到臺灣。他名義上是返臺述職，實際上是為美國傳遞訊息。據香港報紙透露，他主要是奉美國旨意，為蔣孝武問題回來的，蔣經國曾三次祕密召見。他轉達了美國帶有威脅性的一些話，例如：第一，如果你蔣經國一定要蔣孝武接班的話，那我美國就要調整對臺政策；第二，美國就要考慮是不是還繼續向臺灣出售武器；第三就更厲害了，如果你一定要讓他接班或者進入國民黨決策核心，那我們就要公開審訊董桂森（江南案參與謀殺者之一）。就是在這種情況下，蔣經國才不得不下決心，於國民黨三中全會前夕，大概是2月中旬期間，把蔣孝武放到新加坡去了。有的海外朋友就此為蔣經國感慨地說，夫以一島「總統」之尊，竟不能全父子骨肉之情！在此同時，還曾傳出蔣孝勇也要外放日本，後來他沒有去。這是又一場風波，當時海外及臺灣的一些報刊是很熱鬧的，來中國的許多學者差不多都要談這個問題。

　　總之，蔣孝武到新加坡是被迫的，既然你美國人不放心，臺灣人也不放心，那就乾脆讓他離開臺灣，你該放心了吧。至於蔣孝武外放為什麼一定要選擇新加坡，各方猜測頗多，這裡就不去分析了。

　　國民黨的權力繼承問題，看起來還未完全解決，不過也似有了一點雛形。僅就蔣氏家族來說，也似安排了四顆棋子：一是蔣孝武，據反映他現在這種安排是為對付大陸的，可守可攻，可進可退；二是蔣孝嚴，現提為「外交部」常務次長，據說是為對付美國的；三是蔣緯國，蔣孝武稱二叔，1986年6月18日任命為「國家安全會議」祕書長，這個地位特別重要，屬決策核心，看來是為對付內部的；四是蔣孝勇，表面上似是作用不太顯赫，但在工商財經界兼職很多，看來是為培養他在工商財經方面發揮作用的。從蔣家來看，現在比較明顯的是這四顆棋子，再加上蔣家的一些親信近臣，如行政院長俞國華，中央黨部祕書長馬樹禮，還有「國防部長」汪道淵，總統府祕書長沈昌煥等，大體上可以看出臺灣國民黨

以蔣氏家族及其親信近臣為骨幹的權力結構，也是這個政權未來由一元化走向多元化的集體團隊的雛形。其中有些人不會是一成不變的，由於年齡等原因，今年下半年國民黨的「十三大」前後還可能作進一步的調整。蔣經國實際上已在為自己的身後作安排，很希望即使自己死後，在相當長的一個時期內，臺灣政權還會是以蔣氏家族及其親信近臣為骨幹、以外省籍為主體，聯合國民黨內的開明派和臺灣地方勢力來共同掌權。目前，圍繞權力繼承問題的鬥爭，還僅僅是開始，還要繼續下去，並且鬥爭會越來越激烈。

上面講到的臺灣政權的「四化」或「四個過渡」，這個總的發展趨勢是不可避免的。它所經歷的過程可能是緩慢的，並且是和平的方式，但也不能完全排除在一定的條件下矛盾轉趨激化或尖銳化，從而不得不採取激烈的非和平方式的可能性。

第三次，是從1986年3月國民黨三中全會到去年底，主要是圍繞民進黨及年底的選舉。關於民進黨的問題，目前在臺灣是一件大事，這裡想簡單介紹幾點：

第一，關於民進黨的組黨過程。民進黨組黨看起來很突然，實際上是醞釀已久。根據我們看到的材料，1983年就已開始醞釀，自1985年夏天以來，有一些人包括費希平、謝長廷、周清玉等黨外人士，先後開過六次「祕密會議」，組成「十人小組」進行籌備。去年5月起開始逐漸熱鬧起來，什麼「組黨說明會」，「街頭抗議會」，「入監歡送會」等，一件事接著一件事。一直到1986年9月28日（孔子誕辰），在「黨外選舉後援會」推薦大會上，得到135名與會者的熱烈響應，終於決定成立民主進步黨。1986年11月10日提前召開黨員代表大會，通過了黨章和黨綱，正式成立了新政黨。「黨外」之所以要選擇這樣的時機，與年底的「中央民意代表」，即「國大代表」、「監察委員」、「立法委員」的選舉有關係。他們料定這個時候國民黨不敢輕易鎮壓。

第二，關於民進黨的性質。我認為它主要是代表臺灣本土中產階級中的激進部分的政黨。現臺灣所講的中產階級主要是指社會經濟地位處於中等狀態的工商業者，如中小企業主等，同時也包括那些雖不是中小企業主，但薪資收入和生活水準大體相當於他們的腦力勞動者和科技人員，合起來又叫「中智階級」。民進

黨作為中產階級一部分的一個政黨，在目前臺灣的歷史條件下，它除了反映本身的利益外，也部分地或在一定程度上反映了小資產階級和工農大眾的利益和要求。

　　第三，關於民進黨的背景。民進黨的成立不是偶然的：（1）它是臺灣島內工商業發展的必然結果。臺灣《聯合報》發表文章說，過去在臺灣是「不平則鳴」，現在是「不貧則鳴」。就是上述一些所謂「中產階級」的人，要求參政，要求政治權力，要求權力再分配。（2）它是國民黨30多年統治各種矛盾發展的必然結果。人們不能再忍受國民黨長期的專制獨裁統治，希望有一個反對黨。（3）它也是美國「臺灣政權臺灣化」政策的一個產物。美國的一些自由派人士，如培爾、李奇、小甘迺迪和索拉茲（被稱為「小四人幫」）等都是支持的。美國自由派成立了「臺灣民主促進委員會」，直接把手伸到臺灣。（4）它又是在中國「一國兩制、和平統一」方針影響日益擴大，臺灣「黨外」急於形成第三種力量，以爭取對臺灣前途的發言權的情況下產生的。現臺灣中產階級的地位和作用，有點相似於1950年代的農民，是整個臺灣社會的安定和穩定力量。50年代初，國民黨搞了一次和平土改，把農民安定下來，使臺灣出現長達18年的安定局面。順便說一句，有人對臺灣搞的土改，完全持否定態度，這是不妥的。我們看它對臺灣社會生產力的發展還是產生作用的。陳誠在臺灣農民中較有影響，與主持土改工作有關。陳誠的兒子陳履安已進入國民黨中常委，在一定程度上與他老子的威望有關。現臺灣的中產階級，其地位和作用既然與當年的農民差不多，那麼怎樣安撫和穩定這個階級自然是重要的。我們有一個十一屆三中全會，作用很大；國民黨現在也搞了個十二屆三中全會，重點抓「政治革新」，也想有所作為，特別是想藉以穩定中產階級。國民黨允許民進黨成立，這出乎許多人意料，國民黨內部也有分歧，不少人想不通，說這樣不得了呀，將來要被臺灣人趕下海啊！國民黨元老黃少谷，自己在報上寫文章，講「雙十節」放假三天，他都為此而沒睡好覺。民進黨是反對黨，它這一成立「臺灣化」就必然要加速，國民黨為安撫人心也必然要多起用臺灣人，這樣臺灣地方勢力會更加壯大。有些國民黨元老擔心自己有一天被趕下海，因而睡不好覺這是真的，他們害怕臺灣人要遠超過害怕共產黨。宋美齡這次回臺灣，寫了幾篇文章，罵「黨外」一些人為「暴

徒」，也把支持民進黨的美國人大罵一通，說你們講民主，但民主不是「即溶咖啡」，要有一個過程，你們西方民主是怎麼一回事誰都清楚，你們搞的催淚瓦斯是幹什麼的？臺港有的報紙發表文章說，這個老太太講了一些連蔣經國都不敢講的話。蔣經國不敢講，而她給講出來了，也是在替蔣經國出氣。

　　第四，關於民進黨的綱領。這個黨實際上是國民黨外各種反對力量的聯合體，其共同目標是反對國民黨，而其成員是兩頭小、中間大。所謂兩頭，一頭是統一派，一頭是搞臺獨的，這兩部分人都不多，大部分是動搖於這兩者之間，政治態度曖昧，未來可東可西的國民黨反對派，目前是觀察風向隨大流走。他們的綱領像大雜燴，什麼都有一點，既強調實行「三通」，改善兩岸關係，又講什麼國際外交、和平共處。把一個整體中國的海峽兩岸簡直看成國際關係了。他們講的「三通」也不是很明確的，可以是一個國家之內的「三通」，也可以是兩個國家之間的「三通」。原綱領中的反共色彩並不濃厚，後來宣稱所謂「守法、反共、反臺獨」三原則，是在國民黨壓力下不得不接受的。綱領中的「住民自決」，大家各有解釋，主張分離的寓臺獨意識於其中，主張統一的也有利用自決口號來掩護自己的。有不少人既怕人家說他是統一派，也怕人家說他是臺獨派。最近民進黨主要負責人曾先後幾次發表講話，說不要誤會，不要把他們的自決和臺獨等同起來。他們說，所謂自決就是自己決定自己的命運，將來可以選擇獨立，也可以選擇統一。回國定居的臺胞，有的說他們過去也用自決這個口號，但不是搞臺獨，而是策略的運用。有些人過去確是有臺獨傾向的，但現在卻向我們表示說：不要把我們看死了，如果大陸搞好了，我們幹嗎還要搞臺獨呢！這些人的可變性大，現在確是不能說死。民進黨主席江鵬堅再三講，我們不是搞臺灣人運動，我們允許中國人參加。從階級觀點看，他們是中產階級的一部分，不同於國民黨，似應該給予支持；但從民族觀點看，國民黨主導方面是強調一個中國，而民進黨不少人卻具有分離主義意識，有時甚至說得露骨，很值得警惕。現在的民進黨至少絕大多數還是屬於臺灣人民這個範疇，因此，還是要多做工作，不能把他們全推到對立面。一方面，我們確實要注意，要警惕他們的外國背景，反對他們的分離傾向；另一方面，他們又是臺灣人民，凡屬正當的合理的要求，該支持的還是要支持，要有區別地對待。

第五，關於民進黨的特點。民進黨是本土中產階級中偏於激進的一部分，但終歸是介於大資產階級和勞工群眾之間的一個中間性政黨，它既有歷史上的一切中間階級政黨的共性，又具有今日臺灣特定歷史條件下的中間政黨的個性。政治上的軟弱性、搖擺性和妥協性，這是一切中間階級政黨的共同特點，而今日臺灣民進黨則更有其複雜性和典型性。就島內來講，其所面對的是比自己不知要強大多少倍的國民黨政權，相形之下，民進黨的力量是很微弱的。例如這次「立委」選舉，民進黨歡呼勝利，對其也的確是很大的勝利，因為去年只有6席，而現在增至13席。但從整個「立委」來講，共有315個席位。民進黨新舊席位加起來，連零頭都不夠，兩相比較，怎能不說是很微弱的呢！當然事物總是發展變化的，也不要過於小看他們。到目前為止，島內的農工群眾還沒有形成一支有組織的獨立的政治力量，民進黨看來不會也不敢真正地去發動和依靠他們。我們接觸的海外朋友，據他們講，民進黨內部有些人想發動農工群眾，他們也很可能真的這樣做，如果這樣，這就不是民進黨了，這些人早晚會從民進黨分裂出來。一個是搞臺獨，反共，往右走；一個是搞工農結合，主張統一，往左走。現在臺灣現有四家書店，公開出售馬克思主義書籍，還有馬克思主義小組，根本沒有人干涉。國民黨當前感到威脅大的似乎不是這些東西，而是地方色彩較大的臺灣本土中產階級及其政黨。對國民黨來說，只要你不打倒我，罵兩句也無所謂，民進黨絕不會無視於美國，同時也不能無視於中國大陸。他們需要依靠美國，又不能完全投靠美國；他們中的許多人並沒有忘記中國，但又恐懼中國的共產主義，這是他們的複雜心情。正因為這樣，加上中間的動搖派居多，因而他們在統一與獨立之間，時而倒向這邊，時而倒向那邊，按風向和壓力的大小來表態，是完全可能的。幾十年來，國民黨天天搞反共宣傳，尤其是利用「文革」大肆渲染，人們至今對共產黨仍心有餘悸是可以理解的。

由上可見，臺灣新成立的民進黨，由於面臨島內島外這樣複雜的處境，故而無論在組織上或思想上，也都是比較複雜的，其內部存在的問題較多也是不足為怪的。

最後，講一下民進黨今後的趨向問題。估計在今後相當一段時間內，新成立的民進黨與國民黨必然是一個又對立、又合作的局面。有對立就必然有鬥爭，有

合作就必然有妥協。時而鬥爭多一點，時而妥協多一點，會隨島內形勢的發展而沉浮不定。就國民黨來說，也會是胡蘿蔔加大棒交相併用的。過去的一段時間，特別是去年以來，兩方面都是相當緊張的。臺灣《中國晚報》說，國民黨前一段實際是以七分力量對付民進黨，二分力量「服務民眾」，一分力量對付中共。可見在國民黨眼裡，主要威脅還是民進黨，從民進黨來講，去年對國民黨發動了一次又一次的攻勢，雙方曾多次出現互相對峙、劍拔弩張的局面。如在臺北龍山寺，民進黨曾組織過一次街頭抗議會，國民黨軍警如臨大敵，雙方竟對峙達12個小時之久。去年「黨外」人士林正杰被判坐牢，「黨外」組織了一次歡送會，幾十輛汽車前呼後擁，人群中抬著「歡送林正杰入監考察」大字橫幅。還有兩次機場事件，林水泉和許信良闖關，都鬧得很緊張。但最後怎麼樣呢？雙方還是各自鳴鑼收兵，結果平靜下來了，危機過去了。雙方都吹噓自己「勝利了」。當然還是民進黨勝利多一點。為什麼雙方都各自鳴鑼罷陣，最終平安渡過危機呢？主要是都不願把事情搞僵，都害怕臺灣出現動亂，從而造成不可收拾的局面。把局面搞亂了，對誰都沒有好處，而且是不得人心的。臺灣人心求變求新，又思安思治。求變求新是希望在臺灣不發生動亂、保證能安定與和諧的前提下來進行。所以各自都互相剋制，互相讓步，最後是互相妥協。今後相當一個時期內還將是這樣一個「又對立，又合作」的局面。國民黨取締不了民進黨，民進黨也取代不了國民黨。

　　可以做這樣的估計：就國民黨來說，在當前這個新的歷史條件下，為求生存、求發展，必須穩住「黨外」勢力，團結「黨外」勢力，革新保臺。在他們看來，只有臺灣在，才有國民黨在，首先要保住國民黨的臺灣，而不是保住臺灣的國民黨。就民進黨來說，最終目標雖然是要取國民黨而代之，但這又不是三年五載的事情，甚至十年以至更長時間也辦不到。民進黨當前最迫切的還是希望穩定變革。臺灣有一本雜誌曾發表文章說，臺灣「大多數中產階級贊成溫和的政治改革」。而這，也正是當前國民黨所需要的。因此，民進黨成立以後的臺灣政局雖將較長期地處於動盪不安之中，但不會發生大的動亂，這就是我個人的基本估計。

（在全國政協祖國統一工作座談會上的發言節錄）

關於海外學者對臺灣問題的一些看法和建議

這兩年來，我們參加過一些有關臺灣問題的國際性學術會議，與一些海外的臺籍學者有所接觸，傾聽了他們在臺灣問題上的一些呼聲和意見，這裡順便談一下。他們的一些看法和建議，概括起來，可以用四一五一四這三個數字來替代。現分述如下：

（一）他們建議要充分瞭解臺灣人民的「四種感情」

1.厭惡感——這主要是對國民黨的。他們對國民黨的「三不」（不接觸、不和談、不妥協）政策很反感，很厭煩，並提出不討論，不研究，不視聽。他們厭惡國民黨的「三不」，不等於就主張和談，而相反，他們在和談上也是有許多顧慮和想法的，要多做工作才是。

2.孤獨感——不管國民黨吹噓臺灣經濟如何好，人均收入如何高，但是在國際上做不起人，現與臺灣建交者甚少，臺報自稱剩下的只是幾個「小朋友」、「黑朋友」，沒有國際人格，如同過去一樣，成為國際上被遺棄的孤兒。我們要同情理解他們這種感情，以骨肉同胞之親去關心他們，爭取早日實現國家統一而讓他們回歸中國大家庭。

3.恐懼感——害怕共產黨，30多年來國民黨把中共描繪成比洪水猛獸還要可怕。許多臺籍同胞至今對我政策仍不瞭解，不理解，顧慮多，談「共」色變。要多宣傳，多接觸，多溝通，多做工作。

4.迷茫感——認為臺灣小島，孤懸海外，前途難卜，沒有明天。就像是漂泊在汪洋大海中的一艘小船，聽任狂風巨浪的襲擊而沒有安全感。許多工商業者即因此而至今不願在臺灣做長期投資。

（二）他們希望耐心解卸臺灣問題的「五個疙瘩（結）」

1.「香港結」——認為臺灣與大陸不同，不能硬套香港模式。

2.「美國結」——認為美國出於自身的經濟、政治利益，不會輕易放棄臺

灣。

3.「蔣經國結」——亦稱國民黨結，認為蔣經國或國民黨一直強調「漢賊不兩立」，不會輕易地就「相逢一笑泯恩仇」。

4.「臺灣結」——臺省人強調「住民自決」，反對國共兩黨進行談判和「私相授受」。

5.「意識形態結」——認為共產黨強調的「四個堅持」與國民黨強調的「三民主義統一中國」很難協調。

（三）他們建議同步做好有關對臺的「四項工作」

1.呼籲國民黨談判——認為中國已做得很多，也很好，但還要繼續做，堅持不懈。國民黨不是鐵板一塊，蔣經國內心也是充滿矛盾的，只要堅持做下去，總有一天會產生效果。

2.做美國人的工作——認為中國做美國人的工作遠不如臺灣。要向臺灣學，急起直追。美國人的工作不好做，臺灣問題是很難解決的。要利用美國的「遊說公司」。美國議會的自由派也是可以做工作的。

3.做臺灣人的工作——要瞭解臺灣人民的心態，真心實意和他們交朋友，使他們對中國有親近感、溫暖感、光明感，消除懼怕心理。

4.搞好兩岸通商往來——中國有廣大的市場，有優良的投資環境，要制定辦法，落實措施，歡迎臺灣省人來中國投資，做生意。通商是把兩岸聯結起來而實現和平統一的最重要的「橋梁」。要細緻地做好架橋工作。

我個人認為，海外學者朋友們的意見都很好，非常值得重視和研究。不過因為時間關係，這裡就暫且不談了。

（在全國政協祖國統一工作座談會上的發言節錄）

李登輝「戒急用忍」政策的由來

臺灣當局自1996年9月提出「戒急用忍」的大陸經貿政策以來，到現在已經一年零三個月了。實踐證明，這個政策是不得人心的，是違反客觀經濟發展規律的。然臺灣當局並不以為然，近一個時期來仍多次刻意表示將繼續推行這一政策。

1996年7月底，李登輝對國民黨中常委、臺灣工業總會理事長高清愿等企業家來中國大陸參加北京召開的「京臺經濟合作研討會」並受到國家主席江澤民的親切接見，感到十分惱火，認為這樣下去會對臺灣工商界產生重大影響，如果他們都一窩蜂地去中國投資，那麼臺灣方面藉以與中國抗衡的最後最大的一個籌碼就沒有了。認為必須剎車，也必須給高清愿等一點臉色看看。

同年8年14日，也就是江澤民接見高清愿等的半個月之後，李登輝在一次會議上，即提出要對「臺灣亞太營運中心應以中國為腹地」的說法「進行檢討」。其實，這是他本人早就認可，並且多次談到和強調的，終於決定要收回、要反思、要「檢討」了。

儘管如此，他還覺得不夠，認為江澤民在接見高清愿等企業家和學者時，用了那麼多古詩、古詞、古典，諸如「但願人長久，千里共嬋娟」，「月有陰晴圓缺，人有悲歡離合，此事古難全」，以及「（別有幽情暗恨生，）此時無聲勝有聲」等等，都是寓意頗深，饒有風趣，但卻讓人費解，使李等臺灣最高層領導人，不知如何對應才好。香港一家報紙帶有諷刺意味的報導說：「江澤民談笑用兵，李登輝後院失火」。說來也巧，就在這個時候，其部屬中有人建議採用清朝咸豐皇帝親筆題寫的「戒急用忍」四個字進行回應，李欣然接受。於是，在一個月後的9月14日，就又在高清愿親自主持的工業總會年會的閉幕式上，正式提出這幾個字。一面是以古典對古典表示我李某並非對中國歷史無知，一面更重要的意圖則是要對臺灣企業家們正在興起的投資「大陸熱」大潑冷水。

許多人對臺灣李先生提出的這幾個字，一時也感到懵懵然，不知其出自何經何典，用意何在，其實這來自北京清宮的避暑山莊，有人曾親睹李的這位部屬在京旅遊參觀中記下了這幾個字。

咸豐皇帝為什麼要題寫這幾個字？經向人民大學一位歷史學家考證，答曰：

咸豐年間，大約1860年代初，英法聯軍進攻天津，清軍連連失利，咸豐帝躲在避暑山莊，不知所措，鬱鬱寡歡，大臣們給他請來一位佛教大師，意在請其指點，這位大師於是給咸豐帝寫下了「戒急用忍」四個字，用意是很明顯的。咸豐帝視為珍寶，並親自書寫了這幾個字，掛在避暑山莊「煙波致爽齋」東暖閣的門楣上，奉為座右銘。咸豐帝本人則住在這個「煙波致爽齋」的西暖閣。這以後不久，咸豐帝被迫簽訂了好幾個賣國條約，最後自己也死在這個掛著「戒急用忍」四個大字的「煙波致爽齋」。

北京的這位歷史學家說，「戒急用忍」這幾個字，一向被視為「倒霉」、「晦氣」的象徵，未想到130多年以後竟被李登輝先生用在兩岸關係特別是兩岸經貿政策上。同是「戒急用忍」，也同是出於無奈，只不過一個是對外，一個是對內的。

目前，李先生的這個政策已受到越來越多人的指責和反對。無論商界、學界、輿論界，以及部分政界人士，都是一片「喊打」和「申討」之聲。臺灣航運界龍頭、長榮集團總裁張榮發首先發難，直言不諱地抨擊臺灣當局的「戒急用忍」，要求盡速開放兩岸「三通」。臺塑集團董事長王永慶也公開不滿地表示說：什麼「戒急用忍」，已「使臺灣3萬多家商人忍不下去了」。臺灣著名經濟學家侯家駒連續發表多篇文章，猛轟臺灣當局的「戒急用忍」，說這是一個「錯誤的大陸經貿政策」，是違反「自由經濟基本哲學」的。其他許多學者、企業者、輿論界人士亦指稱這個政策「太僵化」、「脫離實際」、「違反市場法則」、「欲圖損人而其實害己」。儘管如此，臺灣當局並不為所動，除極力進行辯解外，還一再聲稱「戒急用忍」政策不變。一個時期來，李登輝先生的民意基礎已從過去的八成以上降至三成七左右，估計與其執意堅持「戒急用忍」政策也是分不開的。看來，作為「倒霉」或「晦氣」象徵的「戒急用忍」亦有可能應驗在李登輝先生身上。

（在一次有關兩岸關係學術討論會上的發言）

民進黨執政後的兩岸關係——參加第九屆海峽兩岸關係學術

研討會有感

　　2000年7月12日至14日，全國第九屆海峽兩岸關係學術研討會在杭州召開，來自中國大陸和臺港澳及海外的學者共130餘人，筆者躬逢其盛，並重點參加了一個小組的討論，聆聽了各方學者的發言。現就民進黨執政後的兩岸關係發表一點感言。

一、臺灣「變天」後的基本態勢

　　3月18日的大選，主政臺灣50餘年的國民黨敗選，主張臺獨的民進黨以僅占39.3％的選票而勝選上臺。臺灣「變天」了！

　　民進黨上臺後，鑒於占60.7％的選民並未投自己的票，缺乏強勢民意，因而不得不放下身段，多說好話。尤其是對島內外都十分關注的海峽兩岸關係，更說了許多動聽的話，什麼「善意和解」呀「積極合作」呀，「永久和平」呀，等等。然而，包括筆者在內的眾多與會學者都認為，新執政當局的臺獨本質，並無絲毫改變。基本上有四大特點：

　　一是「軟性臺獨」。過去李登輝硬抗硬頂，現改為軟抗軟頂。

　　二是「笑臉臺獨」。講到兩岸關係時，總是「笑嘻嘻」的樣子，而臺獨內涵絕無改變。

　　三是「文化臺獨」。反對在學校講「中國歷史」，製造假民意，渲染「臺灣人不是中國人」。

　　四是「事實臺獨」。罔顧事實，一次又一次地宣稱：臺灣已是「主權獨立國家」。

　　新執政當局就任兩個月了，行動上是怎麼做的呢？政治上，拒絕接受一個中

國原則;軍事上,一再向美擴大軍事採購;經濟上,公然將新臺幣宣布為「國幣」;外交上,繼續搞「金錢收買外交」和所謂「實質外交」;文化上,大力宣揚「臺灣人不是中國人」。凡此種種,不是正在說明,臺灣新執政當局只是搞分裂中國的手法有變,而其目標和基本立場仍無絲毫變化嗎?說實在的,這樣的做法更具欺騙性和危險性。正像香港《亞洲週刊》7月10日一期的文章所說:一個多月來,「用善意包裝言辭,俾達到拒談目的」。而拒絕在一個中國原則下談判,當然是為了追逐自己的「獨立」目標。

二、歷史遺留下來的重大難題

在統獨問題上,與會學者絕大部分都是贊成「統」而反對「獨」的。但在如何實現「統」的問題上卻又有分歧,是「和統」還是「武統」?當然誰都願意「和統」,這是「雙贏」,對兩岸都有好處。難在臺灣方面堅持不肯放棄一個「國」字。

1949年國民黨兵敗大陸而退據臺灣。雖然失去了全國領土的99.6%,人口的98.2%,但卻帶去了一個有名無實的「中華民國」國號及政府。如今,50年了,是省不省,非國稱國,不倫不類,成為變形的「政治怪胎」式政權。無論是原來的國民黨政權,還是新上臺的民進黨政權,雙方在維護這個似是而非的「國」字上,還是有共同語言的。這就是歷史遺留下來的一個重大難題。

已經拖了50年了,還能再拖下去嗎?既然是「政治怪胎」,就必然要考慮解決辦法,即做「政治手術」。國民黨的「兩個中國」,民進黨的「一中一臺」,都是「政治分離手術」,中國大陸當然堅決反對。與之相反,中國大陸要做的是「政治整合手術」,實現中國統一。一是「和統」,即「溫藥化解」,看來是很難的,臺灣方面自恃有外國勢力支持,長期拒絕接受和平談判與和平統一,並且越行越遠;二是「武統」,即做「外科手術」,看來也難下決心,主要是兩岸皆中國人,不忍傷及筋骨,並且會留下後遺症。筆者估計,除非臺灣搞

「急獨」，繼續走向不歸路，中國大陸不會輕易搞「武統」，而會繼續走「和統」之路。這就要看臺灣新領導人今後如何動作了。

三、值得臺當局深思的幾個問題

今之兩岸關係，對臺灣新執政當局來說，值得深思的有三點：

（一）臺獨有沒有出路？臺獨的產生是複雜的，有遠因，也有近因；有內因，也有外因。這裡暫且不去討論。問題是，這條路能不能走通？我看是不可能走通的。從歷史看，兩岸屬同一民族，自古一家，血脈相連，這個「臍帶」是割不斷的；從地理看，兩岸山水相連，隔海相望，禍福與共，是不允許長期被人為地分開的；從法律看，無論國內法、國際法或國際文獻，都明確地載明，臺灣屬中國領土，沒有任何理由鬧「獨立」；從國力看，中國人民已經站起來了，不再是任人宰割的時代，誰想憑藉外國勢力「護航」來實現分離，終將碰得頭破血流！

（二）臺獨會有什麼後果？既然此路不通，偏偏要搞下去，不會有任何好結果。一是臺為加強防衛力量，每年至少要有100億以上美元的軍事預算及購置武器軍火；二是為維護所謂「國際人格」，每年亦不知要耗費多少億美元，來搞「金錢收買外交」；三是害怕「三通」，限制臺商來中國大陸做生意，喪失了無數的大好商機；四是兩岸一水之隔，軍力懸殊，因鬧臺獨而常常是一夕數驚，風聲鶴唳，過不上太平日子。設若不顧一切，繼續鬧下去，終將引狼入室，爆發戰爭，臺灣人民一定會遭受更大的不幸。

（三）和平統一有什麼不好？中國大陸提出的和平統一政策，其基本點是：「一個中國、兩制並存、高度自治、和平談判」。這完全是尊重歷史、尊重實際、合情合理、實事求是的，對臺灣人民有百利而無一害。不久前，筆者在香港《大公報》6月27日發表的一篇文章中，曾對和平統一列出12條好處及12條壞處。在臺灣領導集團中，真正的政治家，應著眼於人民利益。政治家眼裡的「民

意」，應是來自民眾而又高於民眾，否則就是「民粹主義」或「尾巴主義」。那不是「政治家」，而是「投機客」。以所謂「民意」、「民主」來對抗「統一」，以所謂「愛臺灣」、「臺灣優先」來對抗「愛中國」和「和平統一」，這是十分缺乏遠見的，也是違背絕大多數臺灣人民的根本利益和長遠利益的。

四、海內外華人的共同願望

這一次在杭州召開的第九屆海峽兩岸關係學術研討會，出席的海內外華人學者人數之多，是歷屆少有的，且欲來而受條件限制沒有來成的更多，足見他們在民進黨上臺後對於臺灣政局和兩岸關係的關心。

下面是一海外華人與會期間所賦的一首詩：

七月西湖荷花開，清流俊彥翩然來；

為解兩岸千重結，紛陳珠玉出心裁；

「三通」大流難逆轉，「一中」何庸費疑猜；

國族盛衰係一念，莫鑄巨錯後人哀。

這是我的好友，華人學者，美國博爾大學經濟系教授、海外中山學社董事會主席、全美中國研究協會會長鄭竹園先生奮筆寫成，並在大會上當眾朗誦的，全體與會學者掌聲雷動。詩的最後兩句：「國族盛衰係一念，莫鑄巨錯後人哀」，顯然是對臺灣新執政當局語重心長的勸告。對這位新領導人來說，目前的臺灣和兩岸關係確實是「契機」與「挑戰」並存，「危機」與「轉機」同在，但願其能把握住這個難得的時機，為臺灣和兩岸關係開創新局，真正走出「山重水複」而步入「柳暗花明」之境！

從唐飛下臺看臺灣海峽形勢

前不久，筆者已就唐飛為什麼會下臺談了一些看法，仍言猶未盡，本文擬作一點補充，以供參考。

一、陳水扁主政後的新一輪政治風波

陳水扁自「五二〇」宣布就職以來，臺灣已先後經歷四場「政治風波」。

第一場是「呂秀蓮風波」。呂秀蓮當選「副總統」後，一直不甘寂寞，爭出風頭，胡說八道，在兩岸關係上講了許多胡言亂語，什麼「深宮怨婦」，「遠親近鄰」，「黑臉白臉」。「五二〇」就職後，仍是狂言不止，什麼「臺灣不能隨中共起舞」，「臺灣地位未定」，美國應發表確保「臺灣安全」的「第四個公報」等等，不一而是。一時間，把兩岸關係攪得烏煙瘴氣，不滿之聲四起，連陳水扁也感到很被動。

第二場是「謝長廷風波」。這是7月上旬間發生的事。新接任民進黨主席的謝長廷在中常會上說：「高雄與廈門屬於同一國」，表示願以「高雄市長」身分出訪廈門。於是，在黨內外引起轟動，並有激烈爭議。後來，在陳水扁說「統一不是唯一選項」時，謝又表示「不能排除統一選項」，兩者側重點顯然不同，在島內尤其是民進黨內部又引起一場爭議風波。

第三場是「八掌溪事件」。7月22日傍晚，在嘉義八掌溪下游進行河床固體工程施工的工人，突遇山洪暴發，其中有4名男女工人因走避不及，受困於湍急溪流中，苦撐了近3個小時，而臺灣有關當局遲遲未能救援，電視媒體「現場直播」，人們親眼目睹這4名工人在急流中掙扎，直至被洪水吞噬。此事在全島更引起軒然大波，從而對陳水扁當局造成嚴重衝擊，一些政務官員被迫引咎辭職。

第四場就是「唐飛下臺」事件。這是最近剛剛發生的，至今餘波未已。唐飛出掌行政院長一職，自然是為了穩定軍心、穩定民心、穩定政局的需要。然而，行政院長一職畢竟是一個「肥差」和「要職」，落在從國民黨「借來」的大將唐飛身上，民進黨內部的許多人自然總是感到不是滋味，也很不舒服。矛盾和衝突

總是要發生的,只不過誰也沒有想到會發展那麼快。早在今年7、8月間,民進黨內部要員吳乃仁、施明德等,就已相繼炮打行政院。9月下旬以後,吳乃仁再次重炮猛轟,提出「新政府包括行政院長都應由民進黨主導」。於是行政院長辭職一事,已成不可避免之勢。

陳水扁上臺主政不過四個多月,竟然連續發生四次政治風波,平均每月一次,一次比一次更強烈,終於導致他當初所精心選定的行政院長被迫下臺。臺灣媒體說,這是繼去年「九二一」大地震後的又一次「政治地震」,其對臺灣民心士氣以及整個政局的衝擊之大自是不言而喻的。

二、唐飛下臺所反映的各種深層矛盾

陳水扁當局,其實是一個「早產兒」,是多種原因造成的早產,先天既不足,後天又失調,各種矛盾潛藏其間,最後終於透過唐飛下臺事件而強烈地表現出來。

唐飛下臺,表面上是「核四」是否興建問題,而實際上反映了陳水扁當局內部許多更深層次的矛盾。擇其大者主要有以下四點:

一是「黨政矛盾」。即主政的民進黨和其所組成的「新政府」的矛盾。在「兩蔣」時代,國民黨都是「以黨領政」,由黨主導一切。李登輝上臺後,情況雖有所不同,但基本上也還是「以黨領政」,李登輝實際上是以國民黨主席身分,集黨政軍大權於一身。民進黨的陳水扁上臺了,他本人在黨內至少名義上未居主導地位,形成黨歸黨,政歸政,黨政分開。以新任主席謝長廷為首的民進黨,整體上看來也還是支持和維護陳水扁的,但民進黨畢竟是執政黨,在行政院長一職落入國民黨的唐飛之手以後,總感自己所爭來的政權在「虛化」、「邊緣化」,雖然打下江山,但卻沒有摘到果子,總是不那麼甘心;加上唐飛主政以後,顯然不完全出於他個人的原因,各種問題叢生,也無法獲得解決,社會各界責扁、責民進黨之聲不斷。在這種情況下,正像臺灣島內外媒體所說的那樣,新

執政當局只好「丟車保帥」，而唐飛也只能作為「替罪羊」和「犧牲品」憤然離去。

二是「府院矛盾」。即陳水扁的總統府和行政院的矛盾。臺灣究竟應實行「總統制」還是「內閣制」？即由誰來主導「行政管理權」？一般認為，行政院應該「有責有權」而不是「有責無權」。自李登輝主政開始，臺灣政壇一直鬧這個矛盾，最後以「非主流派」的行政院長郝柏村下臺、換上完全聽命於「主流派」的「總統」李登輝指揮的蕭萬長而告終。這一次與上次有類似之處，而又不完全一樣。類似之處是，以政見完全相同的民進黨人士張俊雄，替代了政見上與民進黨不同的國民黨人士唐飛。不完全一樣處是，張俊雄雖與陳水扁同屬民進黨，但陳畢竟不是黨主席，並未集黨政大權於一身，將來一旦在政見上有分歧時，行政院長張俊雄究竟聽命於直接領導自己的總統府，還是民進黨的「黨主席」？有人估計，「張俊雄內閣」的壽命不一定比唐飛長，也許正是出於這種考慮。

三是「院院矛盾」。即行政院與立法院的矛盾。唐飛作為行政院長，是國民黨人士，卻是在為民進黨主政，直接面對著立法院的複雜形勢。民進黨作為執政黨，在立法院的票數不足1／3；國民黨等在野黨卻占有2／3多數。民進黨請唐飛主掌行政院，自然也有緩和與立法院矛盾的考慮。而每當行政院的提案拿到立法院審議時，卻都會使立法院的國民黨議員和唐飛本人感到尷尬。唐飛顯然成了執政的民進黨與在野的國民黨之間的「緩衝地帶」，這在國民黨內部和民進黨內部都存在「異議」。這種局面是很難長期維持下去的。唐飛下臺，既是民進黨所「期待」的，也是國民黨所「歡迎」的，對唐本人實際也是一個「解脫」。

四是「黨黨矛盾」。民進黨雖然是執政黨，但從當選投票率看，僅擁有不到40％的民意資源，而整個藍營，包括國民黨、親民黨、新黨在野勢力，集中起來則擁有60％以上的民意資源。實際是少數和多數在朝和在野，政治理念和立場不同的兩大營壘。不久前對執政當局發生的「罷免案」和遊行示威，都是這兩大營壘矛盾激化的表現。

這四大矛盾，實際反映了其背後存在的另外三個實質性矛盾：一是權力之

爭，即對已奪得的「大餅」的分配問題；二是政體之爭，即臺灣現存的政治體制究竟按誰的意志來改造；三是前途之爭，即臺灣的未來究竟向何處去。這三個矛盾，在總體上和根本上又反映了臺灣未來究竟由哪一個黨或哪一派政治勢力來主控發展方向的問題。

三、對臺灣政局和兩岸關係走向的估計

唐飛下臺，如前所述，對臺灣的民心士氣以及陳水扁當局都造成了巨大的衝擊。這段時期以來，股市一挫再挫，資金大量外流，居民加速外移。剛不久舉行的「雙十節」，是民進黨執政後的第一個節日，本應隆重慶祝，然而卻冷冷清清，氣氛蕭瑟，不僅幾個主要在野黨的首領沒有參加，連執政黨的黨主席也沒有參加，每年都要前來參加「典禮」的「親臺華僑」亦以今年為最少。這一切都說明，臺灣陳水扁當局正面臨空前困局。

目前的臺灣政權，同時存在兩種傾向：一是「去中國化」運動。認為國民黨已經下臺，民進黨已經代而主政，天下大勢已定，可以放開手腳，引導臺灣向「遠離中國」的方向邁步了；二是「脫臺獨化」運動，認為民進黨搞臺獨，不過是向國民黨奪取政權的一種手段，如今任務已經完成，民進黨應該「轉型」，修改「臺獨黨綱」，再搞臺獨是沒有出路的。這後一種自然比較理智，而兩者究竟誰戰勝誰，看來往後還有一場較量。

人所共知，陳水扁及其所代表的一部分勢力，在引導臺灣政局和兩岸關係向好的方面發展，是有著前幾位領導人如蔣經國、李登輝等所不及的有利條件，許多人也因而抱著某種期待。然而從種種跡象看，其對於臺獨理念和臺獨主張，是絕不會輕易放棄的。觀其主政臺灣以來，一是加速臺獨的「內化」，欲以「本土文化」代替「中國文化」，割斷臺灣與中國大陸的「臍帶」；二是加速臺獨的「外化」，著手以臺獨骨幹加強「外交」戰線，使臺灣問題進一步「國際化」。當前，無論臺灣島內或兩岸關係上都在孕育著新的更大的矛盾和對抗。

以張俊雄代替唐飛以後，臺灣政局與兩岸關係能出現「轉機」，或出現「柳暗花明又一村」的局面嗎？估計是很難很難的。關鍵的關鍵，不是換人的問題，也不是換黨的問題，而是方針政策是否對頭。假設若仍繼續執行現在的方針政策，雖國民黨換成民進黨，唐飛換成張俊雄，不但仍不能解決問題，反而更可能是「一代不如一代」。兩岸關係的定位問題是臺灣問題的核心，這個問題不能解決，臺灣的內部問題也不可能解決。臺灣是中國的一部分，臺灣問題是中國的內政，這個問題只能由兩岸中國人自己來協商解決，如果硬要把自己的命運拴在美國人或日本人的褲帶上，引狼入室，無論對內、對外、對兩岸關係，都會帶來一系列問題。當年蔣介石的八百萬軍隊，他在大陸的政權，不是在美國「保護」下垮臺的嗎？迷信洋人和洋武器，正是一些人的致命傷。歷史的教訓不可忘記。現在的陳水扁當局，如果不能解決兩岸關係問題，也就無法從根本上解決臺灣內部問題，臺灣的政局就還可能繼續亂下去。

陳水扁的「變」與「不變」

陳水扁先生上臺已經四個多月了，不僅內政不彰，亂象叢生，在兩岸關係上更是進退失據，無所作為。以下僅就後者發表一點淺見。

兩岸關係上面臨的「困局」

陳水扁先生在兩岸關係上的基本特點是，統不甘心，獨無出路，表現了十足的模糊性、搖擺性和混亂性。

模糊性，表現在言辭上似統非統、似獨非獨，欲言又止、吞吞吐吐。例如在一個中國的表態上，即既不承認，又不否定，模棱兩可。所謂以「未來一個中國」為「議題」，即一例也。

搖擺性，表現在行動上左顧右盼，忽此忽彼，朝談夕變，言不由衷。例如，忽兒說「沒有廢除國統綱領和國統會的問題」，忽兒又透過其親信說：「國統會非不可挑戰的圖騰與符號」，「國統綱領確有必要修改」。

混亂性，表現在政策上不統一，每人一個號，各吹各的調，雜音四起，莫衷一是。例如，6月27日，陳表示可以接受「一個中國，各自表述」的說法；蔡英文迅即發表講話予以否認，其他黨政要員也各有說法。

雖然如此，但不時也流露出一些表明真意的惡意挑釁性語言，如說什麼「統一不是唯一選項」，「臺灣已是主權獨立國家」。甚至大搞軍事演習，揚言要「決戰境外」。

請看臺港兩地媒體的反映。臺灣《中國時報》8月26日刊登的一篇署名文章說：「臺灣變天後的兩岸關係，初步可用十六字概括：暫停營業，整修內部，錯不在我，蓄勢待發」。香港《明報》9月6日刊登的一篇署名文章批評說：臺灣近幾個月來的種種做法，「不僅使陳水扁過去在兩岸關係上營造的種種善意氣氛消失殆盡；也讓北京逐漸認定陳水扁的一切所謂善意調整，只不過是一場戰術的緩兵之計，戰略上其拒統尋獨的立場毫無改變」。

「變」的條件與可能性

這裡所說的「變」，當然是指向好的方面，即向有利於中國統一的方向變，這樣的「變」是「質變」；陳本來就是臺獨，設若只在原有圈子範圍內變，變來變去，變好變壞，都是「量變」，不是筆者所指的變。

陳水扁有沒有向好的方面變的條件？其有利條件有四：

（一）窮苦出身，是臺灣的佃農和土改翻身戶，草根階級，「根紅苗正」，應是天然的社會主義同情者或同盟軍。

（二）非國民黨，土生土長，年紀不過50歲，沒有國共兩黨長期恩恩怨怨

的歷史包袱。

（三）無李登輝那樣複雜的國際背景，既未留學美國，又未留學日本，沒有拿過「洋碩士」和「洋博士」學位，只是島內「臺大」一般的法律學士。

（四）非名門之後或世宦之家，是靠個人的「拚鬥」發跡的。學業出眾，真所謂「白屋出公卿」。

這些，都是陳先生可「變」的有利因素。其本人有無「變」的可能性？一般人都認為，不能完全排除這種可能。變與不變，不是全憑個人因素決定的，而是要看島外的大環境和島內的小環境。在當年兩岸隔絕的歷史條件下，島內一些搞民主運動的人士，既反對國民黨的專制統治，又不可能投靠毫不瞭解的共產黨，打起臺獨旗號起事，乃形勢使然，是完全正常的，可以理解的。如今，中國大陸的情況早已天翻地覆，物換星移，情況大變，島內有識之士重新權衡大勢和改變自己的政治方向，不僅完全應該，也是可能的。

年來，鑒於臺灣島內外形勢的變化，陳先生的政治主張至少已經有過三次變化：

3月18日前，高喊：「臺灣獨立萬歲！」

5月20日，高喊：「臺灣人民萬歲！」

6月下旬，高喊：「三民主義萬歲！」

應該肯定，這些口號都有「質」的變化，不管陳先生承不承認，說與不說，他自己畢竟是臺灣人也是中國人，難道就沒有可能再喊：「中國人民萬歲！中國統一萬歲！」？

我看，有可能，也完全應該。

「變」也不是那麼簡單

雖然，我們說陳先生有變好的條件，有可能，也完全應該。但證諸事實，其「變」也不是那麼簡單，阻礙其變的因素仍多。主要有以下幾點：首先，陳本人的臺獨思想已根深蒂固。從過去到現在，在他許多講話和文章中，都強調要「堅持臺灣主權獨立與國家尊嚴」。1999年11月15日關於「中國政策白皮書」演說中，更特別強調說：「『臺灣是一個主權獨立國家』，是我們與中國來往的根本原則，這是絕不能動搖的」。

其二，民進黨內的基本教義派或一批死硬的分裂主義者，是不會允許陳向好的方向變化的。正是這些人，其中有些還是陳的「鐵哥們」，在「三一八大選」中支持了陳，為陳的當選立下「汗馬功勞」，陳不願意也不敢背離他們。陳在「五二〇」就職演說以及其他許多場合的講話，都向這些人直接間接、或明或暗地表示了自己對他們的「忠心」。

其三，李登輝「兩國論」的陰魂不散，會死死地纏著陳。陳主政後的重要「基幹」隊伍，如蔡英文、田弘茂等都是李留下來的，所執行的基本是「沒有李登輝的李登輝路線」。陳與李還曾多次祕密會見，「心有靈犀一點通」，臺上臺下，呼吸相通，心心相印，這幾乎是有目共睹的事實。

其四，陳的後臺大老闆美國和日本，是會緊緊抓住陳不放的。美原來對陳並不怎麼放心，但由於陳出於政治上的需要而不得不投懷送抱，美國這才逐漸感到放心而給予支持。日本本來就是支持陳的，由於其「恩師」李登輝感情上更厚愛日本，對陳的親日也不無影響。

其五，由於臺灣島內當前絕大多數的民眾心態，都是主張不統不獨、維持現狀者，這也牽制著目前的陳水扁既不敢更公開露骨地搞臺獨，也很難向有利於中國統一的方向邁步。

向陳水扁先生進一言

我們設身處地為陳先生設想，他現在的處境是很困難的。統難獨更難，欲圖

以極少數人的局部利益取代全體13億中國人民的長遠和整體利益,是永遠不可能做到的。這裡僅提出一些不成熟想法供參考:

(一)關於臺灣前途。如前所說,臺獨問題是一定歷史條件下的必然產物,而如今勢轉情移,無論天時、地利、人和都不利於臺獨的發展,搞臺獨是不會有前途的。目前民進黨的臺獨路線存在諸多盲點,例如,對造成臺灣「悲情歷史」的根源,中國大陸與臺灣的血肉聯繫,外國侵略勢力與臺獨勢力的關係,島內民眾的「出頭天」與中國統一的一致性,有關臺灣問題的國內法和國際法等等,都缺乏基本的瞭解和常識;如果不認真和徹底地加以理清,一味盲目行動,其後果將是不堪設想的。

(二)關於兩岸關係。如果說臺獨在歷史上曾有其合理的一面,而如今卻已成了整個中國振興和發展這個「大主流」中的「小逆流」。臺灣《聯合報》9月25日刊登的一篇署名文章指出,陳水扁先生現在「下的棋只是李登輝留下的殘局」,但願不要「將臺灣帶到李登輝未走完的死胡同去」。當前最重要的,就是新臺灣當局必須在臺灣未來和兩岸關係上有明確的「定位」,排除「臺獨黨綱」,承認海峽兩岸「同屬一個中國」,讓全體中國人放心,如此才有可能使兩岸打開政治僵局,出現陳先生曾說過的「柳暗花明又一村」的局面。

(三)臺與美日關係。現在的問題是,新臺灣當局究竟應把臺灣的未來寄託在外國勢力的保護,走分裂中國的道路;還是寄託在兩岸中國人的和解、團結與合作,共同走振興中國和中華民族的道路。設若是前者,一批外國干涉勢力以及作為他們在臺灣的代理人——一群死硬的分裂主義者,必將被淹沒在全世界中國人民族愛國主義的怒潮之中;設若是後者,那麼一切為中國的統一和團結作出奉獻的人,都將彪炳史冊,永遠成為後人敬仰的歷史功臣。

(四)所謂「民意」和「民主」。中國——乃包括臺灣人民在內的全體中國人民的中國;臺灣——乃包括中國大陸人民在內的全體中國人民的臺灣。兩岸同屬於一個中國,絕不可以用臺灣極少數人的所謂「小民意」,來對抗包括臺灣多數人在內的全體中國人民的「大民意」。由於歷史和現實的種種原因,兩岸現在所實行的是不同的政治民主制度,這種差異所形成的矛盾是非對抗性的人民內部

矛盾；而統一和分裂之爭，乃民族矛盾，是對抗性的敵我矛盾。就是說，臺灣方面不要再打所謂「民意牌」和「民主牌」了，這是絕對站不住的，只能把本屬非對抗性的人民內部矛盾激化為對抗性的敵我矛盾，是絕不可取的。

總之，目前的兩岸關係既是危機又是契機，但願陳水扁先生善自處之。

（原載香港《大公報》）

略議當前臺灣政壇的諸種亂象

臺灣自2000年「三一八」大選「變天」已經一年多了，自「五二〇」陳水扁宣誓執政也快一年了。各方對於臺灣的民進黨政權評議頗多，筆者也參加了一些研討會，接觸了臺灣的一些朋友，所見所聞不少，不無受啟發和感觸之處。這裡想綜合起來，談以下幾點看法。

一、島內的政經形勢不佳

在一次學術討論會上，筆者曾以24個字來概括當前臺灣島內的形勢，這就是：「政爭激烈，選戰連年，風波不斷，經濟下滑，民氣不振，信心動搖」。

我這樣說，不是沒有根據的。據臺灣媒體報導，臺灣的「民主」幾乎全是圍繞「選票」而轉動的，一個選舉接著一個選舉。去年的「總統大選」至今仍餘波蕩漾，新的「立委」、縣、市長選舉又將開鑼，為這個選舉做準備的各政黨內部選舉更是早就揭幕。加上民進黨執政績效不彰，致使矛盾百出，亂象叢生，內鬥不已。自去年4月以來，先後有呂秀蓮風波、謝長廷風波、「八掌溪事件」、「唐飛下臺」、「核四」風波、「罷免案」風波、「緋聞案」風波，以及許文龍風波、金美齡風波、羅福助風波、「雙人枕頭」風波，等等，簡直是一波未平，

一波又起，搞得社會脫序，人心惶恐不安。難怪臺灣民眾不無感慨地說：「臺灣社會病了！」

目前臺灣經濟下滑，股票縮水，失業劇增。據報導，失業大軍已達40萬，實際70萬，波及人口100多萬；股票縮水40％，人均損失20多萬新臺幣；人民的「痛苦指數」更由3％左右上升至5％以上。

二、政壇出現「文革」現象

這一點，筆者已經觀察很久了。覺得臺灣社會，諸多方面存在類似中國大陸「文革」時期的情況。最重要的有以下幾點：

1.當年大陸「文革」期間，眾山頭林立，這個戰鬥組，那個戰鬥隊，猶如雨後春筍，不知其數，語錄戰、喇叭戰不斷。如今臺灣的政黨、政團，至少有一百多個，且黨中有黨，派中有派，叫罵戰、口水戰不斷。這與大陸「文革」期間的現像有何不同？臺灣的政黨、政團有大、有小，與大陸「文革」期間的各種戰鬥組織大致相同。

2.當年中國大陸「文革」期間，儘管隊、組如毛，山頭林立，但歸根結底，不外「革」派與「保」派，即造反派和保守派。當然也有「中間派」。如今的臺灣政黨、政團雖多，但就政治態度來說，歸根結底也不外是「獨」派和「統」派，即傾向臺灣獨立和傾向中國統一兩大派，還有一個大派，就是「中間派」，即非獨派，也非統派。這與中國大陸「文革」期間的現像有何不同？

3.當年大陸「文革」期間，各個山頭和派系，無不張口、閉口革命的利益，人民的利益，實際大都所考慮的都是派的利益，小山頭的利益，小集團的利益，而置廣大人民群眾的切身利益和福祉於不顧。即使少數有考慮人民大眾利益者，亦都被掩蓋於派性鬥爭之中。如今的臺灣不無相似之處？

4.當年大陸「文革」期間，造反者注重「出身」，依靠「紅五類」，唯我獨

「左」，唯我獨革，盛氣凌人。掌權以後，造反派的脾氣不改，只知抹黑別人，不知反省自己，意識形態掛帥，不抓生產，導致經濟下滑，問題叢生，社會動盪不安。如今臺灣的執政黨，一樣注重「出身」，依靠「本省籍」，掌權之後，其在野黨的「野性」亦不改。這一切兩岸是否亦有相似之處？

5.當年中國大陸基本上是一個小生產者社會，農業合作化不久，個體經濟尤其是個體農民的意識仍占突出地位，他們有變革現狀和追求進步的一面，但也往往好走極端，搖擺不定，也有無政府主義和具投機性的一面。這一切，自然不能不反映在代表他們的政治人物身上。今天的臺灣社會，百萬小農變成百萬中小企業者，他們曾經是臺灣「經濟奇蹟」的主要打拚者和創造者，功勳卓著，但是否也有大陸某些小生產者所具有的某些先天不足的一面？而這些也不能不反映在代表他們的政治人物身上。

當年大陸「革」派的錯誤，在於為造反而造反，不知抓生產、抓經濟、抓人民所最關心的福祉和利益。如今的臺灣「獨」派，同樣是為「獨」而獨，沒有去想「獨」究竟有什麼好處，會給臺灣人民帶來什麼，會帶來「福」還是「禍」？筆者認為，一切違反人民利益的組織或政黨，最終必然會為人民所唾棄。兩岸同屬中國，同屬中華民族，許多事情都有相似之處，中國大陸的經驗教訓不可不察也。

三、兩岸政經形勢在「逆轉」

當前兩岸關係的最大問題，是臺灣當局的「獨」心不死。一是至今仍不承認「一個中國」，不承認「九二共識」，甚至連自己是中國人都不肯承認。在所謂兩岸關係上一再釋放的「善意」，純粹是虛情假意、故作姿態，或玩弄「包裝」，掩人耳目而已。二是在島內搞臺獨的「內化」，諸如「文化臺獨」、「軟性臺獨」、「事實臺獨」、「去中國化」等，千方百計欲圖割斷臺灣與中國大陸的「臍帶」。三是糾集各種「主獨、反統」勢力在島內搞「大合唱」、「大表

演」。最典型的是2001年3月17日至18日在島內舉行的所謂「世界臺灣人大會」，搞臺獨大遊行，甚是囂張。臺灣當局領導人竟親臨「致開幕詞」，直稱自己是「臺灣總統」，並高喊「臺灣人站起來，走出去」。最近還再一次把長期進行分裂中國活動的達賴拉到臺灣，使臺獨和「藏獨」同流合汙，圖謀相互利用和進一步進行分裂中國的活動。

然而，兩岸風水已出現「逆轉」。新中國成立後，由於歷史的原因，大陸特別強調政治掛帥，注重意識形態，違反經濟發展規律，「十年文革」更是登峰造極，導致社會生產力的大破壞，國民經濟幾至破產邊緣。然近20年來，在鄧小平改革開放思想的指導下，以「四個現代化」為核心，撥亂反正，發展經濟，大陸各地出現一片欣欣向榮的景象，無論GDP總值、外貿總額以至外匯儲備等，都出現前所未有的良好發展趨勢。而反觀臺灣，自李登輝以來，特別強調兩岸制度不同，意識形態不同，不僅拒絕承認一個中國原則，拒絕進行政治談判，而且在兩岸經貿關係上加以諸多限制，違反經濟發展規律。應該說，目前臺灣社會出現的諸種亂象，臺灣經濟上出現的各種病態和不景氣狀況，與臺灣當局的堅持政治掛帥、堅持意識形態掛帥、不按經濟規律辦事是分不開的。可悲的是，島內出現這種情況，當局不在自身找原因，不去反躬自省，而卻偏偏責怪臺商，咒罵中國，並人為地對臺商加強限制。這不僅效益不彰，反而適得其反。

臺灣當局有人把目前的兩岸關係不正常，歸罪於中國大陸堅持「一個中國」和「一國兩制」，這是相當荒謬的。「一國」是歷史、是事實，事關國家主權和尊嚴，是應該堅持的，也是兩岸人民應該共同維護的。難道我們應該放棄「一個中國」，允許臺當局搞「兩個中國」、「一中一臺」或「臺灣獨立」嗎？這是違反兩岸人民根本利益的事。

四、向美、日投懷送抱不會有好處

臺灣是中國的領土，臺灣人是中國人，臺灣問題是國共內戰遺留下來的歷史

問題，只能由兩岸中國人自己來協商解決，不容外國人插手。

臺灣新當選的領導人，原來並無深厚的國際背景，但自執政以後，為保護自己統治小集團的政治利益，主動向美國投懷送抱，千方百計討好美國。去年「五二〇」就職演說前，就一再表示：其講話「一定要讓美國滿意」。他以比李登輝時期更多的美元，收買美國的一些遊說公司為他進行遊說活動。他提出龐大的「軍購案」，要求美國售給「高性能武器」，並提出所謂「境外決戰」，還妄圖參加美國所謂彈道導彈防禦體系。所有這一切，自然也是美國所需要的。臺灣島內的分裂勢力和外國反華勢力的結合，造成了今日臺灣問題的複雜化。

日、臺關係也是值得注意的。如果說，美國主要是透過軍事和政治控制臺灣，而日本則主要是透過經濟、科技、文化等方面滲透和控制臺灣。日本在臺灣曾實行殖民統治50年，加上後期的「皇民化」改造運動，在臺灣社會遺毒頗深。請看臺灣政壇和社會上的一些分裂勢力的代表人物諸如李登輝、呂秀蓮、許文龍、蔡焜燦等，哪一個不是親日派呢？在日本僑居40餘年而仍自稱臺灣人的金美齡，在臺出任要職，時常返臺，大跳臺獨舞，神氣十足，難道不是臺、日勾結的產物嗎？

值得高興的是，近期臺灣媒體播出的一些消息，特別是民間電視臺播出的《全民開講》和《圓桌高峰會議》，使我們看到臺灣民眾的大多數對美、日外國勢力的干涉中國內政，以及臺灣島內分裂勢力的所作所為已越來越不滿，說明臺灣人民已處在覺醒中。

臺獨也是紙老虎——答《新華網》記者問

編者按：臺灣地區立法機構28日凌晨通過了所謂的「公民投票法」。該「公投法」否決了有關針對所謂「國旗、國號、國歌、領土、主權」等事項進行「公投」及「制憲公投」的內容，但某些條文也為臺獨分子進行分裂國家活動留下了隱患。連日以來，臺灣當局借「公投制憲」之名行臺獨之實，激起了央視國

際網絡廣大網民強烈的批駁聲浪。11月28日晚，中國社科院臺灣研究所資深研究員、著名臺灣問題專家李家泉教授作客CCTV.com，就臺灣「公投制憲」問題與網友在線交流。

開場白

【李家泉教授】網友們晚上好，我是社科院臺研所李家泉，已離退。很高興和大家交流。

「公投制憲」：起於私慾，終將幻滅

【我有疑問】李教授，您好！「公投立法」沸沸揚揚鬧了好幾個月了，陳水扁搞「公投」的動機究竟是什麼？

【李家泉教授】在陳水扁看來，兩岸關係牌是最管用的，1996年3月的那次臺灣「大選」，李登輝打的就是這張牌，他蓄意刺激中國大陸，在訪問美國康乃爾大學時，大罵中國黨和政府，挑戰「一個中國」，結果李登輝似乎成功了，大陸的一系列反彈，反過來刺激了臺灣的民情，使得李登輝「高票當選」。2000年3月的大選，李登輝和陳水扁勾結，故技重演，大罵中共，在島內大造輿論，攻擊一個中國，攻擊「一國兩制」，宣揚「臺灣主權獨立」，結果使得陳水扁又能以微弱多數當選。這一次呢？三年多的施政，經濟下滑，失業大增，社會失序，民怨上升，施政上乏善可陳，這就更加不能不借助於打「兩岸關係」這張牌了。為了掩蓋施政上的敗績，轉移選民們的視線和目標，於是繼「一邊一國」論之後，又炮製出所謂「臺灣正名」、「公投制憲」以及「催生新憲法」等，其用心是不言自明的。

【我有疑問】現在國親版的「公投法」已經三讀通過了，那麼這離公投制憲

還有多遠，公投制憲可能嗎？

【李家泉教授】我認為，這種可能性不能完全排除，絲毫都不可忽略他們一夥冒險的可能性。但總的說來，目前更大的可能是選舉考慮，是選舉造勢的需要，不一定敢於輕舉妄動的。當然，我們也要看到，陳水扁搞的是「漸進式臺獨」，一方面是巧妙包裝，一步一步邁向臺獨，一方面也是帶試探性地前進，一旦認為有機可乘，也可能馬上甩開包裝而露出真顏，不可不防啊！

說他們不一定敢於輕舉妄動，主要基於兩點考慮：第一，「公投制憲」就是臺獨，即使還可能保存「中華民國」的外殼，但內容完全變了，將從法理上把臺灣與中國大陸的「臍帶」完全割斷。這是違反陳水扁2000年就任時所作的「四不一沒有」的承諾的，將踏破中國政府和中國人民所能容忍的「底線」。這一定會引起有關各方的強烈反應。中國政府和中國人民不可能坐視不管。第二，陳水扁如果真的這樣做，將是自我孤立，自取滅亡。中國大陸的和平統一中國的方針是得到全世界各國政府和人民的讚賞和支持的。陳水扁和李登輝都想利用中國2008年舉辦奧運會的這個時機搞臺獨，一個主張2008年宣布「獨立建國」，一個主張提前在2006年進行公投制憲，兩者本質上無任何區別。他們都認為這個時期中國大陸不便干預，也顧不上干預。這是大錯特錯，完全一廂情願的。設若陳水扁真的這樣去做，那將成為世界性的「最大麻煩製造者」，也將會給中國大陸提供一個徹底解決臺灣問題的大好機會。

【聰聰寶貝】教授好！我想問問臺當局主張的「公投」搞了這麼多花樣，到底有效性能有多大呢？

【李家泉教授】臺當局所主張的「公投」花樣很多，然而「醉翁之意不在酒」，主要是想以民主、民意為幌子，取得「公投立法」的法源，最終實現臺灣「獨立建國」的圖謀。但臺灣是包括臺灣人民在內的全體中國人民的臺灣，在事關國家主權的重大問題上，絕不是臺灣少數人就可以透過公投來決定的。如果一旦不顧大陸政府和人民的一再提醒和警告，而公然進行涉及國家主權內容的公投，那將是非法的和無效的，由此而產生的一切嚴重後果當然要由臺灣主政者負責。

【風芯】想問專家，臺灣「公投」對我們意味著什麼？

【李家泉教授】我想，臺灣是包括臺灣人民在內的全體中國人民的臺灣，所以決定臺灣前途的「公投」應該由全體中國人民來決定。把少數人意志強加在13億中國人民頭上是不合適的。是非法的，無效的。

【說出來嚇嚇你】李教授怎麼看待陳水扁本人？據我所知，他以前好像也是個成績不錯的好學生，能言善辯。

【李家泉教授】我看過陳水扁的許多材料，他的出身很苦，青少年時勤奮好學，考試成績常居榜首。他本人也沒有李登輝那樣複雜的國際背景。客觀條件很好，本可以大有作為，為中華民族建功立業的。可是私心過重，權欲熏心，誤入歧途後，竟然越走越遠而不知省悟。我見過一些熟悉和瞭解陳水扁的人，大家對他一致的看法是：「小聰明而無大智慧」。他在一些選舉場合，是多麼機智、多麼能言善辯，真無愧是律師出身！然而在一些重大的政治問題上卻又非常短視，只見樹木、不見森林，只見眼前、不見長遠，只見現象、不見本質。誰都知道，臺獨是不可能有前途的，把少數人的「臺獨夢」誤為民意主流，把臺灣的未來綁在美國霸權的車子上，這會有什麼好的結果呢？自己僥倖走上臺灣執政地位後，私心更加膨脹，好像自己已經可以為所欲為了。所謂「公投制憲」、「催生新憲法」、「臺灣獨立建國」等，不過是一個不可能實現的「白日夢」，悲哀之神早就在那裡等著他！

臺灣民意：民心思安，瞭解需時日

【穎之美】您認為臺灣人民現在對待「公投」是一種什麼心態？

【李家泉教授】「公投」對臺灣人民來講不是一定要辦的事，主要是臺灣當局炒作起來的，完全是為了選舉的需要，打兩岸關係牌，製造悲情，打擊「泛藍」，多撈選票。對大多數臺灣人民來說是求和平，求穩定，求發展，有工作，有收入，過好日子。而臺灣當局現在的做法是刺激民情，製造緊張，搞得人心惶

惶，社會失序，這是不符合臺灣人民的願望的，大多數人都是反對的。

【我有疑問】臺灣當局一邊搞「公投」，一邊強調這是「民意」，請問您如何看待這個「民意」呢？

【李家泉教授】臺灣當局搞所謂「公投」，實際上打的就是民意牌。他們利用執政權力，煽動民眾情緒，借用「民意」對反對者施加壓力。這幾乎是古今中外一切反動勢力慣用的伎倆。當年的希特勒不是也曾經憑藉「民意」上臺的嗎？就臺灣來說，搞分裂，搞臺獨，只不過是那麼一小夥人，製造的所謂「民意」，絕不是臺灣社會的主流民意。

【大個子210】李教授據您所知，臺灣民眾對於「一國兩制」的實質內容能夠瞭解多少啊？

【李家泉教授】「一國兩制」是在什麼歷史條件下提出的呢？是在「文化大革命」結束，中共十一屆三中全會撥亂反正以後提出來的。「文化大革命」實際上就是「中國人鬥中國人」。我們要問：臺灣是不是中國人？國共兩黨、海峽兩岸已經鬥爭了幾十年了，難道還要讓這樣的鬥爭繼續下去嗎？臺灣人是中國人，是我們的骨肉同胞，我們不要再為制度和意識形態鬥下去，這才產生了「和平統一、一國兩制」的大政方針。而臺灣許多人對這一點是不瞭解的，總認為「一國兩制」就是要「吃掉」臺灣，而正好相反，我們這個方針就正是為了「不吃掉」臺灣。所以有些人對「一國兩制」不瞭解，跟著一些臺獨和分裂主義分子來攻擊「一國兩制」，說什麼是陰謀呀、陷阱呀、先統後吃呀，其實都錯了。「一國兩制」真正是從兩岸人民，特別是臺灣人民的長遠利益來考慮的，是實事求是、合情合理的。只要真正瞭解了「一國兩制」的內容和意圖，我相信臺灣人民一定會接受的。今天不瞭解，明天一定會瞭解的。

美國因素：兩面手法，表裡不一

【大個子210】現在美國對於臺灣的態度是怎麼樣的，李先生在這裡能否說

一下？

【李家泉教授】美國對兩岸關係的態度是：不戰、不和、不統、不獨，和而不統，分而不離。一方面，跟中國政府說了不少的好話，說現在中美關係是歷史上最好的時期，美國與中國要搞長期合作；一方面又對臺灣搞了許多小動作，前不久陳水扁過境美國，竟然高規格的接待，鮑威爾甚至前往跟陳水扁私下握手。陳水扁目前之所以如此猖狂和囂張，和美國的暗中鼓勵和支持是分不開的。美國在臺協會負責人夏馨說：美國不支持臺獨，不等於反對臺獨，這是什麼鬼話？那就是說你搞臺獨，我也不會反對，這不是支持臺獨是什麼？這完全是兩面派。美國的戰略是「以臺制中」，這和過去日本軍國主義「以華制華」戰略是如出一轍。美國實際上是在挑動兩岸「中國人鬥中國人」，給臺灣當局以誤導。沒有美國的支持，陳水扁絕不敢如此瘋狂。現在美國感到形勢不對，最近對臺灣當局稍稍施加了一點壓力，陳水扁馬上就收斂了一些。

【finalrun】李教授，您認為如果真的大陸和臺灣省打起來，美國和日本會不會插手？怎麼插手？

【李家泉教授】臺灣是中國領土不可分離的一部分，臺灣問題是中國的內政問題，我們是堅決反對美國、日本以及其他外國勢力來插手的，但是也不能不做他們插手的準備。萬一他們插手，我們也不怕，中國不是伊拉克，中國也不是朝鮮和越南。海峽兩岸，臺灣和大陸不過一水之隔，美國若想在萬里之外來插手臺灣，和中國政府較量，存在著許多不利的條件。我想如果一旦兩岸發生戰爭，他在開始時是會介入的，但若往後介入得越深，他所遭受的困難會越來越大。全體中國人包括臺灣愛國同胞在內，是不會在外國勢力干預面前屈服的，臺灣當局和少數分裂主義分子，是想拖美國下水的。如果美國真的願意讓他們拖下水，也不會有什麼好的結果，美國人民是會堅決反對的。

【健健康康28】李家泉教授，我們大家知道，溫家寶總理過幾天去美國訪問，請問美國在臺灣問題上能做出什麼樣的態度？

【李家泉教授】這次溫家寶總理訪問美國，是在臺灣當局煽動公投，兩岸關係緊張的氣氛下前往的。臺灣當局和分裂主義分子之所以如此猖獗，和美國政府

的一些小動作是分不開的。我個人主張，這次溫家寶總理去美國訪問應就臺灣問題和美國攤牌，就是說美國政府應該在臺灣問題上進一步明確表態，不要再說什麼不痛不癢的不支持臺獨之類的話，這樣已遠遠不夠了，而應該進一步明確地表示堅決反對臺獨的態度和立場。

中國方略：力爭和平，不懼挑戰

【我有疑問】李教授，您覺得面對現在囂張的臺獨氣焰，中國大陸要如何應對？

【李家泉教授】過去毛澤東有一句名言：「帝國主義和一切反動都是紙老虎」，這話有沒有過時？我和一些專家學者私下討論過多次，都認為沒有過時。臺獨也是紙老虎，別看他氣焰囂張，不可一世，而其實骨子裡是很虛弱的。我對他們的公式是：瘋狂——那是現象；恐慌——那是本質。所以別看他現在又是「正名」遊行，又是「公投」遊行，其實都是恐慌的表現。由於中國大陸的崛起，使他們深深感到冬天就要來到的威脅。對付臺獨就像對付一切反動派一樣，是兩條：一條是反對，堅決反對，一反到底；二是不怕，針鋒相對，堅決鬥爭，要文有文，要武有武。天塌不下來，沒有什麼可怕，沒有什麼了不起的。

【找鑫】李教授，你好！請問：歷史上的兩次統一均使用武力收復了臺灣，您認為和平統一臺灣的概率有多大？謝謝！

【李家泉教授】中國政府認為在新的歷史條件下是完全可能爭取和平統一的，一個是中國政府對臺灣實行的「和平統一，一國兩制」的大政方針是實事求是、合情合理的；二是兩岸人民都求和平、求安定、求發展，不希望打仗；三是中國大陸在崛起，綜合國力在增強，國際地位在提高，外國勢力要想完全控制臺灣是不可能的。

【zhgj．1001】請問李先生：針對目前的臺灣問題，我們是儘早解決好，還是往後繼續拖好？

【李家泉教授】目前中國有兩大任務：一個是把經濟搞上去，一個是實現中國完全統一。這兩點之間是互相關聯的，兩岸實現統一有利於中國發展經濟和現代化；中國經濟上去了，實現現代化了，也有利於兩岸的完全統一。我們當然希望臺灣問題能及早解決，不願意拖下去，拖，對兩岸中國人都沒有好處。但是我們也不希望為了盡快解決臺灣問題而放下中國的經濟建設和實現四個現代化。過去國民黨在抗日問題上有過兩句話：和平未至絕望，絕不放棄和平；犧牲未到最後關頭，絕不輕言犧牲。當時國民黨對日本帝國主義說這樣的話是錯的。臺灣人也是中國人，我們把這兩句話用到海峽兩岸問題上是對的。但是也有個條件：臺灣當局所作所為絕不能踩破我們的底線，這就是不能搞臺獨，不能挑戰「一個中國」的原則。如果一旦踩破了這個底線，那就是溫家寶總理所說的：「不惜一切代價維護中國的主權統一」。

結束語

【李家泉教授】各位網友朋友們，我很高興今天能有這個機會和大家探討一些問題。我研究臺灣問題已經30年了，魯迅先生有兩句名言：「橫眉冷對千夫指，俯首甘為孺子牛」。我對臺灣的感情是複雜的，這裡所說的「千夫指」是指臺獨，「孺子」是指臺灣人民。對臺獨我是「橫眉冷對」，對待「孺子」即臺灣人民，我是甘願為「牛」的。大陸民間有一副春聯：「春風終解千層雪，海水猶連兩岸心」，我相信兩岸長期積累的冰雪總有一天會化解的，兩岸人民一定會團結起來，共同奔赴振興中華的偉大事業。謝謝各位網友，再見！

（新華網）

十問陳水扁

最近一個時期來，我們看了不少有關陳水扁的文字資料，也看了媒體關於陳水扁的許多實況報導，覺得他這個人全然不像一個正面人物。他以「善變」和「善辯」聞名。思考之餘，大惑不解者甚多，這裡首先向他本人提出以下「十問」：

一、你說，「臺灣本來就是一個主權獨立國家」。請問，臺灣是何年何月何日宣布「獨立」的？何時何地舉行的「成立大典」？哪些國家參加的？第一任「國家元首」是誰？「憲法」是何時公布的？與哪些國家建立有「外交關係」？

你陳水扁是學法的，應該懂得作為一個「主權獨立國家」，既要符合「國內法」，也要符合「國際法」。難道就憑自己的大嘴一張，中國的一個臺灣省，就忽然變成了「主權獨立國家」？「朕即國家」，「一言九鼎」，這是什麼樣的民主社會？果如此，假定臺北市或高雄市，忽然也有人大嘴一張，說他這塊地盤是「主權獨立國家」，你能接受嗎？行得通嗎？

二、根據有關資料，你陳水扁原籍是福建漳州治安縣太平鎮白葉村人，2001年11月15日，你曾公開表示有去福建老家「尋根謁祖」的願望。你的政治夥伴呂秀蓮、游錫堃等人的祖先，也都是你的漳州老鄉，就是說也都是中國人。然卻為什麼都不承認自己是中國人？臺灣從來不是一個「國家」，你們不承認自己是中國人，又是哪一個國家的人？

你們把中國大陸和臺灣的關係，比為原來美國和英國的關係，美國是從英國獨立出來的，臺灣也應該從中國獨立出來。這樣的比喻合適嗎？後者和前者，無論從民族、歷史、血緣、地緣和法緣等，都是不可以相提並論的。美國可以對英國打一場「獨立」戰爭，你臺灣能夠與大陸打一場「獨立」戰爭嗎？

三、眾所周知，荷蘭和日本殖民者在臺灣建立的政權是「外來政權」。中國的蔣氏政權，由於推行反共反人民的政策，被中國人民從大陸趕至臺灣，同為中國土地，不能說是「外來政權」。如今，你們想在臺灣這塊土地上建立不承認是中國人的「臺灣政權」，「本土化」而又「去中國化」，這不是自己把自己置於「非中國人」的「外來政權」境地？「一寸山河一寸血」，包括臺灣人民在內的全體中國人民曾經為臺灣這塊祖地付出了多少血的代價！如果你們真的建立了

「臺獨政權」，我全體中華兒女，難道不應該全力以赴，從這樣的「外來政權」中再一次收復「失土」？

四、你陳水扁一再向外界特別是美國解釋說，自己主張在2004年3月20日與大選同時進行的「防衛性公投」，不會涉及統獨議題，不會涉及自己過去宣布的「四不一沒有」。且不說你們已經公布的「臺獨時間表」以及其他許多相關言行，但擇你前不久的一個例子。2003年12月13日，你在一次選舉造勢大會上，當談到你主張的「防衛性公投」時，就曾慷慨激昂地表示：「2300萬臺灣人民有一個共同的夢，『臺灣是臺灣，中國是中國』，『臺灣中國，一邊一國』，讓臺灣成為正常、完整、偉大的國家，這正是自己和呂秀蓮的使命」。能說這是無關統獨、無關「四不一沒有」嗎？類似的話，你不知已經說了多少次了，能說這僅僅是「選舉語言」而非蓄意挑釁嗎？

你當年上臺的選票率不過39.3%，有60%多的民眾沒有投你的票，自那時以來，民進黨和你的民意支持率，從未突破這個基本盤，並且有不斷下降之勢，你能說你代表臺灣2300萬人民嗎？

五、你陳水扁所利用的一面旗幟是「民主」。什麼是「民主」？它既是目的也是手段，在更多的情況下「民主」常被一些野心家用作獲取私利的手段或工具。當年法國的拿破崙，他的侄子小拿破崙，以及後來德國的希特勒，不都是利用「民主公投」實現了自己野心家的私慾嗎？你陳水扁一夥，難道不也是在依樣畫葫蘆，以求一圓自己的「臺獨夢」嗎？

六、臺灣一家報紙說：「阿扁的『民主牌』，在一個老牌的民主國家面前變了顏色，失去了效用，他又另闢蹊徑玩起了『人權牌』」。陳水扁「針對中共與美國對於公投的不利反應」，日前強調：「怎麼嚇、怎麼擋，都沒有用，明年『三二〇』不只選總統，也要爭取第一次公民投票的基本人權」。好一個勇敢的「人權衛士」！你陳水扁為了一黨一己之私，硬是把2300萬臺灣人民作為人質綁在有可能因為你們的挑釁而引發戰火的戰車上，這是什麼樣的「人權觀」？你們這不是以「人權」為幌子而實際上要的「獨權」嗎？你們所索要的「人權」、「獨權」，必然要傷害中國的主權，這是不能許可的。國家「主權」高於「人

權」，設若國家主權不保，還有什麼人權可言？況且你們所要的「人權」就是「獨權」，中國人民怎麼可能答應？

　　七、你陳水扁一再宣稱：2004年3月20日與大選同步進行的「防衛性公投」，是「和平公投」，是臺灣人民要求「表達反飛彈、要民主、反戰爭、要和平的心聲」，「任何人都不能強迫臺灣人民把中國的武力威脅視為常態，不能讓臺灣人民把反對瞄準臺灣的飛彈視為挑釁」。説得多麼「義正詞嚴」啊！然而在所有這些言辭的背後又是什麼？是搞分裂、搞臺獨，要「制定新憲」、要「獨立建國」。這不明明是向中國的「國家主權」、向中國的「和平統一」大業挑釁是什麼？這必然會觸及一場分裂和反分裂，臺獨和反臺獨的戰爭。這絕不是什麼「和平公投」，而是挑動兩岸中國人相互對立和對抗的「戰爭公投」。

　　八、中國大陸一再説，不承諾放棄用武，是針對臺獨而絕不是針對臺灣人民的。而你陳水扁呢，總是顛倒過來説，正因為大陸不放棄對臺灣人民用武，所以臺灣這才要搞臺獨。一個説「不獨不武」，這是和平統一的大政方針決定的；一個説「不武不獨」，實際是要搞漸進的「和平獨立」。你陳水扁企圖透過「公投」來「催生新憲法」，又要中國大陸承諾放棄對你用武，這不是在逼使中國大陸接受你們的「和平獨立」嗎？未免太天真了！

　　你陳水扁説：臺灣「2300萬人民非常堅定地要求中華人民共和國撤除對臺灣的飛彈，並公開宣示不再對臺使用武力」。中國大陸能夠上你這個當嗎？13億中國人民不是早就要求你陳水扁和民進黨廢除「臺獨黨綱」、承諾不搞分裂中國的臺獨嗎？你們為什麼至今不實行？設若你們做到了，你們所要求的「撤除飛彈」、「放棄用武」，不就同時也實現了嗎？

　　九、你陳水扁把準備舉行的「公投」，説成是「反對中共的聖戰」。中國共產黨是最愛國的，是國家領土主權完整最堅定的維護者，是一切分裂主義者所無法踰越的最大障礙。既要搞臺獨，必然要反中共。問題是，你陳水扁一方面説「公投」是對付中共的一場「聖戰」，一方面又説「公投」並不涉及統獨和「四不一沒有」，你不覺得這是自相矛盾和邏輯混亂嗎？臺獨與和平、「聖戰」與和平，是可以兼顧共容的嗎？

你們以區區一小夥人，就要對中國人民來一場「聖戰」，設若全體13億中國人對你們這一小夥人也來個「聖戰」，要你們廢除「臺獨黨綱」，承諾放棄「臺獨路線」，你們會做出什麼樣的反應？

十、歷史上的英雄人物，無不是順應歷史潮流而動的，這叫歷史創造英雄，是唯物主義的。否則，如果逆歷史潮流而動，明知其不可為而為之，必將碰得頭破血流。即使僥倖得逞於一時，最終仍難逃失敗命運，這叫「悲劇英雄」，是歷史唯心主義造成的。你陳水扁正步廖文毅、李登輝之流的後塵，以一顆自我膨脹之心，挾區區少數人，而欲與包括臺灣在內13億中國人民、與全世界五六千萬的愛國華僑、與整個世界求和平、求安定、求發展的大趨勢相抗衡，不覺太不自量力了嗎？

中國要統一，中國要振興，中國要擺脫一個半世紀以來任人欺凌和壓迫的歷史，這也是歷史發展的一個重要趨勢。當年的日本軍國主義，曾以不可一世之雄，侵占了中國的臺灣和東北，最終還是不得不吐出來，歸還中國版圖。今天在中國人民已經覺醒，中國大陸已崛起於世界的東方之時，就憑你陳水扁、李登輝之流這麼一夥人，能把臺灣再從中國分割出去嗎？即使你們目前仍能在臺灣島內呼風喚雨於一時，但是最終能逃脫歷史的懲罰嗎？歷史上的「悲劇英雄」，許多都曾像你一樣，自我膨脹，自恃過高，甚至「拔著一根頭髮就要上天」，結果呢，幾乎無不身敗名裂。難道不應該記取這些歷史教訓嗎？

臺灣島內民眾早給你陳水扁及你所領導的政權作了一個結論：

「我們的政府——騙、騙、騙，

我們的政策——變、變、變，

我們的口袋——扁、扁、扁」。

你執政臺灣已快4年，是應該自我反思，總結經驗教訓的時候了！

（原載《山西社會主義學院學報》

兩岸關係中的「四個對立」

臺灣今年（2004）的「三二〇」選舉早已進入倒數時針計，到目前已不到20天了。藍綠兩大陣營旌旗蔽天，鑼鼓齊鳴，喊聲震天，好不緊張和熱鬧。這次臺灣大選只是島內進行的事，中國大陸並未介入，從「連扁辯論」，「公投辯論」、文宣口號，以及媒體報導等諸方面看，卻可從中看到兩岸關係確實存在諸多令人不安之處。概括說，有「四個對立」。

一、兩種「悲情」的對立

臺灣的歷史確實是不幸的，人們存在著「悲情意識」是很自然的。問題是一些政客不懷好意地炒作這種「悲情意識」。

自1996年以來，每一次大選，臺當局就要打「兩岸牌」，大造「悲情意識」，製造兩岸對立。在他們看來，臺灣歷史上的不幸，完全是中國大陸造成的，因為割讓臺灣的清朝政府，製造「二二八」事件的國民黨政府，以及它們在臺灣曾長期實行的專制統治，都源自中國大陸。從李登輝到陳水扁，都把中國大陸人民和歷史上的反動統治者混為一談，或畫上等號。因而總是在臺灣人民中對中國大陸製造仇恨，從仇恨中共政權，到仇恨大陸社會，再到仇恨大陸人民。而對新中國建國以後，特別是改革開放以來，中國大陸翻雲覆地的變化，以及中國大陸政府和人民對臺灣人民所表現的深切關愛，總是視而不見，一無所知，也不願有所知。現中國大陸所實行的是具中國特色的社會主義，是一種科學的完全符合中國國情的社會主義。大陸自中共十一屆三中全會以來，在對臺政策上也作了重大調整。中國共產黨是中國歷史上所少見的反侵略反壓迫和努力為人民大眾服務的愛國主義政黨，因而它對外招忌於外國侵略勢力、對內招忌於分裂主義者是很自然的。

中國大陸同樣有一種「悲情意識」，這就是自1840年鴉片戰爭以來，一直受外人的侵略和壓迫，世界上的所有帝國主義國家，幾乎都侵略過中國，中國人民受到過它們的種種欺侮和凌辱。在上海的海灘公園，即曾出現過嚴重刺傷中國人民自尊心的「華人與狗不得進入」的字樣。從孫中山到毛澤東，都是中國人民反帝反封建、反侵略反壓迫的傑出代表，他們的功績是不可磨滅的。

　　以上這兩種「悲情意識」，其實是相互關聯的。整體說來，前一種應屬於局部的「小悲情」，後一種則屬於整體的「大悲情」。在這整體的「大悲情」之下，曾經出現過包括「割地賠款」、「簽訂不平等條約」等一系列喪權辱國的種種局部「小悲情」。清政府與日本簽訂的《馬關條約》，就是這無數局部悲情中的一個特殊部分。至於國民黨政府統治期間所引發的「二二八」起義事件，應該說，它是當時外反帝國主義侵略壓迫和干涉中國內政，內反國民黨反動統治者的賣國主義和專制獨裁的整個鬥爭的一個部分。現臺灣當局把歷史上所有在臺灣曾經出現過的不幸，不分青紅皂白、顛倒黑白地統統怪罪於中國大陸，在島內大做文章，製造「悲情意識」，製造對中國大陸的仇恨，這是對歷史的嚴重扭曲，完全是別有用心的。

　　這裡還應著重指出的是，陳水扁在今年的大選中，特別地把「三二〇」臺灣領導人選舉與「公投」綁在一起。其所提出的兩個「公投」題目，完全是「醉翁之意不在酒」，意在挑釁中國大陸。與此同時，其與李登輝勾結，所籌劃的「二二八」所謂「百萬人手牽手大遊行」，其矛頭顯然也是針對中國大陸的。表面上是打著「和平遊行」、「族群融合」的旗號，實際是在「歷史的傷口上撒鹽」，欲使之發酵，從而為自己的選舉造勢和為臺獨鋪路。

二、兩種「方向」的對立

　　臺灣乃中國的臺灣，臺灣人民乃中國人民，臺灣歷史乃中國歷史不可分割的一部分。由於曲折的歷史，臺灣與中國大陸處於暫時分離狀態，舊的悲情歷史還

沒有結束，少數人蓄意製造的新的悲情歷史又連綿不斷，使人痛上加痛。

新中國建立後，從來沒有忘記統一中國的重責大任。不是不要統一，而是如何統一。是武力統一還是和平統一？隨著形勢的變化，中共領導人認為，兩岸都是中國人，是應該結束武力對抗的時候了。在新的歷史條件下實現和平統一是完全可能的。於是在1979年初發表《告臺灣同胞書》，提出和平統一中國的方針。

中國大陸對臺灣實行的方針政策大體有兩個階段。1979年以前，主張以武力統一為主，不放棄在一定條件下爭取以和平方式解決；1979年以後，提出「和平統一、一國兩制」的基本方針，但鑒於某些外國勢力的介入和島內存在的一小部分頑固不化的分裂勢力，因而又不能承諾對臺放棄使用武力。

由此可見，統一是中國大陸始終堅持的一個「方向」。

但是，臺灣則不然。在兩蔣時期，他們雖然還都是「反共」的，但卻仍然認同中國，堅持「一個中國」原則。唯自李登輝到陳水扁主政臺灣以來，情況大變，其所實行的始終是「分裂中國」的方針。李登輝主政期間，「明修棧道，暗渡陳倉」，使主張臺獨的民進黨逐漸做大，終於在2000年取得了對臺灣的統治權。李登輝主政末期，公然提出「兩國論」；陳水扁則「蕭規曹隨」，如法炮製，很快即提出「一邊一國」論，比李登輝的「兩國論」有過之而無不及。

2004年3月的臺灣「大選」即將舉行，民進黨的臺獨號角吹得特別響。最主要的是打「兩岸牌」，極力挑動島內民眾對中國大陸的仇恨，假借「民主」、「民意」、「人權」、「公投制憲」、「手牽手護臺灣」等，煽動島內民眾對「臺灣主權獨立」的認同，要求他們共同為「保衛本土政權」而戰。

統「獨」兩派的地位，在島內已有明顯變化。過去有「顯性統派」、「隱性獨派」之稱；現在則正好倒過來，有「顯性獨派」、「隱性統派」之稱。「綠色恐怖」籠罩，紅帽子滿天飛，「獨派」被說成「愛臺」，「反獨」被說成「賣臺」，正不壓邪，邪氣上升，黑白顛倒。人們對中國的認同危機正在擴大。

兩種「方向」的對立，也可以說，一個是「兩邊一國」，一個是「一邊一

國」。

三、兩種「和平」的對立

　　早在1960年代中期，毛澤東主席和周恩來就提出了「一綱四目」的和平解決臺灣問題的重大原則。

　　1978年底，中共十一屆三中全會實現了黨和國家工作重心的轉移，與之相適應，中國大陸的對臺政策亦進行了重大調整。

　　1979年元月1日，人大常委發表《告臺灣同胞書》，這實際上就是一篇希望化解兩岸矛盾，實現和平統一的宣言。

　　1981年9月，人大常委會委員長葉劍英發表「九條建議」。鄧小平後來說，這實際上就是「和平統一、一國兩制」方針的具體化。

　　1983年6月，鄧小平會見美國紐澤西州一大學教授時，進一步就「一國兩制」的具體內涵作了全面、精闢的重要論述。

　　1995年元月，江澤民主席發表關於兩岸關係的「八項主張和看法」，提出了具體可行的實現和平統一的政策主張。

　　2003年3月，中共新領導人胡錦濤主席，就新形勢下如何做好對臺工作、實現兩岸統一發表了四條重要意見。

　　由上可見，自60年代中期以來，中國大陸的對臺政策經歷四代領導人，都始終貫穿著和平統一、和平解決臺灣問題的方針。核心問題是「統一」，是「一個中國」原則，這是真正的「和平」。

　　反觀臺灣方面呢？其早期主張的「武力反攻」和「反攻復國」方針，這裡就不談了。從李登輝到陳水扁，其所說的「和平」又是什麼樣的「和平」呢？一言以概括之，就是你大陸要放棄用武，允許我臺灣與大陸「和平分手」、「和平獨

立」、「和平漸進地改變現狀」。

君不見李登輝主政期間，他是如何抄襲日本侵臺期間的「皇民化」運動，而在臺灣大搞「去中國化」運動？

君不見陳水扁接替李登輝以後，是如何花樣百出，變本加厲地在臺灣推行「去中國化」運動？

君不見陳水扁成天「口念和平經，心繫『臺灣國』」，長年不懈地煽動臺灣人民的「仇共、反共」情緒，製造兩岸民眾的對立和對抗？

君不見從李登輝的「兩國論」到陳水扁的「一邊一國論」，無不是以「和平民主」為包裝，而實際行「臺獨分裂」之實嗎？

君不見陳水扁、李登輝最近拋出的「三二○公投」，和「二二八手牽手運動」，口頭上說的是「和平公投」、「和平遊行」，而實際上是在挑釁大陸、撕裂族群、鼓動戰爭嗎？

由此可見，自80年代起，李扁相繼主政臺灣以來，其大陸政策始終貫穿著「分裂中國」的方針。其核心問題是「臺灣獨立」、「一中一臺」。這樣的「和平」自然是不存在的，完全是假和平。

四、兩種「緊迫感」的對立

兩岸無論主張「統一」或主張臺獨的，都認為不能再拖了。

從唯物主義的哲學觀點看，物質第一性，存在決定意識。兩岸隔海對峙，長期未能統一，島內有些人希望另尋出路是很自然的。許多人的「中國意識」、「祖國意識」正在淡薄。這可從具有代表性的臺灣四代領導人「中國意識」的變化軌跡看其一斑：

蔣介石說：我是中國人（從未談過他是否臺灣人）；

蔣經國說：我是中國人，也是臺灣人；

李登輝說：我是臺灣人，也是中國人；

陳水扁說：我是臺灣人（從未承認他是中國人）。

再從歷次的臺灣「民調」來看，承認自己是中國人的已越來越少，承認自己既是臺灣人也是中國人，或既是中國人也是臺灣人的也越來越少。而只承認自己是臺灣人的已越來越多。就是說，越來越多的人，只認同臺灣而不認同中國，以承認本土人、臺灣人為榮，而承認自己是中國人的則存在一種無形壓力。與此相適應，認同「臺灣主權獨立」、抗拒兩岸統一的人也一天比一天增多。如此再拖下去，太危險了！中國大陸、全體中國人民，怎麼能容忍以無數先烈鮮血從日本侵略者手中收復的失土，再一次從中國版圖中分裂出去呢？

再從臺灣方面看，一些強烈主張「臺灣獨立」，如李登輝、陳水扁之輩，也深感臺灣「獨立建國」不能再拖下去了：一是中國大陸已經崛起，其經濟增長率在亞洲以至全世界一枝獨秀，經濟實力、綜合國力以至國防力量已今非昔比，且在繼續增長之中；二是與之相適應，中國的國際地位和影響力正在上升，是聯合國「安理會」的常任理事國，世界上的許多大事越來越不能沒有中國的參加和合作；三是「一個中國」原則已得到世界上絕大多數國家的公認，中國與世界各主要大國特別是與美國之間的關係已越益加強，臺灣當局靠花錢買幾個小國來維持所謂「獨立國家」的虛假形象不可能久長。

也正是有鑒於此，李登輝和陳水扁之輩，都深深感到「冬天將至的威脅」。尤其是不久前「神舟五號」的上天，2008年的奧運會即將舉行，2010年的世博會也將舉辦，中國的日趨強大和其在國際影響的空前增長，將使臺灣「獨立建國」的美夢化為泡影。於是乃迫不及待地拋出「臺獨時間表」——2004年啟動、2006年定案、2008年實施。認為到那時臺灣宣布「獨立建國」，或稱「臺灣共和國」，或雖保有「中華民國」的空殼，但卻實行抽空其內核的「新憲」，中國大陸將無暇或不便顧及。這未免太「一廂情願」了！李登輝還心急如焚地警告說：錯過這個時候，「以後就沒有機會了！」

請看，李登輝和陳水扁的「臺獨夢」，是做得多麼「深」、多麼「美」和多

麼迫不及待啊！

上述這四種「對立」有什麼問題呢？

這種對立，在兩岸關係上隱藏著深層危機。這種危機集中表現在這次臺灣大選上。

從李登輝到陳水扁，每逢臺灣大選都要製造對中共、對中國大陸的仇恨，煽動、激勵和培植臺灣民眾的「臺獨意識」，尤以這次的陳水扁為最嚴重。由於他執政四年政績極差，經濟下滑，失業猛增，社會失序，為把所有這一切都掩蓋起來，轉移視線，因而千方百計把矛頭引向中國大陸這邊，把自己所有的無能都歸罪於中共和中國大陸的「打壓」，政治上不能「獨立」，軍事上「受恐嚇」，經濟上「被掏空」，國際上「走不出去」。而實際呢，是他們意識形態掛帥，政治掛帥，權位掛帥，選票掛帥，為了一黨和一己之私而不顧臺灣人民死活，對於他們在兩岸經貿交流中所取得的大量順差和大量外匯，從而使臺灣經濟免於衰落和一蹶不振則避而不談。

陳水扁在李登輝配合下，放出了一串串美麗而動聽的口號，什麼「和平」、「民主」、「自由」呀，什麼「要和平、不要戰爭」呀，什麼「人權是普世價值」呀，什麼「相信臺灣，堅持改革」呀等等，五光十色，十分迷人，而實際所包裝的無非都是「制定新憲」、「獨立建國」、「一邊一國」之類的黑貨。

以這次臺灣大選來說，集中地表現在以下兩件事上：

一是「三二〇公投」。說一千道一萬，陳水扁為什麼一定要堅持這個「公投」呢？無非是利用「民粹」，裹脅民意，挑釁中國大陸。表面看，是大陸「不放棄對臺用武」，「496顆飛彈瞄準臺灣」，而實際呢，是民進黨「不放棄臺獨主張」，而以「臺獨黨綱瞄準中國主權」；不是中國大陸不要建立「兩岸和平穩定的互動架構」，而是陳水扁上臺後「拒絕『一中』」、拒絕承認「九二共識」，破壞了兩岸「兩會」已經建立起來的「兩岸和平穩定的互動架構」。大陸與分裂主義的「一邊一國」論者有什麼「和平穩定的互動架構」可建呢？

二是「二二八百萬人手牽手護臺灣」。誰都知道，「二二八」事件是歷史的

傷口，為什麼要在這樣的傷口上撒鹽呢？表面上是在「和平遊行」與「族群融合」，而實際上是要臺灣人民重溫悲情，呼喚仇恨，製造對立。當時的中國統治者在「二二八」製造的流血事件，兩岸人民都是反對的，中國共產黨和中國大陸人民的態度是人所共知的。而扁李之流則偏說是「外省人政權」製造的，製造族群對立，把中國大陸人民與當時的統治者混為一談。當此臺灣大選在即之時，扁李發動這樣一個「手牽手護臺灣」，能說這不是「項莊舞劍」，別有用心嗎？

作者的結論

筆者認為，最近的一次臺灣大選，不僅在島內是「主獨」和「反獨」的一場決戰，即攸關臺灣前途和未來的一場決戰，也是對兩岸關係的一場嚴峻考驗。如果仍是主張臺獨者勝選連任，兩岸無疑將會面臨一場新的更加嚴重的危機。

臺灣有人向筆者說：「中國大陸太不瞭解臺灣人民的感情了！」我回答說：「不，太瞭解了」。現在的問題，「不是大陸人民不瞭解臺灣人民的感情，而是在臺灣的中國人太不瞭解中國大陸中國人的感情了」。他們根本不瞭解中國大陸人民為什麼那樣堅決地反對「臺灣獨立」。李登輝和陳水扁之流，由於私慾膨脹，昧於大勢，而一意孤行地搞分裂，以「公投綁大選」、以「臺獨綁人民」，在兩岸關係上玩火，製造兩岸關係危機，相信是絕不會有任何好結果的。

（根據一次座談會上的發言整理）

陳水扁在聯合國問題上的謬論

最近一個時期來，陳水扁突然打破沉默，重新變得活躍起來。他包藏禍心、罔顧事實地大打「悲情牌」和「打壓牌」，四處叫冤，矇騙輿論，無非是企圖向國際社會兜售他那套臺獨貨色。最突出的一個例子，就是2004年9月15日晚，他

越洋與「聯合國記者協會」，以「視訊會」方式進行「對話」。陳水扁在所謂「致詞」的講話中，向國際媒體和輿論談了一大堆攻擊中國大陸和聯合國的話。

舉其突出者有以下幾點：

一是說什麼「聯大第2758號決議只處理中華人民共和國在聯合國和相關組織的代表權問題，並未賦予中國代表臺灣人民的權利」。這簡直是天大的笑話。聯合國的第2758號決議，早已徹底從政治、法律和程序上解決了中國在聯合國的代表權問題，臺灣是中國的一部分，中國在聯合國的代表權自然包括臺灣在內的所有中國各個地區，根本不存在所謂「臺灣在聯合國的代表權」問題。

二是說什麼「像臺灣這樣自由而民主的國家，理應受到國際社會正當而尊嚴的對待，不應成為聯合國普遍會籍原則的缺口，使得2300萬臺灣人民失去國際認可的身分證，成為遭到政治隔離的國際遊牧民族」。眾所周知，臺灣是中國一個省分，根本談不上什麼「自由而民主的國家」；也正因為它不是「主權國家」，根本不適用聯合國所謂「普遍會籍原則」。應不應和能不能成為聯合國成員，關鍵在是否主權國家，與政治制度無關，與人口多少也無關。

三是說什麼「德國統一之前，東、西德都是聯合國的會員國；南北韓目前都是聯合國會員國，亦無礙雙方追求朝鮮半島的統一」，因此，「一味阻撓臺灣人民參與國際社會，只會讓臺灣與中國越走越遠，傷害兩岸人民的情感，無助兩岸關係的正常化」。這裡是把兩岸關係與東西德、南北朝鮮這個不同性質的情況完全混為一談了。東西德、南北朝鮮問題，都是第二次世界大戰的國際因素造成的，並且都有國際協議的規範；而兩岸關係則是國共內戰遺留下來的歷史問題，是不能相提並論的。現東西德已實現統一，南北朝鮮也終必統一。而目前臺灣海峽兩岸雖暫被分割，但中國的主權和領土完整則是不容分割的，這正是兩岸實現和平統一的重要基礎，絕不允許破壞。

四是說什麼「臺灣參與聯合國」有助於「臺海和平和亞太安全」，兩岸只有「在聯合國監督機制下」，才能「透過和平對話來協調解決分歧」。這更是一派胡言。陳水扁堅持臺獨分裂立場，在國際上製造「一中一臺」的挑釁行徑，這才是兩岸和平和亞太地區安全的最大威脅。臺灣問題完全是中國內政，企圖把純屬

中國內政的臺灣問題國際化，只能使之更加複雜化，更不利於和平解決，中國政府和中國人民絕不會同意。

在陳水扁所謂「致詞」中的其他謬論還有不少，這裡就不一一說了。僅此數點，足以表明，陳水扁迄今仍頑固堅持分裂主義路線和主張，堅持他的「一邊一國」或「一中一臺」論，根本沒有兌現他在今年「五二〇講話」中所作的種種承諾。他言必稱臺灣，行不離臺獨，強調臺灣「主權獨立」，拒絕接受「一中原則」。其「臺獨夢」正越做越「深」，越做越「香」。是應該向他大喝一聲的時候了。

臺灣是中國不可分割的部分，不存在主權問題。而陳水扁在談話中，把主權與非主權、有主權與無主權、國家與非國家完全混淆了。陳水扁本人是學法律的，對國內法、國際法和《聯合國憲章》，不可能一無所知。那又為什麼要這樣做呢？那就是要欺騙輿論、攪亂輿論，製造悲情，爭取同情，以便渾水摸魚，為臺獨開路。然而這是不可能得逞的。

（原載《人民日報》海外版）

逆潮流而動的政治鬧劇

春回大地，萬象更新。兩岸關係本已出現某些緩和跡象，人們期待兩岸關係的進一步解凍，期待著春天帶來花香和溫暖。然而，人們的這個良好期待，被臺獨分裂分子煽動和組織的「三二六」遊行蒙上了一層陰影。

這場遊行，表面上綠旗晃動聲勢很大，實際多為裹脅、煽動而來，自南北上，組織渙散，有氣無力，與過去比較，顯然已有走下坡路之勢！

他們名為反《反分裂國家法》，反吞併，實際上完全占不住理。

《反分裂國家法》第一條就把宗旨寫得非常清楚，主要是為反對和遏制臺獨分裂勢力分裂國家，促進中國和平統一，維護臺灣海峽地區和平穩定，維護國家

主權和領土完整，維護中華民族的根本利益。

《反分裂國家法》本質上就是和平法，是防止臺獨分裂勢力單方面改變「兩岸同屬一個中國」現狀的，而現在卻被臺獨分裂勢力誣指為「戰爭法」、「反和平法」、「單方面改變現狀法」，這完全是不顧事實、混淆黑白。

這次遊行，從其所提「要正名、要制憲、要公投、要建國」的口號及遊行者所舉綠旗看，是臺獨分裂性質的，其中臺聯黨一些人表現最瘋狂，大概是被《反分裂國家法》擊痛了。

這次遊行，不僅以李登輝為精神領袖的臺聯黨全力以赴，而且民進黨利用執政資源，矇騙、誤導和裹脅部分臺灣民眾，民進黨籍的主要黨政官員親自帶頭，迫使許多公務員不得不參加。

這次遊行，可謂花招百出，無奇不有。例如有什麼「小屁屁大隊」，即讓一些幼兒「露出屁股」參加遊行；又有什麼「寵物大隊」，即讓一些官員的愛犬也參加遊行，這豈不是滑天下之大稽？

這次遊行，南民北運，不得不動用幾千輛公車、旅遊車，還要動用警力兩萬多人。陳水扁全家除穿防彈衣外，還有貼身保鏢500多人。對每個遊行者還要提供帽子、鞋子、便當甚至誤工補貼等。據估計，整個費用至少要花8000萬元新臺幣，實在是勞民傷財！

這是一場不得人心、逆潮流而動的政治鬧劇。但願春風勁吹之下，烏雲很快散去。

（原載《人民日報》海外版）

臺灣是不是處在「文革」末期？

「兩岸一中」，似乎在「文革」這一點上也表現出來了。

臺灣行政院長謝長廷，最近在一次會上引用了兩岸民間流傳的一個順口溜：「不到北京不知道自己官小，不到上海不知道口袋裡錢少，不到臺灣不知道文化大革命還在搞」。

根據中國大陸的經驗，「文革」的發展似乎有這樣一個規律：「民主→奪權→保權→下臺」。臺灣又是一個什麼樣情況？現在是不是已經處在「文革」末期？

「民主」是第一個階段。在中國大陸，當時實行的是「大民主」，大鳴大放大字報，是歷史上從未見過的民主形式。群雄並起，山頭林立，相互對壘。有大山頭，中山頭，也有小山頭，三五條槍（指人頭）就可以是一個山頭，唇槍舌劍，火力四射，真是「民主」極了！臺灣式「文革」，也是從「民主」開始的，黨派林立，群雄割據，同樣是大鳴大放大辯論。不同的地方，就是臺灣沒有大字報，但大辯論、打派系鬥爭、口水戰，一樣是很激烈的。

「奪權」是第二個階段。在中國大陸，是透過「紅衛兵」奪權，踢開舊的政權機構，成立新的「革命委員會」，那時是越年輕越革命，機構人事面貌一新。而臺灣呢，在做法上則有些不同，它是透過「選票」奪權的，一派壓倒另一派，「童子軍」執政，舊人靠邊站。因而，在機構、人事、施政上，與大陸「文革」沒有什麼兩樣。舊人中個別投靠者雖有錄用，但不能參加決策核心。

「保權」是第三個階段。在中國大陸，奪得權力者，全部精力都用在「保權」和「固權」上，唯恐「舊勢力」復辟。對於「舊政權」的做法，一概否定，幾乎沒有肯定的東西。而對於「新政權」的做法，則一概肯定，好者為好，不好者也要說好，打壓持不同意見者，政治帽子滿天飛。這一切，與臺灣現在的做法，沒有什麼大的不同。掌權者都是「一心鬧革命，無心抓生產」，結果是：失業劇增，經濟下滑，社會失序，人心浮動。

「下臺」是第四階段。在中國大陸，由於造反、奪權者，都是個人保權保位第一，沒有把人民利益放在應有位置，因而越來越不得人心，也越來越孤立，最後不得不下臺，交出權力，個別犯罪者還受到了法律的制裁。在臺灣，目前執權者似還處在緊張的「保權」階段。兩大政治勢力——執政的綠色政黨和在野的泛

藍政黨，鬥爭得相當激烈。然從種種跡象看，掌權者早已敗相畢露，下臺似只是時間問題。

任何事物都會有自己的發展規律，中國大陸的「文革」如此，被視為臺灣版的「文革」也會如此。它們的產生、發展和最後走向失敗，有許許多多的偶然因素，但就是這些偶然因素構成了它們必然失敗的運動規律。

兩岸都是中國，都是中國人。在整個歷史長河中，儘管有許多曲折和不同，但他們總的社會基礎、民族特性和文化背景又是相同的。尤其是兩岸，都曾長期處於農業或工業的小生產者社會，有其先天不足的一面，這就不能不反映在代表他們的政治人物身上。

在陳水扁當局的迅速腐爛的問題上，請看臺灣《聯合報》最近的一篇社論中有這樣一段話：「弊案爆得簡直像爆米花一樣。民進黨很腐敗，應已是社會之公論；唯民進黨竟腐敗至如此頭頂生瘡、腳底流膿的地步，卻仍令人驚愕不置！」

這樣的政黨和政權，臺灣人民能容忍它們繼續騙下去嗎？

民進黨的下滑趨勢與兩岸關係

2005年即將過去，2006年的腳步已臨近。回顧過去，目睹現在，展望未來，深感臺灣政局和兩岸關係，都已處在巨大的變化之中。人們對於未來正充滿著期待。

一、民進黨的下滑趨勢

早在2004年年底，筆者即曾在當時一家研究單位舉行的對臺灣「立委」選舉評估會上發表意見說，以這次選舉為轉折點，臺獨已從人為鼓噪起來的「高峰

期」開始下滑,臺灣綠營往後將是「內鬥加劇,外鬥趨緩」。時隔一年,民進黨又在新的「縣市長」及「三合一」選舉中遭致更大失敗。我所說過的兩點似已顯得更為突出。

一是「高處下滑,越滑越遠」。就是說,民進黨及其政權,不僅已從「高峰期」往下滑,而且下滑速度之快,出人意料。陳水扁不僅成了「跛腳鴨」,並正加速「虛位化」,很難有所作為。表面上,他仍是臺當局「最高領導人」,實際上早就沒有當年那樣威風,那樣頤指氣使地號令「諸侯」了。他的個人威望現已下降到就職以來的「最低點」。他雖仍在勉力掙扎,然掙扎越力,反彈越烈,黨外「四面楚歌」,黨內「四分五裂」。

二是「內鬥加劇,外鬥趨緩」。民進黨與反對黨或在野黨的鬥爭,自然仍在繼續中,但已不那麼突出了;而相反,在綠營內部及民進黨內部的鬥爭則愈演愈烈。在民進黨與臺聯黨之間,有扁李(登輝)之爭,相互攻擊,指桑罵槐,時起時伏。在民進黨內部,陳水扁與「四大天王」(蘇貞昌、謝長廷、游錫堃、呂秀蓮)之間的矛盾與衝突越來越多,尤其是扁蘇之間、扁謝之間、扁呂之間的明爭暗鬥,現在已變得更為突出了。事情還在發展中。

一波未平,一波又起。正被媒體追打的臺灣高鐵案、高捷案、禿鷹案等,已搞得陳水扁暈頭轉向;最近「縣市長」選舉中新冒出的由民進黨一手操弄的「走路工案」和「病歷案」等,更使得他「雪上加霜」。陳水扁為在權力下滑時保住一片「綠地」,近期選舉中,所有怪招、險招、惡招、醜招、賤招,都使出來了,而後來又大都被揭露。真是「屋漏更遭連夜雨,行船又遇打頭風」。

二、兩岸關係的新特點

最大的新特點,就是自2004年以來,以胡錦濤為代表的中共中央領導集體所出臺的對臺政策新思維和新做法,帶動了兩岸關係的大發展。一子落地,滿盤皆活,「硬的更硬,軟的更軟」,使得陳水扁和民進黨既無招架之功,更無還手

之力。海峽兩岸關係在今年出現了近五十多年來前所未有的新氣象和新局面。

自2005年4月到9月，先後不過半年時間，計有國民黨副主席江丙坤的「破冰之旅」，國民黨主席連戰的「和平之旅」，親民黨主席宋楚瑜的「搭橋之旅」，新黨主席郁慕明的「民族之旅」，以及作家、歷史學家李敖的「文化之旅」。這五個「之旅」，完全是「黨對黨」或「民對民」的最新模式。由於民進黨政權一開始就否定了「九二共識」，使得「海協會」和「海基會」無法進行接觸和對話，從而不得不採取這種新的接觸交流模式。實踐證明，它是完全可行的，有效的，受到了兩岸人民的肯定和歡迎。

以胡錦濤為代表的中央領導集體對臺政策的新思維，集中體現在胡錦濤同志於2005年3月4日所發表的「四個絕不」的講話上。如果簡要地加以概括，那就是：「一個中國絕不動搖，和平統一絕不放棄，以民為本絕不改變，反對臺獨絕不妥協」。這四個絕不的基本精神，事實上也包含在2004年中國政府發表的《517聲明》，2005年1月28日賈慶林為紀念「江八點」而發表的講話，以及2005年3月14日人大會議通過的《反分裂國家法》。這個《反分裂國家法》，實際也是對臺獨分裂主義者實行的一種「宏觀調控」，它設定了「紅線」，不許超越。只要你不超過這個「紅線」，兩岸關係就會和平發展，平安無事。就中國大陸來說，還會就前面「五個之旅」所達成的各項「共識」，一一進行落實，為臺灣人民多辦實事，多辦好事，努力改善兩岸關係。

三、對於未來的新期待

（一）關於臺灣政黨。臺灣島內現有政黨已多達一百多個，然實際上真正發揮作用的，一是以民進黨為首的綠派政黨，一是以國民黨為首的藍派政黨。人們要問的是：立黨為民還是立黨為私？執政為民還是執政為私？過去國民黨因處理不當而下臺，如今民進黨並未因此而接受教訓，執政不過五年多，問題一大堆。作為一個地區領導人，大權在握，無法無天，也缺乏獨立的司法監督機制，前景實在不看好。至於國民黨，雖已獲得大勝，但面臨的難題和挑戰仍多，如何接受民進黨以及自己過去的教訓，把自己改造成一個真正立黨為民、肩負起臺灣和兩岸人民所期盼的願景，仍將是「任重而道遠」。

（二）關於臺獨路線。以陳水扁為代表的執政黨，其所推行的臺獨路線，實在是造成臺灣當前內外交困的總根源。對島內——什麼「本省」和「外省」，「愛臺」和「賣臺」，相互攻擊，沒完沒了，鬧得社會動盪，雞犬不寧；對大陸——拒絕承認「九二共識」，不承認「兩岸同屬中國」，在兩岸間製造對立，煽動仇恨，政治帽子滿天飛；對國際——強調「臺灣主權獨立」，大搞「金錢外交」，在各種國際組織和國際活動場合，一味製造矛盾和糾紛。結果呢？內部不能「和諧」，兩岸不能「和解」，對外無法「和平」。

（三）關於「臺式民主」。民主當然是好事，全世界都在向這個方向努力。但這種「臺灣式的民主」，實在不敢恭維。民主有真假之分，衡量的標尺，就是為人民還是為自己及其小集團謀私利。臺灣所謂「民主」，不過盜用民主之名，而行臺獨和謀私利之實。有人卻一再吹捧臺灣的「民主」是樣板，要大陸視為學習的「榜樣」，顯然是別有用心。民主是有條件的，也是要區別各種不同情況的。天下如此之大，情況個個特殊，硬要別人套用他自己喜歡的模式是不妥的。

（先後發表於香港中評社等媒體，收入本書時略有刪節）

「三合一」勝選後看國民黨及其未來

一、勝選原因及眾人期待

在這次選舉中，國民黨為何能獲得大勝？最重要的當然是民進黨的腐敗和墮落，正像國民黨主席馬英九所說的「是民進黨自己打敗了自己」。然就國民黨來說，也有它自己的原因。對此，通常都歸功於馬英九及其當選為國民黨主席後所出現的新氣象。人們特別稱讚馬英九是：「超人氣勢，清廉形象，哀兵姿態，決戰雄心」。在這次選戰中，馬英九不辭辛勞，親臨選戰第一線，並且把自己是否續任黨主席與這次選戰的勝負綁在一起，下定決心，破釜沉舟，背水一戰，這對於激勵整個藍營的士氣是起了相當作用的。

這一次藍勝綠敗，島內人心大快。主要是陳水扁領軍的民進黨執政五年多，太黑、太腐敗、太讓人生氣了。只會選舉，不會治臺，假話連篇，權謀用盡，黑幕重重。這一幫人，「獨」迷心竅，權迷心竅，私迷心竅，用人唯親，排斥異己，搞得經濟下滑，治安惡化，社會沉淪，天怒人怨。選舉結果，是對陳水扁及其政權投下的不信任票。

在藍勝綠敗的形勢下，也使在野的反對派力量大受激勵，士氣為之大振，形勢因而轉好。人心思安，人心思治，「亂極治之始」，人們對於國民黨及整個藍營寄予了新的更大的期待，是完全可以想見的。

二、未來將「任重而道遠」

這主要是對馬英九和國民黨說的。之所以說「任重而道遠」，主要有以下幾點：

首先，對分裂勢力，仍不可小視。民進黨執政五年多來，其所造成的族群對立、藍綠對立和省籍對立，雖有可能趨於緩和，但還遠沒有解決。綠營雖大敗，但其基本政治板塊並未真正撼動。對它來説，中間派離開了，「淺綠」離開了，一部分靠過來的「淺藍」又靠回去了，從而給民進黨以很大打擊，並處於前所未有的孤立狀態。但應看到，被稱為「深綠」的南部六個縣市，卻仍控制在民進黨手中；民進黨所獲得的總投票支持率仍達41%左右。其中相當多人，綠色中毒頗深，凡事只看山頭、立場、顏色，而不問對錯和是非曲直。因而，藍勝綠敗之後，族群之間特別是藍綠兩大政治板塊之間的矛盾並沒有真正解決。

其次，藍營內部，也有不少問題。為適應新的形勢，人們熱切期待藍營的整合，特別是希望原從國民黨分裂出去的親民黨和新黨能夠重新回到國民黨，由現在的「合作」實現「合併」。但實際上存在的棘手問題仍多，由「大山頭」分成若干「小山頭」容易，而要從「小山頭」再並成一個「大山頭」就難了，這涉及人事安排等許多問題。國民黨於2000年在臺灣丟失政權，一個重要原因就是內部不團結，或因經不起權力誘惑，或因經不起挑撥離間，或因憤於對於現狀的不滿，使這個政治組織一分再分。臺灣當局從李登輝到陳水扁，都是善於搞權術、搞謀略、搞挑撥離間的人，利用手中掌握的權力，拉攏利誘以至收買，以達到各個擊破和瓦解對方的目的。如今的國民黨和泛藍又面臨新的考驗。

再次，兩岸關係，不可盲目樂觀。目前的兩岸關係雖有緩和，臺獨分裂勢力的囂張氣焰進一步受到「遏制」，兩岸間的經貿文化交流也進一步得到了加強。但長期存在的歷史和現實問題，不可能很快得到解決。陳水扁一夥，島內的基本教義派，以及外國的反華勢力，不會就此善罷甘休，他們仍會繼續勾結和阻撓兩岸關係的正常發展。過去十多年，從李登輝到陳水扁，利用手中權力和所控制的領域，在兩岸關係上播下了許多仇恨的種子，尤其是他們所搞的「文化臺獨」和「去中國化」，至今仍留下很壞的影響。國民黨並不是執政黨，其在兩岸關係上的作為也還是有限的。

三、國民黨歷史功過簡評

中國國民黨的成立，如果從1894年孫中山先生創立的「興中會」算起，到現在已經有110多年的歷史。國民黨與共產黨，歷史上有過長期的社會制度和意識形態之爭，但總體上看國民黨仍不失為中國歷史上一個愛國主義政黨。

國民黨對於臺灣的貢獻最明顯的有以下幾點：

1.國民黨領導人代表中國政府，出席1943年舉行的開羅會議，作出了要日本侵略者把包括臺灣在內所有侵占的中國領土統統歸還中國的決議；

2.國民黨政府退據臺灣後，始終堅持「一個中國」原則，抗拒了當時美國的「兩個中國」和「臺灣主權歸屬未定」的荒謬主張；

3.狠抓臺灣經濟建設，例如實行「十項建設」、「十二項建設」等，為臺灣經濟的發展奠定了堅實基礎；

4.開放臺灣人民到大陸探親，為兩岸關係的解凍邁出了重要一步。

當然，國民黨政府自日本投降接管臺灣以後，對臺灣人民也犯有不少錯誤。例如：

1.國民黨軍接管臺灣時，軍紀敗壞，魚肉鄉民，給臺灣人民留下極壞印象；

2.長期實行專制獨裁統治，剝奪了臺灣人民應有的參政權；

3.在1947年的「二二八」事件中，殘酷鎮壓當地居民，留下了至今仍有「隱痛」的傷痕；

4.長期執行反共拒和政策，實行白色恐怖，給兩岸人民正常的交流交往留下「後遺症」。

以上這些歷史功過，與現今的國民黨與馬英九主席，沒有直接關係，也不應要求現在的國民黨和其主席負責。但畢竟有歷史傳承的關係，尤其是對於「過」的方面，應勇於反思和為歷史承擔責任，爭取臺灣人民的諒解，以便早日化解這個影響內部「和諧」和兩岸「和解」的疙瘩。

四、兩岸關係和臺灣政黨

今後兩岸關係的改善和兩岸問題的徹底解決，究竟要依靠島內什麼力量？是民進黨和綠營，還是國民黨和藍營？抑或是兩者的聯合與合作？筆者就此提出一點不成熟的看法。

歷史已經給民進黨和綠營提供了最佳的時機，很多善良的人們也曾抱著一種期待，認為民進黨和整個綠營與中共和中國大陸沒有恩怨關係，它們沒有歷史包袱，也沒有國民黨那樣複雜的國際背景，應該是比較容易實現兩岸和解的。然事實和結果並不是這樣。說實在的，民進黨的民意基礎並不高，其當選時的得票率不過39%。尤其是，它的立黨宗旨不正，很難為兩岸中國人所接受。民進黨執政後，對內緊緊依靠本土勢力和「臺獨基本教義派」，煽動對中國大陸的仇恨，排斥日本投降後新去臺灣的「外省人」；對外則一頭栽進外國反華勢力的懷抱，並引進外人干涉中國內政，成了多方面的「麻煩製造者」。這樣一個黨，如果它不能改弦更張，怎麼可能依靠它來改善和解決兩岸關係呢？

事實證明，民進黨沒有能力，不願意、也不可能透過他們來解決兩岸關係問題。

筆者經過長期觀察，對於國民黨和民進黨分別得出這樣的不同看法：

國民黨「反共不反華」，而如今正像國民黨人自己講的，由於形勢的變化，國共兩黨歷史上意識形態的矛盾已經淡化，而且在認同中國和維護中華民族利益這一點上，又會使兩黨的使命感加深。

民進黨「反華必反共」，雖然它歷史上並不怎麼「反共」，而如今因為要搞「獨立」，搞「分裂」，就必然要反對大陸的中共政權，反對共產黨。因而，他與中共和中國大陸關於統「獨」意識形態的矛盾會是不可調和的。

國民黨本身確是一複雜的群體，尤其是李登輝擔任黨主席的12年，把黨內思想都搞亂了。然在國民黨內，被稱為「深藍」且占主導地位的多數黨員，畢竟深受中華文化的熏陶和影響，完全不同於民進黨，要他們完全背棄中華民族利益

是不可能的。

民進黨更是一非常複雜的群體，但黨內並不是鐵板一塊，其中許多人是可以爭取和團結的，但在「獨」迷心竅和私迷心竅的一部分政客被徹底清除，並徹底調整黨綱和路線之前，是絕不可以輕易信任的。

在臺灣各政黨中，誰是真正的「賣國」又「賣臺」？誰是真正的「愛國」又「愛臺」？讓未來的歷史和實踐來回答我們吧。

從「扁七點」看「廢統」陰謀

從陳水扁的「新春講話」開始，所謂「廢統」幾乎整整鬧了一個月，他終於不顧各方反對和輿論壓力，於上月27日最後拍板定案。

當天下午，陳水扁正式宣布：「『國統會』終止運作」、「『國統綱領』終止適用」。有人幫其辯解說：「終止」和「廢除」還是不同的。當然，不能說完全相同，但本質上沒有什麼兩樣。之所以要搞一點不同，完全是文字遊戲，是矇騙世人的需要，既可自我解嘲，又可讓各有關方面「有臺階好下」。

陳水扁在作以上宣布時，還作了「七點表示」，其中第一條和第七條，即一頭一尾，都是迎合或討好美國的。第一條是「盼美國繼續就雙方互利之事項共同合作」；第七條是「臺灣會積極強化並提升自我防衛的決心及能力」。這兩條，不僅是臺灣的主觀期待，而且是對美國包含「軍購」在內所作的一種承諾，隱含著「雙方合作」的某種「默契」，其矛頭所向不言自明。

其中第二條和第三條，完全是一種欺騙。第二條說「臺灣無意改變現狀」；第三條說「『國統會』之終止運作及『國統綱領』之終止適用不涉及現狀之改變」。這兩條，連陳水扁自己和幕後有關者也不會相信。我們不禁要問：民進黨的「臺獨黨綱」和「臺灣前途決議文」，為什麼不同時推動並也宣布「終止運作」及「終止適用」呢？只廢「統」而不廢「獨」，這不是單方面改變現狀是什

麼？

陳水扁說：「國統會」和「國統綱領」之所以必須廢除，是因為它們都是國民黨「荒謬年代的荒謬產物」；而難道「臺獨黨綱」和「臺灣前途決議文」，就不是民進黨「荒謬年代的荒謬產物」嗎？當權者為什麼一個要「終止」，一個卻供若「神明」？

其中第四條和第五條，就是在推動「法理臺獨」。第四條說「憲政改造工程之推動，必須由下而上，由外而內，先民間後政黨之精神」；第五條說「促進兩岸關係的良性發展，雙方必須透過政府與政府之間的協商對話」，美國方面也幾次表示過這種意思。這兩條，一條是說明民進黨當局，正在憑藉執政權力，蓄意製造一種「民意」來推動「法理臺獨」，實際上連需要的大筆經費都已準備好了；一條是說明美臺似正聯手壓中國大陸接受兩岸「政府與政府之間的協商對話」。然而，誰都知道，正是由於扁當局拒絕承認以「一中」為基礎的「九二共識」，兩岸這才中止了「海協會」和「海基會」的協商對話，如今陳水扁又廢除了「國統會」和「國統綱領」，難道要逼著中國大陸以民進黨的「臺獨黨綱」或「臺灣前途決議文」為基礎來協商對話？所謂「政府對政府」者，本質乃陳水扁主張的「一邊一國」也！

其中的第六條，所謂「臺灣更願意積極扮演全球民主社群負責任的貢獻者」。人所共知，臺灣所謂「民主」已經完全變成極少數野心、陰謀分子手中操弄的一種政治工具。對臺灣島內，大搞「族群鬥爭」，不是「拚經濟」，而是一味「拚政治拚選舉」，搞得島內烏煙瘴氣，雞犬不寧；對中國大陸，則蓄意醜化和妖魔化，人為製造兩岸的對立和仇恨，弄得兩岸不時烏雲蔽日，關係緊張，無法發展正常的交流和往來；而唯獨在國際上，把自己塑造成「民主社群負責任的貢獻者」，以掩飾其專橫、獨裁、陰謀、貪腐的本質。

從上可見，陳水扁的「廢統」是有其深層的島內和國際背景的。以他這樣一個人，忽然如此強硬和狂妄，這本身就大有文章。他的「廢統」的背後，顯然隱藏著一個不可告人的陰謀。什麼「中國威脅」論，說穿了就是有人不願看到兩岸中國人的和解，不願看到中國的發展和富強，從而蓄意聯合各種力量來「威脅中

國」，拖中國的後腿。陳水扁迎合了這種形勢的需要，自願充當「馬前卒」，走在「反華、反共、賣國、害臺」的最前列。就讓他暫且充當一位有益的「反面教員」吧，「多行不義必自斃」，最後必將受到歷史應有的懲罰。

（《中國評論》新聞網）

從「反貪倒扁」到「北高選舉」

自今年（2006）10月14日以來，臺灣百萬紅衫軍已逐漸走向「退潮」；而與此同時，臺北高雄兩市的「市長選舉」又敲起戰鼓，其熱鬧和氣氛，似並不在百萬紅衫軍「反貪倒扁」運動之下。

在今日的臺灣，陳水扁和民進黨是一遇到選舉就活躍起來。在紅衫軍開展「反貪倒扁」運動的一段時間，陳水扁和民進黨基本處於蟄伏狀態，不是那麼傲氣凌人，而如今北高兩市長選舉開鑼，卻又一切恢復「常態」，幾乎是卯足勁頭，炮火全開地對付反對派，好像是自己的危機已過，「翻身」的日子已到，應該全力反攻，奪取新的勝利了。

有人說，民進黨是「選舉機器」，陳水扁則是「選舉怪獸」。這話有一定道理。一旁觀察，他們確實一切都是為了選舉，成天成月成年忙著選舉。因為只有這樣，奪得選票，打贏選仗，才能拿到江山，有官好做，有錢可貪，有利可圖。民進黨執政6年，廝來殺去，究竟為人民做了多少事？臺灣島內為何總是不得「和諧」？兩岸關係又為何總是不能「和解」？說穿了，如果島內「和諧」了，兩岸「和解」了，陳水扁和民進黨還有什麼文章好做，什麼好處可圖？

不少人都認為，陳水扁這個人，太缺智、太無能了。我則不以為然。他既有智慧，又有能力，只是這個智慧和能力都用到「歪門邪道」，用到爭權奪利上去了。

你們看，百萬紅衫軍「反貪倒扁」，聲勢浩大，古今少有，大有迫其非下臺

不可之勢；而他卻能冷靜應對，巧施「妙計」，轉危為安，至今仍「穩坐寶座」，沒有下臺，豈奈他何！

他有所謂「兩個轉化」：一是把個人貪腐轉化為藍綠對抗，強調「保衛本土政權」；二是把臺灣內部問題轉化為兩岸統獨之爭，強調「保衛臺灣主權」。

亦有所謂「三個捆綁」：一是把個人錯誤與民進黨利益捆綁在一起；二是把個人貪汙與整個綠營利益捆綁在一起；三是把個人利益與「本土政權」捆綁在一起。

陳水扁在2000年上臺時就說過，他手裡掌控有5000多個位子。這5000多個位子，經過他的運籌、謀劃、布局，後來就形成了一個密織的「感恩、挺扁、保己」，一層又一層的「防火保護牆」。你能說陳水扁缺少智慧和能力嗎？

目前，臺灣「反貪倒扁」的熱潮至少暫時已不見了，並為新的北高兩市長的選戰所取代。陳水扁和民進黨的名望和威信已大跌，形勢對藍營是十分有利的。但許多人並不認為藍營會穩操勝券。其中最重要的原因之一，是人們並不知道這一回陳水扁和民進黨又會拿出什麼「新招」、「怪招」、「狠招」和「毒招」，來對付反對派。想到選舉，許多人就會想起2004年3月19日的「兩顆子彈」，藍營本已勝利在望，轉眼間就逆轉了。誰知道今年會不會又出現什麼新的怪事？陳水扁這個人，是最會操弄族群、逆勢運作、轉敗為勝的能手。

請看，已經開鑼的兩市長選舉，本已有些看好的藍營選勢已出現變化。「倒扁」正在轉化為「倒馬」，反民進黨的「貪腐」正在轉化為清算國民黨的「黨產」。與選戰同時進行的，又有所謂「第二共和憲法」的出籠；各種對付「反貪倒扁」紅潮的手法，也還在繼續使用。看來鹿死誰手還很難說，不能完全排除臺灣政壇會又一次出現順乎「扁意」的反常現象。

當然，在野的國民黨，整個泛藍陣營，以及他們的領導人，也存在許多弱點和不爭氣的地方。這裡暫且不表。

筆者作為中國大陸一名對臺灣形勢的觀察者和研究者，一般並不願意就島內的事情說三道四，但卻十分看不慣陳水扁和民進黨的許多做法，尤其是他們動輒

打「兩岸牌」，藉機製造兩岸對立和仇恨，從中謀取一黨一己之私利。大家要注意和提高警惕啊！

（《中國評論》新聞網）

臺灣奈何「統」聲低而「獨」聲高——國民黨與民進黨觀察比較

　　無論從歷史、現實、民族、文化、血緣去考察，臺灣人就是中國人，臺灣土地是中國土地不可分割的一部分。當你踏上臺灣土地，你所遇到的無論是北部的還是南部的人，無論是藍色陣營還是綠色陣營的人，都很親切，如同家人，毫無異國他鄉之感。而為什麼一談起政治，一遇到選舉，卻完全是另外一個樣子，什麼本省人、外省人、綠營人、藍營人，分得一清二楚。特別是主「統」者近乎無聲，而主「獨」者則聲震雲霄。實際上，平時也是「統」聲弱而「獨」聲強。這是為什麼？

　　是歷史因素？臺灣在歷史上曾遭受許多不幸，比如甲午割臺，獨裁統治，「二二八事件」等等，但都是過去的事了。有氣出氣，有怨吐怨，最後，還得平心靜氣，面對現實，正視未來，不能老是糾纏於歷史，停留在歷史，總得邁開步伐，創造新歷史啊！

　　是現實因素？新中國的歷代領導人，尤其是以胡錦濤為代表的新的中央領導集體，在對臺工作上是非常務實的，他的一個中國、以民為本、以和為貴、積極疏導的做法，是符合臺灣人民和兩岸中國人的根本利益的。一片苦心，仁至義盡，是沒有什麼理由再鬧分裂的。

　　真正的原因，我看只有一條，這就是島內極少數別有用心者，利用兩岸至今還沒有統一這個現實，勾結外國反華勢力，實現其個人不可告人的陰謀與目的。

　　在臺灣島內，長期存在兩種讓人感到奇怪的現象：一方面，想「統」者不敢

出聲，即使有聲也是很微弱的；一方面，反「統」者卻大聲叫「獨」，好像成立「臺灣國」已經迫在眉睫了。

欲「統」而不敢出聲音，乃「怕」字當頭。之所以如此，原因很多，例如，長期受到反共的宣傳教育，對統一後究竟有沒有好處還存在這樣那樣的顧慮等。但最主要的一點，是怕被戴「紅帽子」。其中有一些是「外省人」，有「原罪」感；有一些雖不是「外省人」，但仍然有「祖國意識」，內心反對臺獨，但在民進黨和主張臺獨者的輿論渲染下，似乎「『主統』→『親共』→『賣臺』」，早已成為「三位一體」的「精神十字架」。他們就是不敢發出聲來；有些對中共、對中國大陸的看法早有改變，同樣不敢講出來，成為「沉默的大眾」，「中間派的支柱」。在「兩蔣」時期，由於「反獨」的壓力太大，有些「主獨」者同樣不敢出聲，成了「隱性獨派」。

反「統」而主「獨」者，又為何「敢」字當頭？原因當然也多，過去主要是「兩蔣」時期，有被壓制、不自由之感。而自李登輝到陳水扁主政以來，則深嘗「臺式民主」的甜頭，所謂「本土人」抬頭了，外來人沉默了。似乎「『本土』→『主獨』→『愛臺』」，又成了另一個「三位一體」的「精神十字架」。過去是「槍桿子出政權」，現在是「選票出政權」；過去有「神槍手」，有「戰鬥英雄」，現在有「搶票能手」，「搶票英雄」。有了選票，就有政權，也就有了一切。其之所以是「敢」字當頭，「衝、衝、衝」，以至不擇手段者，蓋利之所在也。新的北高兩市市長選戰又打響了，靠選票起家的民進黨，儘管因陳水扁貪腐案拖累而處於不利地位，然他們一定仍會不顧一切地拚命以赴。

簡單地說，現在的民進黨仍然是「敢」字當頭，敢說敢做，即使不敢做也敢說；而國民黨呢，則是「怕」字當頭，怕這怕那，不敢做也不敢說。民進黨明知臺獨不可行，走不通，卻仍在大喊大叫，直至最近還拋出所謂「第二共識」、「第二共和憲法」。國民黨講的大方向是對的，兩岸「終極目標是統一」，但一聽有人反對，馬上就「縮」回去了。李敖先生有兩句話：民進黨講「獨」是假的，國民黨講「統」也是假的。筆者覺得有道理，原因是，如果雙方都只是講，不敢做，那就不是形同玩假的嗎？

（《中國評論》新聞網）

臺灣北高兩市選舉之我見

　　臺灣北高兩市藍綠兩派大決戰已經落幕了。雙方都傾巢出動，精英盡出，各有奇招，尤以高雄選戰為最激烈，簡直是「肉搏戰」，刺刀見紅。國、民兩黨的主席和高層人士，幾乎也都親自披掛上陣，一線指揮。選戰結果，臺北市是國民黨的郝龍斌以得票率54％即16萬張選票之差，擊敗了民進黨的謝長廷；高雄市是民進黨的陳菊以得票率49％即1100張選票之差，險勝了國民黨的黃俊英。

　　究竟如何來看待這場選戰的結果呢？

　　（一）國民黨在臺北似贏實輸。郝龍斌以692，085張選票，擊敗了謝長廷的525，869張選票，差額為16.4萬餘張票。以郝、謝兩人比較，郝占有「天時、地利、人和」三個方面的優勢。一是天時，即大環境有利，陳水扁及其第一家庭為貪腐案纏身，並且相當嚴重，有幾十個大案，尤其是「國務機要費」等案，這對民進黨和謝長廷是不利的。二是地利，臺北市的人口結構是藍大於綠，大體是6：4，人口素質也較其他城市為高，以前兩次選舉都是藍營獲勝。三是人和，國民黨內部總體上還是團結的，名譽主席連戰、「立法院長」王金平，都非常照顧大局，而這和民進黨內部，特別是高層之間的明爭暗鬥和明顯的不協調狀況是不能相比的。然僅就謝長廷來說，在如此逆勢之下，仍然守住綠營在臺北市的「基本盤」，獲得了52.5萬多張選票，比四年前李應元的選票增長5％。媒體說他是「高票落選，雖敗猶榮」。郝龍斌雖然當選了，但得票率卻遠遠落後於上一屆當選的馬英九。四年前馬英九得票87萬張，比郝龍斌多得18萬張。

　　（二）民進黨在高雄應敗反勝。陳菊得票379，417張，黃俊英得票378，297張，陳以1，120票，即不到0.2％之差擊敗了黃。兩人基本上是平局，陳是險勝。島內大環境，本來對陳菊是不利的，尤其是有些民進黨高層人士，在高雄本地還涉及「泰勞案」和「高捷案」等。然陳之所以能獲得如此結果，主要有以

下因素：（1）高雄市人口結構綠大於藍，大約是5.5：5或5.5：4.5，穩定的鐵票約35%。（2）高雄市民在民進黨操作下，有較強的「本土意識」。高雄等南部地區，素有民進黨「票倉」之稱，是民進黨「不沉的航空母艦」。（3）高雄已成民進黨必爭和死守之地，全黨動員，全力以赴，無論是臺上和臺下的，「反扁」和「擁扁」的，包括前主席林義雄，黨內「四大天王」中的呂、蘇、游，甚至不受歡迎的陳水扁，以及其他一些涉嫌貪腐者也都雲集高雄，拚死挺陳菊。（4）高雄是民進黨執政的地方，陳菊也長期住在高雄，經營高雄，有相當的人脈資源和實力基礎。尤其是，廣大勞工階層和計程車階層都支持陳。而反觀黃俊英，雖亦高雄人，土生土長，形象清廉，獲廣大中產階層、公教人員和商界人士的支持。唯過於忠厚善良，缺乏民進黨人的衝勁，尤其未能抓住島內大環境和民進黨人在高雄的弊案，發揮應有的衝擊力。

不過，這裡應該著重指出的是，民進黨是一個善於選舉的黨，它不僅充分利用了地利的優勢，大打「本土牌」，還善於出「怪招」和「詭計」。這一次高雄選舉前夕所忽然出現的「走路工案」，以及選舉中所出現的過多的不利於黃俊英的「廢票案」，就都是疑團重重的。

（三）臺灣政局仍將不死不活。對藍、綠兩陣營來說，至少在表面上，都是一輸一贏，打了一個平手，談不上誰輸誰贏，臺灣仍將基本上維持原來的「北藍高綠」局面。而實際上未必如此，藍營該大勝而未勝，綠營該大敗而未敗。這說明了什麼？說明綠營在選戰「招數」和政治鬥爭上仍遠勝藍營一籌；也說明，當地「本土意識」以及扁當局所謂「保衛本土政權」的操作造成了不可忽視的作用。國民黨打的是「清廉牌」，民進黨仍打的「本土牌」，而結果是「本土戰勝了清廉」。民進黨轉守為攻，變被動為主動；國民黨反而轉攻為守，變主動為被動，於是才出現了目前的結果。這樣的結果，陳水扁自然是高興的，他一定會利用這個局面繼續拖下去，撐下去，頑抗下去。

下一步民進黨內的「四大天王」，如呂秀蓮、蘇貞昌、游錫堃、謝長廷等，各自走向如何？經過這次選舉，他們之間的實力已有明顯消長，有的在升，有的在降，內部鬥爭可能加劇，值得進一步觀察。

（四）臺灣政黨走向「兩黨政治」。這裡主要談民進黨與國民黨。民進黨雖然保住了現有局面，但仍然面臨著向何處去的問題。這次選舉結果，雖對陳水扁有利，而對民進黨則未必有利；對黨內「保皇派」有利，而對「革新派」則未必有利。許多人都認為，民進黨只有「兩市都輸」，才能真正獲得教益，才能使之「沒有絲毫卸責的藉口」，也使之「真正認清目前的路線、策略是錯誤的，不調整無以挽救民進黨」。至於國民黨，目前島內的大環境，對國民黨本來是非常有利的，該贏而未贏，該大贏而實際上是小輸，太不應該了。國民黨有許多應值得檢討的地方，例如危機的處理，團隊的組成，戰略和策略，以及內部團結和協作等，都是應該很好反思和考慮的。

未來的臺灣，很可能走向國民黨和民進黨的「兩黨政治」。其他小黨則可能趨於泡沫化或重新組合。

（五）兩岸關係不會受大影響。總的說，這是臺灣內部選舉，與兩岸關係不大，影響也不大。中國大陸對臺灣的和平統一政策是堅定的，目前不可能因島內形勢有某種變化而變化。只是必須指出的是，民進黨一輸一贏，穩住了基本盤，維持了現有局面，陳水扁可能又有恃無恐，信心滿滿地再拖下去。他為了自保，必然會透過深藍繼續挾持民進黨，推動「臺灣新憲改革」，實即推動「法理臺獨」。有人說，選舉後民進黨有五條路可走，一是投美，二是投日，三是維持現狀，四是宣布獨立，五是向大陸靠攏。我看最大的可能還是一個「拖」字，不過也要防止他們狗急跳牆和孤注一擲的可能。

陳水扁的新花招——「入聯公投」

目前臺灣離新一屆地區領導人選舉只有七個月多了，離陳水扁下臺也只有九個月多了。在這以前，還有一個新一屆「立委選舉」。根據過去經驗，越是靠近選舉，島內形勢就越趨緊張。這一次與過去比，形勢似乎對民進黨並不利。這就使得陳水扁個人，以至整個民進黨都更緊張，充滿著對未來失去政權的恐懼感。

陳水扁及其政黨都是善於玩「花招」和「詭計」的，最近叫嚷的「入聯公投」就是一個「毒花招」。

一、目的所在

根據香港中國評論社最近轉發的臺灣媒體界一篇署名文章，說獨派「小朝廷」自認為存在「三個生死存亡之戰」：一是陳水扁家族的生死存亡之戰；二是民進黨政權的生死存亡之戰；三是「臺獨基本教義派」的生死存亡之戰。因此，他們「勢必會將最極端的手段搬出來」，他們「絕不會只限於當前的口水戰，而是割喉戰」。當前最突出、最引人注目的就是「入聯公投」。其在申請「以臺灣名義加入聯合國」一案被退回後，仍不甘心失敗，一再表示要發動以臺灣人民公投方式，甚至是新的「公投綁大選」方式，就此案進行表決。這自然更是一個用心險惡並且極具挑釁性的一種做法。

攤開來說，陳水扁集團之所以要以這樣做，不外三個目的：一是「騙選票」。由於執政七年多，毫無政績，加上弊案如山，民怨沸騰，難再取得人民信任，於是欲圖藉以挑釁中國大陸的「一中底線」，製造更大的「悲情意識」，從而將「臺灣人民的不滿」轉嫁到國民黨及其候選人身上，以爭取選民的「同情票」。二是「護貪腐」。陳水扁家族及其親信集團的貪腐行為，不僅影響其自身，也嚴重影響到民進黨在臺灣民眾中的形象，必須以更大的動作和更強烈的刺激劑來轉移臺灣人民對民進黨在貪腐方面的視線和注意力。三是「保政權」。陳水扁一夥心知肚明，沒有政權就沒有一切，沒有民進黨的繼續執政，就什麼都完了。特別是，如果沒有自己信得過的民進黨候選人繼續掌管政權，自己的家族及其親信集團的貪腐行為就無法得到掩護和安全保障。

二、手段毒辣

陳水扁一夥這樣做，其手段是毒辣和險惡的，所採取的是「四綁架」策略：

一是「綁架民進黨」。蓄意排斥和打壓黨內持不同意見者，以保持一種「同舟共命、禍福相連、團結對外」的共同體，「以獨護扁」、「以獨護貪」、「以獨護黨」，「寧死臺獨、不死貪腐」，連民進黨推出的參選人謝長廷都倍感壓力，不敢與扁保持「切割」，也不敢不與民進黨「保持一致」。

二是「綁架臺灣司法」。包括陳水扁在內，臺灣權力高層人物，幾乎都是律師出身，陳水扁可以同時操弄行政權和司法權。謝長廷和馬英九兩位藍綠政黨參選人，目前都是正在被起訴的「貪汙嫌疑犯」。奇怪的是，陳水扁這個貪腐集團的頭子，卻對他們兩個貪汙嫌疑犯掌握有很大的主控權。

三是「綁架臺灣人民」。宣揚民進黨是臺灣本土政黨，是「愛臺灣」、「護臺灣」的，只有民進黨繼續執政，才能保住本土政權，保證不被中國大陸「吞併」。他們只講「政治立場」和「政黨顏色」，處心積慮掩蓋其貪腐無能和在執政期間使人民所遭遇的種種痛苦和不幸。

四是「綁架美國政府」。陳水扁不僅在試探中共對臺政策底線，也在試探美國對臺政策底線，一心把美國綁在自己的臺獨列車上，要拉其下水。美國太平洋司令部司令蒂莫西基廷最近的一次發言，一方面批陳水扁的「入聯公投」，指它有可能「加劇臺海緊張局勢」，一方面又炫耀「美國的軍事力量」，暗示「美軍有能力馳援臺灣」。難怪陳水扁集團已經看透了美國人的真正心態。實際上，這也是陳水扁敢於不時表現出一種抗美傲氣的奧妙所在。

三、應對之策

陳水扁明知「入聯公投」不會有實際效果，投了不一定成功，成功了也不會有用，而他之所以偏要這麼做，不僅是上面已經談到的一些原因。而更重要的是，他最重視的是「過程」，而並不一定是「結果」。他可以借這個「過程」進行炒作，製造緊張，製造仇恨，製造衝突和矛盾，最後在衝突和矛盾中撈取自己

所需要的好處。

　　對於陳水扁之所為，我們必須保持高度警惕。我們既要看到陳水扁虛弱的一面，色厲內荏、裝腔作勢的一面；又要看到他們可能發狂的一面，狗急跳牆、孤注一擲的一面。陳水扁這個人和集團，在形勢對己不利時，是什麼事都會幹得出來的。

　　應該如何應對？還是共產黨人傳統的兩條做法：一是反對；二是不怕。沒有什麼好怕的，最多不過是「池塘裡的風暴」。當年美國支持的國民黨800萬軍隊，尚不能挽救其失敗，何況今已非昔所比。不能設想，美國人民願為陳水扁之流的臺獨路線流血？相信如果真的事發，中國大陸自有應對的「錦囊妙計」。

　　過去關於國共之間的內戰，因是國民黨中少數人發動的，我們稱為「國民黨反動派」，沒有統稱國民黨，以示區別對待。如今如果民進黨中少數人，膽敢無視我《反分裂國家法》，挑起或發動臺獨戰爭，我們應視為「民進黨反動派」來對待。不久前，我「兩辦」負責人發表的談話，稱他們為「極少數頑固『臺獨』分子」，也是以示他們與整個民進黨人的區別。

　　筆者認為，目前在臺灣島內興風作浪的極少數反動分子，他們同時也是「陰謀家」、「民族敗類」、「麻煩製造者」、「兩岸和平穩定的破壞者」，如果仍死不悔改，其最終一定「逃脫不了歷史的懲罰」。

（香港中評社新聞網連載，本書收編時，文字上有所壓縮）

陳水扁對「國共和解」的逆反心態

　　有一位親綠營的臺灣朋友，自2005年「胡連會」以來一直有一個解不開的「心結」：「國民黨曾經是共產黨的死敵，而民進黨與共產黨無冤無仇，如今為什麼共產黨與國民黨握手擁抱，而拒民進黨於千里之外呢？」這是完全不瞭解事情的真相。

這位朋友，對一次又一次的「胡連會」特別感到不爽。三次「胡連會」，連戰先生都是以國民黨主席或國民黨榮譽主席身分率領國民黨大陸訪問團、國民黨參加大陸兩岸經貿論壇的代表團來大陸的，並都獲得了豐碩成果。不僅如此，在「國共和解」氣氛下，國共兩黨有關機構還先後舉行過關於兩岸經貿文化方面的各種專門性會議，同樣取得了很好的成果。例如，今年7月下旬國共兩黨有關機構在京舉行的第三次保護臺商會合法權益工作會談，就達成了多項「共同意見」。

這一切，以陳水扁為首的民進黨當局，看在眼裡，氣在心頭，也表現在對待與大陸有關的各項工作上，使得諸如「包機」、「直航」以及「熊貓入臺」、「陸資入臺」、「陸客入臺」等多項工作，均遲遲未獲好的進展。他們不斷直接間接地提示大陸：「臺灣是我們民進黨主政，沒有民進黨參加或同意，是行不通的」。凡是國民黨參與的事，即使是對臺灣人民有利，也會受到民進黨阻撓或刁難，連國共兩黨經貿文化一類會議也不許在臺灣召開。自己不想做，不願做，也不許別人做。

關於「胡連會」，以及後來的「胡宋會」等，筆者認為陳水扁起初都是很「羨慕」的，並未反對。臺媒體報導說，他甚至曾托宋楚瑜向胡總書記「捎口信」，不過後來都否認了。據報導，他還私下表示，無論胡連會、胡宋會，這些都不是「主戲」，真正的「主戲」（想必是指「胡扁會」）還在後頭呢！然而，後來這一切也都變了，一百八十度大轉彎，「羨慕」變為「嫉妒」，變為「仇恨」、「謾罵」、「反制」和「對抗」。什麼「惡招」、「怪招」都出臺了，由「終統」到「正名制憲」、「四要一沒有」、「第二共和憲法草案」，直至最近的「以臺灣名義加入聯合國」等，步步升高對抗。至於這樣下去會發生什麼樣的後果，他陳水扁就不考慮了。他不是「衝冠一怒為紅顏」，而是衝冠一怒「為胡錦濤沒有把他陳水扁放在眼裡」。往後的陳水扁則完全情緒化了。

其實，陳水扁和民進黨當局，似乎並不真正瞭解中國大陸和共產黨的兩岸政策。中國大陸這邊，何嘗不想實現「胡扁會」，希望借這樣的會面帶來兩岸和解，帶來兩岸的和平穩定呢！然而，這不是沒有原則的，總不能單純為了會面而

會面。中國大陸並不想搞什麼「急統」，即在條件還不成熟時，就強求臺灣方面談統一，苛求臺灣接受自己的條件。但你不能不承認兩岸都是中國，不能不承認大家都是中國人，更不能要求中國大陸把臺灣當成一個「主權實體」來接待，這是不可能的。本來臺灣的「海基會」和大陸的「海協會」，這是便於兩岸接觸和來往的「白手套」，但陳水扁上臺後就命令中止了，從而給兩岸的接觸和交往帶來許多不便。

為什麼會有「連胡會」、「宋胡會」、「郁胡會」呢？那是因為，他們都認同中國，認同「九二共識」，願意追求「和解」。共產黨是最顧大局、最識大體、最愛國家的，自然國民黨、親民黨等都認同中國，認同「九二共識」，願意和解，為什麼不能「相逢一笑泯恩仇」，為明天而攜手，而一定要去斤斤計較過去的恩恩怨怨呢！

按照我個人的理解，目前兩岸關係的主要矛盾，已不再是過去那種制度和意識形態的矛盾，這已經是次要矛盾，是人民內部矛盾了；而統獨和維護國家領土主權統一完整的矛盾已上升為主要矛盾，這在本質上是敵我性和對抗性矛盾。但這並不是說，每個主張臺獨或有臺獨思想與行動的人，都是敵我矛盾，都是敵人。我們的原則，應一切以人民的利益、國家民族的根本利益為依歸，絕不是個人愛好和隨心所欲。

總之，「國共和解」是對的，不應該反對。筆者還十分期待「共、民和解」，即共產黨和民進黨實現和解。這對民進黨可能是很困難的，因為必須放棄臺獨，放棄分裂中國，否則就不會有這種可能。民進黨的出路和兩岸關係的解決，應該是面向中國大陸，面向兩岸人民，而絕不是外國勢力。越投靠外國勢力，越會引發大陸人民的反彈，甚至是非常強烈的反彈。

中國有句俗話：「和為貴」。島內如此，兩岸關係亦如此；國、共兩黨如此，國、民兩黨如此，共、民兩黨亦如此。只有這樣，才可能有島內和諧、兩岸和解、臺海和平。和諧臺灣、和諧兩岸、和諧世界，這有什麼不好？美國和日本及其他周邊國家都應該是支持的。

「鬧劇演員」陳水扁的最新表演

　　陳水扁離卸任已不到九個月了。他在任期間，劣跡斑斑，怨聲載道，遠近聞名。儘管他使盡全身解數，左衝右突，仍無法擺脫困境。現已越來越恐懼，也越來越瘋狂。

　　自從陳水扁登上臺灣地區領導人寶座之後，臺灣政治舞臺上的鬧劇就一個接一個，沒完沒了地上演，主角演員自然是陳水扁。2007年8月21日，陳水扁又親率一幫人馬遠去中美洲，要參加那裡幾個小國的什麼「高峰會」，從而又開始了一場新的鬧劇。

　　先是「過境」美國，美國降格以待。不准過境本土，只能過境阿拉斯加，限時50分鐘加油，到達時連美國在臺協會主席薄瑞光也藉口有「要公」，沒有前往接機，改由名譽主席浦為廉臨時代理。這讓陳水扁灰頭土臉，甚是不快。繼而飛往中美洲，首站宏都拉斯，開始大撒金錢，並作出多項「承諾」，花錢買了個表面的「熱烈接待」。真是醜態百出，對此有臺灣媒體一首帶諷刺性的打油詩為證：

阿扁實在有骨氣，

美國接待規格低；

阿扁決定不下機，

以為丟臉是布希：

到了宏國耍闊氣，

出手就是一百億：

還要蓋個一零一，

結果還是受悶氣。

　　這首打油詩是臺灣著名律師黎建南作的，其中「一零一」指的是大樓，布希

指的是美國總統布希，100億指的是新臺幣，約合3億美元。其餘一看就懂，用不著再解讀了。

其鬧劇表現之一是，飛機上大耍「小動作」。不穿西裝，不打領帶，不下機歡迎接待者，其左胸還貼著「牽手護臺灣加入聯合國。UN for TAI-WAN，Peaceforever」小貼紙，隨行「立委」嘴上亦喊著要「加入聯合國」。還有「新聞局長」謝志偉、民進黨「立委」唐碧娥等，其背後和拳頭上也貼有與陳水扁一樣的小貼紙，並「握拳迎接美方官員」。這是向美方「示威」，還是「惡作劇」？

其鬧劇表現之二是，大搞「肉包子外交」。除會議前夕已「同意援贈」尼加拉瓜3000萬美元，以及給多明尼加「火力電站」部分援款外，這一次與宏都拉斯的「雙邊會」，承諾送給的「伴手禮」有：低利貸款500萬美元，贈款400萬美元，水利發電站投資3億美元，科技人才培訓費1000萬美元，合計3億1900萬美元。宏都拉斯只是首站，人們不禁要問：其他要去的「友邦國」還要花費多少呢？

其鬧劇表現之三是，繼續為「入聯公投」造勢，不僅在去中美洲的飛機上，「特別帶了上千份印有『牽手護臺灣加入聯合國』的貼紙」，當局還同時責成新聞局買下紐約聯合國總部周邊40輛車的「車廂廣告」，要「讓紐約街頭到處可見臺灣入聯的文宣」。《聯合報》稱：其在宣傳「入聯公投」的字幕上，還「搭配狀如臺灣座頭鯨被困在魚缸的圖示」，意在渲染臺灣「被打壓」、「被孤立」的現狀。

陳水扁的所作所為充滿著矛盾：一方面，對此次過境美國的「低規格」接待表示強烈不滿；一方面又在吹噓美臺關係，認為美在必要時「一定會協防臺灣」，並大幅增加軍事預算，擬向美採購「先進武器」；一方面，自己是依照所謂「中華民國憲法」選出來的領導人，一方面又在隨心所欲，進行各種違背這個「憲法」的活動；一方面，向美國和各方保證，在任期間不會違反包括統獨「公投」在內的「四不一沒有」承諾，一方面又如此大張旗鼓地鼓吹要「以臺灣名義加入聯合國」，而這又是只有主權國家才能加入的國際組織。臺報稱，大筆臺灣

納稅人的血汗金錢，都被陳水扁這個「敗家子」任意揮霍了。

陳水扁這樣做的結果又會怎樣？根據臺灣媒體報導，民眾普遍認為，這不過是「阿Q外交」、「丟臉外交」、「肉包子外交」和「自作多情外交」。其所花錢買來的「七國峰會」，原擬公開發表的「公報草案」中寫有臺灣主張「中美洲各國支持臺灣為主權獨立國家，有權參加聯合國、世界衛生組織等國際組織」，但發表時「卻都不見了」。有些友邦元首實際並未出席。原來是「竹籃打水一場空」啊！更有甚者，連收到「超級大紅包」的宏都拉斯友邦，22日出刊的《新聞報》卻登出大幅嘲諷陳水扁「錢袋外交」的漫畫。

臺灣輿論認為，陳水扁這一次花了大筆錢，然而卻一無所獲。他自稱自己是代表臺灣2300萬人民出訪，而實際所代表的只是在臺上的一小夥臺獨分裂主義者，大多數臺灣人民是反對的。全島自北至南，到處都是罵聲、怨聲、不滿聲；他又自稱自己是為臺灣人民「忍辱負重」，而實際是「咎由自取」、「自取其辱」。臺《中國時報》發表文章說：陳水扁「想靠砸大錢買外交承認的策略，已經徹底失敗」！

「胡布會」為何冷漠視扁

自美國高層多次抨擊陳水扁提出的「入聯公投」以後，許多人都認為，在這次的APEC胡布「高峰會」上，雙方一定會再痛加斥責，尤其是美國布希總統一定會加碼說重話，這使得臺灣執政當局十分緊張。而結果卻並不是這樣，美國布希總統和中國國家主席胡錦濤會面後，並沒有提到陳水扁，除了對臺當局的「入聯公投」重申「警告」外，其他都冷漠以對。估計陳水扁也很掃興。為什麼會這樣？

（一）自陳水扁投入「深綠」懷抱，走「急獨」道路後，其對美國的作用就不是那麼重要了。就中國大陸來說，深感此人不是做事情的人，翻手為雲，覆手為雨，成事不足，敗事有餘，對他已完全失望了。看來雙方都認為，陳水扁這人

太「政客」型，為人反覆無常，不理他最好，越理他會越瘋狂。

（二）中美兩國高層領導人，會前該說的話都說了。美國副國務卿尼格羅龐提已經談到，「入聯公投」是「邁向臺獨的第一步」，也是「朝向改變臺海現狀」的一步。美國白宮「國安會」一位負責人，更一針見血地指出：「臺灣或者中華民國並非國際社會的一個國家」。還有比這更重的話要說嗎？中國領導人該說的話也都在會前說過了，沒有必要再重複。

（三）臺灣是中國領土不可分割的一部分。臺灣問題是中國的內政，只要美國不干涉不干擾，堅決奉行它所承諾的「三個聯合公報」和「一個中國」原則，中國政府和中國人民完全有信心有能力來解決自己的國內問題。我們不歡迎外國政府的插手和介入，但如果是具有積極意義的舉措應是例外。

（四）陳水扁一夥不過是跳梁小丑。他正需要藉APEC會和「高峰會」來抬高自己的身價，而且臺灣方面早就傳出：「陳水扁要『火線』叫陣中美高峰會」。如果理睬他，他趁機一鬧，這就成了敢於「抗美反中」的「英雄」了。人們的注意力會隨而全轉移了，陳水扁及其家族、親信集團的貪腐問題，也就全都不見了。而現在，陳水扁的如意算盤落空了。

（五）中美兩國對扁當局所玩弄的一套完全看透了。其目的不是「入聯」，陳本人也會知道這是不可能的。主要是鬧事，向美國「撒嬌」，向大陸「耍無賴」。陳離卸職之日已不多，執政近八年，沒有什麼政績可談，全家及許多親信又深陷弊案。四顧茫茫，何處是歸途？他自然欲趁大陸舉辦奧運之機，衝出一條脫身的「血路」來，然這又談何容易？

（六）中國共產黨對於一切反動派，一向是兩條：（1）戰略上藐視，像陳水扁這樣一夥，則堅信茶壺裡刮不起風暴，是絕對成不了氣候的；（2）戰術上重視，即對陳水扁一類，也一定會做好有可能狗急跳牆的準備。只要你踩上我《反分裂國家法》的紅線，那就不會客氣。這也許會使「壞事變好事」呢！

總之，「胡布會」已經結束了，APEC會亦將結束。這次胡布高峰會沒有譴責扁當局，他們也有「如釋重負」之感。但新聞發言人又強調「這不是完結篇，不排除是暴風雨前的寧靜」。特別是他們在得知媒體報導的：美國已致函聯合國

總部,表示「不接受臺灣是中華人民共和國的一部分」一事後,又感到無比鼓舞,估計還會興風作浪。美國這種表態,實際上是抱薪助火,自相矛盾,也是根本站不住腳的。

看來,陳水扁主演的這場「鬧劇」,一時還難以收場,他甚至曾想讓中美「高峰會」為他配合演出,真是異想天開!表面上,他是為臺灣人民爭「獨立」、爭「民主」、爭「出頭天」,而實際上,他是在誤導臺灣人民,欺騙臺灣人民,綁架臺灣人民,玩弄臺灣人民,從而達到保護他自己、保護他的貪腐小集團的目的。

正像國家主席胡錦濤所指出的那樣,目前臺海形勢仍處於「高危期」,我們絕不能放鬆警惕!

一份挑釁性臺獨宣言書

2007年10月10日是中國辛亥革命96週年紀念日,陳水扁集團利用這樣一個節日,大放臺獨厥詞,洋洋灑灑6680多字,一面瘋狂攻擊中國大陸,一面為自己主政七年多評功擺好,全篇實際上是一份向13億中國人民發出的挑釁性「臺獨宣言書」。

陳水扁的講話,是集臺獨謬論之大成,幾乎這方面所有要講的惡言邪語都講出來了。陳水扁說,今年搭建的「觀禮臺」與往年不一樣,這就是多了個「牽手護臺灣、加入聯合國」的巨幅標語。其內容,實即指已經吵嚷多時的「入聯公投」。其他如什麼「主權在民」啦,「臺灣主權獨立」啦,「兩岸互不隸屬」啦,「中國打壓臺灣」啦等等,一樣都是老掉牙的舊調,滿口胡言亂語,毫無新意可言。

他的所有這些謬論,各方早已將之批得體無完膚,只是他視而不見,充耳不聞,不願和不敢正視。筆者這裡不想再浪費筆墨,只想提以下一點想法、看法和問題。

（一）陳水扁為什麼要在此時又提高嗓門、舊調重彈？這就是他個人和整個小集團都面臨空前危機。大選在即，下臺在即，如果民進黨不能繼續執政，他個人就要面臨清算，民進黨也前景不妙。於是裹脅「本土」，操弄本土，轉移焦點，孤注一擲，力圖死裡求生。

（二）陳水扁自己清楚，他的臺獨之路，入聯公投，是不可能成功的。然而與其坐而待亡，不如拚死一搏。有人說他是「寧為臺獨死，不為貪腐亡」，「寧為政治犯，不作貪汙犯」。這是有一定道理的。

（三）陳水扁本人還是充滿幻想的。一是看透了美國的戰略意圖，認為只要死抱住所謂「民主」和臺獨大旗，美國不會不救他；二是擁抱島內「深綠」和「基本教義派」，誓與他們形成「命運共同體」，還會有所作為；三是中國大陸倡導的是「和平、和諧」，又要搞「奧運會」和「博覽會」，是不會輕易出手的。

所有這一切，都是陳水扁和其一夥的一廂情願。臺灣問題關係到我們國家的核心利益，13億中國人民不會聽任陳水扁一夥走臺獨道路。陳水扁集團利用「雙十」紀念所拋出的「臺獨宣言書」，除迴避了「臺灣共和國」的稱呼外，其餘什麼都有了。這必將激起中國大陸、臺灣島內、香港澳門，以及海外華僑等廣大愛國同胞的一致譴責和聲討。

俗云：「十目所視，十手所指」，其結果，必將是「無疾而終」。何況今之臺獨分裂主義者，早已不是十目所視、十手所指，也不是萬目所視、萬手所指，而是十億、十數億的目之所視、手之所指。這一切所可能掀起的狂風驟雨、大海怒濤，必將使陳水扁一夥面臨「滅頂」之災。

陳水扁所謂「三條件」本質是什麼？

中共十七大已於10月21日勝利落幕。胡錦濤總書記在十七大開幕時的報告，對民進黨當局釋出了一系列善意。其中如「在一個中國原則的基礎上，協商

正式結束兩岸敵對狀態，達成和平協議，構建兩岸關係和平發展框架，開創兩岸關係和平發展新局面」，就是頗具新意、善意和創意的。連美國白宮發言人也表示，這是「朝著尋求恢復兩岸對話的正確方向邁出的一步」。

然而，臺灣陳水扁當局又是怎樣回應的呢？他提出的所謂「三條件」，一是「放棄一中原則」；二是「廢除《反分裂國家法》」；三是「撤除針對性的900多枚飛彈」。這是多麼放肆和狂妄的言語啊！如果按他所說，取消這三條，那不就是他要的「一邊一國」、「臺灣獨立」，從而不費一槍一彈就實現了民進黨剛不久通過的「正常國家決議文」嗎？所謂「三條件」者，允許「臺灣獨立建國」也。真是可笑不自量。

陳水扁說什麼「若在『一中原則』的框架下，就不是和平協議，而是投降協議」。試問，天下能找到這樣的「投降協議」嗎？這不僅是狂妄，而且是一種極其無理、無知的狂妄。

可見，就目前的兩岸關係來說，有兩種解決問題的方針：一種是和平的方針，也就是上述胡錦濤總書記在中共十七大所談的方針；一種是戰爭的方針，也就是陳水扁當局所說的「三條件」。陳目前所提出，並且正在積極推行的「以臺灣名義加入聯合國」的做法，說白了就是執行的後一種方針，就是逼著要使兩岸關係走向危險的戰爭方針。

陳水扁說什麼「臺灣人不是中國人，臺灣人民不是中國人民」；與此同時，他身邊的一些親信和核心人物也跟著搖旗吶喊，說什麼「臺灣主權屬於臺灣2300萬人民，臺灣前途由2300萬人民自由意志決定，這是臺灣主體意識」等等。實際上，都是一些老掉牙的陳腔濫調，是一些早就被駁得體無完膚的廢話和謬論。本文不想再就此浪費筆墨，這裡順便提及，就是要使之再曝曝陽光，去去其霉氣和臭氣而已。

最近私下與一些朋友們議論：陳水扁為什麼一個時期來竟如此發狂發飆？所謂「入聯公投」，幾乎已到了走火入魔的程度，這方面的口號標語滿天飛，無處不是，無時不見，連私人郵件也被強迫蓋上這類標語口號，未免太荒唐！難道他真想大造輿論，挑起一場臺獨戰爭？就憑他今年「雙十」軍演展示的武器，就有

本錢發動一場臺獨戰爭？有多少人能為他和願為他的臺獨「賣命」？

歷數過去臺獨風雲人物，先後有廖文毅、辜寬敏、許世楷、謝聰敏、史明、張燦鍙、蔡同榮、李憲榮、姚嘉文等不下數十人。俱老矣，也俱往矣，始終一事無成；「數風流人物還看今朝」，以陳水扁為代表的新一代臺獨人物，不僅登上歷史舞臺，而且竟然在臺灣取得了政權，可謂是「臺獨的巔峰期」。然而當此新中國已和平崛起，巍然的屹立在世界的東方，而且各方蒸蒸日上，日趨繁榮和富強，在巨人一般的新中國面前，你陳水扁還能再有什麼別的作為？臺獨之產生和發展有其歷史原因，而臺獨之走向沒落和消亡則是必然的。由於複雜的歷史原因和現實原因，使李登輝、陳水扁輩一時走上執政路，這不過是歷史的小插曲，如因此而產生各種不切實際的幻想，必將碰得頭破血流。

新一屆臺灣「立委」選後的兩岸關係

2008年元月12日，臺灣新一屆「立委」選舉已經落幕了，這是一場形同短兵相接的「肉搏戰」，藍綠雙方都使盡了全身「解數」，終以藍大勝、綠慘敗而告終，道不盡「幾家歡樂幾家愁」。2008年3月下旬，臺灣地區領導人選舉又將來臨，這將是一場更加激烈的戰役。各方都正秣馬厲兵，磨刀霍霍，準備參戰。

每一場選舉，似乎都要觸及島內最敏感的話題，即兩岸關係。例如「公投」、「制憲」、「正名」、大陸政策、經貿政策、對外關係、政局走向等，沒有一件不涉及兩岸關係。由於選舉是臺灣內政，中國大陸自然不介入。作為學者，我這裡只想提出一些問題與有關各方共同探討。

最近我經常考慮到的一個問題，就是臺灣「立委」選後，也包括今年3月臺灣地區新一屆領導人選出後，臺灣究竟應該邁向何方？

就目前來看，臺灣的未來走向，無非是三個選擇：「臺灣獨立」，「維持現狀」與「和平統一」。關於「臺灣獨立」，這一次臺灣「立委」選舉，實際已經以選票加以「摒棄」了。島內輿論幾乎一律地把民進黨慘敗的主要原因歸咎為臺

獨和貪腐。這當然是重要的，也是最根本的。選舉結束的當晚，我據此就寫了篇《臺獨乃「十惡」之源》一稿，次日一清早就見到香港《中國評論》新聞網採用了，後來也看到一些媒體有轉載的。這裡就不再重述。

其次是「維持現狀」，什麼叫「維持現狀」，其中，有「美國版」，就是「不統、不獨、不戰、不和」；有「大陸版」，就是兩岸雖暫時沒有統一，但「同屬一個中國」並沒有改變；有「臺灣版」，即所謂「臺灣本來是一個主權獨立國家」。2008年1月6日，李登輝就還在公開這樣強調。

一般說，所謂「維持現狀」，只能是暫時的。美國方面所謂「維持現狀」，本質上是干涉中國內政；臺灣方面所謂「維持現狀」，不過是一種主觀唯心主義的幻覺；大陸方面所說「維持現狀」，則是客觀現實的陳述。根據辯證唯物主義原理，事物每時每刻都處在運動變化之中，動態是永恆的，靜態是相對的，最終不是走向統一就是走向獨立，真正的中間道路或維持現狀是沒有的。

關於「維持現狀」之說，一直持有不同意見。有人就曾公開發表文章說，維持現狀是變相搞臺獨。主要理由：一是「維持現狀」和「一中各表」，實質「是在強化兩岸分離心理，而不是強化統一心理」；二是兩者都是在「無限期拖延統一時間，不斷弱化統一大趨勢」，而「不是濃厚統一氣氛」；三是兩者都不是真正強調「兩岸利益共贏共享」，真正「為老百姓謀福祉」，而是「為政黨集團謀取利益」；四是兩者都有「自相矛盾、自欺欺人」之嫌。因為，既然都已承諾一中原則，而又允許各作解釋，無非「是讓各政黨無意義、無休止地爭論下去，是在為臺獨勢力爭取主動」。

不過，維持現狀作為「過渡期」的某種中間狀態，有時也還是必要的，不可完全否定。但是必須看到它具有欺騙性和危害性的一面，絕不可以也不可能使之長期化和穩定化。

還有一種，就是我所贊成的「和平統一」。這裡所說的「和平統一」，自然是指「一國兩制」下的和平統一。如前所說，目前兩岸雖還沒有統一，但同屬一個中國的狀況沒有改變，兩岸也同樣各行其「制」，所以說，實際上就是「一國兩制」，只是沒有經過對話、溝通、談判，使之「共識化」、「合法化」和「正

常化」。我認為，這個方向是符合兩岸人民的根本利益和長遠利益的，是會得到兩岸人民和各有關方面贊成的。它可以保障兩岸人民的互利雙贏，保證臺海地區長期的和平穩定，對其他各方包括美國、日本以及周邊國家，也都是有百利而無一害的。我們突出強調的是和平、穩定、合作、和諧、發展，相信絕大多數人都會歡迎的。

總之，自1949年國民黨自大陸撤退臺灣迄今已快60年了。兩岸中國人民隔海對峙，長期對立，相互消耗，這對兩岸、對整個中華民族都是沒有任何好處的。但願兩岸執政當局，都能像胡錦濤總書記在中共十七大所呼籲的那樣：「在一個中國原則的基礎上，協商正式結束兩岸敵對狀態，達成和平協議，構建兩岸關係和平發展框架，開創兩岸關係和平發展新局面」。

（香港中評網，本書收編時略有校正）

民進黨的「造反」哲學

新春佳節期間，兩三好友，聚集聊天。忽然議論到民進黨的「造反」哲學。有一位說，來自臺灣的朋友大都說民進黨的「造反」是跟共產黨學來的，不過時代不同了，各自「造反」的內容和特點也不同。當年共產黨是武裝奪取政權，靠的是「武鬥」和「槍桿子」，如今民進黨奪取政權，靠的是「選票」和「一張嘴」。當年是「炮火連天」，如今是「口水連天」。

一、民進黨的「造反」

我也說了自己的看法。我說：如果說民進黨「造反」，學的是共產黨，那是學「歪」了。當年共產黨造國民黨的反，靠的是勞工和農民，在農村實行「土改」，先是減租減息，後來是打土豪、分田地，給農民帶來了實際利益；如今民

進黨造國民黨的反，鬥來鬥去，給農民帶來了什麼實際利益？包括陳水扁在內，許多人都是「土改翻身戶」，但這些都是國民黨執政時期已經完成的。按道理，民進黨奪取政權後，不僅要改變國民黨的專制和獨裁，貪腐和黑金，還應在已有經濟成果的基礎上，努力使臺灣經濟更上一層樓，給人民帶來更大的福祉，這也正是臺灣人民所熱切期待的。而結果卻完全相反，臺下「求民主」，臺上「搞獨裁」，其貪腐和黑金更不在國民黨之下。經濟上搞得很糟，人民生活不是改善了，而是每況越下，不是「幸福指數」上升，而是「痛苦指數」不斷攀升。這樣的「造反」，這樣的「造反」哲學，是人民需要的嗎？能與共產黨和毛澤東的「造反」相提並論嗎？

所謂「臺式文革」，據說也是學的毛澤東。這也不對，果真如此，那也是學「歪」了，學「過」了，走樣了。當年大陸的「文革」，紅衛兵一開始提出的口號是「革命無罪，造反有理」。而民進黨主導的「臺式文革」，實際上的口號是「臺獨無罪，造反有理」。大陸舉的是「愛國主義旗幟」，臺灣舉的是「賣國主義旗幟」，大陸矛頭對準的是「走資派」，臺灣矛頭對準的是「走統派」。說到「走資派」，應該坦率地承認，大陸這方面後來失控了，走偏了，教訓深刻，連毛澤東自己也承認了錯誤，有所謂「四六開」之說，即四分錯誤，六分成績。實際上，有那麼一段時間，形勢失控，完全走向了毛澤東所期望的反面，給共產黨自身造成了很大的傷害。後來是由鄧小平為代表的中共領導人出來徹底糾正的。

二、人民否定「臺式文革」

而臺灣呢？由於民進黨主張臺獨，狠鬥「走統派」，越走越遠。所謂「民主化─本土化─主體化─臺獨化」，幾乎成了民進黨執政當局不成文的、對反對黨和反對派形成巨大壓力的法定公式，動輒扣以「賣臺」、「不愛臺灣」的大帽子，成為「綠色恐怖」的總根源。

民進黨執政八年，有前四年、後四年之分，實際上都是「臺式文革」。前四

年,從2000年算起,奪了國民黨的權,實現了「政黨輪替」,這本來是一件好事。僅就實現「政黨輪替」這一點來說,是應該被肯定的,是有重要的積極意義的。不過我認為,它實際上被誇讚得太過頭了。大陸有一句名言:「實踐是檢驗真理的唯一和最後標準」。所以從實踐結果看,它並不是成功的,是一次很不成功的「政黨輪替」,臺灣社會並沒有因此而「向上提升」,而相反是「向下沉淪」。當然,這還僅僅是開始,往後還能不能改善和進步,仍要看以後的實踐。

後四年,仍是民進黨主政,雖然政績不好,並沒有實現另一次「政黨輪替」。這一次,還是「造反」。實際應從「319槍擊案」算起,是因為有了這個槍擊案,才打破了國民黨在新一輪選舉中所擁有的勝勢,這個神祕的槍擊案至今仍是一個沒有被揭開的「謎」。這一次,民進黨的「造反」,就走得更遠了。它推翻了領導人陳水扁自己所承諾的「四不一沒有」,改成了「四要一沒有」,實際上就是「要主權、要正名、要修憲」,後來又加上要「入聯」。總之一句話,要「獨立建國」。與此同時,大搞「廢統」、「去蔣」、「去中國化」,搞得雞飛狗跳,人心惶惶。這對民進黨自己所造成的傷害也是最大。它帶給臺灣民眾的,不僅是沒有任何實際利益,而且使社會更加動盪不安,人民大失所望。應該說,2008年元月12日民進黨在「立委」選舉中的慘敗,完全是人民以選票對民進黨執政當局的一次總清算和徹底否定。

三、人心思「安」,人心思「和」

為期八年的「臺式文革」應該結束了。問題是,應該由誰來收拾目前臺灣這個「亂局」,這個「爛攤子」呢?一般說,自己的錯誤要由自己來改正是很難的。當然,這也不是絕對的,同一個政黨內的不同個人,還是有區別的。

民進黨主政的八年,不僅沒有糾正國民黨所犯錯誤,反而在更大程度上重蹈覆轍。歷史的辯證法就是這樣:一切事物都會在一定條件下,向著自己對立面轉化。民進黨已經走到「反面」了。

古往今來，社會上不乏「造反」之士，有成功也有失敗。逆潮流而動，逆社會人心而動，私心膨脹，路線政策錯誤的「造反」，一般都會失敗，或者說是很難成功的。目前的臺灣社會是人心思「安」、人心思「定」、人心思「和」、人心思「治」，不瞭解這一點，一味「造反」下去，蠻幹下去，一定會犯更大的錯誤。

四、臺灣不能再亂下去

臺灣不能再亂下去，沉淪下去，大「亂」後應有大「治」。不要再分什麼藍綠、什麼本土非本土、愛臺灣不愛臺灣了。現在住在臺灣的民眾，絕大多數都是從大陸去的移民，都是臺灣人也是中國人，應該愛臺灣也愛中國大陸。不能把「愛臺灣」當成某一個族群的專利，藉以壟斷或排斥別人愛臺灣和愛中國大陸的權利。只有「島內和諧」，才會有「兩岸和解」，進而才會有「臺海和平」。「中國是兩岸人民的共同家園」，也是兩岸人民的「生命共同體」，不能再受外人的挑撥，再搞什麼「中國人鬥中國人」了。我們的共同目標應是和平、團結、合作、發展，攜手共奔中華民族的偉大復興之路。

還有，聽說國民黨也有人在學毛澤東的調查研究，例如馬英九就曾多次深入民間，實踐與民「同食、同住、同勞動」，我對此比較欣賞。還是傾聽民意、貼近民意、擁抱民意、以民為本、實事求是比較好，不要再搞什麼「空穴來風」似的耍嘴皮、打口水戰了，「奪權靠嘴皮，固權靠口水」，這實在是一種不正之風，毛澤東曾著文諷刺那些所謂「頭重腳輕根底淺、嘴尖皮厚腹中空」的人。臺灣也應該是這樣，應該堅決唾棄這樣一種人才是。

（原載福建《現代臺灣研究》）

臺灣兩候選人的一場辯論戰

2008年2月24日下午2時半至5時半，臺灣政壇民進黨候選人謝長廷，國民黨候選人馬英九，兩人進行了一場歷時三個小時的大辯論。辯論內容包括財政、金融、稅收、貿易及農產價格政策等，涉及面很廣，也涉及兩岸關係、臺灣認同、對外關係等敏感話題。總的來說，辯論還是比較平和的，沒有出現過激的火爆場面。

　　兩人的政治立場基本上都是鮮明的。謝長廷沒有違背民進黨的宗旨，雖然說了不少軟性語言，如「和解共生」、改善民生、改善兩岸關係等，儘管用語含糊，但在涉及所謂「臺灣主權」等敏感話題時，還是非常堅持的，一句話，他的臺獨立場或臺獨傾向還是比較明顯。馬英九在財經貿易等許多方面的主張，與謝長廷大同小異，不過說的似比謝更具體，更有可行性。在兩岸「三通」上，說的也似比謝說的更明確，更符合人民期待。他是反臺獨的，但在強調兩岸「不統、不獨、不武」上，卻也流露了自己的某種「獨臺」傾向。

　　馬英九的談話，仍然是學者風度，老成持重，平靜無波。謝長廷的談話，則是律師風度，善於辯解、語言犀利。在涉及個人、家庭以及自己的部屬時，則顯得有些不冷靜、情緒化，以至惡語相向；馬則不動聲色，坦然以對，該說明則說明。

　　人們平時的印象，認為謝善於言詞，巧言應變能力強，而馬則過於老實，時常被動挨打。因此，臺灣TVBS電視臺事前預測時，對謝的看好度是33%，馬則為21%；而經過兩人一場辯論後，完全翻過來了，馬的看好度，由21%上升為43%，謝則由33%下降為28%。兩人辯論當天，根據臺灣東森電視臺的民調，截至當天下午6時，民眾表示支持馬英九的有43000餘人；而支持謝長廷的則只有2900餘人。

　　為什麼會出現這種「反常」現象？「眾人心裡有桿秤」。真正不正常的事，往往都是由一些政治人物操弄出來的，使之躲過了人民群眾的眼睛，許多人因此而受騙。而這次的大辯論，是在光天化日、眾目睽睽之下進行的，沒有切實可靠的證據，老搞一些小動作，一些雕蟲小技之類，人民群眾是不會輕信的。一切的一切，都必須經過廣大人民群眾眼睛的檢驗。

然而事情還遠沒有結束。呂秀蓮說過，民進黨奪取政權，全憑「一張嘴」，事實上能否維持政權也靠一張嘴。她這裡所說的「一張嘴」，並非指候選人一個人的嘴，而是指整個集團的嘴，是靠他們的嘴巴來「打天下」和「固天下」。這一次的馬謝嘴戰，只是頭一場，還會有第二場和第三場。這樣的嘴戰，不過是一種「正面戰」，還會有無數的「運動戰」和「游擊戰」，以至看不見的「隱蔽戰」。真正決定勝負的，往往就是這些無數「正面戰」以外的選戰。未來究竟鹿死誰手，現在還不好說。整體而言，這樣的嘴戰和選戰，國民黨經常不是對手，因而前兩次大選都輸了。回顧過去，筆者有感地寫了以下幾句順口溜：

唇槍舌劍選舉時，

口水戰場分高低；

誰人能把高位奪，

不看實踐憑嘴皮。

對此，筆者也有期待。時代在前進，人民在覺悟，臺灣每四年一次的領導人選舉，不要再靠嘴皮取勝了。「口水」應是一種「口才」，但「口才」不等於「人才」，「口才」更不是「戲法」；做事情需要有口才，但不能只憑口才。既要有「口才」，也要有「實才」。但願這一次能把一些有真才實學、講到做到、廉潔奉公、辦事認真負責、有理論也有實踐，能為臺灣人民謀福祉的人選到領導崗位上來。如此則臺灣人民幸甚，臺灣未來幸甚，兩岸關係幸甚，而且這也將是「真民主」還是「假民主」的試金石。

「藏獨」和臺獨遙相策應

2008年3月18日上午，溫家寶總理在答中外記者問時，談到了西藏問題和臺灣問題。在談到最近的拉薩暴亂時，他說，這純粹是西藏極少數分裂主義者即達賴集團所蓄意策劃的一次暴力事件。他們搞打、砸、搶、燒，手段十分殘忍，傷

亡者眾，損失巨大，也破壞了拉薩人民正常的社會秩序，遠不是西方某些媒體所報導的所謂「和平示威」。

為什麼達賴集團此時此刻要搞這樣一次破壞活動？為什麼要選在奧運會前夕？又為什麼要選在我「兩會」召開期間，特別是臺灣「大選」期間？明眼人一看即知，他們顯然是有組織、有目的，並且是經過精心策劃的一次破壞行動，是配合西方反華勢力、配合臺灣島內臺獨分子的一次陰謀活動。

我們同時注意到臺灣島內的一些情況。人們對民進黨候選人謝長廷曾抱著某種良好的期待，希望他能與陳水扁一個時期以來所執行的臺獨路線有所「切割」。然而人們失望了。謝正越來越緊地靠向「深綠」、靠向臺獨路線。其中一個重要標誌是，凡走臺獨之路者，必然猛打「兩岸牌」，猛攻「一個中國」。謝長廷不正是這樣嗎？

他一再強調自己在兩岸關係上的「三反」立場：一是反對「一中市場」，實即指蕭萬長先生提出的「兩岸共同市場」；反對「一黨獨大」，認為這樣會「親共」、「賣臺」；反對「中國霸權」，認為強調「一中」，不接受「一邊一國」，就是一種「霸權」行為。

他和他的陣營，認為「一中市場」有「四害」：一是男人找不到工作；二是婦女找不到老公；三是兒童找不到爸爸（要找就要去黑龍江）；四是會讓大陸「黑心商品」泛臺。說得多麼玄乎啊！

謝還特別強調，臺灣應接受西藏教訓。說什麼有人講，「臺灣前途應由兩岸人民共同決定」，這是不對的。果然如此，那麼「西藏今天的下場，就是未來的臺灣」。

這一切，自然都是捏造和歪曲事實。

「藏獨」和臺獨，相互同情，心心相印，互相配合，由來久矣！1997年3月，「藏獨」頭子達賴第一次去臺灣活動；2001年3月，他又一次去臺灣活動；兩次都得到分裂主義者的熱情接待。有臺灣朋友告訴我，他們還曾在臺多次看見過西藏去的喇嘛，並且也有民進黨人士前往拉薩「參觀」，說明他們本來就很密

切。此時此刻，儘管一個在東，一個在西，又一次來個相互配合，相互呼應，相互支持，是很自然，而不應該感到意外的。

溫家寶總理在答記者問時特別強調說，無論是西藏或臺灣，都是中國領土不可分割的部分；中國政府和人民完全有決心和能力保衛自己祖國領土主權完整；無論是臺獨或「藏獨」都是注定要失敗的。兩者都不得人心，也都是違反廣大人民利益的。明知其不可能，而偏要逆人心而動，逆潮流而動，是不會有好下場的！

民進黨竟然猛打「西藏牌」

前一陣子，臺灣島內曾出現國民黨「立委」的所謂「踢館」事件，民進黨人不禁歡呼：「這是藍營送來的大禮！」目前真相已經大白，遠不是民進黨人所渲染的。最近西藏又忽然發生暴力事件，民進黨候選人謝長廷更是欣喜若狂，說這是「天佑臺灣」，是「天上掉下來和送給民進黨的又一個大禮！」

民進黨主政八年，把臺灣搞得亂糟糟的，使得民進黨在目前的大選中處於非常困難的境地，眼看嘗盡甜頭、也來之不易的政權，有可能要丟失了，他們是多麼著急、也多麼想再創一次「保權」的奇蹟啊。國民黨送去的「大禮」，看來效果並不如所預期的，而這一次從天上掉下來的這個「西藏大禮」，一定得抓住不放啊！

然而誰都知道，最近拉薩街頭所發生的暴力事件，正像溫家寶總理在答中外記者問時所指出的那樣，完全「是由達賴集團有組織、有蓄謀、精心策劃和煽動起來的」，並強調這是「有足夠事實證明」的。香港《東方日報》報導說：旅客們目擊這少數暴徒，他們「見人就打，見車就掀，見商店就砸」，實際是打、砸、搶、燒，無所不用其極。中國政府對於這次事件，則完全採取了「冷靜、低調、克制」的態度。

明明是一種暴力事件，而絕不是有人說的什麼「和平示威」；

明明是蓄意製造「流血事件」，而絕不是有關當局「血腥鎮壓」；

明明是有人叫嚷「西藏獨立」，而絕不是所謂「維護人權」；

明明是有人「心懷鬼胎」，而絕不是要追求什麼「公理正義」。

民進黨中有些人，倒因為果，倒黑為白，竟如此瘋狂地大打「西藏牌」。謝長廷大叫：臺灣前途，絕不可「由兩岸共同決定」，否則，「今天的西藏，就是明天的臺灣」；「西藏、臺灣，都是中國的受害者」。他號召島內分裂主義者站出來，反對所謂「中國鎮壓西藏」，反對所謂「中國威脅臺灣」。說什麼「西藏問題說明，臺灣堅守主權是完全必要的」。

我曾著文《謝長廷會否成為第二個「陳水扁」或「謝水扁」？》從最近一個時期謝的言行看，這個看法似已得到肯定和印證。

「藏獨」和臺獨，相互同情，心心相印。雖然一東一西，相隔萬里，然卻你來我往，十分密切，誠然是「天涯若比鄰」啊。這方面的情況已為文揭露，這裡不再重複。

目前謝長廷陣營攻擊的主要矛頭是指向「一中」，如所謂「一中市場」、「一黨獨大」、「中國霸權」等。歸結到一點，那就是要臺獨，要分割「中國主權」，要實現兩岸「一邊一國」。這難道不是第二個「陳水扁」或「謝水扁」嗎？他與陳水扁很難有真正的「切割」，如果硬要說他們有什麼不同的話，那就是陳水扁太鋒芒畢露，而謝長廷則比較隱諱。然在西藏暴力事件出現後，他也像陳水扁一樣，激進的臺獨面目終於現身了。謝如此狂打「西藏牌」，能夠挽救民進黨的「敗局」？設若由於他的「怪招」和「惡招」奏效，得以僥倖勝出，當選為臺灣地區領導人，但如舊習不改，臺獨立場不變，那不過是臺灣再出現一個「陳水扁」而已，其下場也不會好於現在的陳水扁。

3月22日的選舉就要開始了，那就等著揭曉吧！不過還要指出的是，即使馬英九能夠當選，扁和謝還不知會有什麼「怪招」和「惡招」，同樣前路多艱。臺灣似此「民主」，實在不敢恭維。人們都被他們搞怕了，至今仍心有餘悸和心懷恐懼，不是沒有原因的。

馬勝謝敗的意義為何？

　　一場唇槍舌劍、空前激烈的臺灣地區領導人選舉落幕了。到下午7時半止，馬英九得票為7658724張票，謝長廷為5445239張票，相差221萬張，馬英九大勝，謝長廷大敗，馬勝謝敗的大局已定。

　　這場選舉結果的意義為何？我看可以概括為以下四句話：

　　人心不可違，潮流不可逆。「奧步」不可有，臺獨不可行。

　　一是人心不可違。當前的臺灣，人心思「安」，人心思「和」，人心思「變」，人心思「治」，馬勝謝敗完全是社會人心決定的。二是潮流不可逆。謝陣營一再強調「逆轉勝」，逆水行舟，逆勢操作，反敗為勝，事實證明這是不可能的。三是「奧步」不可有。所謂奧步就是搞陰謀詭計，這一方面，謝和扁一樣，都是「行家裡手」，選民們很反感。四是臺獨不可行。民進黨最大的失敗，就是沒有處理好兩岸關係，拒絕承認「九二共識」和「一個中國」，實際乃臺獨路線所使然。此四點，乃民進黨之致命傷，亦馬勝謝敗之關鍵所在也。

　　「無可奈何花落去，似曾相識燕歸來」。前一句，可以認為指的民進黨。八年執政，風光一時，吃香喝辣，嘗盡甜頭；如今政績不佳，人民厭惡，以選票否定了這個政權。後一句，可以認為指的國民黨，一度長期執政，經濟上雖有績效，然卻黑金泛濫，高壓統治，人民不滿，於八年前下了臺；如今經過反思，接受教訓，重塑自我，又回來了。民進黨如今是「無可奈何花落去」，國民黨是「似曾相識燕歸來」。

　　馬英九這次勝選，實在不容易。一路走來十分辛苦，到處都是障礙，到處荊棘叢生，真是「蜀道之難難於上青天」啊！然畢竟是「皇天不負苦心人」，馬終於取得了人民的理解和擁戴，獲得了重大勝利。

　　然必須看到，其前路仍然是多艱的：一是民進黨執政八年，丟下的是一個「爛攤子」和「亂攤子」，要費很大力氣和很多工夫去整治。二是民進黨中一些激進分子，仍不會甘心失敗，而會繼續設置障礙，尋找機會作「反撲」。三是馬

英九雖然「反獨」，但也存在「反共情結」，對中國大陸天翻地覆的變化並不瞭解。四是奪回了政權固然是好事，但國民黨內部以至整個藍營內部存在的問題也不少。沒有大餅想大餅，一旦有了大餅也可能在分配上出現問題。凡此，都不能不警惕。

　　總之，國民黨和馬英九能贏得勝選，不失為好事，相信他們一定能接受過去的歷史教訓，其中包括國民黨執政期間的教訓，以及民進黨執政期間的教訓。今後既應處理好與民進黨的關係，也應協調好自己黨內的關係，更要處理好兩岸關係。民進黨執政期間存在的問題，一千條一萬條，最重要的一條是沒有處理好兩岸關係。民進黨追求的是「法理臺獨」，國民黨切不可去追求「法理獨臺」。所謂「法理獨臺」就是搞「兩個中國」的合法化。相信中國大陸在臺灣地區新領導人執政後，會對過去國共兩黨經貿論壇會上所承諾的各種「惠臺」政策，一一付諸實施。但願雙方合作，能在兩岸關係上開創一個嶄新局面。

　　至於民進黨，我認為此次敗選對其來說可能是一件好事，希望他們能認真反思過去，總結教訓，重塑自己。希望民進黨能早日轉型為一個良型政黨，一句話就是修正「臺獨黨綱」。這個黨綱，對民進黨自己，對臺灣島內，對兩岸關係，都是一個「禍根」。一切都應該以民為本，以和為貴，以一個中國為綱，從而實現一個「島內和諧、兩岸和解、臺海和平」的新局面。

敗選後猶念「臺獨經」

　　2008年3月23日晚，臺灣TVBS電視臺舉辦的《臺灣不一樣》節目，播放了呂秀蓮現場接受採訪的內容。她在這次談話中，對於民進黨執政八年，堅持臺獨路線，貪汙腐敗，施政無能，不但毫無反省之意，而相反仍然大念「臺獨經」。

　　她一味替陳水扁辯解，説什麼「不當家，不知柴米油鹽貴」。她十分委屈又十分自傲地説，在中共「蠻橫無理」打壓下，他們堅持「臺灣主權」，堅決維持現有「邦交國」，是多麼的艱辛，多麼的不容易啊！然而陳水扁與她做到了，但

卻未能得到島內更多人的理解。

她很輕蔑也很傲慢地看待馬英九。她說，許多人都認為他很好，他自己也說得很好，選勝了，就要出任新的領導人了。然而這一切都還沒有經過檢驗，還要看他怎麼兌現，最重要的是看他如何突破「外交困境」。

她接著大肆攻擊中國大陸的「一個中國」原則，說這是「緊箍咒」，使得你舉步艱難。說得對，對於分裂主義者來說，一個中國原則就是「緊箍咒」，無論臺獨、「藏獨」、「疆獨」，都不能掙脫，也不允許你掙脫。

呂秀蓮是聞名的親日派，臺獨派。若干年前，她曾在日本拜訪當年《馬關條約》簽約地，曾經無限感慨地說：「感謝日本天皇，若非當年有一個《馬關條約》，臺灣就不會有今天，就不知道臺灣今天會是什麼樣子」。民進黨總是喜歡給別人扣「賣臺」、「不愛臺灣」的帽子，然像身居「陳水扁副手」高位的呂秀蓮，這是「賣臺」還是「愛臺」？

當年我在社科院臺研所任職期間，曾「有幸」負責接待過呂秀蓮，在香港一次學術研討會上，也曾遇見過她。當年她還不是如此激進的臺獨分子，事隔不過數年，竟在臺獨道路上越滑越遠。民進黨八年執政，只會唱臺獨高調，唱「愛臺」高調，也只會搞「選舉」，搞「奧步」，而實際貪汙腐敗，施政無能，弊案如山，民怨沸騰，如今已被臺灣人民以選票唾棄了。當此下臺前夕，仍不知自我反思，卻對廣大選民，新的臺灣領導人，繼續大念「臺獨經」，也不服輸，豈不悲哉，悲哉！可嘆，可嘆！

就馬英九當選回答媒體幾個問題

自3月22日臺灣大選落幕，馬英九高票勝出以後，臺灣許多媒體記者要我談談看法，左鄰右舍關心臺灣形勢的朋友們也向我諮詢，其中說得最多的是關於兩岸關係。於是根據個人看法，就幾個問題簡要整理如下：

（一）馬英九當選前後，在接見內外媒體時曾多次表示，他未來願與中國大陸展開和平談判，簽署和平協議，你個人是怎麼看的？

答：當然歡迎，這也是中國大陸方面久所期待的。民進黨執政八年，把這方面的路幾乎全都堵死了，最重要的是拒絕承認「九二共識」，也就是「一個中國」原則。當然，對這個「一中」，過去國共雙方還有不同解讀，國民黨講的是「一中各表」（一個中國，各自表述）。我個人認為，這是不準確的，但應「求同存異」。「一中」是同，「各表」是異，大陸對後者不贊成，但也未反對，以便保留這樣一個彈性模糊的空間，免得有人鑽空子，做文章。馬先生希望在確認「九二共識」基礎上，恢復兩岸「海基會」和「海協會」功能，進而進行接觸、對話和談判，我也是非常贊同的。

（二）馬英九先生的另一些講話，也引起了人們的憂慮。例如，他雖表示願意與中國大陸展開和平談判，但前提是中國大陸必須撤走布置在沿海的導彈，又如在西藏發生了暴力事件後，馬先生又說臺灣有可能不排除抵制北京奧運。你的看法如何？

答：先談一下最近西藏所發生的事件。馬先生一是不瞭解西藏事件真相，二是怕民進黨就此再扣「紅帽子」，因而說了一些「過頭話」，也作了一些不恰當表態，這當然不好，但我個人對此表示諒解。

至於「撤走導彈」問題，這就比較複雜了。導彈問題有兩個因素：一是島內因素，你民進黨天天叫「制憲」、「正名」、「獨立建國」，大陸能不防嗎？二是國際因素，你民進黨要搞臺獨，搞「獨立建國」，沒有外國勢力的支持是不可能的，大陸也不可能不防。

馬英九現承諾不搞臺獨，這當然很好，臺灣海峽有可能在馬主政後出現一個相對和平穩定的局面。但這在目前也只是一種期待，不能說臺灣就從此無事了，從此就天下太平了；也還不能說，民進黨就從此垮臺了，不會搞臺獨了；更不能說外國反華勢力就從此死心了，不再對臺灣打主意了。

所以，要撤導彈應該是有條件的，應該商量，不能你說要撤就撤，更不能作為兩岸和解對話的前提條件。

（三）兩岸對立已經很久了，兩岸關係的改善應該從哪些方面切入？「胡連會」時曾就「兩岸共同市場」達成協議，民進黨強烈反對，你的看法如何？

答：兩岸關係的改善，應從三個「先」字入手。一是「先易後難」，不要一開始就碰那些難題；二是「先經後政」，政治問題是很敏感的，可先從經貿方面入手，這也是當前大家最關心的；三是「先民後官」，不要老是要求「政府對政府」，而應首先恢復「海基會」和「海協會」的功能，這個「白手套」還是需要的。

至於「兩岸共同市場」，本質上應該是一中市場，絕不可以作為「兩個主權實體」的市場，那樣做問題就大了，那就是搞分裂，從經濟上分裂到政治上分裂，我們不可能同意。目前民進黨的反對是沒有理由的，即使稱之為「一中市場」也完全可以。這裡說的「一中」，並無特定的「內涵」，既非指「中華民國」，也不是指「中華人民共和國」，這與「九二共識」裡說的「一中」是同義語，馬先生既然同意「九二共識」，相信就不應反對「一中市場」。

（四）馬英九在一些結構問題上，比如「中華民國」定位、「對等尊嚴」、「國際空間」等問題上，都是比較堅持的，應該如何解決？

答：根據胡錦濤總書記在中共十七大的講話，我認為他講的「四個絕不」，實際上就是在「一中」為綱原則下，尋求解決之道。反對「一中」，實際就是要「一中一臺」或「兩個中國」，本質都是「一邊一國」。至於「中華民國」定位、「對等尊嚴」、「國際空間」等，都不應離開「九二共識」的「一中」，不能離開「兩岸同屬一個中國」的基本原則和精神。舉一個例子：參加聯合國問題。民進黨搞的「入聯」，國民黨搞的「返聯」，這兩個都不現實，可以考慮第三個方案，即兩岸「共組」代表團。聯合國成立時，國共兩黨即是共組一個代表團參加的。其他如「國際空間」、「對等尊嚴」等，都可以在「一中」原則下，透過協商對話，求得合情合理的解決。

現在有一種提法，叫保持臺灣的「主體性」。我個人對此很欣賞。「主體性」不等於一定要搞「臺灣獨立」，我們說的「高度自治」也是一種「主體性」。主體性應是一種介於「臺灣獨立」和「高度自治」之間、不涉及國家主權

的一種中性提法，可以進一步研究。

（五）你覺得馬英九上臺後，北京應該支持他做什麼？反對他或者要防止他做什麼？

中國大陸是最重視國家主權的，大家都是愛國主義者，只要你不損害中國領土主權的統一和完整，就什麼問題都好辦，都好商量。民進黨講「反華不反共」，國民黨講「反共不反華」。我們不怕你反共，你有本事就反嘛，那是意識形態問題，但是不允許你反華，那是主權問題，涉及一個中國原則問題。民進黨不懂這一點，總是埋怨說，你老共怎麼會和你多年夙敵的國民黨和解，而卻不願和我們這個與你們並無深仇大恨的民進黨和解？他們錯了。

未來的國共關係，也有可能會遇到主權問題，這是必須警惕和防止的。我們知道，民進黨有一個《臺灣前途決議文》，要搞「法理臺獨」，那是涉及國家主權的大事，自然會與這一邊發生「碰撞」，所謂「入聯」也是這個問題。前不久，國民黨內也有人提議，要搞一個《前進聯合國決議文》，那就是「法理獨臺」，要把「中華民國」或「兩個中國」合法化，所謂「返聯」本質上也是這個問題。如果一旦這樣做了，兩岸也一定會發生主權對抗。不過，原來的「中華民國」，也是以「憲法一中」為基礎的，只要你不拿掉這個「一中」，兩岸就有和解與談判的空間，不會像民進黨做得那麼嚴重。

（六）馬英九的和平談判與和平協議，你估計美國方面會是什麼態度？應如何應對？

我答：看樣子，美國方面也是積極提倡和支持兩岸接觸和對話的。他們曾不止一次地表示，希望在這一次臺灣政黨輪替後，兩岸能抓住契機，具體進行接觸、對話，構建臺海和平穩定的新局面。美國方面在臺海的戰略是「不統不獨不戰」，反對單方面改變現狀，這與馬英九的「不統不獨不武」沒有什麼不同。

這從目前情況看，中國大陸也不會反對，因為這對防止臺獨，實現臺海和平穩定局面是有好處的。但從長遠看，就可能存在分歧。因為現狀是不可能永遠保持的，兩岸關係最終非統即獨。美國既然承諾遵守「一個中國」原則和三個「聯合公報」，在這方面就不能不有思想準備，不能把「一個中國」原因虛化，即口

頭上承諾而實際上違背，例如堅持對臺軍售等。既然要保持臺海和平穩定，為什麼還老要對臺軍售呢？還有，不能把臺灣所謂現狀永久化和固定化，那實際上就是變相臺獨，中國人民同樣是不會接受的。

中國人民對美國人民是十分友好的，也十分珍惜這種友誼。願美國方面也能像鄧小平講的那樣，能在積極方面逐漸推動中國海峽兩岸問題的和平解決，最終實現和平統一。這樣，既可使美國在臺灣問題上早日解「套」，也有利於中美兩國發展長期的友好合作關係。

春天的燕子真的來了！？

自博鰲亞洲論壇會上，胡錦濤會見蕭萬長，即所稱「蕭胡會」後，無論是海峽兩岸，也無論是國際輿論，反應都非常熱烈，普遍看好兩岸關係的發展前景。正所謂「風雨送春歸，飛雪迎春到」是也。大概是春天的燕子真的要來了！

兩岸關係從1949年到現在，已經60年了，期間時風時雲，時晴時雨，歷盡滄桑。兩蔣主政期間主要是「正統」之爭，而從李登輝主政臺灣開始，則逐漸演變為「主權」之爭。先是李登輝的「兩國論」，後是陳水扁的「一邊一國論」。尤其是民進黨陳水扁主政的八年，一開始就拒絕承認「九二共識」，後又廢止「國統會」和「國統綱領」，大搞「去中國化」，把兩岸關係搞得非常緊張。陳水扁在這方面確實說了「太多惡語」，做了「太多壞事」。

這次博鰲亞洲論壇會上，兩岸關係出現的和諧氣氛不是偶然的。民進黨在執政期間，以「臺獨黨綱」為基本路線，把兩岸關係引進了「死胡同」，族群對立，兩岸對立，經濟下滑，社會失序，特別是一些政客私心膨脹，利用職權，排斥異己，中飽私囊，搞得弊案如山，民生凋敝，民怨沸騰，人民最終以選票唾棄了他們。

博鰲亞洲論壇會議上的「蕭胡會」，又是在這樣的大背景下實現的：全國人大十屆二次會議期間，胡錦濤主席又一次發表了關於兩岸關係的熱情講話，並進

一步釋放了善意；2008年1月和3月，臺灣的「立委」選舉和地區領導人選舉，國民黨都獲得了大勝，而主張臺獨的民進黨則大敗。臺灣人心思安，人心思和，人心思變，人心思治，從而為論壇會上的「蕭胡會」創造了良好的和諧氣氛。

蕭萬長先生在會見胡錦濤時，主動提出了「十六字箴言」，即「正視現實，開創未來，擱置爭議，追求雙贏」。胡錦濤主席亦隨即加以回應，呼籲兩岸應「抓住難得機遇，共同應對挑戰，切實加強合作，努力共創雙贏」。這個「追求雙贏」與「共創雙贏」，正像臺港澳媒體所反應的那樣，是「兩岸務實主義路線的最大交集」，其對兩岸關係尤其經貿交往方面的良性互動，一定會產生良好的作用和影響。

蕭萬長先生所說的十六字箴言，我個人是非常贊同的，他所說的「擱置爭議」，按照我的理解，應當是指關於「一中」內涵的不同解讀。例如，關於「九二共識」中的「一中各表」，其中「一中」是雙方都認同的，但在「各表」上就可能各有不同。我贊成「擱置爭議」，即求「一中」之同，存「各表」之異。

我和蕭先生沒有見過面，但在經貿交流方面，則有過書信聯繫，也透過一次電話。對於他主張的「兩岸共同市場」，我也是贊成的。

他這個「兩岸共同市場」，本質上是「一中市場」。這裡說的「一中」，既非指「中華人民共和國」，也非指「中華民國」，而是一種中性、彈性、保留某種模糊性與可商討性的空間，有些人故意加以歪曲和攻擊是非常不妥的。

看來春天的燕子真的要來了，但我們對大潮流中的某種小逆流，還應繼續保持應有的警惕。

感想與希望——皖臺經濟發展學術研討會上的發言

諸位在座的領導同志，諸位商界和學界的朋友們！

感謝我故鄉的巢湖市政府和廬江縣政府，感謝省臺辦、市臺辦和縣臺辦的同志們，感謝你們的盛情邀請，使我有機會參加這次在我的家鄉舉辦的皖臺經濟發展學術研討會，並給予我這樣的發言機會。

這次會議的召開，是在2008年3月全國人大十屆二次會議胡錦濤主席發表關於兩岸關係的講話之後，是在臺灣2008年元月「立委」選舉和今年3月臺灣地區領導人選舉國民黨大勝而主張臺獨的民進黨落敗之後，是在皖臺經濟發展交流獲得新的進一步發展之後。特別是剛結束的海南博鰲會上的「蕭胡會」，又為兩岸關係創造了前所未有的和諧氣氛。在這樣大好形勢下召開這個會議，更具有多方面的重要意義。

一

我是土生土長的廬江縣同大鄉人，告別家鄉，投身革命，到今年底就是整整60年了。回到故鄉，所聞所見，感慨良多。有幾句順口溜：

離家六十載，鄉音仍未改；

故地換新顏，人物也換代。

以下談三點感思：

感思之一：我生長在戰爭年代，11歲到18歲是八年抗戰，後來又是內戰三年多，我是在內戰末期參加工作的，也經歷了一段短時間的戰火洗禮。家住巢湖地區廬江縣的同大鄉，是國民黨統治區，在我們住地周圍，目睹過日本鬼子的暴

行，當地土匪的騷擾，至於國民黨和日本鬼子之間，新四軍和日本鬼子之間，國民黨、新四軍與當地土匪之間，不知有多少次槍戰和交火！國民黨與新四軍之間也時有摩擦。那真是戰火紛飛的年代。硝煙瀰漫，槍聲不絕，炮火連天。我就是在這樣的槍炮聲中長大和度過青少年的。上學也是時斷時續，很不正常。如今的大陸和臺灣，隔海對峙也快60年了。海峽上空，烏雲蔽日，陰多晴少，不時有「山雨欲來」之勢。我們是多麼渴望海峽兩岸的上空，有一天會雲散天晴，陽光普照，兩岸人民能在和平穩定的氣氛下攜手合作，發展經濟，共奔繁榮啊！這一天也許很快就會到來，大家都在期待著。

感思之二：應該說，我與臺灣似乎是有一種緣分。早在上小學和讀私塾的年代，老師就曾告訴過我，臺灣是中國的領土，是腐敗無能的清政府統治期間，被日本人搶占去的；抗日戰爭開始，每逢「七七紀念」日，我自己或幫別人寫講話稿時，都要加上一句：「一定要還我河山，要從日本侵略者手中，恢復包括臺灣在內的全部中國失土」。50年代在上海糧政研究班學習時，曾申請報名去福建參加支援解放臺灣的後勤工作，並且已經獲准，然卻因抗美援朝發生而未能成行，被留在上海糧食部門工作。1973年中，我又因對臺工作需要，從「五七幹校」調做對臺經濟研究工作。此後，我在職18年，不在職7年，共計35年，我的後半生幾乎全投入了對臺研究工作。其中研究臺灣經濟10年，其他25年。兩次去過臺灣，參觀過不少地方。就我個人來說，無論對臺灣這塊土地，對臺灣人民，以及對我的這份對臺研究工作，都是充滿感情的，是我至今仍不忍釋手這項研究工作的重要原因。

感思之三：深感兩岸山水相連，血緣相連，命運相連，禍福相連。臺灣絕大多數人都是從大陸去的移民，98%是漢族，兩岸自古就是一家。是外國侵略者，反動統治者，分裂主義者，把兩岸人民分割開的。我兩次去臺灣時，每到一處，都深感臺灣人民是熱愛大陸的，他們就像接待「娘家人」一樣地接待從中國大陸去的人。大陸人民也是熱愛臺灣的，他們對臺灣人民在歷史上所遭遇的不幸，寄予深厚的同情。八年抗日戰爭，為了收復包括臺灣在內的所有中國失土，中國人民曾付出了3500萬人的生命代價，真是「一寸山河一寸血」啊！兩岸人民有深厚的手足情，同胞愛，是不可能允許把臺灣從中國大家庭分裂出去的。我

們非常理解臺灣人民期盼的「出頭天」，其實大陸人民也有一個「出頭天」問題。兩岸人民都有一部血淚史，都曾長期受到外國侵略勢力的欺凌和壓迫。因而，命運是完全相同和相通的。兩岸人民的「出頭天」要求也是一樣的。沒有大陸人民的「出頭天」，就不可能有臺灣人民真正的「出頭天」；同樣，沒有臺灣人民的「出頭天」，也就沒有大陸人民完全的「出頭天」。正因為這樣，兩岸人民必須攜起手來，聯合起來，團結起來，才能共創兩岸和整個中華民族美好的明天。

二

再談四點希望：

希望之一：新中國成立以後，是走了不少彎路，如今已走上了以全力發展經濟為中心的大道。今天的臺灣，也是走了一段彎路的，也將會走向以發展經濟為中心的正道。千利益、萬利益，經濟利益是最重要的利益；千關係、萬關係，經濟關係是最基礎的關係。兩岸關係當然也是這樣，最重要的利益是經濟利益，最基礎的關係是經濟關係。經濟是基礎，政治是上層結構，我們絕不能以政治關係，以不同的意識形態，來干擾我們共同發展經濟和經濟關係的前景。當前，最重要的是「拚經濟」，而絕不是「拚政治」。

希望之二：怎樣才能恢復兩岸的正常接觸和發展經濟關係呢？我認為，當務之急，正像馬英九先生所說應在承認「九二共識」的基礎上，恢復臺灣「海基會」和大陸「海協會」的功能，這個「白手套」還是需要的，是不應該被廢止的。至於什麼是「九二共識」，似乎有三種版本：一是「一中各表」，馬先生就是這樣說的；二是「各表一中」，就是只講「一中」，至少暫時不講「內涵」，我個人就是這樣看的；三是「一中不表」，就是大家只承認「一中」，至於是什麼樣的「一中」，現在可以「不表」，留待以後談判時再說。這與第二種大體相同。總之一句話，就是要「求同存異」，這個同就是「一中」，異就是「各

表」。你可以講你的，我也講我的，相互不承認也互不否認。其他待條件成熟時再談，這也似乎是馬英九先生所主張的。

希望之三：民進黨執政八年，千錯萬錯，最重要的錯誤之一，就是沒有處理好兩岸關係。馬英九先生已多次表示，一定要恢復兩岸兩會的功能，處理好兩岸關係。而現狀是，千頭萬緒，應從哪裡下手為好？我的想法是「四先四後」：一是「先易後難」，從容易做的地方入手，不要去碰那些一時無法解決的難題；二是「先經後政」，即先從經濟入手，如包機正常化，「三通」直航，開放旅遊，陸資入臺，為臺商投資大陸鬆綁等；三是「先民後官」，不要去強調什麼「官方對官方」、「政府對政府」，而應該以兩岸兩會為媒介，先開展「民間對民間」、「行業對行業」、「公司對公司」的交流往來；四是「先近後遠」，即從眼前人們最關心的經貿文化交流做起，而涉及兩岸政治關係、臺灣定位、國際空間等，可以留待稍後逐步談判解決。

希望之四：就是想說一下對出席這次盛會的臺灣商界、學界朋友們的希望。巢湖市和廬江縣，是我老家所在地，我老家東臨巢湖，故名濱湖鄉，現改為同大鄉。廬江縣城是我中學讀書的地方，母校安徽省立八中，原來校址就是在我們今天開會的地方——東湯池，後來遷至廬江縣城，這個學校現在已經不存在了。我離開這個地方已經61年。關於巢湖的情況，會上發的材料——《巢湖概況》，已經說得很清楚。這裡地處皖中、襟江環湖，水陸空交通都很發達，是一個剛剛起步和待開發的地方，也是頗適合投資的地方，希望諸位朋友在遊覽名勝風景之餘，多瞭解一下這個地區的開發潛力，以便攜手合作，共同努力，爭取把這個地區開發成一個「皖中明珠」，以至整個華東地區的明珠。

總之，自今年3月臺灣大選後，兩岸關係已經出現了一個前所未見的喜人徵兆，春天的燕子已飛到巢湖地區以至廬江縣來了。「遠望前程無限好，滿懷信心向未來」，讓我們共同攜手，共創和平與繁榮，共同迎接姍姍到來的兩岸春天。

最後，祝會議順利成功，祝全體與會同志身體健康、精神愉快！

馬英九面臨的機遇和挑戰

　　馬英九就要上臺主政了，各方都充滿著期待。其中有各種不同的期待，有廣大支持者的期待，也有敵視者和反對者的期待。

　　我曾寫過這樣一篇文章，即《誰將是臺灣的鄧小平？》寫此文完全基於「大亂後必有大治」的理念，中國大陸有「四人幫」當政的「十年文革」之亂，鄧小平應時而出，沒有辜負大陸人民的期待。臺灣島內也有民進黨執政的「八年臺獨」之亂，馬英九會否應時而出，也不辜負臺灣人民和兩岸人民的期待？馬英九先生面臨的是一個歷史性機遇，也是一項重大的歷史性挑戰。

　　鄧小平奉命於大亂後的艱難之際，受任於各種矛盾交集之時，而終能憑著自己的正確政策，理順關係，穩定政局，開創了大陸新的未來。如今的馬英九在臺灣所面臨的也有諸多相似之處。鄧小平最重要的經驗，一是改革開放，糾正了過去長期「閉關鎖國」的政策；二是把黨和國家的工作重心轉移到經濟建設為中心的軌道上來。至於在人事部局上也有兩條：一是對於犯有路線錯誤者處理上相當寬大，除對極個別犯有重大錯誤者依法查辦外，一般均不予追究，而是依靠人民群眾實行「自我教育」；二是對於新組成的領導團隊或領導核心，在審查上則十分嚴格，絕不允許犯有路線錯誤中的骨幹分子混入，因為這樣的人是很難輕易改變立場的。以上這些對馬英九同樣會是很嚴峻的考驗。

　　鄧小平的原則性是很強的，也是很堅定的，他堅持主張改革，反對倒退。他說：不實行改革開放「就是死路一條」，「倒退是沒有出路的」。與此同時，他在政策上卻是十分靈活的，例如他所提出的「一國兩制」，就既有堅定的原則性，又有很大的靈活性。原則性和靈活性的關係，是辯證統一的關係，不能因為原則性而影響靈活性，也不能因為靈活性而忘記原則性。

　　中國大陸在「九二共識」上，就既有原則性又有靈活性。「九二共識」中的「一中」，是靈魂，是原則，是不可動搖的。至於這個「一中」的內涵，可以暫時擱置不談，這就是靈活性。馬英九所任命的新任「陸委會」主委賴幸媛女士，

在談到「九二共識」時，總是躲躲閃閃，含糊其辭，後來雖被迫承認所謂「一中各表的九二共識」，那不過如同陳水扁一樣，是在玩弄文字遊戲，即所謂「九二精神」、「九二成果」之類。馬英九原來在「九二共識」上的態度和立場是十分明確的，但願不要後退，不要離開原則性去講靈活性。

歷史是一面鏡子，當年的李登輝當其權力還未鞏固時，不止一次地強調「一個中國」，強調「中國必須統一」；而當其權力鞏固後，又變成另一個李登輝了，一心要分裂中國，最後還提出「兩國論」，說兩岸關係「至少是特殊的國與國」關係。其野心是隨著權力膨脹而膨脹的。陳水扁也不例外，當年陳水扁不過是把臺獨作為奪取政權的一種手段，一旦政權到手以後，又逐漸真的搞起臺獨來，假戲真唱，越唱越真，直到最後還與「鐵桿臺獨」完全擁抱在一起。他實際上也是兩面派，曾經私下放言，說自己欲做中華民族的「民族英雄」，而結果呢，不過是「中華民族的叛徒和敗類」。

很多人都知道，早期的臺獨有兩種：一種是辜寬敏類主張的臺獨，即「獨立建國」，又叫「A型臺獨」；一種是李登輝主張的臺獨，即「兩個中國」，又叫「B型臺獨」。後者就是李登輝主張的「特殊的國與國」關係，亦即將「兩個中國」合法化。本來在陳水扁掌權後，李登輝已逐漸被「邊緣化」，不僅說了許多批評陳水扁的話，批評臺獨的話，並有意向中間派和泛藍靠攏。如今國民黨、藍營就要掌權了，李又搖身一變，企圖插手藍營，「借殼上市、借屍還魂」，大家一定要提高警惕。

（原載臺灣《美麗寶島》）

兩岸關係的春天來了

中國國民黨主席吳伯雄先生，應中國共產黨總書記胡錦濤的邀請，於5月26日啟程訪問中國大陸，現已經南京抵達北京，並於今日下午3時許舉行了國共兩黨領導人的會談，稱「吳胡會」。

这是国共两党分别作为两岸执政党的最高负责人的会谈，又称两党「高峰会」，是1949年以来的第一次，因而是具有特别重要意义的。

这次吴的来访及「高峰会」，是在台湾实现第二次政党轮替、国民党重新夺回政权的条件下实现的。民进党执政八年，推行分裂主义路线，不仅把台湾岛内搞得乱七八糟，也把两岸关系搞得十分紧张，如今国民党面临着「拨乱反正」的艰巨任务，而两岸关系则有望很快恢复正常的接触和往来。吴伯雄先生一行，就是在两岸已经出现「雨过天晴、气候清新」的时候来到的，因而受到大陆人民的热烈欢迎。

这次吴的来访及「高峰会」，又是在四川省汶川地区发生八级大地震之后。天灾无情，两岸人民有爱，正如台报所说：「台湾人民慷慨地向大陆灾民表达关怀，大陆人民亦深刻感受到台湾人民真挚的善意」。两岸人民从来就是心连心的，台湾《联合报》说得好：当年台湾的「921」大地震，如今四川的「512」大地震，「毕竟两岸死者流的血是一样的血，两岸生者流的泪是一样的泪」。每逢大难，两岸人民总是互献同胞爱和手足情，一颗颗诚挚的心「感天地而泣鬼神」。

我曾在不久前发表的一篇文章中说：「大地震是一种天灾，在现今条件下是很难抗拒的。而就两岸来说，如果因为有人搞分裂，搞『台独』，而不幸发生战争，那就是人祸，是应该避免，也是可以避免的」。这与5月22日台湾《联合报》说的「两岸不会没有地震，但两岸可以没有战争」，内涵完全一样。如今台湾人民以选票否定了主张台独和贪腐的民进党政权，迎来了国民党和马英九执政。两岸步入和平稳定，共创双赢的可能性大大增加了。

这一次的两党「高峰会」，双方都十分肯定了目前两岸关系的积极变化，肯定了这一次在四川地区抗震救灾中所表现的两岸同胞情和同胞爱，同时也满怀信心地展望了两岸未来和平合作与和平发展的光明前景。

吴伯雄一行来访，以及两党所举行的协商，必定会带给人们一些积极成果，诸如尽快恢复「海基会」和「海协会」的功能，尽快实现两岸直航，尽快为大陆台商投资松绑，尽快开放陆资入台和大陆游客入台等等，都一定会奠下初步基

礎。春風拂面，春意盎然，兩岸人民都會高興。

這些積極成果，自然都是人們久所期待的，也是來之不易的。相信中國大陸方面一定會全力配合，更相信這只是一個好的開始。兩岸既然要擱置爭議，攜手合作，共創雙贏，往後要做的事還多著呢！

最後，想說兩句感謝陳水扁和民進黨的話。他們鬧分裂，鬧臺獨，也可以說是「人震」，就像「地震」一樣，促使兩岸人民、國共兩黨、全世界華人、整個中華民族，更緊密地聯結、凝聚和團結起來了。沒有他們的幫忙，兩岸關係就不會出現今天這樣喜人的新局面。還要提醒他們一句：別再陶醉於敗選而仍有540萬張選票的迷思中了，須知其中很多選票是因為不瞭解真相而被騙的，往後仍會有變化的。還是早一天覺醒為好。

祝「兩岸首航」

作者按：本文寫於2008年7月4日，這是兩岸實現首航的日子，是一個歷史性的紀念日。兩岸分割對峙，已經60年了，如今能夠邁出這個第一步，是多麼不容易啊！心有所感，特試以四首「散文詩」形式記下這一刻，以資紀念。

（一）

六十年了，

長夜漫漫。

翹首引領，

思通心切，

望眼欲穿。

想啊，

等啊，

盼啊，

雄雞一唱天下白，

這一天終於來到了。

（二）

六十年了，

來之不易，

喜見兩岸首航實現。

歡聲，

笑聲，

祝賀聲，聲聲壓過「獨」聲，

聲聲壓過「猿」聲，

聲聲傳遍兩岸，

聲聲傳遍全世界華人。

（三）

六十年了，

不知是什麼原因，

兩岸竟長期僵持對立。

不過是一海之隔，

然卻咫尺如天涯啊！

而今數月之間，

天塹崩塌，

相互通航，

親切握手，

這才發現：原來是「一家人」！

（四）

六十年了，

實際何止六十年。

千層雪，

萬丈冰，

又豈是一朝一夕所能完全「融化」？

首航不過是起步，

要做的事情知多少？

願借用孫中山先生兩句話：

「革命尚未成功，

同志仍須努力！」

（香港中評網）

臺灣政情觀察芻議

　　自今年「520」臺灣新領導人就職以來，雖然臺灣政壇仍是波濤起伏，但像原來那種暴風驟雨式的藍綠激烈對抗場面已經少見了，總體上還算是平靜的。對於臺灣政局內部的事，我實在不願多談，但目睹形勢發展，心有所感，又不能不說。

　　「基本盤」和「非基本盤」。馬英九先生想擴大自己的「基本盤」，採取一些團結和爭取「非基本盤」的做法，本來是無可非議的，是好的，是具有一定戰略眼光的。問題是，這種做法，太自信、也太「超前」了，自己還只剛剛上任，腳步還未站穩，就把眼光放到「非基本盤」上，而看不到鞏固「基本盤」的重要，並且對「非基本盤」的所作所為，也未向「基本盤」的民眾作及時疏通，取得他們的理解和支持，就貿然行動，這自然會給人以獨斷專行、剛愎自用的感覺，從而引起一些「非議」和「反彈」，使輿論「一片譁然」。這樣，非但沒有爭取到「非基本盤」，反而讓「基本盤」先著火，火勢並繼續蔓延，險些燒了自己。老實說，馬能取得大選的勝利，主要是靠「基本盤」努力的結果，切不可把個人的作用估計得太高了。馬上任後最重要的一件事，應是鞏固「基本盤」，沒有「基本盤」的鞏固，就不可能團結到和爭取到「非基本盤」中的一些人。試想，你若不能先團結好和鞏固好大選中投自己票的700多萬基本民眾，並依靠他們繼續和共同的努力，能夠團結和爭取到沒有給你投票的那另外500多萬民眾？

　　「望治心切」和「望垮心切」。由於歷史的、現實的、內部的、外部的、種種錯綜複雜的因素交互作用，使臺灣島內結成的藍綠兩大政治板塊結構非常堅固。民進黨執政八年，不但沒有化解，而且是雪上加霜。目前的臺灣民眾基本上是兩大心態：一是包括相當多的藍營民眾在內，他們深受貪腐政權之害，急於發展經濟，改善民生，使人民早日擺脫痛苦。對於這樣一種情況，我們可稱之為「望治心切」。他們對馬政權所遇到的困難和問題估計不足，不能馬上看到所期待的績效，就漸漸感到失望，從而怨聲和不滿聲四起。二是包括一部分綠營特別是「深綠」民眾在內，他們對於自己失去政權並不甘心，總是戴著有色眼鏡來看

這一次的政黨輪替,覺得馬政權這也不好,那也不是,恨不得早日出現「馬失前蹄」,早日垮臺。對於這樣一種情況我們可稱之為「望垮心切」。他們對馬政權所遇到的困難和問題,不但沒有同情和諒解,而是「見錯心喜」,添油加醋,推波助瀾,必欲造成「馬政權危機」而後快。人們不可不警惕。

「臺式民主」和「相對權威」。筆者曾在已發表的〈衡量「臺式民主」的最後標準是什麼?〉一文中,談到「臺式民主」的一些「迷人之處」,例如「可以直接批評任何官員直至最高領導人」,「可以透過媒體直接揭露那些貪汙枉法者」使之「暴露於光天化日之下」,等等。當然也有許多的「負面」和「不完美」處,筆者共提出「十個為什麼」的質疑,這裡就不再一一敘述了。現在要說的是它的更根本的「負面」方面,這就是「臺式民主」的致命弱點——沒有「相對權威」。為了發洩個人不滿和私憤,為了打倒政敵和搞臭政敵,往往不分青紅皂白,不問是非對錯,不問時間地點,不問後果如何,不擇手段地什麼都批,什麼都揭,「揭、批、罵就是一切,目的和效果不算什麼」。這就是典型的無政府主義,典型的個人自由主義!如果整個社會都是這樣,那還有什麼集體,什麼全局,什麼建設,什麼發展?!我們講「民主」,不能不要「是非」,不能不要「集中」,也不能不要「權威」。民眾是一個整體,其中有各種不同立場,有先進有落後,有對也有錯,不僅不能有「無政府主義」,什麼都反對,也不能有「尾巴主義」,什麼都盲目地聽從。這是一個基本的民主素養問題,是當政者、主持教育和文宣者應該特別注意的問題。

「中國臺北」與「中華臺北」。臺灣參加奧運會問題,最近竟為一個名稱鬧了一場不大不小的風波。其實這不應該成為一個什麼問題,這不僅是因為「中國臺北」與「中華臺北」,英文都是同一個詞,中文中也無太大區別。無論是「中國」也好,「中華」也好,關鍵是都有一個「中」字;也無論是「中華民國」也好,「中華人民共和國」也好,其中也都有「中華」二字。臺灣方面說的「九二共識」,不是「一個中國、各自表述」嗎?套用這後一句,不是也可用「一個名稱、各自表述」嗎?如果說,「中國臺北」是「矮化」,難道「中華臺北」就是「高化」?說到底,民進黨中有些人總想堅持「主權獨立」,難道你把中文名稱的「中國臺北」換成「中華臺北」,就能成為「主權獨立國家」嗎?臺灣本來就

不是主權國家,包括美國在內,全世界絕大部分國家都不承認臺灣是「主權國家」,難道你改了一個字就「主權獨立」了?民進黨執政八年,為了凸顯臺灣「主權獨立」,把內部關係搞得那麼緊張,兩岸關係搞得那麼緊張,與美國的關係也搞得那麼緊張,還不是一樣辦不到?如今自己已經下臺了,仍不接受教訓,還圖謀藉口什麼「矮化主權」之類的事情製造事端,牽制國民黨,牽制兩岸關係,一句話,無非仍想繼續充當「麻煩製造者」。

就兩岸來說,當前的重中之重是和平發展,攜手合作,共創雙贏。不要再無事生非,無事找事了。國民黨也應該挺起腰桿,堅持走正確道路,不要動輒在民進黨少數人壓力下隨之起舞,這是不會有好處的。

(香港中評社新聞網)

臺灣在北京奧運中的兩種「情」

北京奧運,百年盛事,舉世矚目,舉國歡慶,其中包括海峽兩岸在內的全體中國人民無不表露了發自內心的喜悅。但如細心地加以觀察,卻也不難發現臺灣在這次北京奧運中存在兩種「情」:

一是「親情」。臺胞中的絕大多數都把這次在北京舉辦的奧運會看成是包括臺灣在內的整個中華民族的盛舉,是大典,是光榮,是驕傲。其中最具代表性的是8月11日,臺灣親民黨主席宋楚瑜在會晤全國政協主席賈慶林時,就北京奧運說的兩句話:「炎黃子孫不忘本,兩岸兄弟一家親」。臺灣媒體也連續報導了很多「兩岸同是一家人」的感人場景。臺灣原住民高金素梅開幕前在場上歌唱的一首原住民歌曲〈我們都是一家人〉就很動人,也很有現實意義。

廣大臺胞的確非常重視這次北京奧運。開幕前一天,臺灣「陸委會」就發表聲明,希望臺灣民眾多關心這次奧運,不要受政治紛擾。島內政商巨頭,紛紛湧向北京,國民黨榮譽主席連戰夫婦,黨主席吳伯雄夫婦,親民黨主席宋楚瑜夫婦,都應邀來京,馬英九當局的「教育部長」鄭瑞城,「體委會主委」戴遐齡及

「政務委員」曾志朗，也以中華臺北奧委會顧問名義持貴賓卡出席；臺灣巨商郭臺銘帶著母親和新婚妻子抵京，大成集團、統一集團、遠東集團、宏碁集團、達電集團、仁寶集團、聯電集團等多家島內重量級企商界人士亦紛紛抵京；其他政界、學界、體界、教界、科技界等島內多位知名人士亦紛紛抵京參觀比賽，尤其是中華臺北隊約130餘人的體育健兒，更是雄姿英發地邁進北京賽場，他們受到了大陸觀眾和人民的熱烈歡迎。臺灣人民包括海外和來大陸的在內，他們中熱情歡迎北京奧運的動人事例更是舉不勝舉。

二是「怨情」。相對於臺灣島內各界湧動的「奧運熱」，民進黨中的極少數人，卻有一種說不出的「冷落感」和「失落感」，三種「心病」——妒心、怨心、恨心迸發，連日來一個勁地「罵人」，並向奧運會「大潑冷水」。說什麼北京是在藉機「矮化」臺灣，「暗整」臺灣隊，「傷害臺灣主權」，親綠的《自由時報》，更是橫挑鼻子豎挑眼，一篇又一篇地扭曲事實，極盡誣衊攻擊之能事。選手們參賽順序完全是奧委會組織一手安排的，各隊一視同仁，他們卻不顧事實地對中國大陸大加撻伐。

然而，事實是最有說服力的，中國大陸無論是運動員，觀眾，工作人員，對於來自臺灣的「中華臺北隊」，都是熱烈歡迎的。據報導，在奧運會開幕當天，「鳥巢」附近三角地有上千大陸人同時為臺灣加油，觀眾們一見到中華臺北選手出現，就報以熱烈掌聲，許多來自臺灣的人都說他們能親切地「感受到北京的熱情」。臺灣選手獲勝，大陸觀眾一樣為之熱烈歡呼和鼓掌。臺灣舉重選手陳葦綾、羽毛球選手謝裕興獲勝時，不少大陸球迷還拿著門票要求簽名，使臺灣選手深為感動地說：「他們總是把我們當自己人！」與民進黨一些人所講的完全相反，臺灣選手們說，自己這次來京「並未感到有『矮化』問題」。連戰、吳伯雄、宋楚瑜等幾位臺灣政黨領袖，還特別地享受「免安檢」和「元首區就座」的貴賓禮遇。

以上兩相比較，就自然地產生一個問題：為什麼民進黨中少數人的感情與臺灣大多數人、兩岸大多數人的感情竟如此的不同！我要問民進黨朋友：究竟是你們的「兩岸觀」有問題，還是別人的「是非觀」有問題？是別人打壓你們、矮化

你們、孤立你們，還是你們自己在打壓自己、自己在矮化自己、自己在孤立自己呢？有人懷疑你們民進黨不像是一個政黨，而像是一個幫派組織，因為你們只看顏色，不看是非，只顧自己小集團利益，不顧臺灣多數人利益，只講江湖義氣，沒有整體國家民族概念，凡此，一併提供給民進黨的朋友們參考吧，忠言逆耳，但願不要諱疾忌醫。

臺海風雲六十年：大陸如何看待臺灣問題（政策論述篇）

三、大政方針篇

　　本篇主要談「一國兩制」。1980年代初，鄧小平提出「一個國家、兩種制度」（簡稱「一國兩制」）的科學構想後，作者即致力於這方面的研究，包括後來江澤民、胡錦濤主政期間對「一國兩制」構想的發揮、發展和具體運用。作者曾寫過不少詮釋文章和心得體會，其中有些收列在「專題探討篇」內。這裡所選的是稍晚時期較具有代表性的幾篇。

如何理解「一國兩制」的內涵及特徵

　　按：本文是當時的《瞭望》週刊奉新華社朱穆之先生指示的精神，要我撰寫的幾個連篇之一，旨在更通俗更準確地介紹「一國兩制」。

　　原編者按：「一國兩制」這一具有遠見卓識的科學構想，是黨的十一屆三中全會以後逐漸形成，由鄧小平同志首先提出來的，到現在已經近十年了。這個科學構想已在解決香港和澳門問題上成功地付諸實踐，但迄今仍未被臺灣當局所接受，臺灣當局還以種種藉口加以否定和曲解。海外和臺灣島內有些人由於不瞭解「一國兩制」的真正涵義而懷疑其可行性，甚至盲目地跟著反對。當前，海峽兩岸關係和中國統一進程出現了一些新的特點和新的情況，有必要進一步闡述「一國兩制」的豐富內涵和基本特點，使人們瞭解「一國兩制」是兩岸和平統一的最佳辦法。

　　近兩年來，隨著兩岸關係的鬆動和改善，臺胞來大陸探視、訪友、旅遊和進行各種學術交流者日益增多。一些臺灣人民每談到「一國兩制」時，就感到有些

疑慮不安。他們說，有人總說「一國兩制」不好，但究竟什麼是「一國兩制」，對島內人民利益有什麼影響，誰也說不清楚。這話確有相當的代表性。即使是身在大陸的人，也並不是每人都知道，都清楚。

「一國兩制」的基本內容

「一國兩制」究竟包括哪些內容？筆者根據1979年元旦全國人大常委會發表的《告臺灣同胞書》，1981年全國人大常委會委員長葉劍英向新華社記者發表的談話，1983年中共中央顧問委員會主任鄧小平會見美國紐澤西州西東大學教授楊力宇時的談話，以及中共中央、國務院其他各項有關文件和江澤民、楊尚昆、李鵬等中央領導的近期講話精神，認為大體可以歸納為以下十條：

（一）在「一個中國」的原則和架構下，大陸實行社會主義制度，臺灣實行資本主義制度，誰也不吃掉誰。相互尊重，互不傷害，長期共存，共同繁榮。

（二）設置臺灣特別行政區，並採取一系列特殊政策，使這個地區繼續保持穩定和繁榮。臺灣現行經濟制度、生活方式、與外國的經貿文化關係長期維持不變。

（三）臺灣作為特別行政區享有高度的自治權，包括獨立的行政管理權、立法權、獨立的司法權和終審權。中央不干預特別行政區的內部事務。

（四）臺灣人民的各種合法權益，諸如私人財產、房屋、土地、企業所有權、合法繼續權等，一律給予法律保障。外國人和僑胞在臺灣的私人投資也給予保護。

（五）臺灣是內政問題，與香港、澳門的情況不同。臺灣成立特別行政區後，可以保有軍隊及從外國購買必要的武器，但不能損害統一的國家利益。大陸不派軍隊駐臺，也不派行政人員去臺。

（六）中央政府可以給臺灣留出一定比例的名額。臺灣當局和各界代表人士

可以出任全國性政權機構的領導職務,參與國家管理。

(七)臺灣作為特別行政區政府,在對內政策上可以搞自己的一套,在中央授權下也可有一定程度的外事權,但不能在國際上代表國家。

(八)兩岸的和平統一問題,應由兩岸的執政黨協商解決,也可吸收其他政黨及有關人士參加。統一後,中國共產黨和中國國民黨及其他黨派將持久合作,長期共存,相互監督。至於臺灣島內務政黨之間的關係,則純屬特別行政區內部事務,中共不會干預其運作。

(九)以和平方式統一中國,但不承諾放棄使用武力。這主要是針對外國勢力干涉中國統一,針對「臺灣獨立」的,絕不是針對臺灣人民的。

(十)解決臺灣與大陸的統一問題是中國的內政,必須由中國人自己來解決,堅決反對外國勢力干預插手,阻礙中國的和平統一事業,但歡迎外國友好人士和政府對此做出積極有益的貢獻。

以上十項內容,是中共提出的「一國兩制」的基本內涵。「一國」與「兩制」是密不可分的,「一國」以「兩制」為基礎,「兩制」以「一國」為前提。兩者是前提和基礎的關係。既不可以離開「一國」談「兩制」,那樣就不是統一而是分離;也不可以離開「兩制」談「一國」,那樣就不是長期共存而是一方吃掉另一方。這都不符合中共提出的「一國兩制」的基本精神。就對臺灣來說,這十項內容還只是一種原則構想,還有待於兩岸執政黨及有關代表人士溝通磋商,使之進一步具體化、完善化和法律化。

「一國兩制」的基本特點

這十項內容,體現了以下基本特點:

(一)「一個中國」。這是最明顯和最重要的特徵。到目前為止,包括臺灣當局在內各有關方面及人士所提出的有別於「一國兩制」的解決兩岸關係的模式

不下數十種，其中除少數具有明顯的臺獨或臺獨傾向外，絕大部分也都是以兩岸的「分立」或「各擁主權」為其基本前提的。遠之如「中華聯邦」、「聯合共榮」、「中國邦聯」、「文化中國」、「一族兩國」、「一國兩體」、「一國多元」等，近之如「一國兩治」，「一國兩府」、「一國兩區」、「一國兩法」、「一國兩權」以及「對等的政治實體」等，就都是背離「一個中國」的原則的。有的模式雖然也講「一個中國」，但不外兩種情況：一是我統你，吃掉你，所謂「推廣臺灣經驗」、「和平轉變大陸」、「三民主義統一中國」、「自由、民主統一中國」等是也。二是搞包裝，名統暗分，所謂「一個國家、兩個對等政府」、「相互承認主權不及於對方」、「不否定對方為政治實體」、「國際間相互尊重、互不排斥」等是也。這些，都不可能真正實現中國的統一。而「一國兩制」則不以吃掉對方為目的，旨在實現兩制長期共存、互利互補，共同繁榮的基礎上達成統一，這實在是合情合理、尊重歷史和實際的最佳方案。近年臺灣當局一再表示要中共在兩岸關係上作出「善意回應」，而實際上中共提出的「一國兩制」，是早在好幾年前就已主動地作出了最大的「善意回應」。

（二）和平解決。和平統一是中共處理兩岸關係的大政方針，而「一國兩制」則是為實現這一大政方針而提出來的，它既是和平統一的核心內容，又是實現和平統一的有力保證。在當今的歷史條件下實現和平統一是完全可能的：一是現兩岸執政當局在一些重大問題上已取得某些共識，如「中國只有一個」、「中國必須統一」、「必須反對『臺獨』」等。二是兩岸人民都希望盡快結束分離狀態，尤盼在經濟上早日消除障礙，增進往來，以實現雙方的互補互利，共同振興中華。三是中華人民共和國在國際上的地位日增，影響和作用不斷擴大，各國普遍希望能在「一個中國」的原則下，以和平方式及早解決統一問題，以利於它們與兩岸間的正常往來。

當前的問題是，臺灣當局一再要求大陸承諾對臺不使用武力，並以此作為進一步改善兩岸關係的先決條件之一，這是完全沒有道理的。因為和平統一既已列為中共處理兩岸關係的大政方針，自然就是為了避免使用武力。然而，究竟以何種方式解決，這畢竟是中國的內政，涉及國家主權，中共自不能對任何外國承諾不採取非和平手段的解決方式。況且，如果宣布放棄採取非和平手段，有些人就

可能更加有恃無恐,一旦出現不利於中國統一的緊急情況時也會無能為力。這是自縛手腳的做法。所以,不承諾不採取非和平手段的解決方式,實際上還是為了更好地促進和平統一的解決方式。有人硬把臺灣島內目前臺獨勢力的發展,歸罪於中共的不放棄非和平手段的解決方式,說這是中共「逼」出來的。這完全顛倒了事實。而真正的原因,則是臺灣當局現行的「和而不統」的大陸政策,是這個政策為臺獨的滋生、蔓延和發展提供了適宜的土壤和條件。

（三）設置特區。即像香港、澳門一樣,設置特別行政區,作為一個國家內具有高度自治,既是地方政府又不同於一般地方政府的政權形式。由於臺灣與香港、澳門的許多情況都不同,估計所設臺灣特別行政區的政府,將更多地尊重和照顧臺灣的現實情況。中國採取的這種政權形式,將既是單一制國家結構,而又同時具有複合制國家結構的某些特徵。這是「一國兩制」模式不同於其他任何模式的又一個重要之點,是把堅定的原則性和高度的靈活性結合起來的好形式。一方面,可以求得「大同」,維護國家主權和領土的完整,實現具有悠久光榮歷史的中華民族的統一和團結；另一方面,又可保存「大異」,維護歷史形成的兩岸現存的兩種不同社會制度,相互補充和合作,為共同振興中華而奮鬥。

這裡值得特別提出的,一是所謂「矮化」問題,即認為把臺灣作為中國的一個特別行政區是「降格」了,「矮化」了。這是不符合事實的。歷史上,臺灣本來就是中國的一個省,如果硬要套上一個「國」的稱號,說它代表全中國,就會像這樣一個人：大腦袋,小身體,一大一小,一虛一實,不成樣子,矛盾也都會由此而產生。如果把現在的「國」字改成只代表臺灣省,不包括大陸,那至少是在搞「實質臺獨」,許多矛盾又將立刻激化,臺灣會不得安寧,後果將更嚴重。所以,還是接受設置特別行政區為好。臺灣在成為特別行政區後,實際上是把原來不適當地「高化」了的身體還原為本來狀態,這樣,還可防止臺獨。這是最大的「務實」,由此而可使島內許多解不開的「死結」一一迎刃而解,實在是一件大好事。二是所謂「陷阱」問題,即認為中國憲法第三十一條規定的設置特別行政區與憲法總綱中規定的「四項基本原則」（即堅持社會主義道路、堅持人民民主專政、堅持共產黨的領導、堅持馬列主義毛澤東思想）對立起來,從而認為「一國兩制」不可行,有「先統後吃」之嫌。這完全是一種誤解。其實憲法中所

說的堅持社會主義道路等，是就全國範圍說的，而在特別行政區內允許保留資本主義制度，則是對個別特定地區說的，兩者並不矛盾。全國人大還可像對香港、澳門一樣，根據憲法制定特別行政區的法律，規定一些特殊的政策和制度，它將同樣是中國憲法不可分割的組成部分。至於臺灣當局硬要中共取消大陸的「四項基本原則」，以作為對臺「善意回應」的重要內容之一，那更是沒有道理的。

（四）平等談判。即由兩岸的執政黨進行對等談判，並可吸收其他政黨及有關社會人士的代表參加。但是絕不能是什麼「政府對政府」的談判。關於這一點，1989年6月中共中央總書記江澤民已經有所說明。他說：「我們主張由中國共產黨和中國國民黨兩黨對等商談。這是從兩黨目前的地位、作用等現實情況出發的，也是為了避免臺灣方面感到不方便的問題」。（《人民日報》1990年6月12日）中共領導人的這個說法是有根據的：第一，國民黨現在臺灣是執政黨，新成立的政黨雖多，但根據國民黨的「國安法」和「人團法」，它們都是以承認國民黨的領導地位為前提的，亦即承認國民黨目前為「主政臺灣」和「憲政體制」的領導力量。在此情況下，中共不與執政黨談判又找誰呢？兩岸談判只能由兩岸的執政黨來談。當然，兩岸執政黨在談判之前，應「同各個黨派、團體切磋議案，共商國是」；在談判之中，也應「及時通報情況，交換意見，甚至在參加會議的代表中，也可吸收其他黨派團體有代表性的人士」。（江澤民，同上）第二，在一個主權國家之內，只能有兩個或多個「黨對黨」的對等，而不可能有兩個或多個中央一級的「政府對政府」的對等。中國的情況既不同於德國，又不同於朝鮮。絕不可以借談判造成「對等的兩個政治實體」、「對等的兩個中國政府」、「對等的兩個中國」或「對等的一中一臺」之類。臺灣當局既然已一再聲稱「中國只有一個」、「中國必須統一」，那就要有勇氣面對現實。硬要把只有全國人口1／56、全國土地1／277的臺灣島與大陸並列為兩個「對等的政府」來進行談判，這絕不是什麼「務實」的態度。關鍵是要自己有誠意，有魄力，有歷史的責任感，其他所謂擔心一些人責備國共兩黨「私相授受」、「出賣臺灣人民利益」等，統統不過是藉口。我們堅信，具有光榮愛國傳統的廣大臺灣人民絕不希望兩岸的分裂現狀長此繼續下去。而且，只要我們的政策對頭，真正切實地考慮和照顧臺灣人民的切身利益，某些一時的誤解也終究會消除或化解的。

（原載《瞭望》週刊國內版、海外版）

「一國兩制」的現實可行性

按：此為應《瞭望》週刊編輯部之邀而撰寫的連載篇之二。

原編者按：本刊曾在今年第三十期上發表《略談「一國兩制」的內涵和特徵》，現在發表的則是其續篇，前後兩篇間的邏輯聯繫甚為明顯，諒無須再作說明。值得一說的倒是前文在海內外所引起的回應。回應中既有表示反對的，更有表示理解、贊同的，這本是理所必然的。出乎預料的是，這個回應的熱烈程度——如此多的報刊加以轉載、摘發與評論，倒是極為生動地再次表明，人們是何等關注中國的統一。不久還有第三續篇文章將在本刊發表。我們期望，這三篇文章的發表，有助於中國統一問題的討論更加深入。

自中共提出的「一國兩制」設想，又先後在香港、澳門問題上成功地付諸實踐，已在國際上造成深遠的影響，並對臺灣當局造成相當的衝擊。臺灣當局為了防止這種影響的擴大，擺脫被動境地，幾乎動員了所有的輿論工具、傳播媒體，極力地對「一國兩制」加以歪曲、貶低和攻擊。他們說：社會主義和資本主義，一是公有制、一是私有制，是絕對對立、絕對不相容的。說什麼在中國搞「一國兩制」，如同「一廟兩神」，「一山兩虎」，都是「騙人的把戲」，「統戰的圈套」，是「絕對行不通的」。

然則，「一國兩制」的可行性究竟如何？筆者認為，它是完全可行的。

「一國兩制」完全可行

可行性表現在以下幾個方面：

（一）不同制度可以並存。世界上一切矛盾著的事物都是互相對立的統一體。社會主義和資本主義也不例外，它們共處於一個統一體中，既對立又聯繫，這就為雙方的和平共處提供了可能性。在當今的歷史條件下，和平和發展是時代的基本特徵，社會主義與資本主義的和平共處已是歷史事實。中國的國情尤其特殊。由於種種複雜的歷史原因，使中國大陸與臺港澳形成兩種不同的社會制度。目前主要的問題，不是一種社會制度去取代另一種社會制度，而是應該也可以在愛國主義的旗幟下求同存異，實現不同制度的合作，確保國家統一，共同振興中華。1990年4月中華人民共和國七屆全國人大三次會議業已通過並公布了《香港特別行政區基本法》，《澳門特別行政區基本法》也在順利草擬中，已經顯示出這種現實的可行性。

（二）政治上可以兼容。既然制度可以並存，政治上當然可以兼容。政治是上層結構，是經濟的集中表現，它是不能脫離經濟基礎的。兩岸在各自經濟基礎上所建立起來的政治制度雖有本質的不同，但都面臨著發展社會生產力的共同任務，面臨著發展經濟、造福人民、振興中華的共同政治目標，完全沒有理由對立下去。大陸實行的是社會主義民主，是共產黨領導的多黨合作，各政黨之間的關係是長期共存、互相監督。臺灣實行的是資本主義民主，國民黨被確認為「主政臺灣」的領導力量，各政黨之間的關係是「一黨獨大、多黨並存、相互競爭」。這兩種不同性質的民主，是不同的社會歷史條件下發展起來的，也都處在需要不斷改革完善的階段。在「一國兩制」的條件下，完全可以本著求同存異的原則，各自按照自己的運行規律發展，誰也不必把自己的一套做法強加給對方，甚至要挾對方作為雙方進一步改善關係和實現和平統一的條件。

（三）經濟上可以互補。目前兩岸經濟各具優勢，各有弱點。大陸幅員遼闊，物產和人力資源豐富，工業基礎和技術力量雄厚，市場容量巨大，高科技開發力強，綜合經濟實力較強；而目前面臨的問題則是建設資金不足，中低層科技人才和企業的行銷管理經驗等不能適應經濟發展的需要。臺灣在開拓海外市場、發展農業科技、開發某些實用技術及培養管理人才等方面取得了不少成績；而目前存在的問題則是物產和人力資源不足，島內市場狹小，高科技人才缺乏，基礎工業薄弱。在此情況下，如能衝破政治障礙，發展兩岸之間的貿易往來和合作，

本著平等互利、互補互惠的原則進行交流，必能發揮各自的優勢，促進雙方經濟更好的發展。所謂「合則兩利，分則兩害」，就是這個道理。應該特別指出的是，兩岸一水之隔，具有有利的地緣條件，一旦實現直航，將大大減少中間環節，降低運輸費用。例如福州直航基隆只有149海里，但經香港中轉則要多航行794海里，航程增加了4倍多，所增加的運費和中轉手續是不言自明的。兩岸經貿的合作和互補，還可以在地區和層次上加以延伸和擴大，對內可實現由沿海到內地的梯次發展，並在規模、項目層次上加以擴展和提高，對外根據世界經濟的發展趨勢，憑藉各自所建立的雙邊經貿合作和既有經濟優勢，必可以提高經濟活動空間，增強經濟能力。如能進而把港澳臺和大陸的經濟聯結在一起，必能更好地發揮整體經濟優勢，大大推動中華經濟的振興。

「一國兩制」比其他方案更可行

由上可見，在當今國際國內的條件下，「一國兩制」是完全可行的。它的可行性不僅表現在以上三個方面，還表現在同其他各種企圖解決兩岸關係的模式的比較上。

據筆者粗略統計，迄今為止，各方提出的與「一國兩制」不同的方案或模式約40餘種，大體可分為三類：一是「臺灣獨立」，如所謂「新加坡模式」、「臺灣共和國」等。最近島內公然有人提出「臺灣憲法草案」，要搞什麼「公民投票」，甚至要「進入聯合國」。這是不可能行得通的，實際上是一種玩火行為。當然，目前持這種主張的人，許多是因對國民黨不滿而對共產黨的政策又不瞭解或有所誤解而造成的，大部分人還是可以爭取轉變的。二是「臺灣模式」，如所謂「一制多元」、「一國良制」，「三民主義統一中國」、「自由、民主、均富統一中國」、「和平轉變中國大陸」等。這是企圖以國民黨的「一制」即資本主義制度統一中國，也是不可能行得通的。應該承認，持這種主張的人大部分是具有一定民族感情和愛國心的。他們既反「獨」又反共。當然，反「獨」是對

的，中共對此也是支持的，但反共則無出路。有些人在這方面想入非非，但畢竟不能靠幻想過日子。國民黨在大陸反共20多年，結果丟了大陸，到臺灣後至今還要反共，是不是一心要丟掉臺灣或長期保持分裂呢？如今臺獨活動在島內日益囂張，難道與國民黨的反共政策無關嗎？三是「對等實體」。就兩岸關係來説，這實際上就是「拖」派，維持現狀派，政治上不統不獨，軍事上不戰不和，經濟上不即不離。這方面的情況最複雜，問題最多，有必要專門加以闡述。

筆者在去年北京出版的《統一論壇》上看到楊傳榮先生的一篇文章，他把臺灣島內外一些人士在處理兩岸關係上所提出的22種主張歸併為六類，這六類差不多全屬上述的第三大類。這六類，一是「一國兩治」類，二是「兩國兩制」類，三是「聯邦制」類，四是「文化統一」類，五是「經濟統一」類，六是「階段統一」類（以上詳見中國和平統一促進會：《統一論壇》1990年第三期）。這六類22種主張的最大共同點就是主張「對等實體」，即相互獨立、平起平坐，成為「對等的政治實體」。還有所謂「一族兩國」、「一國兩區」、「一國兩體」、「一國兩法」、「一國兩權」等亦莫如此。它們儘管説法不同，方式不一，但大方向、大目標則是一致的。即爭取臺灣成為合法的「政治實體」，分享「中國主權」，取得「獨立的國際人格」。其中有的比較露骨，公開主張「雙重承認」，搞「兩個中國」、「一中一臺」，多數則加以不同程度的包裝。這哪裡有「中國統一」的影子呢？當然，其中不少人還是懷有善意的，他們並非以分裂中國為目的，只是希望兩岸在整合上步伐較慢一些、時間長一些，使問題解決得更圓滿一些、統一更牢靠些，這種心情是可以理解的。但殊不知這樣拖下去，實在是有利於臺獨勢力的發展，有利於外國侵略勢力的插手，對中國統一十分不利。

「一國兩制」對中國統一最為有利

中國民間有句諺語：「不怕不識貨，就怕貨比貨」。在以上我們把「一國兩

制」和其他各種模式加以比較後，就可以發現只有「一國兩制」對中國的統一和中華民族的根本利益最為有利。這主要表現在：

（一）它著眼於維護中國的統一和團結。分裂只有利於外國侵略勢力，而不利於中國的發展和富強。「一國兩制」不僅與以分裂中國為目的的臺獨主張相反，也與一切所謂「先分後合」、「以退為進」、「名統實獨」的各種方案有本質的區別。它將可以滿足包括廣大海外華僑在內的全體愛國的中國人要求實現中國統一的強烈願望，徹底粉碎一切外國侵略勢力歷來對中國進行的「分而治之」的策略和陰謀。

（二）它符合中國的國情和傳統。中國自秦漢以來，一向注重單一的國家政治體制。孫中山先生歷來也是如此主張。他曾昭示國人説：「單一制與聯邦制，其性質之判別，盡人皆知。中國今日當採單一國制，已無研究之餘地」。（見孫中山《政見宣言》）孫中山先生的這一主張仍為今日中國之必需，應該得到他的後繼者國民黨人的應有的尊重。

（三）它體現了原則性和靈活性的有機結合。中國共產黨公開宣稱：我們主張「一個中國」，認為「中國必須統一」。同時也公開宣稱：我們絕不吃掉對方，而是主張相互合作，長期共存。這完全是實事求是、尊重兩岸的歷史和現狀，也是把要求「一國」的原則性與允許「兩制」的靈活性有機地統一起來。而反觀國民黨當局所提出的一些方案加「臺灣模式」中的「一國良制」、「三民主義統一中國」等，無不以吃掉對方為目的。就是他們提出的「一國兩府」，「對等的政治實體」等，最終也是打算以「和平轉變方式」吃掉大陸的。這不是解決問題的辦法。

（四）它有利於今後臺灣的繼續穩定和繁榮。這是真正關係到「臺灣2000萬民眾福祉」的頭等大事。一個政黨、團體或個人，是真關心臺灣人民福祉還是假關心臺灣人民福祉，這將是分水嶺和試金石。眾所周知，求得經濟和社會穩定和繁榮的一個最重要的條件，是必須使臺灣有安定的政治環境。目前臺灣經濟雖仍有發展，但是政治前途未卜，人心並不穩定，工商業者都不願多投資，資金外流現象十分嚴重。隨著臺灣前途和統獨之爭的日趨尖銳，臺灣社會的動盪趨勢將

有增無減。這些都是不利於臺灣經濟社會的穩定和繁榮的。正確地解決兩岸關係後，必將有利於扭轉這一情況。有人說，實行「一國兩制」只對中共有利而對臺灣不利，這是完全不符合實際的。

總之，「一國兩制」是科學的、合理的、實事求是的，因而不僅對港澳地區，對臺灣也同樣是切實可行的。現今有人利用當前國際氣候，拋出所謂「新主權論」，有意曲解和攻擊「一國兩制」的科學性和合理性，從而妄圖達到不可告人的目的。對此，兩岸人民應當警惕。

（原載《瞭望》週刊海外版）

關於「一國兩制」的幾個問題

按：此為應《瞭望》週刊編輯部之邀而撰寫的連載篇之三。

中共提出的「一國兩制」是科學的，切實可行的，其內涵不僅考慮了中華民族的整體利益和長遠利益，也考慮了臺灣當局和全體臺灣人民的局部利益和眼前利益，並採取了一系列特殊政策。但是，為什麼臺灣當局至今還不接受，兩岸關係仍在現況中而裹足不前？如何才能夠突破目前的僵持局面？筆者想著重就以下幾個與此有關的問題發表一點個人意見和看法。

發展兩岸關係的主要障礙在哪裡

應該說，目前兩岸關係總的發展趨勢是好的，前途是樂觀的，國共兩黨以及其他黨派和愛國人士都為此做了很多努力。然而這並不能說一切都好，相反，存在的問題還很多。其中最重要的是兩岸關係上人為設置的藩籬至今還未拆除，臺灣當局政治上仍在堅持所謂「三不政策」（不接觸、不談判、不妥協），經濟上

拒絕直接「三通」（通商、通郵、通航）。兩岸關係大體上仍停留在「單向、間接、民間、漸進」的現況上。相反，島內的臺獨思潮則大有蔓延成災之勢，不禁使人為之擔心。

兩岸關係進一步改善和鬆動以至進而實現和平統一的主要障礙究竟在哪裡？臺灣當局說，主要是中共對臺灣當局提出的要求諸如「放棄四項基本原則」、承認臺灣為「對等政治實體」、「取消『一國兩制』」、「承諾不對臺使用武力」、「允許臺灣拓展國際生存空間」等，沒有作出「善意回應」造成的，直至最近臺灣的一些高級官員還帶要挾性地說：「如果中國共產黨人不承認我們為合法的政治實體，不在平等的基礎上對待我們，我們就不會允許進行直接貿易和投資」。

那麼，中共是否可以一一滿足臺灣當局所提的上述條件和要求呢？筆者以為不可，若此，將會導致如下局面：或者讓臺灣吃掉大陸，即大陸放棄「四項基本原則」，讓臺灣搞「三民主義統一中國」；或者使目前的分裂狀況合法化、長期化，讓臺灣成為「對等的政治實體」，對外擁有主權和「獨立的國際人格」，這實際上就是允許臺灣搞「兩個中國」或「一中一臺」。還有，如果一旦有人公開搞臺獨，中共也將束手無策，不能干預。這樣的「善意回應」，中共怎麼能答應？所以，有人說兩岸關係發展的障礙在中共，甚至說目前島內臺獨勢力猖獗也是中共「逼」出來的，這實在是顛倒是非。而依筆者所見，目前兩岸關係發展的主要障礙，以至臺獨勢力的猖獗，主要來自臺灣當局脫離實際的大陸政策。這一大陸政策的核心內容，就是臺灣當局把兩岸關係定位為「一國兩府」，或後來改提的「對等政治實體」等。其具體做法是：「綏共安內，和而不談，通而不統，以通促變」。這樣的大陸政策怎麼能促使兩岸進一步和解、改善關係，進而謀求兩岸和平統一呢？

這裡應該特別指出的是，臺灣當局對於「和平轉變大陸」的幻想是它所以至今仍堅持反共、偏安拒和、拖而待變的根本原因。它的這種幻想，在東歐、蘇聯局勢發生變化後表現尤其突出。他們妄圖在某些外國勢力的支持下，顛覆大陸的社會主義。這是注定要失敗的。連臺報也譏笑說：這簡直是過於「天真的希

望」。

發展兩岸關係的指導思想問題

首先,應處理好整體利益和特殊利益的關係。兩岸關係的解決,應以中華民族的整體利益為重,適當照顧各自的特殊利益,不能把自己的特殊利益強調到不適當的程度,甚至以眼前的特殊利益對抗整體的長遠利益,這是非常不妥的。處理兩岸關係,既要堅持原則性,又要有適當的靈活性。所謂原則性,就是要求服從大局或整體,靈活性就是要在不損害大局和整體利益的前提下適當照顧小局或部分人的特殊利益。「一國兩制」實際上就是根據這一原則來處理兩岸關係的。而「一國兩府」、「對等的政治實體」等,則是把小局和部分人的利益強調到不適當程度,實際上是欲以損害全局或整體的利益來滿足小局和部分人的利益,既無原則性可言,又無靈活性可言。這是極為有害的。

其次,國共兩黨都應以民族利益為重。歷史上,當國共兩黨在全國人民大眾與帝國主義支持的封建軍閥矛盾居於主要地位的時候,為反對封建割據和實現國家統一,曾實現過第一次合作;在中華民族與日本帝國主義的矛盾居於主要地位的時候,國共兩黨為反對日本帝國主義的侵略和挽救國家民族的危亡,又實現過第二次合作。如今,在和平與發展成為時代特徵的條件下,民族矛盾又上升為主要矛盾,一是世界經濟技術發展迅速,如何擺脫貧困落後,使中華民族立於世界現代化之林,是一項新的歷史使命;二是兩岸長期隔離,給臺獨和外國侵略勢力以可乘之機,把臺灣從中國大家庭中分裂出去的危險已日趨嚴重。面對這一新形勢,歷史又一次要求國共兩黨以民族利益為重,再一次實行合作。當然也要求其他一切政黨和愛國人士共同促進並參與這次合作。在當前的歷史條件下,中共提出的「一國兩制」實際上是自我主動作出的最大妥協,這體現以國家民族的根本利益為重、顧全大局為重的思想。

第三,海峽兩岸互不以對方為敵,誠心誠意推動兩岸關係的緩和與發展,儘

早實現中國統一。現在的問題是，共產黨雖願意不以臺灣執政的國民黨為敵，而是從國家民族的整體利益和大局出發，努力爭取、團結和聯合國民黨以及臺灣其他黨派和愛國人士共同參加國家管理，但國民黨至今仍以共產黨為敵，強調和「憂患意識」，1991年5月雖已終止「動員戡亂時期」，但仍然把「反共」列為重大目標。這究竟會造成什麼樣的後果呢？一切關心臺灣前途和中國統一的愛國人士自然不能不為之憂慮。

何謂「一國」及如何實現的問題

首先，什麼是「一國」？筆者認為，所謂「一國」，首先應該是一部憲法、一個中央政府，而不能允許兩個或兩個以上的憲法、國號和中央政府存在，否則，那就不是一國，而是兩國或多國，不是統一而是分裂。現在，有些人把「一國」的真實含義搞得模糊不清了。有的講「一國」是指「歷史的中國」，即1949年前的「中華民國」。無論從國內法或國際法說，它在中華人民共和國成立以後就已不存在了。有的講「一國」則是指「未來的中國」，說什麼，現在——「兩個中國」，未來——「一個中國」，現在是未來的「過渡」，是權宜之計。這顯然是圖謀製造「兩個中國」，並使之合法化，長期化，是絕對不能允許的。還有的講「一國」則是指的「文化的中國」或「經濟的中國」，前者強調「先在文化上求其統一」，後者強調「各自先搞經濟建設」，兩者都主張「把政治統一列為未來的目標」。以上所有這些「一國」，都是虛幻的、渺茫的、不切實際的「一個中國」，或迷戀過去，或幻想將來，都是些一廂情願的東西。

其次，應如何落實「一國」呢？第一，最重要的是要溝通。臺灣當局的高層中有些人確實最怕的就是「一國」，唯恐失去自己的地位。但也要相信，臺灣高層中的多數人還是有國家民族觀念的，有愛國之心的。過去，國共恩恩怨怨幾十年，也的確結了不少「疙瘩」，有些人至今還心存畏懼，餘悸未消，對中共的現行政策也多持懷疑態度，這是可以理解的。這就需要溝通，要透過各種各樣的渠

道來溝通對話，交換意見，以便加強瞭解，化解敵意，增進共識，為下一步的和談協商創造條件。

第三，在「一國」問題上，要在不失原則的前提下，多為臺灣方面做些設想，更多地考慮和照顧臺灣方面的意見。根據高度自治的原則，中央政府對未來臺灣設置的特別行政區政府內部的事務不干預，對特別行政區政府內部的調整和變動不干預。還有，按照「一國兩制」的構想，中央政府中可以給臺灣留一定比例的名額，為照顧臺灣「政治趨於多元化」的實際情況，其代表比例也可較其他省市適當寬些。臺灣方面一些有專長、有代表性的人士也應根據不同需要和情況，適當吸收參加國家各有關部門或專業的管理和研究工作，以利調動他們的積極性，共同參與中國的建設事業。

如何保證「兩制」落實的問題

如前所述，「一國」和「兩制」是互為前提和基礎的，相輔相成、密不可分。如果說，國民黨高層中有些人最怕和最擔心的是「一國」，那麼一般中下層民眾最怕和最擔心的則是「兩制」無保證，自己的利益無保障。前者正是抓住後者的這種心理狀況，並以此作為王牌，與中共討價還價，且價碼越來越高。在這種情況下，如何認真地考慮和落實「兩制」的問題，是消除人們的心理障礙，保證「一國」順利進行的一件十分重要的工作。「兩制」是「一國」的基礎，沒有「兩制」真正的貫徹和落實，以及切實可靠的保障，「一國」將是很不牢靠的。

然則，如何才能保障「兩制」的落實和執行？筆者以為，除了已經明確地允許臺灣保留軍隊等以外，最重要的還要有法律保障。「一國兩制」應當透過正常的法律文件形式進一步加以明確，公諸於世，讓臺灣島內人民放心。筆者認為，《中華人民共和國憲法》第三十一條關於設置特別行政區的條文可考慮適當加以補充和完善，使之於憲法總綱的關係更加明確，避免人們產生不必要的誤會。將來在全國人大常委會內也可考慮設置有關臺灣方面的專門權威機構，吸收適量的

有代表性的臺灣各階層人士代表參加。總之,從法律及其組織程序上,給予並保障臺灣代表及臺灣人民有充分發表意見的權利和機會,調動他們參與國家管理的積極性。在有關臺灣問題上,只要不違背「一個中國」的原則,就應尊重並按照他們的意見辦事。

兩岸統一前的「過渡」問題

「一國兩制」是要在統一後才能實施的,然則,在統一前的過渡時期又怎麼辦呢?這同樣是一件值得討論的重要問題。

筆者對此有如下想法和意見:

(一)國共兩黨應盡快坐下來協商。中共中央臺辦負責人最近建議國共兩黨派出代表進行接觸,以便創造條件,就正式結束兩岸敵對狀態,逐步實現和平統一進行談判。並建議「在堅持一個中國原則的前提下,討論臺灣當局關心的其他問題」。(見《人民日報》1991年6月8日)這是合情合理的。國民黨方面既然提出那麼多問題要中共作出「善意回應」,為什麼不能坐在一起進行溝通和協商呢?就中共這邊來說,其所提出的「一國兩制」對臺灣也只是一種原則構想,其中許多問題同樣有待與兩黨進一步溝通和協商。只有在有關統一的一些大原則取得「共識」後,才能具體商討有關過渡期間的其他問題。前者定了,後者自然好辦,相信許多事一定可以更鬆動,更具彈性和靈活性。至於所謂臺灣實行的是「政黨政治」,國民黨不能一家做主,那也好辦,中共中央臺辦負責人也已談到,「在商談中,可以邀請兩岸其他政黨、團體有代表性的人士參加」。(見《人民日報》1991年6月8日)

(二)應盡快實現兩岸的直接「三通」。這是關係到兩岸人民切身利益的大事,不能再人為地設置障礙了。拒絕直接「三通」不僅直接傷害臺灣工商界的利益,也影響兩岸中國人的正常交往,是不得人心的。臺灣既然能和美、日、西歐等各國都進行直接交往,為什麼對同文、同種、同根並且只有一水之隔的中國大

陸偏偏堅持間接來往呢？目前應像中共中央臺辦負責人所建議的那樣：「由海峽兩岸有關部門和授權團體或人士，盡快商談實現直接『三通』和雙向交流的問題，擴大交往，密切聯繫，繁榮民族經濟，造福兩岸人民」。（同上）據島內一些知情的朋友們講，現在臺灣廣大民眾特別是工商界對臺灣當局阻礙「三通」已十分不滿。

（三）有計劃、有步驟地促成統一大業。一是「談起來」，即如前所說，先坐下來就若干原則問題或臺灣當局關心的一些問題交換意見，爭取盡快結束兩岸敵對狀態。二是「做起來」，包括直接「三通」在內，凡是能做到的馬上就辦，越快越好，邊做邊改善關係。「讓政治的僵局在自然的溫度裡融解」。三是「統起來」，條件成熟了，就正式舉行兩岸和平統一談判，把「一國兩制」的一些原則構想，進一步具體化、完善化和法律化。至於臺灣當局提出的「近程、中程、遠程」三個階段方案，因把「對等的政治實體」列作第一階段的四項內容之首，而把兩岸人只所企盼的通商、通郵、通航置於第二階段，看來是很難行得通的，其與臺灣當局宣布的「中國必須統一」的目標也是互相矛盾的。

總之，「一國兩制」已在港澳地區成功地付諸實踐，臺灣與港澳地區的情況雖不同，但其基本原則是同樣適用的，絕不能因地區的特殊性而降低其普遍意義。它的科學性、合理性、可行性，一句話，它的真理性是不會被磨滅的，不會因國際上或臺灣島內某些暫時的煙雲而淹沒。因為臺灣與大陸的統一，除了「一國兩制」以外，實在別無更好的途徑和辦法。但願臺灣當局能面對現實，正視現實，採取行動，排除阻力，與中國共產黨及兩岸其他黨派與人士一道，促進中國統一大業的早日實現。如是，則中華民族的振興和富強將大有希望。

（原載《瞭望》週刊海外版）

鄧小平同志關於「和平統一、一國兩制」的基本思想——在全國對臺系統一次學習班的講課提綱

按：此係為內部撰寫的講課提綱，與其他有關文章有重複，但比較簡練，為後來許多對臺學習班所採用。

「和平統一」和「一國兩制」是一個整體。「一國兩制」是和平統一的核心內容，也是它的具體化和重大發展。這裡主要談「一國兩制」。

「一國兩制」的科學構想，從提出到現在已經整整十個年頭。這是鄧小平同志集中全黨全國人民的智慧而首先提出來的，並且透過香港、澳門問題的實踐而逐步得到發展和完善。這是一個具有遠見卓識的科學創見，是我黨實事求是思想路線的產物，是建設有中國特色社會主義的一個偉大創造。

一、「一國兩制」的形成、發展

鄧小平同志提出的「一國兩制」不是偶然的，它是我黨和平解決臺港澳問題這一重要戰略思想的繼續和發展。早在1950年代，中央就有和平解決香港和臺灣問題的考慮，1955年5月和1957年4月，周恩來總理曾分別就此發表過公開講話。但由於當時國際國內條件的限制，使這些主張無法付諸實踐。

黨的十一屆三中全會前後，條件逐漸成熟了。就國際來說，用和平對話的方式解決爭端的可能性大大增加，中美之間並已透過談判協商正式建立外交關係。就國內來說，十一屆三中全會決定把黨和國家的工作重點轉移到以經濟建設為中心的社會主義現代化上來，這就為國共兩黨和海峽兩岸和平協商解決國家統一問題創造了重要條件。

「一國兩制」的形成和發展，就其近期說可分為四個階段：

（一）形成階段。從黨的十一屆三中全會前夕開始，並以這次會議為標誌，在和平統一中國這一戰略方針的指導下，「一國兩制」思想已清晰可見。

（二）確立階段。從1981年9月葉劍英委員長向新華社記者發表的談話開始，並以這次及鄧小平的幾次談話為標誌，是「一國兩制」思想的最後確立和

「一國兩制」概念的正式提出。

（三）發展階段。從1984年開始，並以這年10月出版的《瞭望》週刊發表的鄧小平談「一個國家、兩種制度」文章為標誌，是「一國兩制」的構想從政策到理論的全面闡述和發展。

（四）實踐階段。從1984年12月中英關於香港問題的《聯合聲明》正式簽署開始，並以1990年4月我七屆全國人大三次會議通過的《香港特別行政區基本法》為標誌，是「一國兩制」構想由理論走向實踐的重大步驟和體現。

可見，「一國兩制」是我黨和平統一思想的核心內容，是這一思想的具體體現和重大發展。「一國兩制」的提出，使和平統一這一戰略構想變得更加科學化和更加切實可行了。

二、「一國兩制」的基本內涵

根據鄧小平及中共中央、國務院其他領導人的講話及有關文件的精神，總的可將「一國兩制」概括為這樣16個字：「一個中國，兩制並存，高度自治，和平談判」。具體主要有以下十條：

（一）在「一個中國」的原則和架構下，大陸實行社會主義制度，臺灣實行資本主義制度，誰也不吃掉誰。互相尊重，互不傷害，長期共存，共同繁榮。

（二）設置臺灣特別行政區，並採取一系列特殊政策，使這個地區繼續保持穩定和繁榮，臺灣的現行經濟制度、生活方式，與外國的經貿文化關係長期維持不變。

（三）臺灣作為特別行政區享有高度的自治權。包括行政管理權、立法權、獨立司法權和終審權。中央不干預特別行政區的內部事務。

（四）臺灣人民的各種合法權益，諸如私人財產、房屋、土地、企業所有權、合法繼承權等，一律給予法律保障。外國人和僑胞在臺灣的私人投資也一律

給予保護。

（五）臺灣是內政問題，與香港、澳門的情況不同。臺灣成立特別行政區後，可以保有軍隊，但不能損害統一的國家利益。大陸不派軍隊駐臺，也不派行政人員去臺。

（六）中央政府中可以給臺灣留出一定比例的名額。臺灣當局和各界代表人士可以出任全國性政權機構的領導職務，參與國家管理。

（七）臺灣作為特別行政區政府，在對內政策上可以搞自己的一套，在中央授權下也可以有一定程度的外事權，但不能在國際上代表國家。

（八）兩岸的和平統一問題，應由兩岸的執政黨協商解決，也可吸收其他政黨及團體和各界有關人士參加。在一個中國的前提下，什麼問題都可以談，包括就兩岸正式談判的方式問題與臺灣方面進行討論，找到雙方都認為合適的辦法。統一以後，中國共產黨和中國國民黨及其他黨派將持久合作，長期共存，相互監督，至於臺灣島內務政黨之間的關係，則純屬特別行政區的內部事務，中共不會干預其運作。

（九）以和平方式統一中國，但不承諾放棄使用武力。這主要是針對外國勢力干涉中國統一和「臺灣獨立」的，絕不是針對臺灣人民。

（十）解決臺灣與大陸的統一問題是中國的內政，必須由中國人自己來解決，堅決反對外國勢力的干預插手，阻礙中國的和平統一事業，但歡迎外國友好人士和政府對此做出積極有益的貢獻。

三、「一國兩制」的主要特徵

（注：本篇第一篇所談特徵，是從「一國兩制」的基本內涵歸結出來的，而這裡所談的特徵，是從「一國兩制」與其他「非一國兩制」作比較歸結出來的，角度有不同。）

現臺灣朝野及海外有關人士，出於各種不同的動機和考慮，提出了各種有別於「一國兩制」的解決兩岸關係或實現中國統一的模式或方案共60餘種（注：截至1998年3月，共90餘種）。在我們把「一國兩制」與上述諸種模式進比較研究後，就可發現只有「一國兩制」才是實現中國統一的最佳模式或構想。它兼具諸種模式或構想之長而無其短。「一國兩制」具有以下鮮明特點：

（一）堅定的原則性。鄧小平指出：「一國兩制」的「核心是祖國的統一」。就是說，必須在「一個中國」的原則和架構下來處理兩岸關係問題，大陸實行社會主義制度，臺港澳實行資本主義制度，誰也不吃掉誰。「一國兩制」的這個原則是不可動搖的，絕不允許任何形式的「兩個中國」、「一中一臺」或「臺灣獨立」。它的這個原則是區別各種真假統一模式的唯一的試金石，也是它不同於「一國兩府」等諸種模式的最重要分界線。

（二）嚴謹的科學性。鄧小平曾經指出：「只有解放思想，堅持實事求是，一切從實際出發，理論聯繫實際，我們的社會主義建設才能順利進行，我們的馬列主義、毛澤東思想的理論也才能順利發展」。這裡所說的堅持實事求是、一切從實際出發，就是指嚴謹的科學性與科學態度。「一國兩制」構想，實際上就是中央領導人根據國際和中國變化了的新形勢，經過長期反覆的調查研究、比較、思考後提出的。它是把馬克思主義的普遍原理和中國的具體實踐相結合的產物。

（三）高度的靈活性。從1997年元旦全國人大常委會發表的《告臺灣同胞書》，到1981年9月葉劍英委員長向新華社記者發表的談話（又稱「葉九條」），1983年4月中共中央顧問委員會主任鄧小平會見楊力宇教授發表的談話（又稱「鄧六條」），以及中共中央、國務院其他領導人發表的談話及有關文件，我們可以很清楚地看到，我黨提出的「一國兩制」是把堅定的原則性和高度的靈活性相結合起來的產物。「一國」體現了國家統一上堅定的原則性，「兩制」則體現了具體做法上高度的靈活性。

（四）現實的可行性。鄧小平說：「一國兩制主張是行得通的」。這是完全有根據的：一是制度上可以並存。在當今的歷史條件下，和平與發展是時代的基本特徵，社會主義與資本主義制度的和平共處，在一國之內與國際間一樣是可能

的。二是政治上可以兼容。兩岸在各自經濟基礎上所建立起來的政治制度和民主制度，雖有本質的不同，但都面臨著發展現代化商品生產、繁榮經濟、造福中國人民、振興中華的共同政治目標，在「一國兩制」的條件下完全可以本著存異求同的原則，各自按照自己的運行規律發展，誰也不應把自己的一套做法強加給對方。三是經濟上可以互補。目前兩岸經濟各具優勢，各有弱點，如能突破政治障礙，發展兩岸之間的經貿往來和合作，本著平等互利、互補互惠、良性競爭的原則進行，必能更好地發揮各自的優勢，促進雙方經濟更迅速發展。

四、「一國兩制」的理論意義

鄧小平提出的「一國兩制」，完全是來源於實踐的科學構想，是我黨實事求是思想路線的產物，是中國特色的社會主義理論的重要組成部分。整個構想閃耀著辯證唯物主義和歷史唯物主義的思想光輝，是對馬克思主義一些重要原理的深刻的運用和發展。

鄧小平所說的中國特色的社會主義，就是指把馬克思主義的普遍真理跟中國的具體實踐結合起來，走自己的路。他在1987年4月會見香港基本法起草委員會第四次會議全體委員時又說：「具有中國特色的一個重要內容就是包括對香港、澳門、臺灣問題的處理，就是『一國兩制』」。可見，鄧小平所謂中國特色的社會主義，實際上就是中國條件下的科學社會主義；他所提出的「一國兩制」就是這個有中國特色的科學社會主義的理論的一個不可分割的重要組成部分。

鄧小平提出的中國特色的社會主義以及作為它的一個重要內容的「一國兩制」，是在中國現階段的歷史條件下提出來的。尤其是黨的十一屆三中全會以來，鄧小平根據重新確立了的馬克思主義實事求是的思想政治路線，重新闡述了生產力和生產關係的辯證關係，把大膽進行改革開放、全力發展社會生產力提到首位，並強調科學技術是第一生產力。「一國兩制」是從屬於這些整體的戰略指導思想的。這是他對馬克思主義的社會主義政治學的又一個重要發揮。

鄧小平提出的以和平方式解決兩種不同社會制度的矛盾，主張在一個國家內，以社會主義制度為主體的條件下，實行兩種制度和平共處和長期並存，兩種經濟相互補充和相互促進，這不僅是對馬克思科學社會主義思想的重要發展，而且是繼列寧關於不同社會制度國家可以和平共處、毛澤東、周恩來關於社會主義國家之間也存在和平共處的思想之後，對和平共處思想的又一個新的發揮和運用。

　　這裡特別值得提出的是，鄧小平對香港、澳門、臺灣這類具有特殊情況的局部地區，提出了保存連同上層結構在內的整個資本主義制度的設想，提出保持香港金融市場和自由港的地位，也保持香港、澳門、臺灣與外國的密切的經濟文化關係，這是對列寧關於利用資本主義為社會主義服務的思想的一個大膽的發展，是社會主義運動史上沒有先例的創舉。在「一國兩制」的條件下，還允許臺灣「高度自治」，以及在不影響國家統一後的利益的原則下允許臺灣適當保留一定的軍隊。這同樣是對列寧關於無產階級國家學說的一個大膽的發揮和發展。

　　總之，鄧小平同志提出的「一國兩制」，為馬克思主義和毛澤東思想的理論寶庫做出了新的貢獻，在一些重要方面豐富和發展了馬克思主義和毛澤東思想。他的這些理論和思想，不僅對中國而且對世界其他國家和地區同樣具有指導意義。

（原載《中國統一戰線》）

「一國兩制」可確保臺灣人民權益

　　臺灣島內有一種說法：中共提出的「和平統一、一國兩制」構想，不能保障臺灣人民的實際權益，因而是行不通的。在最近召開的國民黨「十四全」大會中，仍然不乏此種論調。「和平統一、一國兩制」究竟能不能保障臺灣人民的基本權益？這是必須弄清楚的問題。

一個中國——符合臺灣人民的根本利益

一個中國，是《臺灣問題與中國的統一》白皮書談到的第一個基本點。世界上只有一個中國，臺灣是中國不可分割的一部分，海峽兩岸的中國人都主張只有一個中國，都擁護國家的統一，臺灣作為中國不可分割的一部分的地位是確定的、不能改變的。這不僅是大陸人民，也是臺灣人民的根本利益所在。

世界上總有那麼一些人，不願看到中國的統一，一心想搞「以華制華」、「分而制之」。他們費盡心機，不時變換手法。近年來，在一些人的鼓噪下，臺灣島內外出現所謂「兩個中國」論，以至「十數個中國」論等。所有這些奇談怪論都是蓄意分裂中國，以便於外國勢力插手中國內政。有些人，近年來還製造出所謂「新國家主權觀」、「分裂國家理論」等，為阻撓臺灣與大陸的統一製造理論根據。如果讓他們的目的得逞，臺灣必將淪為外國的「附庸」，甚至會變成他們手中對付中國大陸的一個工具。

海峽兩岸山水相連，是一個不可割裂的整體，兩岸人民命運與共，絕不容許搞「兩個中國」、「一中一臺」或「臺灣獨立」。今天的中國已經不同於歷史上的任何時期，今天的中國大陸也遠非建國初期可比。兩岸實現統一以後，臺灣人民完全可以與中國大陸人民一道共享主權大國的尊嚴和榮譽，可以不再受外人的欺凌、壓迫和侮辱。兩岸人民可以並肩振興中華之大業，臺灣社會也可確保長治久安。凡此，無一不是符合包括臺灣人民在內的全體中國人的根本利益的。

兩制並存——充分考慮了臺灣人民的實際利益

兩制並存是白皮書論述的第二個基本點。在一個中國的前提下，國家的主體部分實行社會主義制度，臺灣實行資本主義制度。兩岸統一後，臺灣有「三個不變」——現行社會經濟制度不變，生活方式不變，與外國的經濟文化關係不變；

「六個保護」——私人財產、房屋、土地、企業所有權、合法繼承權、外國人投資等，一律受法律保護。這既可滿足兩岸人民長期渴望國家統一的願望，又能充分照顧臺灣原有的社會制度和人民的實際利益。

有兩種顧慮是完全不必要的。一是所謂「共產」，似乎臺灣比大陸富，統一後大陸遲早會「共」臺灣的「產」。這是絕不可能發生的事。大陸連歷史上某些地區曾經刮過的「共產風」也早就糾正了，不會讓這種歷史錯誤重演。況且，鼓勵私營經濟發展，保護私人財產，不論從政策上，還是法律上，都有明文規定的。二是所謂騙「統」，然後讓你「安樂死」。這同樣是絕不可能出現的。在一國之內實行的「兩制」，是中共作為建設有中國特色社會主義的重要組成部分而提出來的，是一項長期的基本國策，絕不是什麼權宜之計。而且，統一後的「兩制並存」，一定會透過雙方協商取得法律、制度，政策、措施等各方面的保障。

臺灣有人曾多次提到「一國一制」，用以反對大陸的「一國兩制」。所謂的「一國一制」也稱「一國良制」，即以臺灣的「三民主義」或「民主、自由、均富」制度來統一中國。臺灣方面的這種提法至今仍未改變。大陸不想「以大欺小」、「以大吃小」，而臺灣卻想「以小欺大」、「以小吃大」。這不僅不切合實際，而且會增加敵意，增加對抗，不符合兩岸人民渴望和平統一的要求和願望。也正因為它違背臺灣人民利益，因而不可能得到人民的支持。

高度自治——旨在讓臺灣人民更好地當家做主

高度自治是白皮書談到的第三個基本點。統一後臺灣將成為特別行政區。它不同於中國其他一般省區，享有高度的自治權。

特別行政區政府和臺灣各界的代表人士，還可以出任國家政權機構的領導職務，參與全國事務的管理。

我們如果就此把臺灣的「一國一制」和大陸的「一國兩制」相比較一下，就可以發現它們之間存在著什麼樣的差別。臺灣的「一國一制」是：我的就是我

的，你的我也要，都要統一在我的「三民主義」制度之下。大陸的「一國兩制」是：你的仍是你的，我還要給你一些，這就是請臺灣方面參與全國政權的領導和管理。這對臺灣人民有什麼不好？按照「一國兩制」，臺灣人民和他們選出的代表，不僅是臺灣的主人翁，也是全中國的主人翁，不是可以更好地發揮當家做主的作用嗎？

在中國近代史上，中央政府長期處於軟弱無能的地位，中國人民飽受外敵侵略欺凌之苦，臺灣地處中國邊陲，受害最深最烈。臺灣在二次大戰後回歸中國後，又曾受到許多不公平待遇。在此情況下，他們有這樣那樣的想法和要求，特別是希望有「出頭天」，能「當家做主」，是很自然的，合情合理的。不過，當家做主絕不是搞「分裂」、搞臺獨，中共方面提出的特別行政區構想，讓臺灣在「一個中國」架構下實行高度自治，實在是兼顧國家統一和照顧臺灣人民當家做主願望的兩全之策。

和平協商——可以防止相互間的武力對抗

和平協商是白皮書談到的第四個基本點。文章主張，透過接觸談判，以和平方式實現國家統一。如果因中國的主權和領土被分裂，而不幸以兵戎相見，骨肉相殘，對兩岸都會帶來災難。透過協商而結束敵對狀態，實現和平統一，有利於全民族的大團結，有利於整個中國的振興和富強。就臺灣來說，當前臺灣人民的最大利益，一是保持社會穩定，二是保持經濟繁榮。而目前臺灣當局包括拒絕就兩岸統一進行和平協商在內的整個大陸政策，是不利於這兩點的，是違反臺灣人民的根本利益和現實利益的。

現臺灣當局高層中，有些人至今仍在堅持要中共作出「善意回應」的所謂「三條件」，即承認臺為「對等政治實體」、承諾「放棄使用武力」和允許臺「拓展國際生存空間」，並將此視為實現政治對話和開放兩岸直接「三通」的先決條件。其實，其所謂「三條件」，說穿了不過是經過包裝了的「兩個中國」貨

色。臺灣當局所追求的是他自己所期望的「一國一制」，但卻又把希望透過「三條件」實現的「兩個中國」作為「過渡」。這本來就是不具「善意」的「三條件」，又怎麼可能指望中共方面作出「善意回應」呢？

臺灣當局中一些人為什麼主張中國統一，但又拒絕付諸實施？為什麼主張和平統一，但又不打算進行談判？為什麼口口聲聲說確保臺灣安全和人民福祉，但又不願在這方面邁出實際步伐，甚至連臺灣人民強烈要求的直接通航都不予答應？這樣的大陸政策，完全違背了臺灣人民的切身利益和長遠利益。

其實，臺灣當局如果確有和平統一的願望，確有為臺灣人民利益著想的誠意，那就應該與中共一起坐下來商談。相信只要不違背「一個中國」的原則，他們所關心的問題都有可能獲得合情合理的解決。臺灣當局對中共提出的「和平統一、一國兩制」有什麼不同意見，也可在商談中提出來。因為這些原則構想，可以透過商談使之具體化和臻於完善，並在雙方達成協議後，進一步法律化。

（原載《人民日報》海外版）

臺灣當局為何重彈「一國良制」？

按：自鄧小平同志提出「一國兩制」的科學構想和大政方針以後，包括臺灣在內，各方在如何處理或解決兩岸問題上，曾提出各種各樣的想法和方案，所謂「一國良制」就是在這樣大背景下，由臺灣官方透過媒體披露的。本文就此提出了一些想法和看法。

1990年10月5日，臺灣《中央日報》公布了臺灣當局一高層政要在行政院一次院會上的談話。他說：「經國先生生前曾指出，我們要的是『一國良制』，也就是只有良好的制度才是我們國家所需要的」。這句話的實際，就是臺灣當局多年前一直宣揚的所謂「以三民主義統一中國」。

這位政要的發言給了人們一個訊息，這就是「一國良制」是蔣經國先生生前

提出來的。這使筆者想起臺灣《中央日報》1987年4月16日的一篇社論，題為《建立三民主義的「一國良制」》。該文大談三民主義的「好處」，大大抨擊社會主義的「弊端」。看來，這篇社論就是奉蔣經國先生之命而寫的，不是什麼新鮮貨。遠的不說，1981年1月，蔣經國在他主持的一次臺灣軍事會議上就作出了「以三民主義統一中國」的決議。同年4月，國民黨「十二大」又通過了《貫徹以三民主義統一中國案》，並將此作為國民黨今後「努力奮鬥之目標」。但是，這個主張因為太不實際，多年來一直受到島內外有識之士的指責，甚至成為眾人的笑料。正是在這種情況之下，國民黨當局不得不把這面不得人心的旗幟暫時卷偃起來。

臺灣當局近幾年為什麼兩次提出「一國良制」？這都與當時中國國內和國際的氣候有關。第一次是1987年。國民黨的《中央日報》於當年1月10日拋出了「權宜性『兩個中國』」論，遭到島內外輿論的強烈抨擊，有人甚至著文大加撻伐。4月16日，臺灣當局乃拋出「一國良制」。它一面把共產黨、社會主義大罵一通，一面重新舉起「以三民主義統一中國」這面舊旗，表示自己還是主張「一國」、主張「統一」的。第二次是1990年10月。這是因為臺灣當局從1989年3月拋出「一國兩府」後，一直遭到島內外輿論的強烈抨擊，無法再撐持下去。1990年8月底，雖將這一口號改為「一國兩地區」，但又覺得這個提法沒有靈魂，沒有號召力，特別是仍擺不脫「一國兩府」的分離傾向陰影，島內外輿論懷疑以至抨擊者仍然不少。正是在這種情況下，臺灣當局又故技重演，再一次搬出「一國良制」來。人們從兩次「一國良制」的出臺可以看到，除了時間不同外，其背景、手段、目標等，基本上如出一轍。當然，這一次的聲勢比上次大得多，而且成立了組織機構，擺出一副真要「主導中國統一大業」的架勢。但是人們仍然疑心難釋，為什麼國民黨當局一會兒高叫「兩府」，一會兒又大談「統一」，其骨子裡究竟是要真統一，還是在搞假統一？是要統一還是在搞分裂？這只有讓時間和歷史來回答了！

這裡要特別指出的，是這次重彈「一國良制」的國際背景。最近一個時期以來，美國等一些親臺，甚至曾經或明或暗地支持過臺獨勢力的人士，忽然也反對起臺獨來，連一向被臺獨人士視為「有力後援」的美國國會眾議院外交委員會亞

太小組主席索拉茲先生最近也對某些主張臺獨的人「大潑冷水」。如果他們果真看到臺獨之路走不通，起而反對臺獨，那當然是好事，也是值得歡迎的。然而讓人不安的是，他們所反對的只是「臺灣宣布法律上的獨立」。言外之意是，他們並不反對「實質臺獨」，包括繼續打著「中華民國」旗號，以「三民主義統一中國」為幌子，在臺灣搞「一國良制」，並等待時機把這個「良制」推行到大陸去。其中有一些人，一面宣稱「『臺獨』是危險之路」，一面又一個勁地鼓勵臺灣當局「冷卻『大陸熱』」，說臺商特別是大企業不要到大陸投資，說這是「極為不智的事」，是「非常嚴重的事」，是「『敵我意識』的消失」，是拋棄一個「好制度」而去支持一個「壞製造」，說「臺灣的錢應該到東南亞及東歐找出路」，而不應去中國大陸。臺灣當局果然照單接收，照此辦理。一段時間以來，不僅重彈「一國良制」，並且相應地調整和收縮大陸政策。這難道不是發人深省的嗎？

所謂「好制度」和「壞制度」

臺灣當局那位政要在今年10月初發表的談話中還說：「德國統一的事實，證明只有好的制度統一壞的制度，而壞的制度必須接受好的制度的道理」。他所說的「好制度」是指「一國良制」，即臺灣的「三民主義」；所說「壞的制度」是指中共的「一國兩制」，實際指的是大陸實行的社會主義。

且看臺灣當局是怎樣評價這兩種制度的。1987年4月16日臺灣《中央日報》發表的社論說：共產主義（按：他們總把現階段的社會主義和未來的共產主義不加區別地混為一談）「不符合歷史發展規律」，「資本主義（按：他們總是把西方的資本主義和臺灣的三民主義區別開來）的過度泛濫，也逐漸發現其有偏失的地方」，只有臺灣實行的三民主義「才是一劑解救中國的良藥」。這就難怪臺灣當局為什麼這兩年總是千方百計要向中國大陸推廣所謂「臺灣模式」和「臺灣經驗」了。

三、大政方針篇

人們知道，三民主義是孫中山先生在他所領導的中國資產階級民主革命中提出來的政治綱領，即民族主義、民權主義和民生主義。後來，又制定了聯俄、聯共、扶助農工的三大政策，並於1924年重新解釋了三民主義。他提出，民族主義就是反對帝國主義、主張中國各民族一律平等；民權主義就是建立為一般國民所共有、非少數人所得而私的民主政治；民生主義就是平均地權、節制資本。此即後來人們所稱的革命的三民主義。

國民黨這樣做了嗎？它在大陸時期不用說了，就是到臺灣以後，也從來沒有認真實行過。就拿「民族主義」來說，其對外不管你是否帝國主義或其他什麼強權主義，對內不管你是否臺獨或具臺獨傾向，只要是反對中共的，就都可以聯合起來，可以握手言歡，對外可以直接通商、直接投資、直接通郵，直接往來；而對中國大陸則這也不准，那也不許，什麼「三不」（不接觸、不談判、不妥協）政策呀，「間接可以、直接不准」呀，以致造成中華民族長達數十年的分裂，往後還不知要拖到何年。這是什麼樣的民族主義？所謂「民權主義」，本來就是要一般平民當家做主。遠的不說，即從1990年8月臺灣舉行的所謂「總統」、「副總統」選舉來看，說到底不過是當局高層的「金權政治」而已。至於所謂「民生主義」，最大成就就是在臺灣搞了一次「農地改革」。有人說這是「大陸大地主」去革了「臺灣小地主」的命，比較不費大勁。

其他的也並未照孫中山先生所說的去做。連國民黨人自己也清楚，其所謂的三民主義，其實在臺灣不過是一個口號而已。學校裡的三民主義課程已在醞釀取消，講授三民主義課程的教師的飯碗尚且不保，卻還在喧嚷要以三民主義來「統一中國」，真是天大的笑話！實際上，臺灣所實行的並不是三民主義，而是早已淪為發達資本主義國家附庸的資本主義，是離開孫中山先生三民主義的資本主義。這是什麼樣的「好制度」？

中國大陸的社會主義，是在國民黨丟下的爛攤子的基地上發展起來的，其所獲得的成就是舉世公認的。舊中國從清末洋務運動開始，到1949年國民黨逃往臺灣的80餘年間，積累的工業固定資產總值僅124億元；而新中國在40年間，依靠人民的艱苦奮鬥積累起來的工業固定資產總值，到1988年已達10641億元，增

長了85倍。中國大陸的糧食、棉花、鋼鐵、煤炭、電力、水泥、化肥等主要產品產量已躍居世界前列，有的居於世界首位。中國的國民生產總值，從新中國成立前居世界第四十幾位上升到1988年的第8位，中國已建立起獨立的和比較完整的工業體系，並在航天技術、核技術、電腦技術、生物工程、農業科學等科技領域的某些方面達到世界先進水準。據專家們計算，中國的綜合國力，1989年已居世界第4位。中國大陸不僅實現了孫中山先生的三民主義，而且早已超過了。最重要的是，新中國早已以一個主權大國和獨立自主的姿態昂然挺立於世界各國和各民族之林。這是中國人民的驕傲。怎麼能說這樣的社會制度是「壞制度」呢？

　　當然，我並不否認臺灣在經濟發展的某些方面，尤其人均國民收入方面取得明顯進展。但這是歷史的和現實的、客觀的和主觀的、中國的和國際的多種複雜因素造成的，臺灣當局完全沒有理由以此傲視大陸。我也並不否認，大陸的社會主義制度由於建立還不久，還沒有更多經驗，加上舊中國的基礎太差，主觀認識又不足，政策上有某些失誤，因而的確走了一些彎路，從而使這個制度所具有的潛在優越性沒有能得到更充分的發揮。但這畢竟是事物前進運動中所難以完全避免的。相信今後在總結過去國內外經驗教訓的基礎上，一定可以獲得更健康的發展。世界資本主義的發展已經歷了三四百年的歷史，而中國社會主義制度的建立還不過40年，不應該過於求全責備。

　　世界資本主義社會的發展是不平衡的，同是一個制度，其發展有快有慢、有好有不好。世界社會主義的發展也是不平衡的，其進展的好壞快慢也會有所不同，不要過早地因為它在某一地區或某一時間的受挫而幸災樂禍。奉勸臺灣當局的某些政要們，你們千萬不要像當年的封建主們嘲笑資本主義初期的挫折一樣來嘲笑今天的社會主義；也不要像當年一些人看到資本主義在一些地區失敗就誤以為在一切地區都會失敗一樣來看待今天的社會主義國家。新事物總是要取代舊事物的。新的生產關係也是要取代舊的生產關係，但它又必然需要經歷一個長期的曲折的發展過程。資本主義制度不可能永保青春，社會主義制度也不可能長期停留在現有水準，後者必然會在繼承前者一切有用成果的基礎上以更快的速度前進。希望你們還是要把眼光放遠些，不要太近視了。

「一國良制」也是「死胡同」

在臺灣島內，由於「一國兩府」受到各方嚴厲抨擊，許多人已認識到它是一條走不通的「死胡同」，但對「一國良制」，有的人暫時還看不太清。其實，「一國良制」也是一條早已被否定的走不通的「死胡同」。前者不通於「兩府」，後者不通於「良制」。蔣經國去世後，臺灣新執政當局正是有感於「一國良制」走不通，才抬出「一國兩府」來的。而今「一國兩府」還是走不通，它又折回頭撿起來了「一國良制」。老的死胡同—新的死胡同—老的死胡同，這樣轉來走去，出路究竟在哪裡？不能不發人深思。

說到「一國兩府」就不能不想到「主流派」；說到「一國良制」也不能不想起「非主流派」。表面上，這兩個政治派別產生於1990年3月的「總統」和「副總統」選舉時，實際上，它們作為兩大利益集團的代表早就存在了。這次選舉使這兩大集團各自所代表的利益之爭公開化和表面化就是了。有人說，臺灣大選後所謂「主流派」和「非主流派」之分已經不存在了，這是不符合事實的。它們之間有合作也有爭奪，有臺面上的做法也有臺面下的做法。在兩岸關係或大陸政策上，「主流派」主張「一國兩府」，時明時暗，有時又做又說，有時做而不說；「非主流派」則主張「一國良制」，也是時隱時現，時說時不說，完全看政治氣候而定。彼此都認為對方的主張行不通，就是看不到或不願看到自己的主張也行不通。兩者的主張都冠以「一國」，意即「一個中國」，似乎都是主張統一的，但一個在「一國」之後加上行不通的「兩府」作為條件，另一個則在「一國」之後加上行不通的「良制」作為條件，正是因為這樣，人們才懷疑地提出：它們究竟是真要統一，還是以「統一」、「一個中國」為名，而行分裂和搞「兩個中國」之實？人們也同樣懷疑：它們之間究竟是統獨之爭還是權力之爭？看來，雙方在權力和臺灣未來的主導權上有爭奪，而在繼續反共拒和、保持偏安局面上又有合作。

當然，不能也不應該把它們之間的政治主張完全畫上等號。但從各自對大陸的政策來看，至少客觀上的效果是一致的。兩者的做法，實際上都將導致「一個

主權、兩個治權、分而兩立」的局面，都是走的分離道路，談不上有什麼本質性區別，客觀上兩者都是臺獨的同盟軍。

在當今的國內國際條件下，如果真正本著科學和務實的態度，真正為整個國家民族的利益和我們的子孫後代著想，那麼除了按「一國兩制」原則實現兩岸統一外，實在找不出更好的辦法。

我絕不相信，「主流派」也好，「非主流派」也好，他們之所以堅拒「一國兩制」，是因為擔心大陸的社會主義會吃掉臺灣的資本主義，擔心臺灣人民的生活水準會下降。如果真是這樣，那就是對中共十一屆三中全會以來的戰略方針、現行政策和大陸人民的願望一無所知。況且，這些還可以透過協議、立法等取得保障。他們所真正擔心的是臺灣一旦失去了「國號」，不能再稱「中央政府」，所謂「元首」、「院長」、「部長」之類的桂冠都將不保，雖然統一以後對兩岸人民都有好處，他們各人的政治地位和生活待遇也不會有任何實質性變化，但對有些人來說，就有可能在名義上由「雞頭」變為「鳳尾」了。這是無論如何也不能甘心的。其他所謂兩黨兩岸是什麼「政治制度之爭」，「國家命運之爭」，以及「一國兩制」是統戰「陰謀」、「陷阱」、「騙局」等等，統統不過是堂而皇之的拒和藉口而已。因為真正損害國家民族利益的，正是他們現在的那種做法。

這裡還要指出的是，有些人之所以堅拒「一國兩制」，是出於對當前國內外形勢有某種幻想。他們總想用自己「一廂情願」的方式來解決兩岸關係問題。我們知道，戰後分裂國家的統一，過去有南北越南模式，現在有東西德模式，未來的南北朝鮮和中國海峽兩岸也會各有自己獨特的模式。分裂的原因不同，國情不同，具體的歷史和現實條件不同，因而實現統一模式也必然各有不同。臺灣新執政當局中，有些人在新的國際形勢面前，罔顧中國現實，竟然想入非非，先是提出「一國兩府」模式，以圖保持「兩個中央政權」；繼而重彈「一國良制」模式，妄想「化」掉或「吃」掉大陸的社會主義。真是可笑不自量。

國家要統一，民族要團結，這是包括臺灣在內的12億中國人民的共同願望，也是目前國際上不可阻擋的歷史潮流。違背歷史發展潮流者必將為這個潮流所淹沒，堅持違反兩岸最大多數人民利益的主張和政策也必將會走到自己願望的

反面。願臺灣當局三思之！

（原載《光明日報》，後收入內部文集稍有修改）

「一國兩制」是歪曲不了的——評「臺灣兩岸關係說明書」

臺灣當局為了應對中共方面1993年8月底發表的《臺灣問題與中國的統一》白皮書（以下簡稱「白皮書」），經過幾近一年的努力，終於提出所謂「臺灣兩岸關係說明書」（以下簡稱「說明書」），洋洋一萬餘言，其所表達者無非這樣一個簡單意思：目前的兩岸關係不能走中共提出的「一國兩制」之路，而只能走臺灣當局提出的「一個中國、兩個對等政治實體」之路。所謂「一個中國、兩個對等政治實體」，明明是分裂中國的歪論，卻偏要把它說成是貨真價實、遠優於「一國兩制」的中國統一之道。既要把歪理說成真理，又把真理說成謬誤，這實在有些難為作者們了。然而，儘管費盡心機，仍難免破綻百出。

「一國兩制」是歪曲不了的

「說明書」對中共提出的「一國兩制」極盡歪曲、汙蔑和攻擊之能事：

一曰「兼併」論，說中共所謂「一國」不過是「假中國統一之名，行兼併臺澎金馬之實」；

二曰「宰割」論，說什麼中共所設計的「兩制」，只能「在過渡時期存在」，不過是「任中共宰割的一種權宜措施」；

三曰「歸降」論，說什麼中共「一國兩制」的目的，是要臺灣「向中共全面投降」，「要臺灣地區人民在一定時間後放棄民主自由制度」。

這些，顯然都是一些不實之詞。中共去年發表的「白皮書」關於「和平統

一、一國兩制」的大政方針說得清清楚楚：一是「一個中國」，堅決反對任何旨在分裂中國主權和領土完整的言行，反對「兩個中國」、「一中一臺」或「一國兩府」，反對一切可能導致「臺灣獨立」的企圖和行徑。二是「兩制並存」，在一個中國的前提下，大陸的社會主義制度和臺灣的資本主義制度，實行長期共存，共同發展，誰也不吃掉誰。三是「高度自治」，臺灣作為特別行政區，擁有在臺灣的行政管理權、立法權、獨立的司法權和終審權，黨、政、軍、經、財等事宜都自行管理。其他如在軍隊、外事權等方面也有明確界定。四是「和平談判」，即透過接觸談判，以和平方式實現國家統一。「白皮書」並且鄭重宣稱，這些都將是長期不變的基本國策。如此，何來「兼併」之說？何來「權宜」之計？又何來「宰割」、「歸降」之論？

也許反對者會說，雖然中共發表白皮書說得「好聽」，但不過都是「統戰陰謀」、「故設陷阱」而已。說者如果不是因為自己懷有偏見而故尋「藉口」的話，那就純粹是「以小人之心，度君子之腹」了。

「一國兩制」最合情合理

「說明書」說，中共提出的「一國兩制」主張，「客觀上並不可行，主觀上我們也絕不接受」。看來，說客觀上不可行是假的，而主觀上絕不願接受則是真的。

然而，環顧目前各方已經提出的各種解決兩岸關係的模式，歸根結底不外三種：一是「一國一制」。這就必然要一方吃掉另一方，不是臺灣吃掉大陸，就是大陸吃掉臺灣。如今大陸不想也不願這麼做，臺灣如要吃掉大陸如同臺報所稱「巴蛇吞象」，更是絕無可能的事。二是「兩國兩制」。那就是臺灣成為「獨立主權實體」，實行「兩個中國」、「一中一臺」、「臺灣獨立」或建立「臺灣人的國家」，這是企圖把臺灣從中國分裂出去，包括兩岸在內的全體愛國的中國人永遠不會答應。三是「一國兩制」。這既能滿足兩岸中國人長期要求統一的願

望,又能尊重歷史、尊重實際,維持兩種不同的社會制度,照顧各方的實際利益。應該說,如果能從大局思考,不是情緒化、不是賭氣,而是能認真冷靜地對待,還是比較合理的。

「說明書」表示堅決主張「一個中國」,反對「兩個中國」和「一中一臺」,這是非常值得肯定和歡迎的。但在此同時,「說明書」卻又提出要用「一個中國、兩個對等政治實體」的概念來為兩岸關係定位,這顯然是相互矛盾的。所謂政治實體,這是一個含糊不清的概念,它可以有兩種不同內涵:一是具有主權性質的政治實體,一是不具有主權性質的政治實體。臺灣高層中一些人所謀求的顯然是前一種政治實體而非後者,因為後者可以包括一個國家之內許多大小不同、層次不等的非主權政府組織或政治單位,而根本不需要謀求相互間的承認。前者則不然,實際上是指具有獨立主權地位的國家。「說明書」對此並不迴避,如強調所謂「中華民國的存在乃是不容否認的事實」,它「在國際間始終是一個具獨立主權的國家」,目前的兩岸是「互不隸屬的兩個政治實體」,「雙方應充分體認各自享有統治權,以及在國際間為並存之兩個國際法人的事實」。這明明違背了它前面所表示要堅持的「一個中國」原則,而回到它所說要反對的「兩個中國」和「一中一臺」上來了。這實際上也就是「兩國兩制」,哪裡還有中國統一的影子?

兩種不同的理念基礎

大陸提出的「一國兩制」,是以鄧小平提出的建設有中國特色的社會主義理論為指導的,它是來源於實踐的科學構想,是中共實事求是這一思想路線的產物。根據這一理念,我們認為在當今的歷史條件下,以「一個中國」為前提實現兩種制度的和平共處和共同發展是完全可能的。它有利於兩岸經濟的發展,有利於臺灣社會的長治久安,有利於整個中華民族的振興和富強。這些,中共去年發表的《臺灣問題與中國的統一》白皮書以及其他相關文件和文章,已經說得很清

楚，這裡不再贅述了。

而相反，臺灣最近發表的「說明書」所提出的「一個中國、兩個對等政治實體」就不是這樣。它不是以「統」即「一國」為前提，而是以「分」即「兩國」為前提。「國家」一詞，究其本身內涵本來就是一種政治概念，而「說明書」裡所稱「一個中國」竟成為只是「指歷史上、地理上、文化上、血緣上的中國」。全文所稱的「一個中國」，完全建立在一種虛無縹緲，既不可望又不可及的「未來目標」上；而所稱「對等政治實體」，一旦具體加以落實，則是道道地地的「兩個中國」或「一中一臺」。總之，所謂「一個中國、兩個對等政治實體」，就是「先分後統」，「先『兩國』再『一國』」。這與臺當局過去所曾提出的「一個中國指向下的階段性兩個中國」如出一轍。

這樣的理念，實即當前臺灣少數人中比較時興的一種「分裂國家理論」。海峽兩岸的情況與當年東、西德的情況完全不同，絕不可以隨便套用。在當今中國的歷史條件下，如果不適當地套用這種理念，那就會變成「曲線統一論」，這自然又會使人聯想到歷史上曾使一些人身敗名裂的「曲線救國論」。當年的「曲線救國論」不是救國論，而是亡國論；如今的「曲線統一論」也不是統一論，而是分裂論。不可不慎，亦不可不防也！

還是實事求是些為好

由上可見，在「一國一制」、「兩國兩制」與「一國兩制」三種不同的解決方案中，還是「一國兩制」最實事求是，最符合中國國情。

臺當局所提的「一個中國、兩個對等政治實體」，說到底無非是上述一、二種方案的混合體。所稱「一個中國」，除了現階段是指「歷史上、地理上、文化上、血緣上的中國」外，未來則是指「一個合理、良性的政治、經濟、社會制度和生活方式之下的」的中國，是指「統一在民主、自由、均富的制度之下」的中國，一句話，是實現臺灣當局所多次強調的「一國良制」或「三民主義統一中

國」。所謂「兩個對等政治實體」，實際就是要在現階段實行「兩國兩制」，然又不願使人看穿，故而採用「對等政治實體」這樣一個中性名詞以作為遮羞布。而其實這不過是「猶抱琵琶半遮面」而已。非常明顯的是，這裡所稱「一國」是虛，「兩國」是實。醉翁之意不在酒也。

然而，臺當局的這些想法也未免太不實際，太一廂情願了。就現階段說，臺當局無非是企圖透過所謂「務實外交」和擠入聯合國來實現其「兩國兩制」，使臺灣能成為合法的「獨立主權國家」。就未來目標說，臺當局無非是要以「兩個政治實體」或「兩國兩制」為過渡，進而實現「一國一制」或所稱「三民主義統一中國」。然兩者都不過是如意算盤，後者更是異想天開，太不自量力了。

還是更實際一些吧。如今，臺灣是一個商品比較發達的社會，非常講究「包裝」，不幸有人竟把這種包裝技術運用到政治上和中國統一大業上來了。明明是不利於中國統一的東西，卻想把它說成是有利於中國統一的東西，這是不好的，終究也是要被更多人識破的。但願各方都能以國家民族的整體利益為重，以人民的實際利益為重，真正實事求是，擇善而從，化解歧見，增進共識，共同為促進兩岸關係的不斷改善和中國和平統一大業的早日實現而努力。

（原載《人民日報》海外版）

兩岸實現「一國兩制」前怎麼辦？

有些朋友經常問我：「一國兩制」是實現和平統一後的事，然則還沒有實現前又怎麼辦？我認為，兩年前國家主席江澤民就海峽兩岸關係發表的「八項看法和主張」實際上已經回答了這個問題。如果說，鄧小平關於「和平統一、一國兩制」的構想，是為臺灣問題或兩岸關係的最終解決指明了方向，確定了大政方針和原則；那麼「江八點」則為邁向這個方向或達到這個最後目標，架設了一條切實可行並完全可以排除風險的和平大橋。

「江八點」對於鄧小平關於「和平統一、一國兩制」的思想做了全面的闡述

和發揮。其中最重要的是關於「兩步走」的設想。他建議說,「作為第一步,雙方可先就『在一個中國的原則下,正式結束兩岸敵對狀態』進行談判,並達成協議。在此基礎上,共同承擔義務,維護中國的主權和領土完整,並對今後兩岸關係的發展進行規劃」。在這裡,江主席雖然沒有提出統一前的「過渡期」幾個字,但顯然已經有了這方面的思想,並相應地提出了這段時期內的許多措施和想法。這是對鄧小平思想的一個新的發揮,也是中共方面又一次向臺灣方面展現的善意和實事求是的態度。

當然,兩岸實現統一或「一國兩制」前的這段時期內,不能是沒有條件的。最重要的條件,就是要維護「一個中國」的原則。要在「一個中國」原則下就結束兩岸敵對狀態達成協議,雙方都不得違反這個協議。就大陸方面說,「對於臺灣同外國發展民間性經濟文化關係」,將與過去一樣「不持異議」;就臺灣方面說,將不得「以搞『兩個中國』,『一中一臺』為目的的所謂『擴大國際生存空間』的活動」。在這段時期內,「雙方共同承擔義務,維護中國的主權和領土完整」,「共同繼承和發揚中華文化的優秀傳統」。在這段時期內,雙方「不以政治分歧去影響、干擾兩岸經濟合作」,要「繼續加強兩岸同胞的相互往來和交流,增進瞭解和互信」,並相互「採取實際步驟加速實現直接『三通』」。在這段時期內,兩岸領導人還可以以「適當身分」,實現你「來」我「往」,「相互走走看看」,「可以共商國是,也可以就某些問題交換意見」。總之,要在這個期間積極改善、穩定和不斷發展兩岸關係,並為最後實現海峽兩岸的和平統一創造有利的氣氛和條件。

「江八點」發表到現在已經整整兩年了,臺灣方面始終沒有做出積極的回應,相反,在分裂中國的道路上越滑越遠,兩岸關係至今不進反退。有人辛辛苦苦地在架橋和鋪橋,有人則千方百計地在拆橋和毀橋。臺灣方面有人不是至今仍在鼓吹臺灣「已是主權獨立」的國家嗎?不是至今仍在宣稱自己不會放棄「務實外交」的努力嗎?明明是假反獨、真反共、聯獨反共,偏偏說是「既反共」,「又反獨」,「不偏不倚」。明明是假統一、真分裂、欺世盜名,偏偏說不是不願統一,而是「一邊水、一邊油,融不到一起」。明明是假民主、真獨裁、「主權在我」,偏偏說是「重民意」、「尊民心」、「主權在民」。明明是不該「以

政治分歧去影響、干擾兩岸經濟合作」，偏偏要「急轉彎」，「踩剎車」，「戒急用忍」，人們不禁要大喊一聲：這樣下去太危險了！

展望21世紀，中國的崛起將是不可避免的，是任何力量也阻擋不了的。本世紀末，香港和澳門都將回歸中國；未來15年內，中國經濟必將有一個新的更大的發展。相形之下，臺灣當局藉以反共拒和的籌碼必將越來越少，中國的統一就像中國必將崛起一樣，同樣是不可避免也是任何力量所阻擋不了的。是主動迎接還是被動「就範」呢？只能由自己選擇。歷史上，二戰後的「國共談判」與1949年的「國共談判」，情況是不大一樣的。當然，今天的兩岸對峙形勢與當年的國共對峙形勢仍有許多不同的地方。但願臺灣當局以兩岸關係的大局為重，以振興中華的偉大事業為重，以臺灣人民和全體中國人民的根本利益為重，迅速調整自己完全脫離中國大陸現實的大陸政策，共同致力於兩岸關係的改善，共同努力推動中國和平統一大業的早日實現。

（原載《臺聲》雜誌）

「一國兩制」構想的成功實踐

香港回歸中國，完全是按鄧小平同志提出的「一國兩制」科學構想進行的。這一科學構想體現了鄧小平實事求是的思想路線，考慮了香港問題的特殊性，照顧了各有關方面的實際利益。

香港問題的特殊性

中國老一輩無產階級革命家早就看到了香港問題的特殊性。周恩來於1957年就曾指出：「香港現在還在英國統治下，是純粹的資本主義市場，不能社會主義化。香港要完全按照資本主義制度辦法，才能存在和發展，這對我們是有利

的」。1984年12月鄧小平會見英國首相柴契爾夫人時明確指出：解決香港問題，「只能有兩種方式，一種是和平方式，一種是非和平方式。而採用和平方式解決香港問題，就必須既考慮到香港的實際情況，也考慮到中國的實際情況和英國的實際情況，就是說，我們解決問題的辦法要使三方面都能接受」。他還說：「如果用社會主義來統一，就做不到三方面都接受。勉強接受了，也會造成混亂局面。即使不發生武力衝突，香港也將成為一個蕭條的香港，後遺症很多的香港，不是我們所希望的香港」。具體來說，香港問題的特殊性主要表現在以下三個方面：

就香港方面來說，由於長期實行英國殖民統治，使其形成了一套具有本地特色的，既不同於英國也不同於美國的資本主義制度。香港人絕大多數是熱愛中國的，願意回到中國懷抱，但香港的政治、經濟、司法制度與中國不同，居民的思想意識和生活方式與中國也不同。妥善解決香港問題，必須從香港的歷史和現狀出發，充分尊重香港同胞的意願。

就英國方面來說，統治香港150多年，在香港擁有巨大的經濟和政治利益，香港對英國是只「會下金蛋的雞」，是女王「王冠上的珍珠」，英國每年從香港獲取巨額無形貿易收入。只有在適當照顧英國利益的情況下，才能爭取他們與我們的合作，減少香港回歸的阻力，並繼續保持其繁榮與穩定。

就中國方面來說，需要繼續發揮香港對於我們和西方世界之間的窗口作用和橋梁作用，需要更好地利用香港來為建設有中國特色社會主義服務。我們既要對香港恢復行使主權，這是不能動搖的，但又不能把香港變成蕭條的後遺症很多的香港。這就必須在收回香港時充分考慮和照顧各方面的實際利益。

香港問題的特殊性，決定瞭解決這一問題只能用特殊的方法。香港特別行政區基本法以法律的形式，全面體現了「一國兩制」科學構想的深刻內涵，堅持了「一國」與「兩制」兩個目標的有機結合和統一，是貫徹「一國兩制」方針的法律保證，是解決香港問題這個特殊矛盾採取的特殊方法。

「一國兩制」在香港的實踐

「一國兩制」本來是鄧小平首先為解決臺灣問題而提出來的，只是由於香港問題的提前到來而改為首先用於香港。解決香港問題的基本原則是：中國必須對香港恢復行使主權；確保香港地區的繁榮穩定；照顧有關各方在香港的實際利益。

1984年5月，全國人大六屆二次會議通過的政府工作報告，正式提出了中國政府解決香港問題的指導方針：「中國將在1997年恢復對香港行使主權，這是堅定不移的決策。為了繼續保持香港的穩定和繁榮，我們在恢復行使主權後，對香港將採取一系列特殊政策，並在50年內不予改變」。1984年12月19日，中英兩國政府在京正式簽署的《聯合聲明》，對上述主要原則作了確認。

1990年4月，第七屆全國人民代表大會第三次會議通過了《中華人民共和國香港特別行政區基本法》。基本法包括序言、九章和三個附件，共160條，其原則精神可概括為四句話：「恢復主權、制度不變、高度自治、港人治港」。

一是「恢復主權」。就是指中國對香港恢復行使主權，這是「一國兩制」的核心內容。為了維護國家的統一和領土完整，中國必須對香港恢復行使主權。香港特別行政區是中國的一個地區，香港特別行政區政府是直轄於中央人民政府的地方政府。為了體現中國對這個特別行政區的主權，基本法就在港駐軍問題作了規定。

二是「制度不變」。就是指香港成為特別行政區後，現行社會、經濟制度不變，生活方式不變，與外國的經濟關係不變。香港特別行政區政府依法保障私人財產、企業所有權、合法繼承權、外來投資以及人身、言論、出版、集會、宗教信仰等各項權利和自由。

三是「高度自治」。就是指香港特別行政區除外交和國防事務屬於中央人民政府管理外，其餘均自行管理。有行政管理權、立法權、獨立的司法權和終審權，即所謂「四權」。香港將保持「自由港」地位，保持財政獨立地位（中央不

徵稅），保持獨立關稅區地位，保持國際金融中心地位，即所謂「四保持」。香港特別行政區還保有一定外事權，可以「中國香港」名義進行若干活動。

四是「港人治港」。就是指香港特別行政區政府由當地人組成。行政區長官在當地透過選舉或協商產生，報由中央人民政府任命。主要官員由行政區長官提名，報中央人民政府任命。原在香港各政府部門任職的中外籍公務、警務人員可以留用，可以聘請外籍人士擔任顧問或某些公職。

以上就是香港特別行政區基本法的四個基本點。可以說，這四個基本構成了「一國兩制」香港模式的精髓，是「一國兩制」科學構想在香港問題上的具體實踐和運用，概括了中國政府在中英聯合聲明中所闡述的對香港12條方針政策的基本精神，是包括港人在內的中華民族集體智慧的結晶。

四個基本點就是四條原則。「恢復主權」主要是指處理中國與英國的關係，在香港回歸中國這一問題上，中英雙方存在著鬥爭，英國先後打出四張「牌」，即「條約牌」、「經濟牌」、「民意牌」和「民主牌」，爭的實際上還是主權。在「一國兩制」方針的指導下，我們堅持有理有利有節的原則，維護了國家的統一和主權。「制度不變」主要是指香港地區資本主義制度50年不變，後來鄧小平強調，50年後也不會變，100年不變，要變也會向大家歡迎的更好方向變。「高度自治」主要是指中央不干預屬於香港特別行政區政府職權範圍內的事務，這一點特別重要。香港特別行政區政府是地方政府，但又具有其他地方政府所沒有的「權力」。「港人治港」主要是指發揚民主，充分調動港人管理香港的積極性。這一點鄧小平最堅決。他說：「香港人是能治理好香港的，要有這個自信心。香港過去的繁榮，主要是以中國人為主的香港人士幹出來的。中國人的智力不比外國人差」。

「一國兩制」的理論意義

自1980年代初鄧小平提出「一國兩制」以來，到現在已10多年了。這一構

想在港澳問題上的實踐已經證明並將繼續證明，這是一個具有遠見卓識的科學創見。1992年10月，江澤民同志在黨的十四大報告中，正式把鄧小平同志提出的「一國兩制」列為建設有中國特色社會主義的主要內容之一，這是具有重大的歷史意義、現實意義和理論意義的。其理論意義主要表現在以下幾個方面：

馬列主義理論寶庫的新貢獻。鄧小平提出的包括「一國兩制」在內的建設有中國特色社會主義理論，是100多年來繼馬克思的「多國同時取得共產主義勝利」、列寧的「一國首先取得社會主義勝利」、毛澤東的「落後國家可以取得社會主義勝利」之後，在社會主義理論上作出的一個新的重大的歷史貢獻，豐富了馬克思列寧主義的理論寶庫。

傳統思想觀念的新突破。鄧小平提出：衡量我黨方針政策和其他各項事物是非得失的判斷標準，應該主要看是否有利於發展社會主義的生產力，是否有利於增強社會主義國家綜合國力，是否有利於提高人民的生活水準。他強調解放思想、實事求是、一切從實際出發。他主張對香港、澳門、臺灣實行「一國兩制」，正是在這樣的思想指導下作出的重大決策。這不僅有利於保護這些地區現有的社會生產力，也有利於中國社會主義社會生產力的發展，社會主義國家綜合國力的增強，人民生活水準的提高。

和平共處思想的新發展。過去人們所稱的和平共處，指的是兩種不同社會制度的國家和平共處，毛澤東、周恩來曾談到社會主義國家之間也存在和平共處。鄧小平說，實行「一國兩制」，實際「也是一種和平共處」。這是繼列寧關於不同社會制度的國家之間也存在和平共處，毛澤東、周恩來關於社會主義國家之間也存在和平共處的思想之後，鄧小平對和平共處思想的又一個新的發揮和運用。

傳統國家學說的新發展。鄧小平對臺灣、香港、澳門這類具有特殊情況的國家局部地區，提出保存連同上層結構在內的整個資本主義制度的設想，這不僅是對列寧關於利用資本主義為社會主義服務的思想的進一步發揮，也是對列寧關於無產階級國家學說的重要發展。

解決國內外爭端的新思路。冷戰結束以來，國際形勢出現了以和平與發展為主要特徵的新情況。雖未發生大的戰爭，但紛爭不斷，衝突迭起，麻煩不少，世

界並不太平。就一個國家內部來說，階級矛盾、民族矛盾、宗教矛盾、地區矛盾，同樣層出不窮。鄧小平提出的「一國兩制」，無疑為採取和平協商、求同存異，化解「疙瘩」的辦法來解決紛爭提供了新的思路。

（原載《人民日報》）

香港回歸，臺灣何去？——寫於1997年7月香港回歸前夕

香港就要回歸了，從此將結束為英國殖民統治的長達156年多的歷史。這對中國無疑是一件大事，百年國恥得以洗雪。全國人民該是如何歡騰啊！

一、全中國人民的殷切期待

自1840年「鴉片戰爭」後的一百多年中，中國歷史上曾經蒙受過多少奇恥大辱，列強入侵，無惡不作，割地賠款，喪權辱國，斑斑血淚，數不勝數。香港就是一個典型事例。在英國帝國主義的強權和炮艦政策下，腐敗無能的清朝政府，曾先後被迫簽訂三個不平等條約——1842年的《南京條約》，1860年的《北京條約》和1898年的《展拓香港界址專條》。歷代中國政府，從晚清政府到國民政府，都未能廢除英國侵略者強加在中國人民頭上的這幾個不平等條約，並收回香港主權。如今在中國共產黨的領導下，用鄧小平提出的「一國兩制」，經歷與英國政府的艱辛談判和鬥爭，終於使香港和平地順利地回歸中國了。

早在中英「聯合聲明」發表、香港回歸的大局已定後，中國民間就流傳著這樣的春聯：

香港明珠欣入抱

臺灣寶島望在懷

這就是中國人民的感情，是他們的殷切期盼。有人曾經把日本帝國侵占的臺灣和英國帝國侵占的香港，比喻為祖國母親臉上的兩滴眼淚。如今香港這滴眼淚即將擦洗乾淨，而臺灣這滴眼淚在二戰日本投降後本來應該完全擦去，但在國民黨政權接管後卻出現了偏差，使祖國母親的臉上至今仍留下深深的創痕。祖國人民在香港順利回歸後把目光和注意力轉向臺灣是十分自然的。

二、大局為重必將柳暗花明

　　臺灣是中國不可分割的一部分，臺灣人就是中國人。臺灣問題是國共內戰及外國勢力干涉中國內政遺留下來的。既然兩岸都是中國人，在當今國內國際形勢都有很大變化的情況下，兩岸執政當局如果都能以中華民族的整體利益和長遠利益為重，以兩岸人民的切身利益為重，彼此各讓一步，完全可以化干戈為玉帛，求得問題的和平解決。

　　彼此各讓一步的最好辦法，是大陸不以大壓小，以大吃小，強制實行社會主義的「一國一制」；臺灣也不以小傲大，以小氣大，硬要以中國的一個局部地區逼大陸接受「兩國兩制」。所謂「兩國兩制」，就是把臺灣變成另外一個國家，或者叫「中華民國在臺灣」，或者叫「臺灣共和國」。如果一方不追求「一國一制」，另一方也不追求「兩國兩制」而是各讓一步，實行「一國兩制」，「一國」是照顧統一大局，「兩制」是兼顧各方實際利益，豈不兩全其美？

　　「一國兩制」不僅適用於香港，也適用於臺灣。「一國兩制」香港模式的基本點是「恢復主權，制度不變，高度自治，港人治港」。「一國兩制」臺灣模式的基本點是「一個中國，兩制並存，高度自治，和平談判」。兩者有同有不同。相同的是，臺灣和香港都是中國的一部分，都有實現「一國」的問題，也都有保存「兩制」的問題。不同的是，香港是要和英國人談判，是兩個國家間的問題；臺灣是要兩岸中國人談判，是同一個國家的內部問題，在自治程度和政策內涵上對臺灣會比香港更寬鬆。兩者都是「高度自治」，對香港提「港人治港」，對臺

灣未提「臺人治臺」，主要是那裡還習慣把早些時候去臺灣的中國人叫「本省人」，而把晚些時候去臺灣的中國人叫「外省人」，不提是為了避免誤會，實際還是居住在那裡的中國人自己管理自己。

兩岸目前的矛盾，不是要不要實行「一國一制」的問題。彼此都清楚，無論是臺灣或大陸，要用自己的制度去統一對方，都是極不現實的。當前的矛盾，是在兩岸實行「一國兩制」還是「兩國兩制」。對臺灣來說，我個人的結論是：

「兩國兩制」——山窮水盡絕無路，

「一國兩制」——柳暗花明又一村。

三、偏見比無知離真理更遠

臺灣當局一再說，中共的「一國兩制」是陰謀，「兩制」是假，「一國」是真，無非是要吃掉臺灣。「一國兩制」在香港的實踐越是成功，香港距回歸的日子越近，臺灣當局反對「一國兩制」的聲音就越高，頻率也增多。臺灣當局中的某高層領導人更是如此，有時一月、一週，甚至一天內要多次高喊：「我們絕不接受『一國兩制』」。越是這樣，越是增強人們這樣的印象：「一國兩制」在香港的成功實踐，已經使他們感到對自己和自己小集團的既得利益有威脅了。

「一國兩制」果真是陰謀嗎？實在不值得一駁。眾所周知，「一國兩制」是中國特色的社會主義的一個重要組成部分。什麼是中國特色的社會主義？按我個人的理解，其中含有四層意思：一是它屬社會主義的初始階段，這個階段的時間會很長，與中國落後的社會生產力是相適應的；二是利用資本主義為社會主義服務，現代資本主義對社會主義的發展是有用的；三是因為中國沒有經過獨立的資本主義發展階段，目前是在中國共產黨的領導下適當地補一下資本主義的課；四是資本主義對於今天的中國，不是敵人而是朋友。正是因為這樣，中國政府把香港、澳門、臺灣以至整個西方國家的資本主義，都作為朋友看待。這是很大的變化，是帶戰略性的變化。鄧小平在談到香港的資本主義制度時說，50年不變，

50年後也不會變，100不變，要變也會向更好的大家歡迎的方向變。說明，中國把資本主義視作朋友，這不是權宜之計，而是相當長期的戰略思想和指導方針，能說這是「陰謀」嗎？

香港回歸中國，全國一片歡騰。中國人民的愛國主義，完全是外國侵略者逼出來的。這種愛國主義，是正當的，正義的，無可非議的。而臺灣當局中的某領導人，對於中國人民所激發的愛國主義竟然是那樣地感到不舒服，一有機會就惡毒地進行咒罵，說這是「日本軍國主義式的民族主義」，是只有「過去希特勒時代才可比擬」的「可怕的民族主義」。全國人民歡慶香港回歸祖國，他不僅在那裡一個勁地詛咒這樣的「民族主義」，並且積極布置「應變之道」。人們不禁要問：這位臺灣領導人，與廣大中國人民的感情為何竟如此格格不入？

四、不可走向人民期待的反面

臺灣當局一心欲搞「兩國兩制」，過去還是羞羞答答，遮遮掩掩，現在卻幾乎是無所顧忌了。前不久拋出的所謂《透視「一個中國」問題》說帖裡，竟說什麼「與其說『一個中國』，不如說『一個分治的中國』，就像現在的韓國、過去的德國或越南一樣」。這不是已在明目張膽地鼓吹「兩個中國」或「一中一臺」嗎？一句話，就是實行「兩國兩制」。其實，這正是島內的臺獨勢力和外國反華勢力所期望的，說明臺灣當局已與這兩股勢力同流合污了。危矣哉！

歷史終歸是由人民決定的，而絕不是少數野心家或分裂主義者所能左右的，順民心者昌，逆民心者亡。我這裡所說的人民，當然是指全中國的人民，也包括臺灣人民在內。臺當局對一部分人的誤導和欺騙只能作用於一時，而不可能是長久的。相信人民群眾中的大多數終有一天會起來糾正臺灣當局在中國統一問題上的錯誤路線，終有一天會使那些一心分裂中國的人處於全臺灣、全中國、全世界華人和一切富正義感的人的包圍之中，「不是不報，時候未到，時候一到，一定會報」。

香港回歸望臺灣，寄希望於全國人民，更寄希望於臺灣人民。

（原載《臺聲》雜誌，收入《兩岸「雙贏」之路》一書時有修改和補充）

「一國兩制」果真不適用於臺灣嗎？

香港回歸，舉國為之歡騰，臺灣人民也不例外。然而就在這個時候，臺灣高層中的一些當權者，包括不久前拋出的所謂《對九七香港情勢立場與政策說帖》在內，卻是一而再、再而三、連續不斷地嚷叫說，臺灣不是香港，中共「在香港實行的『一國兩制』」不適用於臺灣，臺灣絕不接受「一國兩制」。與過去相較，這種不協調聲，不僅頻率在增加，聲音也在提高。大概是，「一國兩制」在香港的成功實踐，臺灣領導人已經感到威脅了！

一、臺灣當局為何反對「一國兩制」

如果僅就臺灣內部來說，主要有三個原因：

（一）少數人既得的政治利益。是省不省，非國稱國，可以給一部分人帶來「國家級」的桂冠，諸如什麼「總統」呀「院長」呀，「部長」呀，「主任委員」呀，等等。一旦恢復事物的本來面貌，所有這些既得的「桂冠」就不得不捨棄。

（二）臺灣原有的社會經濟基礎。過去是百萬小農，一家一戶的自然經濟體。現在轉型為工業社會了，但卻是百萬家中小企業經濟體，單打獨鬥慣了，不願當「衛星企業」，不願當大老闆們的「附庸」。反映到政治上，就是怕統一後不自由，不民主，被限制。

（三）臺灣當局的扭曲宣傳和誤導，臺灣當局為了維護自身既得政治利益的

需要，正好可以利用民眾和工商界中這些對統一存在種種顧慮的心態，加以扭曲宣傳和誤導，諸如什麼「陰謀論」、「陷阱論」、「矮化論」等等，都出來了。這就是所謂打「民意牌」。

關於臺灣當局在「一國兩制」上所進行的種種歪曲和誤導，本書的許多篇章，特別是歷史綜觀類第二篇，都談到了，這裡恕不重述。

二、「一國兩制」完全適用於臺灣

「一國兩制」果真不適於臺灣嗎？國家主席江澤民在首都各界慶祝香港回歸中國大會上的講話指出：「按照『和平統一、一國兩制』的基本方針最終解決臺灣問題，完成祖國統一大業，是一切華夏子孫的殷切願望」。國務院總理李鵬在同日舉行的慶祝香港回歸招待會上的講話亦指出：「『一國兩制』在香港和澳門行得通，在臺灣也能夠行得通」。他並表示説：「無論在前進道路上有多少困難，祖國的完全統一一定要實現，也一定能夠實現」。可見他們的回答都是十分明確和堅定的。

應該説，臺灣確實不同於香港，「一國兩制」的香港模式不能一成不變地套用於臺灣。事物總是各個特殊的，不同質的矛盾只能用不同質的方法來解決。「一國兩制」既然有適用於香港的「香港模式」，也一定會產生適用於臺灣的「臺灣模式」。

這裡，我們且以中國政府於1993年8月發表的《臺灣問題與中國的統一》白皮書所闡述的關於「一國兩制」的四個基本點，來探討一下未來「一國兩制」的「臺灣模式」與現今的「香港模式」有何異同，以及其付諸實踐的可行性：

「一個中國」——這對臺灣和香港都是適用的，因為無論臺灣或香港都是中國不可分割的一部分，都必須在「一國」的原則下實現統一，以保持國家領土和主權的完整。所不同的是，對香港是恢復行使主權的問題，是中、英兩個國家之間的問題；而對臺灣則是中國的內政問題，是兩岸中國人之間的問題。統一是總

的大趨勢，絕不可因後者的不同而否定前者。

「兩制並存」——中國大陸實行的是具中國特色的社會主義制度；臺灣自稱實行的三民主義制度，雖具有某種中國地方特色，但與香港英式資本主義制度並無本質的不同。兩岸完全可以在「一國」的基礎上實行「誰也不吃掉誰」的「兩制」。就是說，既不改變中國的社會主義制度，也不改變臺灣現行的資本主義制度。兩種制度互補互利，長期共存和共同發展。

「高度自治」——臺灣與香港都實行「高度自治」，而對臺灣則更寬。黨政軍警都由臺灣自己管理，中國大陸不派軍隊也不派行政人員去臺。臺灣像香港一樣，享有行政管理權，立法權，獨立的司法權和終審權。對香港提「港人治港」，而對臺灣雖未提「臺人治臺」，但實際上是居住在那裡的中國人自己管理自己，沒有什麼本質上的不同。

「和平談判」——臺灣與香港一樣，也是要透過談判來實現「一國」的。既然中英兩國能夠透過和平談判解決香港問題，為什麼兩岸中國人不能透過和平談判解決臺灣問題？中國政府和中國人民矢志按照「一國兩制」原則和平統一臺灣，絕不是像有些人所惡意宣傳的那樣，是為「吃」掉臺灣而預設的「陷阱」，是「統戰的陰謀」，而恰恰相反，經濟上是為了保護臺灣現存的社會生產力，不致被戰爭所破壞；政治上是為了保護中國的領土臺灣，使不再受外國侵略勢力的傷害。

三、「一國兩制」對兩岸都有好處

「一國兩制」好處多，既可滿足全體中國人民渴求祖國統一的願望，也可滿足臺灣人民「出頭天」和「當家做主人」的要求；可以「化干戈為玉帛」，避免兵戎相見，從而導致骨肉相殘的嚴重後果；兩岸可以攜手合作、互補互利、共同發展經濟和共赴振興中華之大業。

就臺灣當局來說，兩岸統一以後，表面上似乎失去了一些「國家級」的桂

冠，但那些本來就是不該有的，臺灣作為中國的一部分，永遠是地方，唯作為國民黨的在臺政權機構，那是國共內戰遺留下來的歷史問題，完全可以透過平等協商求得合情合理和彼此都能滿意的解決辦法。許多人仍可參加統一後的國家管理，在中央政府出任領導人或其他高級職務。

就臺灣民眾來說，兩岸統一以後，可以共享偉大中國在國際上的尊嚴和榮譽。中國大陸有廣闊的市場，「海闊任魚躍，天高憑鳥飛」，臺商大有用武之地。中國大陸一定會依法保障臺商的合法權益。在國際上，臺灣的工商界，尤其是中小企業遍天下，他們會不再是孤兒，而會得到統一後的強大的中國政府的有力保護。到處受欺侮、任人宰割的時代將一去不復返。

兩岸本是一家人，「家和萬事興」。兩岸實現統一後，團結合作，將可集中人力、物力、財力，共赴振興中華之大業，使我們中國人永遠擺脫貧窮、落後、受欺、挨打的局面。中華民族將永躋世界民族之林。

總之，「一國兩制」本來就是針對臺灣問題提出來的，由於香港問題的迫近而首先用之於香港；而不是像有人說的那樣，首先是針對香港而後套用於臺灣。臺灣與香港的具體情況有所不同，「一國兩制」的「臺灣模式」也一定會與「香港模式」有所不同，但在實現國家統一與確保領土主權完整這一點上是不能有改變的，這就是堅定的原則性與高度的靈活性相結合。

（在一次慶祝香港回歸座談會上的發言）

澳門回歸與「一國兩制」

早在1926年，中國著名愛國詩人聞一多先生，曾用一種特殊的「擬人化」或「第一人稱」的手法，表達了澳門對於中國的懷念之情。詩中寫道「他們（指葡萄牙）擄去的是我的肉體，你（指中國）依然保管著我內心的靈魂……請叫兒的乳名，叫我一聲『澳門』！母親，我要回來，母親！」如今，這個願望就要實現了。今年12月20日，澳門就要回歸中國，回到祖國母親的懷抱，我們翹首以

待的繼香港回歸以後的又一個偉大的歷史時刻終於到來，這該是多麼令人高興的大事啊！

一、澳門問題的歷史回顧

澳門自古就是中國的領土，它位於中國南海岸邊緣，珠江和西江三角洲的南端，包括澳門半島、仔島和路環島，目前的總面積約為23.5平方公里，人口約為45萬，其中華人約占總人口的97%，土生葡人和葡人等約占3%。

根據史料記載，從公元前3世紀秦始皇統一中國的年代開始，澳門及其鄰近地區就已正式繪入中國的版圖，成為秦王朝南海郡番禺縣所屬的一部分。此後綿延一千多年，所屬郡縣幾經更迭，並且一直是人煙比較稀少的地方。澳門真正的開埠始於1535年，即明嘉靖十四年，允許葡人和其他外國商船在澳門附近海域進行貿易。1553年即明嘉靖三十二年，葡人透過賄賂明朝官員辦法入據澳境，並逐步擴大居住地區，往後再發展至長期盤踞以至強行霸占。

澳門與香港不同，英國侵占香港是透過直接的炮艦政策、強迫清政府簽約而建立殖民統治的；而葡萄牙侵占澳門則經歷了一個緩慢的與漸進的過程，後來葡人雖在澳門建立了殖民統治，但仍承認澳門為中國的領土。從葡人入據澳門至鴉片戰爭前的300年間，明朝政府一直對澳門擁有並行使主權，依法進行管理和收取稅負。

從1840年的鴉片戰爭開始，西方列強便打開了入侵中國的大門，一個又一個的喪權辱國條約接踵而來。葡萄牙政府亦趁清政府戰敗之機，向中國提出領土要求，在沒有達到目的時同樣進行武裝進犯，最後趕走中國駐澳官員，拆毀政府衙門和海關，並一步步地擴大所占領的地區範圍。這以後，葡國政府在英、法的配合和威脅下，先後強迫清政府簽訂了以下兩個不平等條約：

一是中葡《天津條約》。即1862年8月13日，中葡在天津簽訂的《貿易章程》，又稱中葡《天津條約》。根據這個條約，清政府不僅放棄了向居澳葡人徵

收租銀的權力,而且所任命的官員,「其任職、事權得以自由處之,均與英、法、美諸國領事等官,駐紮澳門、香港等處各員,辦理自己公務,懸掛本國旗號無異」。從此,中國駐澳門的官員,實際就成了駐澳門的「外國領事」,等於把澳門變相割讓給了葡萄牙。

二是中葡《北京條約》。即1887年12月1日,清政府與葡國羅沙總督於北京簽訂的中葡《和好通商條約》,又稱中葡《北京條約》。這個條約,並不是在帝國主義槍炮威逼下簽訂的,而完全為清政府的腐敗無能所造成。葡萄牙在英國的慫恿和支持下,不但從「利益均霑」中得到了西方列強在中國擁有的一切特權,以及關於「澳門地位條款」和「最惠國待遇」,而且騙取了葡人幾百年來一直想獲得的對澳門的「永遠管理」權。

這兩個不平等條約的廢除也經歷了一個曲折的歷史鬥爭過程。

1924年,孫中山先生召開中華民國國民會議,並發起了廢除一切不平等條約的運動。1928年,中國外交部正式照會葡方,聲明清政府與葡方簽訂的不平等條約作廢,並與葡方另訂了一個《中葡友好通商條約》,又稱《南京條約》,但實際僅限於兩國關稅及其他有關經濟協定,沒有涉及澳門的主權和地位問題。

1949年中華人民共和國成立後,中國政府多次闡明澳門是中國的領土,宣布不承認帝國主義強加在中國人民頭上的一切不平等條約。1972年,中國常駐聯合國代表致函聯合國非殖民化特別委員會,表明了中國政府關於澳門問題的一貫原則立場。1979年2月8日,中葡建交時達成諒解,確認澳門是中國領土,目前由葡萄牙管理,適當時候透過友好協商解決。

英國人在香港共156年,而葡萄牙人在澳門則長達446年。如今,繼香港回歸中國以後,澳門問題透過中葡雙方自1986年6月開始的一系列談判,於1987年4月13日在北京正式簽署聯合聲明,從而獲得圓滿解決,並且亦將於今年12月20日實現回歸。今年5月14日,法新社報導在談到澳門回歸的意義時說:「中國受外國列強凌辱的歷史將在葡萄牙歸還澳門中正式結束,這將敲響西方在亞洲實行四百年的殖民主義的喪鐘」。

二、「一國兩制」在澳門

　　1984年,中共中央顧問委員會主任鄧小平,在會見港澳同胞國慶觀禮團成員時,第一次提出要同解決香港問題一樣,用「一國兩制」的方針解決澳門回歸問題。

　　1987年4月,中葡兩國政府關於澳門問題簽署的聯合聲明,除了確認澳門回歸中國的日期以外,還宣布了中華人民共和國政府對澳門的基本政策,明確了澳門過渡時期的各項有關安排。

　　1993年3月31日,第八屆全國人民代表大會第一次會議通過了《中華人民共和國特別行政區基本法》。這個基本法的基本精神,就是序言中的這樣一段話:

　　「為維護國家的統一和領土完整,有利於澳門的社會穩定和經濟發展,考慮到澳門的歷史和現實情況,國家決定,在對澳門恢復行使主權時,根據中華人民共和國憲法第三十一條的規定,設立澳門特別行政區,並按照『一個國家、兩種制度』的方針,不在澳門實行社會主義的制度和政策」。

　　澳門和香港一樣,都是中國領土不可分割的部分,過去也都是西方列強依靠武力和強權透過不平等條約而霸占的,這兩地問題的性質沒有什麼區別,因此都應該透過實行「一國兩制」實現回歸。《澳門基本法》和《香港基本法》,就都是根據該兩地各自不同的特點,而把「一國兩制」原則具體化和法律化的。

　　澳門特別行政區是中華人民共和國的一個享有高度自治權的地方行政區域,直轄於中央人民政府。中央政府除負責管理有關的外交事務和國防事務外,其餘都由特別行政區自行管理,實行澳人治澳、高度自治的政策。

　　澳門特別行政區享有「四權」,即「行政管理權、立法權、獨立的司法權和終審權」。

　　澳門特別行政區實行「四自」,即自行確定財政金融制度,自行發行貨幣,自行維持社會治安,自行制定社會和文化政策及制度,包括教育、文體、醫療衛

生、科學技術、新聞出版、勞動保險等各方面的政策和制度。

澳門特別行政區有「四個不變」，即在50年內，政治制度不變，經濟制度不變，原有的生活方式不變，原有的法律基本不變。

澳門特別行政區可以使用自己的區旗區徽，可以用「中國澳門」的名義參加國際文化經貿交流，發展和建立對外經濟關係，簽訂有關對外協議。

澳門特別行政區在過渡時期，還必須處理和解決好「三大問題」，即中文的官方語言化，公務員本地化，法律本地化。

澳門與香港，在實行「一國兩制」的總體指導思想和原則精神上大體是一致的，即既要恢復行使主權，又要保持穩定和繁榮。但由於兩地的歷史地理背景不同，以及英、葡兩國對該兩地實行統治的政治體制和具體形態不同，資本主義的發展程度和現有經濟水準不同，法律淵源和地區特色不同，因而《澳門基本法》和《香港基本法》不可能完全一致。例如，在土地和自然資源的處理方面，在居民的基本權利和義務方面，在政治體制及其具體運作方面，在經濟制度和一些政策的規定方面等等，就必然會存在這樣那樣的差別。這些，《澳門基本法》和《香港基本法》都各有明確規定，這裡就不贅述了。

澳門和香港在回歸交接過程中也各有各的問題。香港在後過渡期間，主要是英方的不合作態度，從而迫使中方不得不採取「另起爐灶」做法。澳門在後過渡時期，葡方與中方的合作態度與英方與中方的對抗正好形成鮮明的對比。但由於澳門的資本主義發展程度與經濟發展水準比不上香港，加上葡人在澳門的統治時間較英人在香港更久，影響更深，因而在公務員的本地化、法律的本地化、中文的官方地位等問題上，則面臨著更艱巨的任務。儘管如此，我們堅信，在中國強有力的支持、澳門特別行政區政府和全體澳門人民的共同努力下，澳門的明天一定會和香港一樣更美好。

三、港澳回歸望臺灣

香港已經回歸，澳門回歸在即，人們很自然地把視力轉向臺灣。全國人民多麼渴望臺灣問題也能早日解決，實現中國的完全統一。這是關係到12億人民的團結、中國的繁榮富強和中華民族振興的一件特大要事，不能再拖了。

有人説，臺灣與港澳不同，「『一國兩制』絕不適用於臺灣」。這是不符合事實的。應該説，臺灣問題與港澳問題確有不同，港澳問題是西方帝國主義和殖民主義透過發動侵華戰爭、強迫中國簽訂不平等條約、霸占中國領土造成的；而臺灣問題則是國共內戰造成的，是兩岸中國人自己的內政問題。然而不管如何，臺灣與港澳都是中國領土不可分割的部分，在「一個中國」原則下實現統一，則應該是完全一樣的。況且，兩岸都是中國人，因為是內政問題，中國大陸的對臺政策更寬、更彈性，應該更容易商量和更容易解決問題。而事實上並非如此。

老實說，現在的問題不是港澳的「一國兩制」適不適用於臺灣的問題，而是臺灣方面想不想和願不願實現統一的問題，是真的要統一還是企圖分裂和肢解中國的問題。今年5月20日，臺灣海基會某負責人竟然不打自招地説：李登輝最近出版的《臺灣的主張》，提出要把中國分割成東北、蒙古、新疆、西藏、臺灣等七大塊，「是對中共所提『一國兩制』的應對」。今年7月9日，李登輝又拋出「兩國論」，但人所共知，也是外電所報導的，這「兩國論」仍以「七塊論」為理論基礎。無論「七塊論」或「兩國論」，都是「分裂論」，充分説明了李登輝為代表的臺灣當局在中國統一問題上的立場和態度，也是對臺灣當局為何堅決反對「一國兩制」的最新詮釋。

就我個人來説，實在不想再就李登輝先生的這些「傑作」發表什麼意見，覺得他畢竟不是什麼政治家，在社會科學領域幾乎談不上任何創見，都是從別人那裡搬來的。他所提出的「七塊論」，早在1887年日本軍國主義參謀部提出的《征討清國策》就有了，這七塊是東北、華北、蒙古、青藏、新疆、甘肅、江南。與李登輝提出的七塊並無太大的差別，只不過未説臺灣。其後來人有日本的中島嶺雄曾主張把中國分割成「十二塊」，宮奇正弘曾主張把中國分割成「十六個小國」。還有李登輝先生所賞識的化名為王文山的人於1996年所著《和平七雄論》，亦主張把中國分割成七塊，這七塊所涵蓋的地區與李先生所講的亦是大

同小異，所不同者是李先生把臺灣放在這七塊內，而王文山則認為臺灣已經分割出來了，除臺灣以外還應把中國大陸再分割成「七個小國」。這本書在李登輝建議下已於去年翻譯成日文，在日本各地發行。由此可見，李登輝先生所拋出的這個「七塊論」，一是老調，二是抄來的。黔驢技窮，竟拿出這樣的破爛貨來抵擋「一國兩制」，實在是可悲又可笑。

現在，很多人對於李登輝都有這樣幾點「共識」：一是美國的背景。這主要是就他的思想政治路線說的，其一言一行無不反映美國的意圖和政策，包括他提出的「七塊論」和「兩國論」在內，都不過是美國對華政策的產物。美國的霸權主義者正在充當世界人民的「反面教員」，李登輝則力圖充當這個「反面教員」的「助教」。二是日本的感情。這主要是就他分裂中國的思想根源說的，他自稱22歲以前是日本人，名叫岩里政男，「皇民化」思想深入骨髓，滿腦子日本軍國主義思想，所謂「七塊論」、「兩國論」，不過是他繼承了日本帝國主義者一心肢解、分裂中國的衣鉢。三是中國的叛逆。這主要是他就主政臺灣以來的行動說的。他自稱是臺灣人也是中國人，但卻一點也沒有中國人的感情。自稱主張中國統一，曾130多次表示反對臺獨，但在與日本作家司馬遼太郎的對話中，卻強烈地表示要「建立臺灣人的國家」。他必欲分裂和肢解中國而後快。

這樣，我們就不難理解：李先生為什麼要那麼強烈地反對「一國兩制」？為什麼要給「一國兩制」強加那麼多罪名？諸如「矮化論」，「陰謀論」，「陷阱論」，「霸道論」，還有什麼「吃掉論」，「共產統一論」，無一不是李先生及其親信製造出來的。

筆者以為，當前臺灣社會的主流思潮是求和平、求安定、求發展。而「一國兩制」正是符合臺灣社會的這一主流思潮的。一是和平解決，避免兵戎相見，這是符合臺灣民眾「求和平」的願望的；二是結束敵對，使臺灣能長治久安，這是符合臺灣民眾「求安定」的願望的；三是兩岸合作，共同振興中華，這是符合臺灣民眾「求發展」的願望的。與此相反，李登輝的思想路線和做法是不符合臺灣社會的主流思潮的，主政臺灣快12年了，卻正把臺灣推向與中國大陸進行對抗的險途。相信臺灣人民終究會認識到李登輝現行政策主張的危險性和危害性，也

相信一向具有光榮愛國傳統的臺灣人民終究會走出或擺脫李登輝現有錯誤思維和主張的陰影，而力爭在「一個中國」原則下實現和平統一，從而步入兩岸合作，共振中華之光明大道。

（在香港舉辦的「中國和平統一」研討會上發表的學術論文）

「一國兩制」的臺灣模式探討——在一次對臺政策學習班上的發言

目前在臺灣島內，關於「一國兩制」的看法，已出現某種可喜的發展趨勢。根據有關方面的「民意調查」，贊成「一國兩制」者1994年是3.6％，1997年是5.9％，1999年底是12％，今年春是16.1％。而據最近臺灣TVBS電視臺公布的材料，贊成「一國兩制」者已躍升至31％，其他媒體民意調查一般為1／3左右。又據今年7月1日《聯合報》公布的該報系民意調查中心的材料，島內民眾認為兩岸問題可以和平解決的占58％，認為「一國兩制」最符合雙方人民利益的占35％。估計還會有上升的可能。古人云：「聞道有先後」。真理畢竟是真理，儘管有人在拚命詛咒和反對「一國兩制」，而臺灣贊成和擁護「一國兩制」的人卻在不斷增加。

一、「一國兩制」的來龍去脈

中國大陸提出的「一國兩制」有一個醞釀、發展和完善的過程。

人所共知，關於和平解決臺灣問題的戰略思考，始自毛澤東和周恩來。鄧小平在這個基礎上提出了「和平統一、一國兩制」的偉大構想，後來成為中國政府和平解決臺、港、澳問題的指導方針。江澤民作為新中國成立後第三代領導人，

繼承、發揚和親身實踐著前兩代領導人關於和平統一中國、特別是鄧小平關於「一國兩制」的思想。

早在1950年代中期，隨著中國社會主義建設日益發展，新中國政權越加鞏固，國際社會地位不斷提高，外國反華勢力對中國實行的封鎖和遏制策略失敗，海峽兩岸的軍事對峙和緊張關係亦隨而趨於緩和。正是在這樣的情況下，毛澤東、周恩來開始考慮和平解決臺灣問題的可能性。

毛澤東和周恩來關於和平解決臺灣問題的戰略思考，集中體現在1963年提出的「一綱四目」的對臺政策上。所謂「一綱」，就是臺灣必須統一於中國。「四目」是四項基本政策，包括軍政人事、經建經費、社會改革、相互關係等。毛澤東說，只要臺當局能守住臺灣，不使之從中國分裂出去，中國大陸就不會改變對臺政策和對臺關係。當時和平解決臺灣問題本已出現曙光，可惜後來因「文革」和「左」的思潮的干擾而中斷了。

鄧小平所提出的「和平統一、一國兩制」構想，其在對臺政策上所體現的基本思想是：一個中國、兩制並存、高度自治、和平談判。這是對第一代領導人毛澤東、周恩來所提出的「一綱四目」的和平統一思想的繼承、完善和發展。鄧小平提出的「和平統一、一國兩制」，本來是針對臺灣問題的，後因香港問題和澳門問題已提上日程，時間更迫近，故而首先用於香港和澳門問題的實踐。

鄧小平提出的「和平統一、一國兩制」構想，與新中國第一代領導人毛澤東、周恩來的和平統一思想比較起來，有著許多不同的新特點。其中最重要的，是以「一國兩制」作為「和平統一」的靈魂和核心內容，不再提「和平解放」。原來所說的「和平統一」，是以武力為主，和平只作為武力解決的補充手段；而「一國兩制」則是以和平為主，不承諾放棄用武，武力只是在不得已情況下的一種補充手段。

江澤民作為新中國建國後的第三代領導人，於1995年元月30日發表《為促進祖國統一大業的完成而繼續奮鬥》的新春講話，簡稱《八項看法和主張》。這是在新的歷史條件下，對毛澤東、周恩來第一代領導人和平統一思想、第二領導人鄧小平關於「一國兩制」構想所作的新闡述和新發揮。

立足於「統」，堅持一個中國原則，這是江澤民全篇講話的中心內容。在此同時，講話也十分強調「和」和「化」。所謂「和」，就是「中國人不打中國人」，而不承諾放棄用武，則主要是針對外國干預勢力和他們在臺灣的代理人──極少數頑固堅持分裂主義路線的臺獨分子。所謂「化」，就是多做工作，交流溝通，化解矛盾，以求得兩岸關係的改善和中國和平統一大業的逐步完成。

　　「一國兩制」是兩岸實現和平統一的基本方針。然而在「一國兩制」還未在兩岸取得「共識」，統一還未實現之前的「過渡期間」應該「怎麼辦」？江主席在講話中，依據新形勢，又就許多具體政策和做法作了重要闡述。它既具現實性，又有可操作性，從而成為中國政府當前對臺工作的重要指導思想。

　　縱觀中國三代領導人對統一中國的戰略思考，最大的共同點，就是都堅持一個中國原則，集中地代表和體現了全體中國人民的意志、願望和要求。此外，由於時代和歷史背景不同，也充分表現了各自不同的特點。

二、「一國兩制」和它的臺灣模式

　　什麼是「一國兩制」？就是鄧小平所曾經指出，1993年8月中國政府據此發表的關於臺灣問題白皮書所作詮釋的內容，其基本思想是：「一個中國、兩制並存、高度自治、和平談判」。

　　「一個中國」，即世界上只有一個中國，兩岸都是中國，這是和平統一的基礎和前提。堅決反對「兩個中國」、「一中一臺」和「臺灣獨立」。

　　「兩制並存」，即中國大陸的社會主義和臺灣的資本主義，誰也吃不掉誰，誰也不要以自己的制度去代替對方的制度，「井水不犯河水」。

　　「高度自治」，即兩岸統一後，黨政軍警及相關制度，都由臺灣管，由在臺灣的中國人自己管理自己，大陸不派軍隊，也不派行政人員去臺。

　　「和平談判」，即由兩岸中國人，透過和平談判與民主協商的方式，來解決

兩岸統一和統一後的各種有關問題，以避免干戈相向和骨肉相殘。

「一國兩制」是在中國大陸「文革」結束，黨和國家工作重心由「階級鬥爭為綱」調整為「全力發展經濟」和「實現四個現代化」的歷史條件下提出的。「文革」是中國人鬥中國人，大傷國家元氣，教訓極為深刻。既然臺灣人也是中國人，而如今國共兩黨內鬥的大局已定，兩岸都應以發展經濟和振興中華為中心，不要再搞內鬥、中國人鬥中國人了。中國大陸的對臺政策就是在這樣的歷史背景下，隨著整個國家工作重心的轉移而調整的。其基本點是「和為貴」，「化干戈為玉帛」，共同為振興中華而奮鬥。「一國兩制」著眼於未來，著眼於兩岸人民的長遠利益與根本利益，主張尊重歷史，尊重實際，合情合理，實事求是，實現「雙贏」。這是一項長期性的基本國策和方針，絕不是隨心所欲和什麼「權宜」之計。

什麼是「一國兩制」的臺灣模式呢？臺、港、澳三地的相同點是，都是中國不可分割的部分，都因外國勢力的染指而造成與中國內地的長期分割，都是實行的資本主義制度，都適用以「一國兩制」原則來實現中國統一。其不同的是，與中國分割的長短時間不同，人口與土地面積不同，三地資本主義的各自特點不同，直接統治者有英國、葡萄牙和中國人的不同，因而實踐「一國兩制」的做法和要求也必有不同。就是說，有「一國兩制」的香港模式，體現在《香港基本法》中；有「一國兩制」的澳門模式，體現在《澳門基本法》中；有「一國兩制」的臺灣模式，必將體現在兩岸共同研究制定的《臺灣基本法》中。我們絕不可因為它們各有不同就忽略其共同點，忽略「一國兩制」對三地的基本適用面；也絕不可因為它們有這個共同點，就忽略它們間各自不同點，生搬硬套地實行同一種模式。

關於「一國兩制」的臺灣模式，這裡有幾個條件是必須提出的：

條件之一是「原則」。就是要遵循一個中國的原則，這是不可動搖的，在這個原則下什麼問題都可以商談。如果像現在這樣，有人就是拒絕一個中國原則，那就失去了商談的基礎。

條件之二是「和平」。必須是外國不介入，美國不軍售，臺灣不「獨立」，

這樣中國大陸就不會動武。和平有真假之分，主張「和平統一」者是真和平，而主張「和平分裂」者是假和平。所謂「不武不獨」的和平，是片面的、虛假的。

條件之三是「民主」。就是在兩岸間，充分發揚民主，廣泛徵求意見，尤其是要將臺灣民眾一切合理可行的要求和意見都納入《臺灣基本法》。民主和統一不應該是矛盾的，有人拿「民主化」來對抗統一，完全是別有用心。

條件之四是「平等」。不是中央對地方，而是兩岸代表的平等協商和談判。要把臺灣作為中國一部分的「地方」，與國共內戰遺留下的「在臺政權」區別開來，不能混淆視聽。

臺灣問題遠比港澳問題更為複雜，如能依據這些基本條件，排除外人干擾，在更大的範圍內和更深的層次上，發動兩岸民眾，進行民主探討，相信一定能創造出「一國兩制」的臺灣模式，使各方都能滿意，走向「雙贏」或「多贏」之路。

根據臺「中央社」報導，錢其琛副總理於7月12日接見臺灣新黨代表團時，曾就對臺實行「一國兩制」談了八項內容，包括「使用臺幣、單獨關稅區、維持政府既有架構、保有軍隊、不取臺灣資金、保有私有財產以及人事自主權」等。我個人認為，這就是「一國兩制」臺灣模式的某種具體化。而陳水扁則不以為然，說什麼兩岸是「鄰居」關係，不是「一家人」關係，說你同意給的東西「本來就屬於我自己的」，把「一家人」關係說成是「兩岸人」關係，本質就是「兩國論」、「臺獨論」，這是絕對行不通的。

三、「一國兩制」存在的五個「誤區」

當前最重要的是，如何衝破臺灣當局在「一國兩制」上進行的種種誤導，以及由此而造成的以下幾個「誤區」：

其一，把「一國兩制」說成是為了「吃掉」臺灣。而其實，「一國兩制」主

要著眼於臺灣人民，為求穩定臺灣社會，保護現有生產力，不破壞臺灣現狀。一句話，不僅不是要「吃掉」臺灣，而且還要保證臺灣的發展。「一國兩制」是在中國大陸總結「文革」教訓、糾正「階級鬥爭為綱」路線錯誤的歷史條件下提出的。「文革」是「中國人鬥中國人」，其後果人所共見。既然臺灣人也是中國人，難道還要把「中國人鬥中國人」的慘劇繼續演下去不成？這樣不正是外國反華勢力和干預勢力所期望的嗎？所以，提出「一國兩制」，正是為了早日結束這種局面。即使將來中國大陸被迫不得不採取非和平手段時，仍然會實行「一國兩制」，只是到那時極少數頑固堅持分裂主義路線的人，將被完全剝奪發言權，臺灣人民將成為這塊土地上真正的主人。

其二，是歪曲中國大陸提出的「一個中國」的內涵，說什麼「一國兩制」中的「一國」，指的就是中華人民共和國，強迫臺灣成為中華人民共和國的一個省。而其實，所謂「一個中國」，最權威解釋就是去年8月錢其琛副總理所宣布的「三原則」，即「世界上只有一個中國，兩岸同屬於一個中國，中國的主權和領土完整不容分割」。這說明，一國兩制的核心內容是「一個中國」，它是堅決反對「兩個中國」、「一中一臺」和「臺灣獨立」的。至於「一個中國」內涵，兩岸完全可以另作協商，這裡是預留著某種彈性空間的。

其三，是把「一國兩制」等同於「中央對地方」。這是把兩個不同的問題混淆了。臺灣作為中國的一個省，當然是地方，也永遠是地方。但作為歷史遺留下來的臺灣現政權，中國大陸從未簡單地視為「省政府」或「地方政府」。相信完全可以透過對話和談判，合情合理地加以解決。有人別有用心地提出這樣一個公式：「中華民國＝臺灣＝主權獨立國家」，這就是分裂中國，是不允許的。

其四，是把「一國兩制」的統一說成是「共產統一」。眾所周知，中國大陸如今實行的是中國特色社會主義，根本談不上什麼共產主義。說它是「共產主義」，那是把共產主義太貶低、「太簡單化」了。這個具有中國特色的社會主義，將是「至少需要一百年時間」的「初級階段的社會主義」，絕不可以把這樣的社會主義與共產主義畫上等號。而且，「一國兩制」是要在一個中國原則下實現「兩制並存」，你不吃掉我，我不吃掉你，就更不存在什麼「共產統一」了。

其五，是說兩岸現在主要是「制度之爭」，而不是「統獨之爭」，因而臺灣不可能接受「一國兩制」。這是把問題和它的性質完全顛倒了。筆者認為，在國共內戰時期，雙方確實是制度和意識形態之爭，兩者是主要矛盾，是對抗性和敵我性的矛盾。如今情況已經變了，兩岸的統獨之爭已上升為主要矛盾，而制度和意識形態之爭則已降為次要的非對抗性的人民內部矛盾，完全可以用「一國兩制」的方法來解決。

可喜的是，目前臺灣人民正在覺悟，情況正在改變中。然而必須指出，臺灣當局的上述誤導，已在臺灣民眾中造成很壞影響。臺灣人民正是在這種誤導下，不明真相，才拒絕和反對「一國兩制」的。不進一步和徹底地衝破這些迷惘，不把臺灣民眾從這些誤導中完全解脫出來，真正的和平統一是很難實現的。筆者堅定地認為，「一國兩制」是符合包括臺灣人民在內的整個中華民族的根本利益的，是可以而且應該取得成功的。

四、「一國兩制」是兩岸「雙贏」之路

一年多來，臺灣經濟下滑，政局動盪，亂象叢生，民心浮動。之所以會如此，其中最根本的一個原因，就是執政的民進黨不放棄臺獨，搞政治掛帥，意識形態掛帥，一切圍繞著選票和權力打轉，而不顧廣大民眾所最關心的經濟和福祉問題，特別是沒有處理好兩岸關係問題。

當前落實「一國兩制」或實現兩岸「雙贏」之路的主要障礙在哪裡？

障礙之一，是臺灣新領導人的「獨」心不死。目前最值得注重的是李登輝和陳水扁這兩股分裂勢力的合流。一旦合流成功，其帶給臺灣人民的將不是「穩定」，而是更加「混亂」。必須著重指出的是，中國大陸是中國的主體，是當前諸種涉臺因素中的主導因素，是任何形式的臺獨最終都不可能踰越的障礙。為今之道，必須丟掉幻想，面對現實，拋棄一黨一己之私，真正從維護臺灣和兩岸人民的現實和長遠利益出發。

障礙之二，是臺灣新領導人與外國勢力的勾結。尤其是最近以來，他們一味向美國反華勢力投懷送抱，甘當美國反華勢力的「馬前卒」，欲圖借美國勢力來保護其現行臺獨路線。然而他們越是引進外國干預勢力，就越是容易刺激包括臺灣在內的全體中國人民的民族感情，也就越會使自己陷於被動和孤立無援之中。兩岸關係是中國的內政，只能由兩岸中國人自己來解決。

障礙之三，是美國政府的對華政策。美國自小布希上臺以來，雖然口頭上也向中國人民承諾「一個中國」政策，但在行動上卻大幅度右擺，給臺灣分裂勢力輸血供氧。僅今年4月的一次對臺軍售金額，即超過40億美元。美國在兩岸間所倡導的「和平」，本質上是助長「和平分裂」，而不是「和平統一」。美國的做法，已經並將繼續引起兩岸中國人的強烈「反彈」。奉勸美國新總統多管點自己家裡事，不要一味插手中國內政，這對美國自己也並無好處。

障礙之四，是臺灣人民對「一國兩制」，特別是對它的「臺灣模式」的真義還缺乏瞭解。如前所說，在一些別有用心者的誤導下，什麼「陰謀」呀，「陷阱」呀，「矮化」呀，「臺灣不是香港，『一國兩制』不適用於臺灣」呀，等等。對於這些，必須有力地加以揭露，只有在臺灣民眾真正瞭解和認清事情的真相之後，才會起而反對分裂，接受對他們有益無害的「一國兩制」。如上所說，情況雖已有所改變，但還是不夠的，必須繼續努力。

總之，目前的臺灣正處於一個新的轉折關頭。對於臺灣新領導人來說，主要的思考方向，不應該是反對接受「一國兩制」中的「一國」，這樣下去只能是步入「死胡同」。而應把重點轉向「兩制」，轉向臺灣人民所關心的如何切實保證在臺灣這塊土地上落實他們已習慣了的「自由民主制度」。少數上層人士「寧做雞頭，不做鳳尾」的思想必須改變。果如此，則兩岸關係有可能迅速出現「柳暗花明又一村」的新局面。

江澤民總書記在慶祝中國共產黨成立80週年大會上，曾發表「三個代表」的重要講話，即代表中國先進生產力的發展要求，代表中國先進文化的前進方向，代表中國最廣大人民的根本利益，這與兩岸關係的順利解決也是緊密相關的。兩岸關係的順利解決，有利於中國先進生產力的發展，有利於中華民族優秀

文化傳統的發揚，特別是符合包括臺灣在內的全中國最廣大人民的根本利益。在海峽兩岸實現「一國兩制」的臺灣模式，相信將會更有力地促進和推動中華民族的偉大復興。

（原載香港《大公報》）

「錢八條」與「一國兩制」

按：臺灣媒體的報導都稱「錢七條」，而根據中國大陸媒體報導所列舉的都是八條，故筆者所撰寫的文章都改稱「錢八條」。

今年以來，臺灣島內關於「一國兩制」的議論多起來了。往年，對此幾乎無人問津，而近期根據有關方面的民意調查，贊成「一國兩制」者，占1／3左右，個別有達47％或51％者。說明島內民眾對於「一國兩制」的認識，正在發生新的變化。正是在這個時候，錢其琛副總理提出了有關對臺方針的「八條政策」（以下簡稱「錢八條」）。它與「一國兩制」特別是「一國兩制」的臺灣模式有什麼關係呢？以下談一點個人不成熟的看法。

一、「錢八條」包含有哪些內容

關於「一國兩制」，已不僅是構想，是理論，而且已經在香港和澳門付諸實踐了。這個實踐是很成功的，舉世為之讚譽。香港和澳門不同，在「一國兩制」的實踐上也各有不同特點，大家都已看到了，並且也已分別體現在《香港基本法》和《澳門基本法》中。臺灣的情況不同，在未來「一國兩制」的實踐中一定會有更新的更大的不同特點。那麼，在臺灣又會是怎麼樣的不同？

今年9月10日，錢其琛副總理在《21世紀的中國與世界》國際論壇開幕式的

講話中談到,「一國兩制」是兩岸統一的最佳方式。他說,在「一國兩制」框架下解決臺灣問題,可以實行比港澳更寬的政策。他列舉了以下八條:

1. 臺灣可以繼續使用臺幣;

2. 繼續保留軍隊;

3. 繼續作為單獨關稅區;

4. 繼續保持政府架構;

5. 大陸不收取臺灣一分一釐的稅收,不會調取臺灣一分一釐的資金;

6. 臺灣人民的生活方式保持不變;

7. 臺灣企業家保有原有財產;

8. 臺灣人事自主,大陸不派官員去臺灣任職。

前一個時期,臺灣媒體曾有「錢七條」之說,現據《人民日報(海外版)》9月11日報導,似比以上八條更為全面和準確。

在以上八條中,有些是原來就已明確的,例如:臺灣繼續保留軍隊;臺灣人民的生活方式保持不變;臺灣企業家保有原有財產;臺灣人事自主,大陸不派官員去臺灣任職等。有些是可以想像得到的,例如:臺灣可以繼續使用臺幣;繼續作為單獨關稅區;大陸不收取臺灣一分一釐的稅收,不會調取臺灣一分一釐的資金等,因為這些政策在香港和澳門已經實行了,既然對臺灣實行的政策會比港澳更寬,那在臺灣就更必然會實行。人們特別注意並感到有新意的,就是上述第4條:「繼續保持政府架構」。相信臺灣朝野對此也是十分關注的。那麼,這一點應該如何理解呢?

二、關於「保持政府架構」問題

現在臺灣的民進黨政權,基本上仍是國民黨在1949年自大陸撤臺後所保留

的權力架構。這個權力架構至今還大體保持總統府、行政院、立法院、司法院等機構，其他如考試院、監察院和國民大會等，雖仍保持著，但其功能已有變化，有的如國民大會，則已形同「凍結」。

臺灣這樣一套行政系統及其機構，難道在實行兩岸統一時還需要保留嗎？這與一個中國原則不是有矛盾嗎？

錢副總理講得很清楚：要「在『一國兩制』框架下解決臺灣問題」。這就是說，保持臺灣現行「政府架構」，仍不可違背一個中國原則。換句話說，是不是可以理解，只要堅守一個中國原則，現存的「政府架構」，包括總統府、行政院、立法院等機構就可以保留。在這裡，有沒有一個中國原則，這是至關重要的，有了這個原則就是一個統一中國之下的行政機構，不管你叫什麼名稱，機構如何設置都是次要的，如果沒有這一個中國原則，問題就大了，那就會是「兩個中國」、「一中一臺」或「臺灣獨立」，不管你叫什麼名稱，機構如何設置，都是不可能被認可的。

既要保持臺灣的「政府架構」，又不能違背一個中國原則，如何才能兼顧呢？這就自然使我想到過去中國大陸的「大行政區」架構。早在50年代，中國大陸曾設置過六個「大行政區」，每個大行政區都設有主席、副主席，設有若干個「部」和「會」，管轄多個省、市級單位，其權力僅次於中央而高於所轄省和市。如將臺灣視同過去的大行政區一級，改「主席」、「副主席」為「總統」、「副總統」，並保留現有「院」、「部」、「會」機構，管轄所屬幾個省級單位，又有何不可？臺灣與港澳的一個重要不同處，就是在它的行政院下轄有「臺北市」、「高雄市」、「臺灣省」、「福建省」四個省級單位，儘管後二者早已有名無實，但畢竟還保留有這樣的機構。

臺灣方面可能有人會說，採取這樣架構，那臺灣不還是「地方政府」，還是被「矮化」嗎？說實在的，臺灣本來就是中國的一個省，根本不是什麼國家，現在的臺灣政權不過是國共內戰遺留下來的產物，絕不可以異想天開，趁機將此非國家的「國家」固定化和合法化，這是不現實的，是違反歷史潮流的，也是全體中國人民所不可能接受的。採取上述模式，不僅不是「矮化」，而且是相當程度

地「高化」，其理由不言自明。這樣的解決辦法，實際上是雙方各讓一步。大陸不把臺灣如同香港、澳門一樣，視為一個省級單位，臺灣也不要再堅持是「主權獨立國家」了。這是「雙贏」的做法。否則，長此互不讓步，一旦被迫兵戎相見，對雙方都無好處。

有一位國民黨人士說：「錢八條」中「所謂繼續保持政府架構的內容，或許會允許（臺灣）有民選的省長，但內涵應不會同意包括可以有自己民選總統」（臺「中央社」2001年7月13日）。我想，這是對中國大陸提出的「一國兩制」完全缺乏瞭解。根據「一國兩制」原則，臺灣的社會制度不變，其中包括政治制度不變，政黨政治不變。臺灣根據自己的制度選出領導人，完全是自治權範圍內的事情，不存在中國大陸「會否同意」的問題。我個人還認為，臺灣選出的領導人，還可出任全國政權的領導職務，全國性的領導機構和民意機構都會為臺灣留出一定名額，並將隨著臺灣選舉的變更而變更。臺灣人民將不僅是臺灣這塊土地上的主人，也將是全中國土地上的主人。這有什麼不好？

三、臺獨主張者的八個「盲點」

近幾年來，臺灣外有反華勢力的操縱、鼓勵和支持，內有李登輝和一些死硬派分裂主義分子的積極策應，使得臺獨勢力在島內幾有泛濫成災之勢。應該說，「一國兩制」其實是兩岸實現和解與和平統一的最佳模式，而目前正是他們阻礙了這一正確政策的貫徹實行，這是臺灣人民的不幸，也是兩岸和全體中國人民的不幸。

在這裡，我想著重指出其以下盲點：

一是關於臺灣歷史。臺灣從來就不是一個國家。臺灣土地是中國的土地，臺灣人民是中國的人民。臺灣98%以上都是漢族，同是骨肉同胞。兩岸目前的分割狀況只是暫時的。兩岸的整體關係，不是極少數人喊幾句「臺灣主權獨立」就能改變的。

二是關於民族感情。中華民族具有五千年的光榮歷史，臺灣是中華民族不可分割的一部分。兩岸同文同種同根，無論文化、語言、風俗、習慣、宗教都是一脈相承的。兩岸人民在共同開發臺灣與共禦外侮中都是患難與共、禍福與共的，這種由汗水、淚水、血水所凝結成的民族感情，絕不是少數別有用心者所能割斷的。

三是關於真正民意。他們自稱是臺灣2300萬人的代表，而實際上支持現當政者的投票率僅39.3%。而據可靠資料，在這39.3%的投票率中，真正支持臺獨者不到一半。當政者高層的意向與一般的民意趨向有很大落差。是當政者真的不瞭解民意還是權力慾望障目使之看不到真正的民意呢？

四是關於民主真諦。從李登輝到現在的當權者，都以臺灣「民主」而沾沾自喜，李氏更被譽為「民主先生」。真正的民主應以臺灣最大多數人的利益為依歸，而現在的臺灣社會是這樣嗎？其「民主」不過被極少數人用為達到某種政治目的的手段。臺灣的「民主」正在「劣質化」和「畸形化」，其公式是「民主化——本土化——臺獨化——洋奴化」，難道不是這樣的嗎？

五是關於外人目的。有些人為了達到分裂中國的目的，竟然以外國反華勢力為靠山。難道這些外人真的會以臺灣人民的利益為利益嗎？昔日日本採取的是「以華制華」戰略，今日美國採取的是「以臺制華」戰略，本質上無任何區別。臺灣的未來，要不就是回到中國大家庭的懷抱，要不就會淪為「第二個滿洲國」，別的出路是沒有的。

六是關於自身實力。臺灣自以為有美國「全力協防臺灣」，追求獨立之路就會是萬無一失。其實是錯了。美國有自己的國家利益，美國人能為了別人的利益而流血犧牲嗎？如果兩岸不幸因統獨之爭而爆發戰爭，那將不僅是軍力的較量，而更重要的是人心的較量，是愛國和賣國的較量。不要忘記，在國共內戰時期，美國武裝的800萬國民黨軍是如何覆滅的。

七是關於國際現實。國際社會普遍承認一個中國原則，中華人民共和國已與世界上162個國家正式建立外交關係。臺灣雖還保留有20多個所謂「外交關係」，但連它自己也承認只不過是一些「小朋友」、「窮朋友」、「黑朋友」，

實際也是「花錢買來的朋友」。這樣的一些朋友能在國際上保護你過「臺灣獨立」這一關嗎？自然是不可能的。

八是關於經濟趨向。過去的臺灣領導人，都曾強調臺灣經濟的發展「必須以大陸為腹地」。唯近若干年來，為達到分裂中國的目的而早就調整方向了。臺當局長期堅持意識形態掛帥，堅持「戒急用忍」政策，拒絕兩岸直接「三通」。目前臺灣經濟大幅下滑的最重要原因之一，就是堅持這樣一條錯誤方針造成的，歸根結底，是堅持臺獨路線造成的結果。

總之，我個人認為，臺獨之路是絕對走不通的。「一國兩制」是化解兩岸矛盾、改善兩岸關係、最終實現和平統一的最佳模式。錢其琛副總理最近所談的「八條政策」，實際是「一國兩制」臺灣模式的原則性說明，是值得臺灣方面認真思考和重視的。

（原載香港《大公報》）

關於對臺實行「一國兩制」及相關問題探討

關於「一國兩制」以及它的臺灣模式、香港模式和澳門模式，它們之間的異同，筆者都曾為文探討和闡述。尤其是關於「一國兩制」用於臺灣和各個方面，包括理論的、實際的，以及「一國兩制」與各種「非一國兩制」模式的比較等，也都探討過了。但有關對臺實行「一國兩制」的「國號」及相關問題，卻未曾專門為文談及。這裡特再試作一次探討如下：

一、傳說中的一個故事

抗美援朝戰爭結束後不久，海峽兩岸都曾流傳過這樣一個故事，即毛澤東主

席和一位外國記者的對話。

記者：請問毛主席，您生平最高興的事是什麼？最不高興的事又是什麼？

毛主席：你說呢？

記者：我認為，您生平最高興的事，是1949年10月1日，站在天安門上高呼：「中華人民共和國成立了！」「中國人民站起來了！」

最不高興的事，就是在朝鮮戰爭中，您並沒有趕走所稱的「美帝國主義」，最多不過打了一個平手，最終還是被迫簽署了一個「停戰協定」。

毛主席：（哈哈大笑）我和你的看法正好相反。我生平最高興並引為驕傲的事，就是新中國剛成立不久，什麼都未就緒，就敢於在朝鮮和世界上最強大的頭號帝國主義國家較量，阻止了它的北上，並迫使它與自己不承認的對手談判，最後並不得不在停戰協議上簽字。

最不高興和後悔的事就是中華人民共和國成立的時候，沒有繼續延用「中華民國」國號，如果這樣做了，就沒有現在這麼多麻煩事了。

李登輝上臺後，也談到過這件事。在一次會上，他很高興地說：「幸虧毛澤東沒有這麼做，否則我們還真的不好辦呢！」

以上的故事，並非空穴來風，有的同志在「文革」中流傳、但並未正式發表的《紅旗飄飄》文集中，曾親眼看到過毛澤東主席說過的上述這段話。不過毛主席說話是很幽默和風趣的，他是否真的這麼想過就不得而知了。至於李登輝關於「國號」問題說的上述話，我確曾在他發表的一篇講話文稿中看見過。

二、主要難點之所在

以上說到的故事，證實「國號」問題等確是兩岸關係中的一個難點。過去如此，現在也還是如此。

人所共知，國共內戰，國民黨兵敗逃臺，中華人民共和國政府於1949年10月成立，取代了原國民黨的「中華民國政府」。這是一國之內的政權變更，既符合國內法，也符合國際法，是無可非議的。臺灣是中國的一部分，雖被日本竊據50年，但抗日戰爭勝利以後，已根據《開羅宣言》與《波茨坦公告》等國際文獻，正式收歸中國版圖。新中國建國後，當然對臺灣享有主權，這同樣是無可非議的。

然而，由於朝鮮戰爭的爆發和美國政府的公開干涉中國內政，使得中國主權範圍內的臺灣問題，迄今沒有獲得解決。過去與蔣氏父子是「正統」之爭，即誰是中國合法代表的「一個中國」之爭；李登輝主政臺灣後變成「法統」之爭，即被認為是臺灣的「中華民國政府」與在大陸的「中華人民共和國政府」這兩個同時存在但又「互不隸屬」的「兩個中國」或兩個「中國政府」之爭；陳水扁上臺後再變成「法人」之爭，即被他們稱為「臺灣歸臺灣、中國歸中國」，都具有「獨立法人資格」的「一中一臺」之爭。

目前的臺灣，國不國、省不省。你說它是「國」，然而它確實是中國的一個省，並且還是一個較小的省；你說它是「省」，它又從中國大陸帶去一個什麼「中華民國政府」，並且自稱「中央」，下設人為的「四個省級單位」。陳水扁以及支持陳水扁的黨內基本教義派，雖欲變「中華民國」為「臺灣共和國」，但怯於風險太大，始終不敢過於妄動。他們對「統」無興趣，欲「獨」又不可能，是省不省，非國稱國，非牛非馬，不倫不類。這就是全部問題和困難所在。現臺灣在所謂「國號」稱謂上，已是五花八門，無奇不有。有包括對中國大陸主權的「中華民國」，有不包括對中國大陸主權而僅限於臺澎金馬的「中華民國」。有所謂「中華民國在臺灣」、「在臺灣的中華民國」，還有所謂「第二共和國」。更有很多人，表面上承認「中華民國」，心裡頭裝的則是「臺灣共和國」；表面上喊「中華民國」，口袋裡卻裝著「臺灣共和國護照」。他們把「中華民國」這塊招牌當成一種「防彈罩」、「過渡梯」，明修棧道，暗渡陳倉。有的人如被稱為「臺灣之父」的李登輝最近已公開叫出「中華民國已不存在」。有的人如被稱為「臺獨之母」的金美齡，雖名義上是臺灣人，實際上是日本人，掛的是「中華民國總統府國策顧問」招牌，幹的全是「臺灣共和國」的勾當。

臺灣在前不久過去的一場「立委」選戰中，彼此唇槍舌劍，你來我往，互不相讓，激烈異常。在許多問題上，無論對內對外、本土和非本土、「臺灣人」和「中國人」之爭，無非都是圍繞兩岸關係「定位」、臺灣未來走向、亦即與所謂「國號」稱謂有關的一場大辯論。很顯然，這個問題不解決，臺灣將永無寧日。

三、可探索的思考方向

中國有句古話：「名不正，言不順」。過去50多年來，從「一個中國」（誰代表中國）之爭，到「兩個中國」之爭，到「一中一臺」之爭，無非都是臺灣當局想為自己尋找一個合法的名分，借此以尋找出路。然而，臺灣從來就是中國的一部分，無論從歷史、地理、民族、文化、血緣、國際法或國內法看，都是如此。此乃全體中國人所認同，也是全世界絕大多數國家所普遍公認，要想改變這個事實，即把臺灣從中國大家庭分裂出去，是絕不可能的事。如今之道，只能在「一中」原則之下，尋求這個問題的合理解決。筆者不久前在《海峽》月刊所發表的《「錢八條」與「一國兩制」》，已經就兩岸和平統一的「臺灣政府架構」問題發表過一些意見，這裡想再就兩岸關係中的「國號」及有關問題，發表一些不成熟的看法，以作為前文的補充。

解決的原則之一，必須秉持「一中」原則，不能有「兩中」或「兩國」，不能有「兩個中央政府」。要承認兩岸同屬一個中國，中國的領土主權不容分割。在這個基礎上兩岸共議雙方都能接受的具體「國名」。筆者認為，以「中國」為涵蓋兩岸的國名，可以列為首選的考慮方案之一。關於這一點，去年10月29日，國家主席江澤民在接見臺灣「中國統一聯盟」時，已經說得很明確。

解決的原則之二，是筆者在〈「錢八條」與「一國兩制」〉一文中已經提到的，臺灣可以「繼續保持政府架構」，這個架構將高於「省」，管轄島內現有幾個「省級」單位，而低於「中央政府」，成為過去中國大陸「大行政區」式的地方政府。臺灣不再強調「主權獨立」，大陸則不以港澳模式套用於臺灣，兩岸各

讓一步而達到「雙贏」。

解決的原則之三，是高舉「民主協商」的旗幟。建議在全國人大設置「臺灣特別委員會」，由臺灣為主的代表組成，並以出任「人大副委員長」的臺灣代表兼該會「主任委員」，確定若干議事規則，凡屬重大的有關臺灣問題的決策，必須先由該委員會審議通過。

解決的原則之四，是共同處理好統一前的「過渡期」。建議臺灣不再對外稱「中華民國政府」，可以暫用「中國臺灣地區民主自治政府」。臺灣現有的對外機構名稱，可根據「一中」原則由兩岸具體協商解決。這不會是「縮小空間」，而實際上是「擴大空間」。

在兩岸經過民主協商實現和平統一之後，臺灣現有民主選舉制度不變，新選出的臺灣政府領導人即成為當然的「中央政府副主席」，卸職後可仍在中央政府保留適當榮譽職務。臺灣選出的民意代表可以推出適當名額參加「全國政協」和「全國人大」，其領導人並可成為「全國政協」的「副主席」或「全國人大」的「副委員長」。卸職後亦可保留適當榮譽職位。廣大臺灣民眾既是臺灣3.6萬平方公里土地上的主人，也是全國960萬平方公里土地上的主人。

有人也許會問：臺灣人民出任全國政權的職務，為什麼會只能出任「國家副主席」、「政協副主席」、「人大副委員長」呢？這不是把臺灣民眾看成「二等公民」嗎？不，這同樣只是目前的暫時性或過渡性做法，如果有一天全國都正式推行選舉制，在臺灣的中國人凡當選的一樣可以當「國家主席」、「全國政協主席」、「全國人大委員長」。不過目前還無條件這樣做。

四、對幾個問題的看法

以上諸點，是筆者在臺灣「立委」大選前夕寫的。這裡想再結合臺灣島內近幾個月來的形勢發展情況，談以下幾點想法和看法。

（一）民進黨走向。目前臺灣島內關於「國號」之爭，表面上不如選前激烈，實際上則仍暗潮洶湧，鬥爭甚烈。新成立的以李登輝為「精神領袖」的臺聯黨，係取代原「建國黨」而成為最激進的臺獨黨。其目標顯然是「臺灣共和國」。民進黨與臺聯黨，本質同而策略異，其現階段則欲利用「中華民國」這塊招牌來搞實質上的臺獨，把所謂「領土主權」限於臺澎金馬。所謂「國號」問題的隱患，依然有增無減。民進黨和臺聯黨都自稱代表臺灣「主流民意」，並追求「社會安定」，而實際上則是違反「主流民意」，而在為臺灣未來製造「更大的不安定」。島內有識之士為之不安是有道理的。

（二）選舉「後遺症」。臺灣很多朋友都認為，民進黨一向是靠選舉起家的，辦起選舉來，轟轟烈烈，有聲有色，而做起事情來則是另一回事了。上一次選戰，民進黨在島內製造族群矛盾，大搞「去中國化」的同時，又刻意給在野黨、給所謂「非本土派」抹黑，並把他們與中共掛鉤，與中國大陸掛鉤，扣上「紅帽子」，還對中共、對中國大陸加了許多「莫須有」罪名，在兩岸間製造矛盾和仇恨。因而，對兩岸中國人都有相當傷害。這能有利於他們所追求的「國」嗎？如果當局不能在選後認真進行「療傷止痛」，必將為此付出沉重代價。

（三）兩種臺獨路線。一種是過去李登輝的「激進式臺獨」，鋒芒畢露，威勢逼人，證明是行不通的。陳水扁上臺後則改採「漸進式臺獨」，其特點就是悄悄地，化整為零地，偷偷摸摸地，避名求實地，「量」變促「質」變地進行。這就是欲積「小獨」為「大獨」，實際是積「小毒」為「大毒」，同樣一定會走向失敗。

（四）「存在」和「意識」。從哲學的觀點看，存在決定意識，意識又反過來影響存在，兩者完全是辯證的關係。由於兩岸長期處於分割對立狀態，有些人想從「獨立建國」方面謀求出路，這是很自然的，也是很危險的，說明兩岸問題，必須加強溝通、對話，力爭早日和平解決，否則「意識」對「存在」的反作用，有可能使臺灣的「獨」火越燒越旺，使「一國」和「兩國」的矛盾更加尖銳化，從而可能導致兩岸中國人的骨肉相殘和外人得利，這將是兩岸各方都不願見到的。

（五）主流和支流。兩岸中國人是骨肉同胞，歷史上的不幸和目前未能統一的現狀，從總體上看都是外國侵略者和外國反華勢力染指所造成的。中國人民現在所進行的反臺獨、反分裂的鬥爭，歸根到底是歷史上反侵略鬥爭的繼續，也是關係到中國領土主權完整和國家安全的一場重大鬥爭，是沒有任何退讓餘地的。兩岸必須統一，中國只有一個，絕不允許搞「兩中」或「兩國」，這就是兩岸關係發展的大趨勢和大方向。少數人搞臺獨和分裂，這不過是一股逆流或支流。

「春風終解千層雪，海水猶連兩岸心」。相信隨著中國的發展、中華民族的振興，以及臺灣人民的日益覺悟，兩岸統一問題是一定可以解決的。

（原載《現代臺灣研究》）

「一國兩制」是兩岸統一的最佳模式——一次內部學習座談會上的發言

2002年11月8日，江澤民總書記在中共「十六大」代表第十五屆中央委員會所作的報告中，把「一國兩制」和實現中國的完全統一，專門作為一個部分，作了全面、系統、集中和十分突出的總結和論述，這是前所未有的，說明中國共產黨和中國大陸政府對臺灣問題的高度重視。臺報說：江的這次講話，「不僅是他十三年來處理臺灣問題經驗的總結，也是一次對臺統一行動綱領的提出」。

一、「一國兩制」，適用臺灣

「一國兩制」是鄧小平同志提出的偉大科學構想。他本來是針對解決臺灣問題提出的，後因港澳問題迫近而首先用之於港澳。該兩地區的實踐，極大地豐富了「一國兩制」的理論和內涵，事實證明「一國兩制」的方針是正確的，它具有

強大的生命力。臺灣和港澳的確有許多不同，不能完全照搬照套。然而它們畢竟都是中國領土不可分割的部分，因而「一國兩制」的基本原則同樣適用於臺灣。中國大陸人民既然能與港澳同胞一起創造出適用於該兩地區的「一國兩制」的模式，即香港模式和澳門模式，也一定可以與臺灣人民一起創造出適合於臺灣的「一國兩制」的新模式。

臺當局用一種煽動性的語言對臺灣民眾說：「一國兩制」，就是「叫臺灣投降，叫中國來吞併」，就是讓臺灣「變成另外一個香港」，「變成別人家的一個部分」。這不是別有用心地在兩岸間製造敵對情緒嗎？

二、「一國兩制」，核心「一國」

江澤民強調，堅持一個中國原則，是發展兩岸關係和實現和平統一的基礎。他說：「世界上只有一個中國，大陸和臺灣同屬一個中國，中國的主權和領土完整不容分割。對任何旨在製造『臺灣獨立』、『兩個中國』、『一中一臺』的言行，我們都堅決反對」。這幾句話，過去大陸政府有的領導人也提過，但江澤民以黨的總書記身分在中共「十六大」正式報告中如此鄭重地提出，其意義是不可比擬的。

自江澤民主政的13年來，中國大陸已進行了四次較大規模的反臺獨、反分裂的鬥爭。第一次是1994年反對李登輝與日本作家司馬遼太郎的談話，這是李登輝第一次公開露骨地大談要建立「臺灣人的國家」；第二次是1995年6月李登輝訪美，並在美國康乃爾大學公然發表要向一個中國原則挑戰的講話；第三次是1999年7月李登輝為阻止汪道涵訪臺而拋出所謂「兩國論」；第四次即今年8月3日陳水扁兼任民進黨主席時，公然背棄承諾，拋出所謂「一邊一國論」。這四次鬥爭，前三次都是針對李登輝的，後一次是針對陳水扁的。對於陳水扁的分裂主義的鬥爭還僅僅是開始，儘管往後的鬥爭形式很可能更為嚴峻和更加複雜，但大陸政府和人民對一個中國原則是不會動搖的，鬥爭一定會毫不猶疑地堅持下去。

三、「一國兩制」，四大好處

「一國兩制」是兩岸統一的最佳模式。江澤民總書記概括地列出了「一國兩制」的四大好處：第一，「臺灣可以保持原有的社會制度不變，高度自治」；第二，「臺灣同胞的生活方式不變，他們的切身利益得到充分保障，永享太平」；第三，「臺灣經濟將真正以中國大陸為腹地，獲得廣闊的發展空間」；第四，「臺灣同胞可以同大陸同胞一道，行使管理國家的權利，共享偉大中國在國際上的尊嚴和榮譽」。

這幾大好處，實際上關係臺灣民眾切身利益，也是全體臺灣人民最關心的幾條。而臺當局中有些人出於個人政治野心和私慾的需要，對「一國兩制」一些最基本的東西加以扭曲和誤導，並惡意進行攻擊，其用意自然是在欺騙島內民眾和輿論，欲在挑動兩岸對立中撈取好處。然而真理的陽光最終絕不是極少數別有用心者所製造的烏雲所遮蓋得住的，相反他們越是這樣做，越是證明他們內心的恐慌和虛弱。

四、「三心」高照，前路光明

江澤民說：「2300萬臺灣同胞是我們的手足兄弟，沒有人比我們更希望透過和平的方式解決臺灣問題」；我們將「以最大的誠意、盡最大的努力爭取和平統一的前景」。這充分體現了大陸政府和人民對於臺灣人民情真意切的「愛心」。

江澤民又說：「國家要統一，民族要復興，臺灣問題不能無限期地拖延下去」；「維護祖國統一事關中華民族的根本利益，中國人民將義無反顧地捍衛國家主權和領土完整，絕不允許任何人以任何方式把臺灣從中國分裂出去」。這又充分體現了大陸政府和人民對於捍衛國家主權和領土完整的「決心」。

江澤民還說：「我們寄希望於臺灣人民」，「臺灣同胞具有光榮的愛國主義傳統」，「我們堅信，透過全體中華兒女共同努力，祖國的完全統一就一定能夠早日實現」。這更充分體現了大陸政府和人民對於臺灣人民以及早日解決臺灣問題的「信心」。

島內極少數分裂主義分子，總是把自己和2300萬同胞畫上等號，而事實上他們並不能代表臺灣人民，說穿了他們不過是外國侵略勢力在臺灣島內的代理人。

愛心、決心、信心，「三心」高照，光芒四射，臺灣問題的順利解決，海峽兩岸中國人的團結和合作，中華民族的偉大復興一定會指日可待。

五、三個「可以」，切實可行

江澤民報告中再次呼籲，在一個中國原則的基礎上，暫時擱置某些政治爭議，儘早恢復兩岸對話和談判。他提出了三個「可以」：一是「可以談正式結束兩岸敵對狀態問題」；二是「可以談臺灣地區在國際上與其身分相適應的經濟文化活動空間問題」；三是「也可以談臺灣當局的政治地位等問題」，並且表示「願意與臺灣各黨派和各界人士就發展兩岸關係、推進和平統一交換意見」。這是向臺灣方面又一次展示的善意和誠意。

然而，從臺灣當局最近一系列行動和做法看，仍未免讓人大失所望。他們一是打出所謂「安全牌」，說直接「三通」涉及「臺灣安全」，不可不慎；二是打出所謂「民主牌」，攻擊大陸「政治制度」，反對進行「和談統一」；三是打出所謂「認同牌」，主張臺灣人只能「認同臺灣」，不能「認同中國」。凡「認同臺灣」者即視為「愛臺灣」，否則，就是「賣臺灣」，「中共同路人」。一個時期來，島內帽子滿天飛，「綠色恐怖」籠罩全臺。我們不禁要問臺灣當局：你們究竟要把臺灣人民和兩岸關係引向何方？

江澤民總書記說得好：「臺灣前途繫於祖國統一」。是臺灣當局猛醒回頭的

時候了,如仍繼續在錯誤的道路上滑下去,是不會有好結果的。

香港「一國兩制」對臺灣應有啟示

自香港回歸中國到現在已進入第7個年頭了。「一國兩制」在香港和澳門的成功實踐,使越來越多的人相信「一國兩制」在臺灣也是行得通的。臺當局中,有人對前不久香港出現的一次大遊行幸災樂禍,認為這是「一國兩制」在香港的失敗。實際上,完全相反,正好說明香港所實行的「一國兩制」是成功的:一是港人自由表達意見,北京政府並無任何干涉;二是遊行秩序井然,並未出現任何不正常事件;三是香港人心平靜,經濟和政治形勢都很好。實踐證明,港澳人民是歡迎和擁戴「一國兩制」的,遊行並非反對「一國兩制」。

而臺灣,並未實行「一國兩制」,為什麼社會卻始終亂糟糟的,有那麼多人一次又一次地走向街頭?香港和臺灣,一個接受「一國兩制」,一個反對「一國兩制」;一個雖有困難而形勢日好,一個已走下坡,且在不斷向下沉淪。這難道不值得臺灣當局深思嗎?「一國兩制」在港澳的成功實踐,這對臺灣當局中一些死心塌地維持偏安「小朝廷」、保持國家分裂局面,甚至要搞臺灣「獨立建國」的人,自然壓力很大,大有惶恐不安之感。於是拚命叫嚷說,臺灣不是香港,臺灣絕不接受「一國兩制」。僅陳水扁一人,一個月內就不知要重複地講多少次。大概是已經感到「冬天的威脅」了。

臺灣問題與香港問題確有不同,但都是中國領土不可分割的部分,都必須在「一個中國」原則下實現統一,使中國成為一個主權和領土完整的整體。就是說,「一國兩制」對臺灣也是適用的,行得通的,只是其具體內涵可以有所不同。

然則,臺灣當局為何至今仍拒絕接受「一國兩制」呢?人們越來越清楚,根源是從李登輝到陳水扁都一心欲謀求臺灣「獨立建國」,是臺獨從各個方面製造了麻煩:

臺獨——臺灣人民的麻煩製造者，搞得族群對立、雞犬不寧，社會不安，經濟下滑；

臺獨——海峽兩岸關係的麻煩製造者，搞得兩岸關係至今不能正常往來，戰爭烏雲籠罩；

臺獨——中美關係的麻煩製造者，花錢買軍火，買「保護者」，搞得中美關係因臺灣問題無法根本改善；

臺獨——「世界級」的麻煩製造者，國際上要在中國開「奧運會」、「博覽會」，它卻要選擇這個時機宣布臺獨。

由此可見，臺獨不僅是臺灣、兩岸關係的「毒瘤」，也是中美關係、國際社會的「毒瘤」。這個「毒瘤」不除，不僅「一國兩制」無法在臺灣實行，也會鬧得臺灣不安，兩岸不安，中美關係和國際社會不安，是人們應該考慮認真對待的時候了。

我看《反分裂國家法》

自從我人大常委啟動《反分裂國家法》的立法程序以來，臺灣、海峽兩岸以至國際輿論界，莫不十分關注這一立法的具體內容。今年3月8日，全國人民代表大會常務委員會副委員長王兆國，在第十屆全國人民代表大會第三次會議上就《反分裂法（草案）》作了若干說明，雖未全文公布草案內容，但它的基本輪廓和立法的原則精神都已有了，謹就此談一點個人看法：

（一）制定《反分裂國家法》是臺海形勢發展的需要。眾所周知，在港澳相繼回歸前後，中國大陸一些從事臺灣研究的學者（含法律界），曾探討過有關臺灣的基本法，即不同於《香港基本法》和《澳門基本法》的《臺灣基本法》，但也只限於研究探討而已，這是第一階段。自1999年李登輝提出「兩國論」，後來又有陳水扁提出「一邊一國論」後，這才主張、建議、呼籲和著手研究關於

《國家統一法》，這是第二階段。自今年以來，由於在臺執政的民進黨與臺聯黨（臺灣團結聯盟）相呼應，加快了「修憲」、「制憲」、「正名」、「獨立建國」的步伐，來勢洶洶、氣焰囂張，經我高層慎重考慮，這才決定要制定《反分裂國家法》，這是第三階段。於此可見，這個《反分裂國家法》完全是臺獨分裂勢力逼出來的，是為適應當前臺海形勢發展需要而制定出來的。

（二）《反分裂國家法》草案的幾個重要特點。從王兆國副委員長對草案所作的說明看，《反分裂國家法》具體有以下幾個鮮明特點：

1.它是預防性的——亮出「紅燈」或「警燈」，以防止臺當局盲目地闖入不該闖入的紅燈區或警燈區。

2.它是「和平法」——反對臺獨就是保衛和平，「臺獨沒有和平，分裂沒有穩定」，這是中國大陸「兩辦」授權發表的《五一七聲明》所強調的。

3.它是「保證法」——保證好人，反對壞人。臺灣島內99%以上都是屬於應該保證的好人，那些頑固不化的臺獨只是極少數。

4.它是「安全法」——只要島內不搞臺獨，就不會用武，不會有戰爭，臺灣島內的居民就安全得很。

總之，我認為，《反分裂國家法》的意義有二：一是「以法制法」，把黨和政府的對臺政策「法制化」，其較之過去一些領導人的宣示更具權威性，更具法律約束力。二是「宏觀調控」，只要你臺灣不搞臺獨，不破壞「大陸與臺灣同屬於一個中國」的現狀，不破壞兩岸主權的統一性和完整性，其他屬於島內「治權」範圍內的事一概由在臺灣的中國人自己管理自己。

（三）關於《反分裂國家法》的各種誤傳。例如：有的說它是「戰爭法」——為動武確立「法源」；有的說它是「授權法」——旨在授權軍方「先斬後奏」；有的說它是為「改變現狀」——實際是要「吞併臺灣」；有的說它將「踐踏人權」——為未來「亂扣帽子」和製造「紅色恐怖」作準備。諸如此類，搞得臺灣一些人很緊張，好像「大禍就要臨頭」，「刀已架在脖子上」似的。

實際上呢？只要你不搞臺獨，不搞分裂，就什麼事情都沒有了。大陸不會動

武，軍方也不會「先斬後奏」，其他顧慮更無必要。至於臺當局有人揚言要推動「反吞併法」，更是可笑。既然大陸與臺灣同屬於一個中國，還存在什麼「誰吞併誰」的問題嗎？如果硬要繼續推動「反吞併法」，那不就是「不打自招」，承認自己是臺獨嗎？要不然就是「做賊心虛」，用「臺獨綁人民」的做法，打著「臺灣人民」的旗號來掩護自己的臺獨勾當，到頭來對兩岸不好。

（四）關於「和平方式」與「非和平方式」。胡錦濤主席講：「和平解決臺灣問題，實現中國和平統一，符合兩岸同胞的根本利益，符合中華民族的根本利益，也符合當今世界和平與發展的潮流」。中國大陸的政府和人民，自然會以最大的誠意和最大的努力來爭取臺灣問題的和平解決。

然而，「樹欲靜而風不止」。如果極少數頑固「臺獨分子」一意孤行，堅持臺獨分裂路線，那麼中國大陸為了捍衛國家主權和領土完整，為了保障中華民族的根本利益，將被迫「採取非和平方式及其他必要措施」。即使在這種情況下，相信中國政府仍會「盡最大可能保證臺灣平民和在臺灣的外國人的生命財產安全和其他正當權益」。

臺灣有人十分擔心大陸的統一或用武「有沒有時間表」，或何時用武力，其實這已不操之於北京，而是完全由臺灣當局決定會不會、或何時決定實現分裂而定。

（原載臺灣《海峽月刊》）

《反分裂國家法》旨在把我對臺政策「法制化」——在《思想者論壇》會上的發言節錄

按：香港《中國評論》月刊與北京臺灣經濟研究中心，聯合於2005年5月在北京就《反分裂國家法》實施與兩岸關係，召開了部分在京對臺專家學者座談會，詳細內容已刊於《中國評論》月刊2005年5月號。李家泉教授為會議主持

人。以下是該刊整理的他在會上發言的節錄。

座談會開場白

今天我們兩家,就是《中國評論》和北京臺灣經濟研究中心聯合舉辦這個座談會。

自從去年臺灣「立委」選舉之後,民進黨歷受重挫,兩岸關係又開始了一個新的階段。就目前來講,島內政局和兩岸關係又出現了新的變化。

新形勢、新情況,也會帶來新的變數。我們聯合召開這樣的會議,重點是討論《反分裂國家法》的實施與兩岸關係展望。

以民為本的根本體現

我對此次人大通過《反分裂國家法》有三點概括:第一是「心中有民」——這個民,首先考慮到的當然是臺灣人民。中國大陸參與通過該法的代表們,無不視臺灣人民為骨肉兄弟姊妹。二是「立法為民」——這個法,要考慮的當然是真正的臺灣人民的切身福祉。三是「執法為民」——假若人大已經通過這個法了,當然要付諸實施,一定要堅決遏制為害兩岸人民的臺獨分裂活動。

此次立法引起了國內外的高度關注,我認為有幾個特點:

這次制定的《反分裂國家法》集中體現了中央新領導集體在對臺政策上的新思路。

一年多來,中央新的領導集體在對臺政策上的新思路越來越清晰。例如,把臺灣問題提到關係我們國家的核心利益的高度來認識,並相應地提出了一系列的政策措施。

國家主席胡錦濤最近提出「四個絕不」——堅持一個中國原則絕不動搖，爭取和平統一的努力絕不放棄，貫徹寄希望於臺灣人民的方針絕不改變，反對臺獨的分裂活動絕不改變。這一切，也都反映和落實在這次制定《反分裂國家法》上。

特別重要的是，新的中央領導集體非常注重實際，在對臺工作上言出法隨，說到做到。

新階段　新做法

我認為，《反分裂國家法》的出臺標幟著反臺獨分裂勢力的鬥爭已經進入新階段。眾所周知，在港澳相繼回歸前後，中國大陸一些從事臺灣研究的學者包括法律界的學者，曾經探討過有關臺灣的基本法問題，即不同於《香港基本法》和《澳門基本法》的《臺灣基本法》，但也只是限於研究探討而已。這是第一階段。

當李登輝在1999年提出「兩國論」，又有陳水扁提出「一邊一國論」之後，許多人這才主張、建議、呼籲和著手研究於《國家統一法》，這是第二階段。

自去年以來，由於在臺執政的民進黨與在野的臺聯黨相呼應，加快了「修憲」、「制憲」、「正名」、「獨立建國」的步伐，來勢洶洶，氣焰囂張。經中國大陸高層慎重考慮，這才決定要制定《反分裂國家法》。這是第三階段。

由此可見，這個《反分裂國家法》的制定，完全是臺獨分裂勢力逼出來的，是為適應當前臺海形勢發展需要而制定出來的。

新法更具權威性和約束力

《反分裂國家法》具有十分鮮明的特點和重要意義。

我個人認為，制定《反分裂國家法》具有兩個方面的重要意義：一是「以法制法」，把中央的對臺政策「法制化」，內制臺灣當局的「法理臺獨」，外制外國勢力以立法形式干涉中國內政。這樣做，較之以往的宣示更具權威性，更具法律約束力。二是「宏觀調控」，只要臺灣不搞臺獨，不破壞「大陸與臺灣同屬於一個中國」的現狀，不破壞兩岸主權的統一性和完整性，其他屬於島內「治權」範圍內的事一概由在臺灣的中國人自己管理自己。

應予澄清的傳言與「誤區」

《反分裂國家法》自然在島內激起波瀾。其實在島內，大部分人並非沒有看到這個法，但是卻搞得傳言滿天飛。

有的說這個法是「戰爭法」——為動武確立「法源」；有的說它是「授權法」——旨在授權軍方「先斬後奏」；有的說它是為「改變現狀」——實際上是要「吞併臺灣」；有的說它是「踐踏人權」——為未來「亂扣帽子」和製造「紅色恐怖」做準備。諸如此類，搞得臺灣一些人很緊張，好像「大禍就要臨頭」，「刀已經架在脖子上了」。臺當局一面封鎖《反分裂國家法》，一面又將之醜化和妖魔化，這對自我標榜「民主」、「自由」的臺灣當局，實在是一大諷刺。

實際上呢，只要不搞臺獨，不搞分裂，就什麼事情都沒有了。大陸不會動武，軍方也不會「先斬後奏」，其他顧慮更無必要。至於臺當局有人揚言要推動什麼「反吞併法」，搞反吞併大遊行，更是可笑。既然大陸與臺灣同屬一個中國，那還存在什麼誰吞併誰的問題呢？難道中國人會自己吞併自己嗎？

真正的「時間表」操之在臺灣當局

會不會或者何時會啟動「非和平方式」，完全取決於臺灣當局「會不會、或何時實現分裂而定」。我個人認為，《反分裂國家法》的基本精神，是要力爭以「和平方式」解決臺灣問題。

　　然而，「樹欲靜而風不止」，如果極少數頑固的臺獨分子，一意孤行，堅持臺獨分裂路線，那麼中國大陸為了捍衛國家主權和領土完整，為了保障中華民族的根本利益，就不能沒有非和平方式的應變準備。

　　所謂「非和平方式」有沒有「時間表」呢？關於這一點，美國紐約大學有一個教授說得好：「大陸對臺灣會不會、或何時用武力，已不操之於北京，而是完全由臺灣當局決定會不會、或何時決定實現分裂而定」。

綠營強烈反對摻雜諸多政治因素

　　至於《反分裂國家法》出臺之後，島內當局抹黑、歪曲乃至組織、動員部分民眾上街遊行，其實其中摻雜了多重因素。首先是民進黨在利用執政資源進行煽動蠱惑。島內大多數人並不知道這個法的整體內容，很多人就是因為一無所知而盲目跟進的。

　　其次是臺聯黨因為害怕被孤立，而圖謀套住民進黨。從種種跡象看，自「扁宋會」達成「十條共識」，特別是陳水扁聲明他做不到為「臺灣正名」，也做不到「獨立建國」後，使以李登輝為精神領袖的臺聯黨，感到十分緊張和惶恐。他們一面利用一時被矇蔽的民眾製造聲勢，防止陳水扁和民進黨擺脫激進的臺獨路線；一面利用民進黨內一些對未來抱有企圖心，必須臺聯黨協助和配合的人的心態，進行挑撥離間和牽制陳水扁。

　　第三是有人蓄意轉移人民對槍擊案的視線。今年3月19日是陳水扁「槍擊案」一週年，時間雖然已經一年，但是人們對這個槍擊案仍然是疑點重重。儘管前不久臺灣當局宣布該案獲得「重大突破」，重要嫌疑人卻都「死無對證」；這不僅不能幫陳水扁解脫，更增加了人們對該案的迷惑和不解。藍營在319當天舉

行要求徹查「槍擊案」的大遊行，對陳水扁和民進黨的壓力自然很大。正是在這種情況下，當局企圖抓住《反分裂國家法》這件事，重新凝聚綠營力量，操弄族群衝突。這樣可以沖淡藍營大遊行的影響，借此保護自己過關。

第四是有人在為年底的「縣市長」選舉鋪路。「縣市長選舉」可以多占地盤，為2008年的「大選」打下基礎。陳水扁已經是第二任，不可能再爭取連任，因而對於今年年底的「縣市長選舉」興趣並不大。然而其手下的「三王一后」——游錫堃、蘇貞昌、謝長廷、呂秀蓮等，早已磨刀霍霍、躍躍欲試，爭當接班人。他們必然會裹脅著陳水扁陪著自己繼續廝殺，繼續攻城略地。這對陳水扁來說，自然也可防止提前「跛腳」。

大家的發言，有交集，也有撞擊。我根據大家講的，再提出三個問題。

臺獨高潮已過　開始曲折下降

首先，大家講《反分裂國家法》是新階段、里程碑，那麼我們現在是處在什麼樣的新階段？我想是新形勢、新階段、新希望。而臺灣島內處在什麼狀況呢？從他們的電視辯論看，剛才有學者講現在是「一石激起千層浪」，我們現在可不是一般的石頭。《反分裂國家法》、胡錦濤的「胡四點」，好像激起的不是一般的「千層浪」，是重量級的大石頭，造成的效果是震撼。島內出現了動盪、分化、改組，我感到「扁宋會」的「十條」，將原來的陣營都打亂了。

形勢是在向好的方向發展，特別是臺聯黨是暴跳如雷，好像這個《反分裂國家法》和「胡四點」就打在了他們的痛處。他們越是暴跳如雷，越是說明打中了要害。這也是一種示弱的表現，也是一種哀鳴。

我與郭震遠有相同的看法，我認為臺獨的高潮已過，但是這個高潮是曲折性的下降，並不是一下子就降下來了，還會、還要反撲，但是逐漸要從高潮下落。

對手的選擇與對待

第二個問題，島內這麼多政黨，現在至少在臺面上有四個政黨，主要的對手是誰？民進黨、國民黨還是親民黨？當然我們不會約臺聯黨來。誰將是主要對手，這個角色的問題已經提出來了。

現在是，不管你是哪個黨、哪個派，也不管你是本省還是外省，總的是大陸占據了戰略制高點。

毛澤東說他喜歡和右派打交道，當年中美破冰，尼克森反共是最厲害的。因此我們要考慮到各種情況，雖然不是各種情況都一定出現。

我認為，不管將哪個黨作為對手，都是對手，都要做工作，不要讓消極面產生太多的副作用。假設以國民黨作為對手，那麼民進黨怎麼辦？假設以民進黨為對手，那麼對藍營又怎麼做工作？這就要靠大陸來協調了。

當然，這裡有個主要對手的問題，不能同時都是主要對手，關鍵在於以哪一個作為主要對手？在誰手裡解決更好一點？選擇了主要對手，並不等於就輕視、放鬆其他的對手。

下一步的設想——依靠臺灣人民

第三個問題，是下一步究竟怎麼辦？

我個人認為，第一還是「宏觀調控」，你只要不踩我的紅線，只要不搞重大事變，不搞「臺灣正名」、「法理臺獨」，你自己鬧翻天我都不管。只要不超出主權、不影響「一個中國」，即便鬧翻天，那也是臺灣島內治權的事，他們自己管自己。

二是胡錦濤對人民寄予很多希望，希望貫徹依靠臺灣人民這樣一個方針。而

且胡主席講的話也是很重的，講得也很深，這是過去所沒有的。所謂「入島、入腦、入心」也是新領導人提出來的，非常重視做臺灣人民的工作；而且不僅僅是口頭講，而是處處、件件講落實。

另外，我們在「文革」中，老是批人家，結果是誰也不服，所以最好是讓他們自己批自己。現在也有一點像「文革」，最後收場除了「支左」以外，還有群眾自己教育自己。現在，我覺得藍營，包括民進黨中有的人，批判臺聯黨還是很厲害的。臺聯黨現在搞得太過分了，所以將來還是靠他們自己起來批判，這樣效果可能更好一些。所以要依靠臺灣人民、相信臺灣人民，做他們的工作，促使他們醒悟，來解決問題。陳水扁說李登輝12年都做不到的事情，他也同樣做不到，這種矛盾是很明顯的。

以民為本是兩岸關係的核心

2005年就要過去了。我認為，這一年裡兩岸關係的最大特點，就是中共對臺政策的新思維，發揮了巨大作用。而「以民為本」就是兩岸關係的核心內容。

中共對臺政策新思維，集中體現在今年3月4日中共總書記胡錦濤所說的「四個絕不」，即「堅持一個中國原則絕不動搖，爭取和平統一的努力絕不放棄，貫徹寄希望於臺灣人民的方針絕不改變，反對『臺獨』分裂活動絕不妥協」。

在這「四個絕不」中，關於「貫徹寄希望於臺灣人民的方針」這一項，具體說，就是相信臺灣人民，依靠臺灣人民，想臺灣人民之所想，做臺灣人民之所盼，努力為臺灣人民服務。概括起來，就是胡錦濤與中共新領導集體所不斷強調的「以民為本」的思想。抓好「以民為本」這個重要的、關鍵的指導原則與思想，整個「四個絕不」就一定能夠做到並做好。

中共「以民為本」的思想與當前臺當局實際做法上的「以權為本」思想，是完全針鋒相對的。試看現在的民進黨政權，哪一條不是違反「以民為本」的呢？

至於陳水扁做法上的「以權為本」，最重要的就是，一切為了保護自己小集團與個人的權位及私利：權迷心竅、「獨」迷心竅、私迷心竅，而且是不擇手段胡作非為，以致政治腐敗、黑金泛濫、經濟下滑、社會沉淪、治安惡化，實際達到了天怒人怨的程度。

民進黨在「三合一」選舉時的慘敗，難道不是臺灣人民以選票唾棄他們的結果？

大陸對臺政策所推行的「以民為本」，不只是講，而且是做，是認認真真、踏踏實實地去做。中共與國親兩黨分別達成的多項共識無不正在落實。

諸如，零關稅進口臺灣水果，開放大陸民眾赴臺旅遊，臺灣學生與大陸學生同等收費，為大陸臺商提供貸款便利，以及贈臺大熊貓等，有的已經兌現，有的正在兌現。

自陳水扁上臺以來，兩岸關係往來的最大障礙，就是他否定「九二共識」，使「兩岸兩會」無法運作。

陳水扁的「如意算盤」是，現在是民進黨「執政」，不要這個「九二共識」，也不要這個兩岸兩會的組織形式，就會逼得大陸不得不和臺灣當局打交道，不得不對臺灣實行「政府對政府」的做法，最終則被迫接受兩岸「一邊一國」的「現實」。

其實，陳水扁完全想錯了，結果是他自己「搬起石頭砸自己的腳」，真正被動的不是大陸，而是陳水扁自己鑽進了「死胡同」。

如今，中共實行「以民為本」的對臺政策，直接面對臺灣民眾與社會團體，實行「黨對黨」、「民對民」的新做法，促成一連串的登陸熱，並使得兩岸關係出現了前所未有的新突破。

陳水扁說，大陸現在做的一切，都是刻意「繞過『臺灣政府』」，是對臺灣搞「去政府化」，這難道不是臺當局自己造成的嗎？

中共「以民為本」的對臺政策，是得到兩岸人民尤其是臺灣人民的至誠擁護與熱烈歡迎的，客觀上已形成一種「沛然莫之能御」的氣勢。現在的問題是，陳

水扁本人並未認識到這點，也不承認這一點。

種種跡象顯示，陳水扁在選舉慘敗後，多日躲著不見人，不但不接受教訓、深切反思，反而繼續挖空心思，尋找什麼奇招、怪招，妄圖挽救自己目前這個破敗不堪、朝不保夕的政權。

殊不知，臺灣人民早已看透他的這些鬼花招，看透他這樣一個無才少德的老政客，等待他的將是更大更慘的失敗。勿謂言之不預也！

（原載《僑報》）

指導對臺工作的綱領性文件——從江澤民的「八項主張」到胡錦濤的「四個絕不」

自從1995年1月30日，江澤民同志發表《為促進祖國統一大業的完成而繼續奮鬥》（以下簡稱「八項主張」）以來，到現在整整11年了。這11年來，海峽兩岸關係已發生了巨大變化，尤其是自去年以來，兩岸的民間經貿文化交流出現了「黨對黨」、「民對民」的各種新模式和新做法，從而把大陸的「臺灣熱」和臺灣的「大陸熱」，推向了前所未有的新高潮。

江澤民同志的八項主張，簡要概括就是「一個中心，兩個基本點」。所謂「一個中心」，就是「一個中國原則」，「中國的主權和領土絕不容許分割」。所謂「兩個基本點」，一是「和」，就是和平，「努力實現和平統一，中國人不打中國人」；二是「化」，就是化解，「加強兩岸同胞的相互往來和交流，增進瞭解和互信」。為了實現這一切，江澤民在八項主張中提出了許多具體可行的建議和做法，並在實踐中取得了很好的成果，受到了兩岸人民的高度肯定和讚許。

去年3月4日，中共中央總書記胡錦濤同志又根據兩岸關係形勢的發展，在對臺工作上提出「四點意見」，這就是：「堅持一個中國原則絕不動搖，爭取和平統一的努力絕不放棄，貫徹寄希望於臺灣人民的方針絕不改變，反對『臺獨』

分裂活動絕不妥協」。我個人認為，這是對包括八項主張在內的黨和政府各項對臺方針政策的繼承和發展，是特別具有創意的。

之所以說是「繼承」，是因為胡錦濤同志在四點意見中提到的「一個中國」、「和平統一」、「寄希望於臺灣人民」、「反對臺獨分裂活動」等，都是繼承他以前的中共領導人的。在中共幾代領導人所提出的對臺方針政策中，尤其是江澤民同志提出的八項主張中，都曾根據當時的最新形勢做過充分有力的分析，然後提出有關政策主張，並在推動兩岸關係的發展上起過重大作用。

之所以說有「發展」，並特別具有創意，是因為以胡錦濤為總書記的中央領導集體在對臺工作上的一系列新思路、新政策和新做法，集中體現在新形勢下發展兩岸關係的四點意見裡。這「四點意見」，成為繼江澤民八項主張後，又一個在對臺工作上具有重大指導意義的綱領性文件。

什麼叫「發展」？記得周恩來總理在一次講話中做過解釋。他說，所謂「發展」，就是把一種理念或理論，根據變化了的形勢和情況，適時地加以「具體化和深化」。我認為在這個意義上，可以把以胡錦濤為總書記的中共中央在對臺工作上的新思路、新政策和新做法，主要概括為以下四點：

一是關於「核心利益」的提法。胡錦濤強調：「維護國家主權和領土完整是國家的核心利益」。他的這個提法或思想，體現在2004年中臺辦、國臺辦受權發表的「五一七」聲明中，特別是體現在2005年3月4日他在全國政協十屆三次會議的一個聯組會上提出的新形勢下發展兩岸關係的四點意見中。中央領導把臺灣問題的重要性提到如此高度，這是前所未有的。臺灣問題也確實關係到國家和中華民族的長遠利益和根本利益。

二是關於「絕不妥協」的態度。2004年的「五一七」聲明就曾對外宣示：「如果臺灣當權者鋌而走險，膽敢製造『臺獨』重大事變，中國人民將不惜一切代價，堅決徹底地粉碎『臺獨』的分裂圖謀」。去年3月4日，胡錦濤更在講話中特別強調：「在反對分裂國家這個重大原則問題上，我們絕不會有絲毫猶豫、含糊和退讓」。

三是關於「以民為本」的思想。胡錦濤同志及其新團隊的這個思想，實際上

也是對幾代中共領導人關於「寄希望於臺灣人民的方針」這一思想的繼承和發展。胡總書記在講話中強調說：「臺灣同胞是我們的骨肉兄弟」，「無論在什麼情況下，我們都尊重他們、信賴他們、依靠他們，並且設身處地地為他們著想，千方百計照顧和維護他們的正當權益」。不僅是這樣講，而且認真地在這樣做。去年4、5月間，中國共產黨與中國國民黨先後達成的「十二項共識」、「三點體認」、「五項促進」，以及與親民黨達成的包括「兩岸一中」在內的「六項共識」等，無不體現了中央對「以民為本」對臺政策的努力和實踐。

四是關於「以法制獨」的做法。全國人大通過的《反分裂國家法》，是第一次正式透過以法律的形式來宣示國家的對臺政策。「以法制獨」，其權威性和震懾作用，都遠勝於以往所採取的其他形式。它有兩個方面的作用，一為內制臺灣當局透過「修憲」或「制憲」來「分割兩岸主權」，使「兩岸互不隸屬」的「法理臺獨」；二是外制美國，透過其本國的「國內法」來干預中國內政的《臺灣關係法》。這部《反分裂國家法》，不是針對臺灣人民的法律，而是反對和遏制臺獨勢力的法律；不是一部戰爭的法律，而是和平統一國家的法律。它是一部有利於臺海地區和平穩定，維護「兩岸同屬於一個中國」現狀的法律。

總之，從江澤民同志的八項主張到胡錦濤同志的四點意見，轉眼就是十多年了。儘管在這期間，臺獨分裂勢力一次又一次地在兩岸關係上向中國大陸、向兩岸中國人發出挑釁，使海峽上空不時黑雲翻滾，警報頻傳，但由於中國大陸始終堅持一個中國的原則，堅持「和平」和「化解」的方針，每一次都能化險為夷、轉危為安。尤其是去年以來，先後有國民黨副主席江丙坤的「破冰之旅」，國民黨主席連戰的「和平之旅」，親民黨主席宋楚瑜的「搭橋之旅」，新黨主席郁慕明的「民族之旅」，以及作家和歷史學家李敖的「文化之旅」，已使兩岸關係出現了前所未有的和諧氣氛，兩岸關係進一步拉近了。

（原載《人民日報》海外版）

香港回歸十年話臺灣

十年前的7月1日，中國的東方明珠——香港，終於在全國人民的一片歡呼聲中勝利回歸了。一個半世紀的國恥得以洗雪，這對中國人民是何等的大喜事！

一、東方明珠已更加亮麗

鄧小平提出的「一國兩制」在香港的實踐是成功的。今年6月7日，美國《時代》週刊曾用25頁篇幅，分若干部分探討香港回歸十年的變化。它的姊妹雜誌《財富》1995年曾錯誤地預測：「香港回歸中國會導致其毀滅」。如今《時代》週刊承認：「香港現在比過去任何時候都更具活力」。它們都認錯了。6月17日，英國路透社報導說，僅僅「過去三年來，香港就實現了平均7.6％的經濟增速，是1980年代末以來最快的」。香港美國商會會長梅三樂日前在接受《人民日報》海外版記者採訪時也說：「在今天看來，香港的前途一片光明」。

原香港基本法諮詢委員會祕書長梁振英，前不久在香港基本法實施十週年座談會上說：「『一國兩制』是開創性的構思，史無前例」，以「一國兩制」來「解決主權和領土問題，以至一國之內的重大制度分歧，是值得推廣」的。

二、臺當局害怕香港模式

臺灣與香港的情況雖不同，但同屬於中國領土，「一國兩制」是完全適用於臺灣的。令人遺憾的是，十年來，臺灣當局一直將之「汙名化」，極盡汙蔑、誹謗、攻擊之能事。這是為什麼？

原因很簡單，也很清楚，這就是有人要搞臺獨。陳水扁說，臺灣與香港不同，不能把臺灣「矮化」、「香港化」、「地方化」。陳水扁主政臺灣七年多來，關於這樣的話，不知說了多少次，講了多少遍。本來是很荒謬的東西，說得多了也會有欺騙效果，況且又是執政者，是領導人，欺騙性就更大。

什麼是「矮化」？陳水扁所謂不能「矮化」，就是不能把臺灣看成像香港一樣的「地方政府」。怎麼樣才算「不矮化」？那就是李登輝主張的「兩國論」，亦即陳水扁主張的「一邊一國論」。就是說，海峽兩岸，一邊一國，互不隸屬，都是主權獨立國家。然而，這是不可能的，中國人民絕不會答應。全世界都知道，臺灣自古就是中國領土的一部分，中國人民包括臺灣人民在內，為了從日本侵略者手中收回失土臺灣，不知有多少人，曾為之流血犧牲。如果說，臺灣和香港的情況有什麼不同，那就是，香港是1997年7月1日才從英國殖民者手中恢復行使主權的；而臺灣，是早在抗日戰爭勝利後1945年10月25日，就已從日本侵略者手中收回主權，回歸中國版圖了。而如今呢？在臺灣少數陰謀分裂主義者與某些外國反華勢力勾結下，使得兩岸至今仍處於分割狀態，遲遲不能實現國家統一。

三、當前最突出的問題

　　臺灣當前最突出的一個問題是什麼？就是民進黨執政當局，在臺獨道路上已走向發狂發飆的地步。一個時期來，他們如同當年日本在臺灣搞的「皇民化」一樣，大搞「去中國化」。搞「廢統」，把「四不一沒有」改為「四要一沒有」，並拋出「第二共和憲法草案」，最近又要搞「公投綁大選」，「以臺灣名義加入聯合國」。其氣焰之囂張，態度之頑固，是前所沒有的。

　　我們也注意到，美國方面已為此提出了警告。據臺「中央社」華盛頓6月18日報導稱：美國「官員強調，美國反對任何設計作為片面改變臺海現狀的行動，這包括『是否以臺灣為名申請加入聯合國』的公民投票案」。一般認為，美國的這一態度是明確的，堅定的，嚴峻的，但這位美國官員又同時說：「這樣的公投，將不會對美臺現狀有實際衝擊」。這就有問題了。難道這不會給臺灣當局留下一個可鑽的「空隙」？這會使陳水扁感到很放心，因為不管他怎麼鬧，都不會影響美臺關係。

「以臺灣名義加入聯合國」，相信連陳水扁本人也不會認為這是行得通的。明知其不可為而為之，這個「悶葫蘆」裡賣的是什麼藥呢？許多人都會心知肚明，即民進黨和陳水扁是要把自身存在的眾多弊案，轉化為屬統「獨」性質的政治問題。使貪腐問題政治化，可以變被動為主動，變守勢為攻勢，從而調動約占全省人口四分之三的所謂「本省人」的積極性，起而為「保衛本土政權」來「護扁」。這樣，貪腐問題就被掩蓋了，不見了，民進黨政權明年初所面臨的兩場選舉——「立委」選舉和臺灣地區領導人選舉，也就可以化被動為主動，從不利轉為有利了。這對民進黨簡直是「一箭多雕」的好事情。問題是，臺灣人民會答應嗎？

四、「以獨逼戰，拉美下水」？

　　還有一個值得注意和觀察的問題。這就是陳水扁似乎並不在意美國的警告，而且越警告越來勁，表現出一種既抗美國，又抗中共的「英雄氣概」。美國真的管不了他嗎？對於這一點，我是有懷疑的。特別引人注目的是，目前的陳水扁似已擺出一個「以獨逼戰、拉美下水」的姿態。膽何大耶！陳水扁之所以要這樣做，還有另外一個原因，這就是擔心「本土牌」打久了，已有效率遞減現象，於是乾脆再打一個「險球」或「擦邊球」，以進一步測試美國和中國大陸的態度。值得警惕啊！

　　筆者一直懷疑，美國有一個「以臺制中，以獨制統」的戰略，明裡和暗裡的做法不完全一樣，這是否也給了陳水扁和民進黨有恃無恐的「鑽空子」的機會？我看美國的警告，實際上是講的「兩面話」：一方面，對臺當局的做法表示「反對」，並提出嚴厲警告，這是說給中國大陸聽的；一方面，又表示臺當局的這個做法，「不會對美臺現狀有實際衝擊」，這是說給陳水扁當權者說的。這樣一種警告，其效果自然是有限的。

五、「一國兩制」的光芒不會磨滅

　　人所共見，香港的「一國兩制」對美國是「有百利而無一害」的。我個人堅信，「一國兩制」如能用於臺灣，一定會更寬鬆、更彈性，效果也一定會更好。如此，不僅美國可以在臺灣問題上解「套」，消除中美之間的一個「麻煩製造者」，而且可以在臺灣島內、在兩岸之間，以至整個東亞地區，製造一個和平與和諧的氣氛。這對中美兩國、海峽兩岸，以至整個亞洲與世界都是大有好處的。

　　「一國兩制」本來是一個好機制、好政策、好做法，不幸被臺灣當局和一些別有用心者「汙名化」了。如果說要「正名」的話，絕不是臺獨分子所吵鬧的要使「臺灣正名」，而應該是「一國兩制」，要剝去被這些人所加諸的種種不實之詞，掃除被無辜蒙上的層層灰塵，從而恢復其固有的光輝艷麗的面貌。香港作為東方明珠，在實現「一國兩制」以後顯得更加亮麗，相信只要不戴有色眼鏡，臺灣在接受「一國兩制」以後也一定會更好，對各方都好。

（原載《百年潮》）

胡錦濤重申「一個中國」的對臺方針

　　胡錦濤總書記在中共十七大所作的報告，國內外十分關注，兩岸同胞尤其關心胡總書記所闡述的對臺政策。在這以前有各種各樣的傳說，海外和臺灣媒體最關心和擔心的是我會否調整對臺政策，現在一切都清楚了，明朗了。

　　中國共產黨的對臺政策是一貫的，第一代領導人毛澤東、周恩來在新中國成立後不久，即已將武力解放調整為「和平解放」；第二代領導人鄧小平創造性地提出「和平統一、一國兩制」的大政方針；第三代領導人江澤民把這一方針推向具體化和實踐化；第四代即現任領導人胡錦濤提出的「一中四不」（即一個中國、四個絕不），更是具有創意的對以上三代領導人思路的繼承和發展。

我收聽了這個報告後，深覺此時此刻，有以下幾點是特別值得注意的：

（一）胡錦濤強調，「兩岸同屬一個中國」，「一個中國原則，是兩岸關係和平發展的政治基礎」，「絕不允許任何人以任何名義任何方式把臺灣從祖國分裂出去」。我認為，這是整個臺灣問題的關鍵和要害。

（二）胡錦濤指出，「13億大陸同胞和2300萬臺灣同胞，是血脈相連的命運共同體」。這是鐵一般的事實。但我們看到，現在的臺灣，竟有人提出「臺灣命運共同體」，排斥大陸，這自然是不能允許的。

（三）胡錦濤認為，「任何涉及中國主權和領土主權問題，必須由包括臺灣同胞在內的全中國人民共同決定」。然現在的臺灣，有人竟片面強調「只有臺灣2300萬人有權決定」臺灣的主權歸屬，這自然是不能同意的。

（四）胡錦濤呼籲，「在一個中國原則的基礎上，協商正式結束兩岸敵對狀態，達成和平協議，構建兩岸關係和平發展框架，開創兩岸關係和平發展新局面」。我相信，這會是深得人心的。

（五）中國決心捍衛自己的領土主權完整。但在談到對外政策和國防政策時，胡錦濤特別強調，中國將高舉「和平、發展、合作」的旗幟，「堅持防禦性的國防政策」，「永遠不稱霸」。這對一心製造「中國威脅論」者，將是一個有力的回擊。

總之，胡錦濤同志在十七大報告中關於臺灣問題和兩岸關係的講話，將是中國大陸今後相當長一個時期對臺工作的指導方針，是具有深刻的歷史意義和現實意義的。

胡錦濤總書記關於臺灣問題的講話，很平和、平實、理性，沒有任何威嚇性語言，然柔中帶剛，綿裡藏針，含義深遠，如果臺灣那些被「獨」字和「私」字迷住心竅的人，看不懂，看不明白，從而認為又是老一套，了無新意，置若罔聞，那將會犯特大的歷史性錯誤。

讀胡錦濤對臺政策最新講話有感

今年3月4日，中共中央總書記、國家主席、中央軍委主席胡錦濤，在全國政協十一屆一次會議的一個會議上，發表了對臺政策的最新講話後，已在世界各地尤其是海峽兩岸和華人社會引起廣泛而強烈的反響。有關這個講話的內容，各方報導的很多，我就不想重複了，只想結合個人感受談一點想法和看法。

（一）這個講話，正發表在臺灣地區領導人進行大選的前夕。像往常一樣，每逢大選，臺灣執政當局就大炒兩岸關係牌，各種謠言滿天飛，似乎中國大陸即將趁機採取重大措施，猜測和推論也很多，美國和日本等有關國家，更是「瞪著眼睛」緊盯臺海形勢發展，有的還有所動作，搞得人心惶惶，忐忑不安。就是在這個時候，胡錦濤主席發表了對臺政策的最新講話，重申了中國政府「和平統一、一國兩制」的大政方針，並強調中國政府的這一方針是一貫的，是「堅定不移、絕不動搖」的。相信這對於澄清輿論和穩定社會人心是大有好處的。

（二）很多媒體都注意到，胡錦濤講話中最具新意的內容。這就是，要求最廣泛地團結臺灣人民，團結的人越多越好。還特別地強調說，對於那些曾對臺獨抱有幻想、主張過臺獨甚至從事過臺獨活動的人，也要努力爭取團結，只要他們回到促進兩岸關係和平發展的正確道路上來，我們都將熱情歡迎，以誠相待。港澳媒體並認為，這充分「表現了中國共產黨人的寬廣胸襟，也是毛澤東、周恩來、鄧小平等老一輩革命家的傳統風範」。

（三）民進黨執政八年，存在的問題很多。儘管千條萬條，而歸根結底最重要的一條，就是沒有處理好兩岸關係。本是一家人，而由於歷史的不幸，被人為地分割在海峽兩岸。處此訊息高度發達的時代，到處都是「天涯若比鄰」，而兩岸竟不幸是「咫尺如天涯」。臺灣回歸中國版圖已快63年，而至今兩岸中國人連直接的通郵、通商和通航，即所謂「三通」都未能實現。這怎麼能不影響臺灣的經濟發展和人民生活水準的提高？這個人為的障礙，是應該打破的時候了。值此臺灣新一屆大選，即將變換領導人之際，胡錦濤主席又一次向臺灣方面喊話，並釋放出許多新的和解善意，但願臺灣方面能夠認真考慮。

（四）臺灣方面的兩位候選人，都已對胡錦濤的講話作了表示。馬英九似乎心有餘悸，見紅就躲，發言謹慎，沒有談什麼具體想法。謝長廷則強調，兩岸接觸和談判，不能有前提條件，意即不同意胡錦濤提出的一個中國原則，應該說這是很不妥當的，反對一個中國為前提，客觀上必然是要以「一邊一國」為前提，這實際是「不設前提的前提」。而且，胡在這裡所說的一個中國，既不是指「中華民國」，也不是指「中華人民共和國」，應該是雙方都可接受的「折中」方案。當年謝長廷先生所說的「憲法一中」，顯然也是一種「折中」方案，不能你提就可以，別人提就不可以。只有互讓一步，問題才可以解決。還是不要再僵持對立下去為好。

　　（五）目前的海峽兩岸，正各自向相反的方向轉化。當年的中國大陸，曾大搞政治掛帥，意識形態掛帥，使得經濟萎縮，百業不振，幾臨破產邊緣；而當時的臺灣，則大抓經濟，大搞「十大建設」，「十四大建設」，使得經濟不斷上揚，成為「亞洲四小龍」之首。如今的中國大陸，由於接受了往日教訓，大抓經濟建設，百業興旺，欣欣向榮；而臺灣則相反，大鬧臺獨，拚政治、拚口水、拚意識形態，使經濟不斷「向下沉淪」，早已退位為「亞洲四小龍」之末。現在正是陽春三月，中國大陸的「兩會」，正在大議改革開放，經濟發展，人民生活，而臺灣的「大選」，仍是藍綠對立，大打政治戰，口水戰，連對兩岸的政治和解和經濟「三通」，仍在設置障礙，爭論不休。人民何辜，跟著政客們的「惡鬥」受連累受苦。應該是覺悟的時候了。

　　胡錦濤主席這回是又一次對臺灣釋放出善意，而臺灣的一些政客們卻並不以為然。所謂「戴黃眼鏡者所見皆黃，戴綠眼鏡者所見皆綠」。政客們大概就是被有色眼鏡迷著眼睛了，什麼都看不清。還是摘下有色眼鏡吧，以便一睹事物的本來面目。我個人曾多次為文，主張實現「島內和諧、兩岸和解、臺海和平」，即所謂「三和政策」，兩岸攜手，以人為本，化解「對立」，排除「惡鬥」，共奔偉大的中華民族復興之路。那該多好啊！繼續搞分裂中國的活動是絕對沒有好下場的，多行不義必定會自斃。但願臺灣執政當局慎思之！

（發表於中評社新聞網及《文匯報》等多家媒體）

四、政策闡述篇

本篇與「大政方針」篇的主要不同點是，就中國政府依據「一國兩制」方針兩次發表的白皮書，以及所制定的相關政策和採取的措施，結合島內形勢、兩岸關係、港澳形勢、中美關係等，進行了必要的政策性闡述，當然也都是作者個人的心得和體會。

和平統一大業不可視為做交易

我們知道，臺灣是「加工出口型經濟」，商品經濟比較發達。其一切基本上也是按照資本主義社會商品經濟的法則和運作方式進行的，這本無可非議。但是，臺灣當局卻把資本主義社會這一套商品經濟的法則及其運作方式，原封不動地搬到兩岸關係及中國的和平統一大業上來了。根據其近年來的言行，大體可概括為以下幾個特點：

一是重視「廣告」。人們記憶猶新，去年7月8日，臺灣行政院新聞局在美國《紐約時報》刊登一則廣告，首次明確宣告願意接受「雙重承認」。數日後，外交部長錢復稱，臺灣新聞局在美國刊登的這一廣告用詞，與當局「目前實際做的沒有什麼出入」。廣告實際上是一種宣傳，臺灣當局在兩岸關係上透過廣告宣傳其政策、主張，商業氣味可謂濃矣。

二是講究「包裝」。去年2月22日，臺灣「國家統一委員會」通過的「國家統一綱領」稱：兩岸統一應以「對等」為原則，「在互惠中不否定對方為政治實體」，「在國際間互相尊重，互不排斥」。該綱領還在統一程序上做了一些手

腳。連臺灣島內一些人士都說：這是在「一個中國」名義下精心包裝的「兩個中國」或「一中一臺」貨色。明眼人不難領略其中奧妙。

三是一切「看錢」。臺灣當局中的一些人，既不看大陸的總體國力、基本工業狀況，也不看大陸實行改革開放以來所發生的巨大變化，以及經濟發展的巨大潛力，而只著重眼前的人均「國民收入」。說什麼大陸與臺灣的人均收入「差距太大」，統一對臺灣人民沒有好處。有人甚至歪曲中共政策，似乎統一了大陸會「共」臺灣的「產」。他們把兩岸人均收入拉平計算，以此來證明統一後臺灣人民受到的損害。

四是「等價交換」。在臺灣高層中，有人主張以臺灣的「三不」（指政治上不接觸、不談判、不妥協）來換取大陸的「四不」（指中共不在大陸搞「四個堅持」）；有人堅持臺灣以直接「三通」來換取大陸承諾「不對臺用武」，允許臺在「國際上拓展生存空間」。最近一個時期，臺灣當局又企圖以「承認『中華人民共和國』為政治實體」來換取大陸「承認中華民國為政治實體」。這實際上是要大陸拿原則來做交易。

五是「小老闆」意識。這是臺灣社會所特有的一種情況，臺灣中小企業眾多，其家數約占整個工商企業家數的97%以上，人們在經營上較普遍地存有「寧做雞頭、不當鳳尾」的「小老闆」思想，寧肯「獨開門面」，不願入夥大的集團企業。如今在政治上也寧做「小國」的「國王」，不做「大國」的「臣民」。然而，兩岸關係是國家統一大業，絕不可以如此套比。

以上，就是當前兩岸關係發展上的障礙。資本主義商品經濟的法則及其運作形式，竟然如此浸透到臺灣社會的上層結構和兩岸關係上來。資本主義商品經濟的法則及其運作，說到底不過是利潤原則，一切都是為了少數人的商業利潤或商業利益，而不是為了全體人民的整體利益。所謂「等價交換」，實際上也不是真正的等價，而是要以最小的代價換取最大的收益。設若真正的都是等價交換，那麼交換者的商業利潤又從何而來？這些法則和運作形式，用之於現今的商品經濟領域則可，但絕不可輕易用於政治領域，特別是用之於兩岸關係和中國的統一大業，否則那將是禍害無窮。不難設想，如果中共同意臺灣當局以所提條件作交

換,那麼換來的無非是兩岸分裂現狀的長期化和合法化,最終還可能導致把臺灣從中國大家庭分割出去的危險。這正是某些外國侵略勢力所求之不得的。這樣的交換,不僅中共不會答應,大陸人民不會答應,港澳同胞及海外華僑不會答應,就是在臺灣島內廣大愛國臺胞,還有無論執政的國民黨或其他政黨團體中一切有愛國良知的人,在他們真正瞭解這樣做所可能帶來的後果時也絕不會答應。

中國統一大業絕不是做交易。它是關係到整個中華民族的生存發展,關係到其長遠利益和整體利益的頭等大事。設若今後仍無整個中國和中華民族的統一、團結和發展,就很難躋身於世界民族之林,就很難應付未來世界的各種挑戰。海峽兩岸都是中國人,都面臨著發展經濟、開創未來、振興中華的歷史任務,有什麼理由硬要分裂、相互對立和相互抵消力量呢?而且,兩岸進一步改善關係以至實現統一,不僅不會影響各自商品經濟的發展,反而會有助和加快這一發展;人民的生活水準不但不會下降,反而會有利於其更好地上升。當今的條件下,今後相當長的歷史時期內,大陸的社會主義和臺灣的資本主義,都會各具特色,相互兼容,取長補短,共同繁榮,不是誰吃掉誰或誰取代誰。都是中國人,一方既不可以富傲貧,另一方也不可以強凌弱。商品經濟的發展,在地區間、企業間、人際間總是不平衡的,大陸永遠不會去「共」臺灣的「產」,臺灣也不要認為某些經濟指標一時領先會是永遠不變的。還是要把眼光放遠一點,把整個中華民族的利益看得更高一點。

總之,中國統一大業不是做交易,時不我待,急不得,也拖不得。尚望臺灣當局慎加思考,嚴肅認真對待。

(原載《瞭望》週刊海外版)

讀中國政府關於臺灣問題發表的第一個白皮書

按:作者係此白皮書主要執筆人之一。本文是根據作者個人心得體會、已發表文章及受有關部門委託起草的宣傳提綱,彙集綜合整理而成。

國務院臺灣事務辦公室、國務院新聞辦公室於1993年8月31日發表了題為《臺灣問題與中國的統一》白皮書。這個白皮書以翔實史料介紹了臺灣問題的由來及現狀，闡明了中國政府關於臺灣問題的基本立場和方針政策。正像《人民日報》社論所說，這是一個重要文告，是統一中國的綱領性文件。

一、臺灣問題白皮書的發表具有重要歷史意義

　　早在幾年前，我中央領導人及其他一些人員出訪時，往往遇到這樣一些情況，即對臺灣問題，它的來龍去脈，以及中國政府在臺灣問題上的立場和方針政策等並不是很瞭解，有的甚至連臺灣是中國的一部分都不是太清楚。因而，中央領導同志早就有要寫一份臺灣問題白皮書以昭告天下的想法。白皮書的撰寫，是在中央領導的關懷和直接領導下進行的。先在國臺辦醞釀很久，後經報國務院批准，成立了一個寫作團隊，經過一年時間方完成，單編寫提綱就四易其稿，全文九易其稿。自1992年下半年以後，臺灣當局加緊策劃，四面活動，一心欲擠入聯合國。有些中小國家出於自身經濟利益的考慮，起而附和，並炮製方案，準備在聯合國大會上提出所謂臺灣參加聯合國問題。中國政府正是在這種情況下，決定發表這份白皮書。

　　發表這樣的白皮書是十分必要和重要的：

　　（一）就島內政局來說，臺灣自李登輝當政後，形勢發生了很大變化。1991年至1992年，先後完成了「程序修憲」和「實質修憲」，進行了「二屆國大」和「二屆立委」的選舉。1993年內，在對行政院、監察院等機構進行改組後，又於8月中下旬召開國民黨的「十四大」會議，完成了對執政黨組織系統的大調整。這一切都標幟著，李登輝所主導的「憲政改革」已經基本完成，以他為代表的國民黨「主流派」即臺灣新興地方資本勢力已逐漸主控島內政局。人事上進行了大換班、大換血、大調整。正像李登輝自己所說的那樣，實際上是「以不流血方式」完成了「一項偉大工程」，亦即政權的和平轉移。黨、政、軍、議會

等全部實現「臺灣化」，所稱「中華民國」自然也隨而「臺灣化」了。與此同時，島內臺獨勢力迅速蔓延和發展。臺灣民進黨居然提出「獨立建國」，即建立「臺灣共和國」的口號，「國旗」、「國號」、「憲法草案」、「新臺灣地圖」等都拿出來了，各種臺獨組織相繼成立。隨著臺《刑法100條》和《國安法》的修訂，臺當局放寬了對海外臺獨分子入境的限制，流亡海外的臺獨分子紛紛返回島內，其在國外的組織如「臺獨聯盟」亦隨而遷回島內。於是「洋獨」與「土獨」合流，相互呼應。他們公開提出所謂「臺灣民族」，最近並成立所謂「臺灣民族聯盟」，拒絕「認同中國」，否認「臺灣是中國不可分割的部分」，並在國際上製造輿論，混淆視聽，爭取同情。對此，中國政府不能不有所澄清。

（二）就國際方面來說，出現了不少值得我們警惕和注意的新情況。一方面是，島內反對統一的勢力和分離勢力，極力向國際社會和各國政府尋找「靠山」，爭取同情和支持，大搞「銀彈攻勢」和「務實外交」，謀求「雙重承認」和「獨立的國際人格」；另一方面，國際上一些不願看到中國統一和強大的人，也在那裡或明或暗地推波助瀾，製造種種不利於兩岸關係改善和中國和平統一的言論，如胡說什麼「舊主權觀過時」、「一國不能保障兩制」、「談判統一的時機不成熟」等。有些居心叵測的人，甚至製造種種妄圖分裂或肢解中國的奇談怪論，有「一個半中國」說，有「兩個中國」說，有「三個中國」說，有「四個中國」說，甚至有「十數個中國」說。美國匹茲堡大學一教授即主張把現在的中國肢解為「十一個中國」，日本的一個老右派更主張把現在的中國肢解為「十二個中國」，並說，還可以分得更多些。當然，如前所說，在國際上也還有些新獨立或新發展的中小國家，他們對臺灣問題的真相，臺灣問題的來龍去脈，並不是很清楚，因而容易上當受騙。還有，國際社會在主權國家與非主權國家（屬於地區性或地方性）之間交往的界限上，也存在著一些模糊不清或似是而非的東西，加上臺灣當局有意藉口所謂「國際生存空間」大做文章，從而更使得一些問題混淆不清。對此，中國政府也不能不有所澄清。

（三）就兩岸關係來說，大陸近年加速改革開放帶動了兩岸關係的良性互動，使各方面都取得了不同程度的進展。應該說，臺灣當局在緩和和改善兩岸關係方面也是做出了一定努力的。然而其所製造的阻力卻遠大於它所做出的一點努

力。其中最主要的是臺灣當局當前所推行的大陸政策，脫離實際，違背兩岸人民意願，嚴重阻礙了兩岸關係的進一步發展。其現行大陸政策強調兩岸「分裂分治」，要求「分享主權，分擁治權」。在具體做法上：（1）謀求「對等政治實體」。在所謂「善意回應」的「三條件」中，最主要是強調「對等政治實體」。李登輝說，捨此「將什麼都談不上」。（2）繼續攻擊我「一國兩制」。說這是一種「陰謀」、「圈套」、「陷阱」，意在先「統」後「吃」，讓你「安樂死」。國民黨的「十四大」會議更將兩岸關係停滯不前完全歸罪於「一國兩制」。（3）重彈所謂「一國良制」。即強調以「三民主義」或「民主自由」制度來統一中國，先是「一國兩府」或「一國兩對等政治實體」，進而對大陸實現「和平轉變」，以臺灣現行制度來統一中國。（4）拒絕進行政治接觸。對我一再提出的和談倡議，強調因「條件不成熟」而置若罔聞。（5）把對大陸的經貿「政治化」。根據其單方制定的所謂「國家統一綱領」，把兩岸直接「三通」放在「中程階段」，而在「近程階段」我就必須承認臺為「對等政治實體」。這顯然是把兩岸經貿當作一種「政治籌碼」。臺灣當局在兩岸關係上所執行的政策，在國際上是有欺騙性的。對此，中國政府同樣不能不有所說明和澄清。

以上三個方面，集中說明一個問題，即臺灣正處在一個關鍵性的歷史時期，即究竟向何處去？眾所周知，臺灣乃是全體中國人民的臺灣，絕不可以聽任少數既得利益者或別有用心者的擺布。中國政府選擇在目前這樣一個時機發表關於臺灣問題的白皮書，並表明中國政府在解決臺灣問題上的基本立場、態度和方針政策是完全必要的。

這裡還應補充一點，中國共產黨的第十四次全國代表大會，已把「和平統一、一國兩制」列為建設有中國特色的社會主義的理論和實踐的一個重要組成部分，同樣有必要專門就此做一次闡述。

筆者認為，這個白皮書具有以下幾個特點：（1）它是新中國成立以來就臺灣問題所發表的一份最全面、最系統、最完整的文件。它把臺灣和中國大陸不可分割的關係，臺灣問題的由來，中國政府解決臺灣問題的基本方針，兩岸關係的發展和阻力，以及國際事務中涉及臺灣的幾個問題，都闡述得比較清楚。（2）

有一些新的提法和概括。例如，臺灣問題與整個中國近現代史的關係，臺灣問題和美國政府的責任，臺灣問題與德國問題和朝鮮問題之不同，臺灣同胞要求當家做主與臺獨分裂活動的根本區別等，都是有些新義或新的概括的。（3）講的比較平實、客觀和實事求是。無論對歷史或現狀，對中國或外國，對共產黨或國民黨，對大陸或臺灣朝野，都採取了心平氣和、注重事實、分析說理的方法。該肯定的肯定，該澄清的澄清，該批評的批評。批評的地方也不是大批判，算舊帳，以勢壓人，而是從正面說，擺事實，講道理。

二、關於白皮書中提到的幾個問題

臺灣問題白皮書，除前言、結束語外，中間有五部分。共1.2萬餘字，除中文版外，還有英文、法文、日文等七種文版。其中有幾個問題是值得重視的：

（一）關於「臺灣是中國不可分割的一部分」

臺灣是中國不可分割的一部分，已是全世界公認的事實，為什麼還要重述這些盡人皆知的事？一是從整個臺灣問題白皮書的完整性和系統性來說，不能沒有歷史部分；二是無論從島內或國際上看，仍有一些人想在這一方面做文章。因而有必要把這個問題寫得更清楚些。起草者對其中有些歷史事實事前還認真地進行了核對。

這一次，強調「臺灣是中國不可分割的一部分」，沒有像過去那樣寫成「臺灣是中國領土不可分割的一部分」。這是因為，後一種提法曾被一些人攻擊說，中共要的只是臺灣這塊土地，從未考慮過臺灣人民，這當然不是事實。改成現在這種提法，這不僅包含領土，也包含人民和主權，這就更加完整和確切。

說臺灣是中國不可分割的一部分，無論從地理、歷史、民族或國際文獻看，都是無可非議的。

1.從地理看，臺灣地處中國大陸架的東南緣，是中國第一大島。遠古時代臺

灣與中國大陸連在一起，後來由於地殼變動，相連接的部分陸續沉為海峽，臺灣遂成為海島。臺灣由臺灣本島及其周圍屬島以及澎湖列島組成，陸地總面積3.6萬平方公里。臺灣省與中國大陸的福建省隔海相望，山水相連，最近距離僅130公里。

2.從歷史看，臺灣與大陸淵源流長。臺灣文化是中國文化的一部分。臺灣各地陸續發掘出的石器、陶器和骨器等大量古遺物證明，臺灣古代與中國大陸文化一脈相承，屬同一形態和同一體系。中國經營臺灣，最早可追溯到公元3世紀的三國時代。三國孫吳政權和隋朝政府都曾先後派萬餘人去臺。臺灣實際上是當地少數民族與大陸居民共同開發的。早在公元12世紀，宋朝即已派兵駐守澎湖，以後到元朝、明朝、清朝逐步加強了對澎湖和臺灣的管轄。

3.從民族看，漢族是臺灣人口中最主要的民族。臺灣現有民族包括漢、蒙、回、苗、高山等多種民族，居住於臺灣本島及所屬周圍各島，在現有2200多萬人口中，除約30萬當地少數民族高山族之外，其餘97%以上都是從中國東南沿海福建、廣東等省遷去的大陸漢族人民及其後裔，其中以福建的漳州、泉州和廣東的梅縣、潮州人為最多。1949年前後自大陸去臺的人則各省都有。臺灣通行閩南話和梅縣一帶的客家話，許多風俗習慣和大陸相同。

4.從國際文獻看，國際社會公認臺灣屬於中國。臺灣於1895年因當時的中國清王朝為日本所戰敗而被迫割讓給日本。1943年12月1日中、美、英三國簽署的《開羅宣言》，1945年7月26日中、美、英三國簽署、後有蘇聯參加的《波茨坦公告》，都曾明確宣布臺灣歸還中國。日本投降後，1945年9月2日公布之《日本投降條款》，正式宣布接受「波茨坦公告中的條款」，中國政府於1945年10月25日正式接管了臺灣。

1949年10月1日，中國人民在中國共產黨領導下推翻了南京國民黨政府的反動統治，成立了中華人民共和國政府，並與世界上160多個國家正式建立外交關係，它們普遍承認中華人民共和國政府是代表中國的唯一合法政府，臺灣是中國不可分割的一部分。

（二）關於「臺灣問題的由來」

這是一個複雜而敏感的問題。但如概括起來就是兩個問題：一是臺灣問題與國民黨發動的內戰；二是臺灣問題與美國政府的責任。

就國民黨來說，抗日戰爭勝利後，本可與中共繼續攜手合作，共肩振興中華之大業，唯當時以蔣介石為首的國民黨集團依仗美國的支持，置全國人民渴望和平與建設獨立、民主、富強的新中國強烈願望於不顧，撕毀國共兩黨簽訂的《雙十協定》，發動了全國規模的反人民內戰。戰爭的結果，國民黨政權遭到徹底失敗，中國共產黨領導的人民革命戰爭取得勝利。1949年10月1日，中華人民共和國政府正式宣告成立，以蔣介石為首的國民黨殘餘勢力潰退至臺灣。國民黨撤至臺灣後，在美國的扶植下，繼續維持著一個所謂「代表全中國」的反共政治架構，並使臺灣全境長期處於軍事戒嚴體制之下，造成了臺灣海峽兩岸的隔絕狀態。李登輝主政臺灣後，欲使分割現狀合法化、固定化、長期化，從而最後達到把臺灣從中國分裂出去的圖謀。

就美國政府來說，臺灣問題固然是中國國共兩黨內戰延續造成的結果，但說到底，如果沒有美國的全力支持，當年的中國內戰打不起來，國民黨退據臺灣後也不可能支撐下去。就這個意義上來說，臺灣問題實質上就是美國問題。二次世界大戰後，美國全力推行「扶蔣反共」政策，插手中國內戰，出錢、出槍、出人，僅援助蔣介石的物資及款項即達60億美元以上。國民黨退據臺灣後，一直仰賴美國的輸血打氣。美國政府政治上給予「支持」，軍事上提供「保護」，經濟上全力「扶植」。從1950年代到70年代，美國先後投入的資金包括軍援、經援、私人投資、低利貸款，至少約在250億美元以上。

美國政府的對華政策基本上是實行「雙軌制」，一面與我先後簽訂三個聯合公報，即《上海公報》、《建交公報》和《八一七公報》；一面又自己炮製一個《臺灣關係法》，而且往往把後者置於前者之上。1993年美國對臺軍售額達64.3億美元（含F16飛機），是上個年度的12倍多，嚴重違反中美雙方1982年簽訂的《八一七公報》原則。

由上可見，臺灣問題的產生不僅是國民黨的問題，更大程度上是美國問題。

（三）關於臺灣「國際生存空間」

所謂「生存空間」有兩種：一是涉及國家主權的「外交生存空間」；一是不涉及國家主權的「非外交生存空間」。

白皮書正是根據這一精神，就國際事務中涉及臺灣的四個主要問題分別劃了一下「可」與「不可」的界限。這四個問題是：（1）與中國建交的國家同臺灣的關係問題；（2）國際組織與臺灣的關係問題；（3）與中國建交國同臺灣通航問題；（4）與中國建交國向臺灣出售武器問題。

這裡實際上體現了這樣幾條原則：主權從嚴，治權從寬；對外從嚴，對內從寬；政治從嚴，經貿從寬。就是說，凡涉及國家主權的、涉及對外關係的、涉及政治原則的，屬於前一種生存空間，必須從嚴；但凡不涉及國家主權的、不涉及對外關係的、不涉及政治原則的，如一般非官方性的民間經貿文化往來等，屬於後一種生存空間，可以從寬。事實上臺灣這樣的生存空間大得很，中國政府並未持異議。根據臺灣官方公布的數字，目前臺灣參加的「非政府間國際組織」已有800多個。

臺灣當局目前要求的「國際生存空間」，主要是前一種，即「獨立的國際人格」，包括「對等政治實體」、「雙重承認」和參加聯合國等。這是涉及國家主權和「一個中國」原則的大事，這樣的生存空間就是不能給。

（四）其他應該給予注意的問題

一是「前言」內容。它是全篇的主旨。要點有二：一為聯合國憲章關於維護國家領土主權的規定。白皮書根據這個精神闡述了中國政府在臺灣問題上的立場和方針政策。二為臺灣問題與中國近現代歷史的關係。白皮書説，「中國近現代史是一部被侵略、被宰割、被凌辱的歷史，也是中國人民為爭取民族獨立、維護國家主權、領土完整和民族尊嚴而英勇奮鬥的歷史。臺灣問題的產生與發展，都與這段歷史有著緊密的聯繫」。臺灣問題一天不解決，「中華民族所蒙受的創傷就一天不能癒合，中國人民為維護國家統一和領土完整的鬥爭也一天不會結束」。這裡講的是歷史事實，表述了中國人民長期受侵略、受迫害的憤慨心情，也表達了中國政府和中國人民在解決臺灣問題上的堅定立場和決心。

二是臺獨問題。白皮書雖然沒有專列篇幅，但第三和第四部分都談到了。整

體說來，其所占分量還是很重的：第一，它注意到了島內臺獨活動的嚴重情況，指出「近年來，臺灣島內『臺獨』活動日益囂張，給兩岸關係的發展和國家和平統一投下了陰影」。第二，分析了臺獨產生和發展的各種原因，指出「『臺獨』的產生有著複雜的社會歷史根源和國際背景，而臺灣當局拒絕和談、限制交往、在國際上推行『雙重承認』和『兩個中國』的政策，又實際上為『臺獨』活動提供了條件」。第三，指出了臺獨主張與一般人民要求的當家做主在性質上是不同的。談到「臺灣同胞要求當家做主管理臺灣的願望是合情合理的、正當的，這不同於『臺灣獨立』，更與極少數人堅持要走『臺獨』道路的人有著根本的區別」。第四，指出了臺獨的危害性。文稱，「極少數『臺獨』分子鼓吹『獨立』，甚至投靠外國，妄圖將臺灣從中國分裂出去，這是違背包括臺灣同胞在內的全體中國人民的根本利益的」。第五，表明了中國政府在臺獨問題上的嚴正立場和態度。文稱，「中國政府堅決反對任何旨在分裂中國主權和領土完整的言行」，「反對一切可能導致『臺灣獨立』的企圖和行徑」，並嚴正表示：「對任何製造『臺灣獨立』的行徑絕不會坐視不理」。第六，堅決反對少數人玩弄所謂「自決」陰謀。指出「海峽兩岸的中國人民都主張只有一個中國，都擁護國家的統一，臺灣作為中國不可分割的一部分的地位是確定的、不能改變的，不存在什麼『自決』的問題」。

　　三是「武力」問題。白皮書中有這樣一段：「和平統一是中國政府既定的方針。然而，每一個主權國家都有權採取自己認為必要的一切手段包括軍事手段來維護本國主權和領土的完整。中國政府在採取何種方式處理本國內部事務的問題上，並無義務對任何外國或圖謀分裂中國者做出承諾」。這裡應該指出的有兩點：首先，寫上「包括軍事手段」幾個字，顯得更明確、更有力量，表示了中國政府在維護國家主權和領土問題上的堅定決心。這當然指的是萬不得已的情況下才會這樣做的，目的還是為了維護和促進臺灣問題的和平解決這一總的方針的實現。其次，所說的「軍事手段」或「使用武力」，主要是針對「外國或圖謀分裂中國者」，亦即外國侵略勢力和臺獨，而絕不是針對臺灣人民。中國政府宣布保護包括臺灣在內的中國國家主權和領土完整，從根本上講是為了防止舊的歷史的重演，使臺灣重又淪為外國殖民地或半殖民地。這是對臺灣人民的保護。

四是「模式」問題。白皮書沒有提及「統一模式」的字句。但考慮到現在國際上及臺灣島內有人企圖在兩岸關係上套用「德國模式」和「朝鮮模式」，所以在第三部分的末段專門寫有這樣幾句：「臺灣問題純屬中國的內政，不同於第二次世界大戰後經國際協議而形成的德國問題和朝鮮問題。因此，臺灣問題不能和德國、朝鮮問題相提並論」。歸結起來，臺灣問題與德、朝問題有三個不同：（1）臺灣問題是國內戰爭遺留下來的，而德、朝問題是第二次世界大戰造成的；（2）臺灣問題是內政，沒有國際協議，而德、朝問題則簽有國際協議；（3）中國的主體部分是統一的，臺灣是中國一個很小的局部，無論在土地、人口方面都與大陸不成比例，這與東西德、南北朝鮮亦不同。一些別有用心者看上「德國模式」或「朝鮮模式」，主要是看上它們的「分裂」，企圖運用其分裂模式來處理兩岸關係。這是絕不能贊同的。

三、中國政府解決臺灣問題的基本方針

中國大陸在臺灣問題上提出的「和平統一、一國兩制」的大政方針，是鄧小平同志集中全黨全國人民的智慧，自十一屆三中全會以來逐步加以發揮和完善的，是他的建設有中國特色社會主義理論和實踐的重要組成部分。這份白皮書，則對他的這方面思想做了具體的和比較系統的闡述。

臺灣島內有一種說法：中共提出的「和平統一、一國兩制」構想，不能保障臺灣人民的實際權益，因而是行不通的。「和平統一、一國兩制」究竟能不能保障臺灣人民的基本權益？這裡，筆者想結合白皮書談到的四個基本點來著重談一下這個問題。

（一）「一個中國」——符合包括臺灣在內的兩岸人民的根本利益

世界上只有一個中國，臺灣是中國不可分割的一部分，海峽兩岸的中國人都主張只有一個中國，都擁護國家的統一，臺灣作為中國不可分割的一部分的地位是確定的和不能改變的。這不僅是大陸人民，也是臺灣人民的根本利益所在。

國際上的反華勢力，他們不願看到中國的統一，一心想搞「以華制華」、「分而制之」。近年來正是在這樣一些人的鼓噪下，臺灣島內外出現所謂「兩個中國」論、「三個中國」論，以至「十數個中國」論等。所有這些奇談怪論都是蓄意分裂中國，以便於外國勢力插手中國內政。有些人近年來還製造出所謂「新國家主權觀」、「分裂國家理論」等，以為阻撓臺灣與大陸的統一製造理論根據。如果讓他們的目的得逞，臺灣必將淪為外國的「附庸」，並成為它們手中對付中國大陸的一個工具。

海峽兩岸山水相連，是一個不可割裂的整體，兩岸人民同屬中華民族，血脈相通，命運與共，絕不容許搞「兩個中國」、「一中一臺」或「臺灣獨立」。今天的中國已經不同於歷史上的任何時期，今天的中國大陸也遠非建國初期可比。兩岸實現統一以後，臺灣人民完全可以與中國大陸人民一道共享主權大國的尊嚴和榮譽，可以不再受外人的欺凌、壓迫和侮辱。兩岸人民可以並肩擔起振興中華之大業，臺灣社會也可確保長治久安。凡此，無一不是符合包括臺灣人民在內的全體中國人的根本利益的。

（二）「兩制並存」——充分考慮了臺灣人民的實際利益

在一個中國的前提下，國家的主體部分實行社會主義制度，臺灣實行資本主義制度。兩岸統一後，臺灣有「三個不變」——現行社會經濟制度不變，生活方式不變，與外國的經濟文化關係不變；「六個保護」——私人財產、房屋、土地、企業所有權、合法繼承權、外國人投資等，一律受法律保護。這既可滿足兩岸人民長期渴望國家統一的願望，又能充分照顧臺灣原有的社會制度和人民的實際利益。

有兩種顧慮是臺灣人民所完全不必有的：一是所謂「共產」，似乎臺灣比大陸富，統一後大陸遲早會「共」臺灣的「產」。這是絕不可能發生的事。大陸連歷史上某些地區曾經刮過的「共產風」也早就糾正了，不可能再讓這種歷史錯誤重演。況且，鼓勵私營經濟發展，保護私人財產，不論從政策上，還是法律上，都是有明文規定的。二是所謂騙「統」，先把你「誆進來」，然後讓你「安樂死」。這同樣是絕不可能出現的。在一國之內實行的「兩制」，這是中共作為建

設有中國特色社會主義的重要組成部分而提出來的,是一項長期的基本國策,絕不是什麼權宜之計。而且,統一後的「兩制並存」,一定會通過雙方協商取得法律、制度、政策、措施等各方面的保障。

臺灣有人曾多次提到「一國一制」,用以反對大陸的「一國兩制」。所謂的「一國一制」亦稱「一國良制」,即以臺灣的「三民主義」或「民主、自由、均富」制度來統一中國。臺灣方面的這種提法至今仍未改變。大陸不想「以大欺小」、「以大吃小」,而臺灣卻想「以小欺大」、「以小吃大」。這不僅不切實際,而且會增加敵意,增加對抗,不符合兩岸人民渴望和平統一的要求和願望。也正因為它違背臺灣人民利益,因而不可能得到人民的支持。

(三)「高度自治」——旨在讓臺灣人民更好地當家做主

統一後臺灣將成為特別行政區。它不同於中國其他一般省區,享有高度的自治權。

特別行政區政府和臺灣各界的代表人士,還可以出任國家政權機構的領導職務,參與全國事務的管理。

我們如果就此把臺灣的「一國一制」和大陸的「一國兩制」相比較一下,就可以發現它們之間存在著什麼樣的差別。臺灣的「一國一制」是:我的就是我的,你的我也要,都要統一在我的「三民主義」或「自由民主」制度之下。大陸的「一國兩制」是:你的仍是你的,我還要給你一些,這就是除了臺灣仍由你自己管理之外,還請你參與全國政權的領導和管理。這對臺灣人民有什麼不好?按照「一國兩制」,臺灣人民和他們選出的代表,不僅是臺灣的主人翁,也是全中國的主人翁,完全可以更好地發揮當家做主的作用。

在中國近代史上,中央政府曾長期處於軟弱無能的地位,中國人民飽受外敵侵略欺凌之苦,臺灣地處中國邊陲,受害最深最烈。臺灣在二次大戰後回歸中國後,又曾受到許多不公平待遇。在此情況下,他們有這樣那樣的想法和要求,特別是希望有「出頭天」,能「當家做主」,是很自然的,合情合理的。不過,當家做主絕不是搞「分裂」、搞臺獨,中國大陸提出的特別行政區構想,讓臺灣在「一個中國」架構下實行高度自治,實在是兼顧國家統一和照顧臺灣人民當家做

主願望的兩全之策。

（四）「和平協商」——可以防止相互間的武力對抗

文中主張，透過接觸談判，以和平方式實現國家統一。如果因中國的主權和領土被分裂而不幸兵戎相見，骨肉相殘，給兩岸都會帶來災難，而對臺灣來説將更大更嚴重。透過協商而結束敵對狀態，實現和平統一，有利於全民族的大團結，有利於整個中國的振興和富強。就臺灣來説，當前臺灣人民的最大利益，一是保持社會穩定，二是保持經濟繁榮。目前臺灣當局的大陸政策，是不利於這兩點，是違反臺灣人民的根本利益和現實利益的。

臺灣當局高層中，至今有人仍在堅持要大陸做出「善意回應」的所謂「三條件」，即承認臺為「對等政治實體」、承諾「放棄使用武力」和允許臺「拓展國際生存空間」，並將此視為實現政治對話和開放兩岸直接「三通」的先決條件。其實，其所謂「三條件」，説穿了不過是經過包裝了的「兩個中國」貨色。臺灣當局所追求的是他自己所期望的「一國一制」，但卻又把希望透過「三條件」實現的「兩個中國」作為「過渡」。這本來就是不具「善意」的「三條件」，是不可能指望中國大陸做出「善意回應」的。

臺灣當局中一些人，表面上主張中國統一，但又拒絕付諸實施，表面上主張和平統一，但又不打算進行談判；口口聲聲要確保臺灣安全和人民福祉，但又不願在這方面邁出實際步伐；甚至連臺灣人民強烈要求的直接通航都不予答應。很顯然，他們實際上並沒有和談統一的誠意，並沒有真正從臺灣人民的切身利益考慮，更談不上從整個中華民族的根本利益考慮。他們所考慮的主要是為了維護他們自己少數人的既得利益。

雖然如此，我們還是要敦促臺灣當局坐下來商談。相信只要不違背「一個中國」的原則，他們所關心的各種問題都有可能獲得合情合理的解決。

四、兩岸關係現狀及前景展望

國民黨從大陸撤至臺灣已40多年了。這40多年來,臺灣政局經歷了蔣介石、蔣經國、李登輝三個時期。與此相應,兩岸關係也大體經歷了「軍事對峙」、「冷戰對峙」、「和平對峙」三個時期。兩岸關係在蔣介石時期是「隔海對罵」,在蔣經國時期是我們「單方喊話」,至李登輝時期則是雙方「各說各話」。1993年4月舉行的「辜汪會談」,實際上是開始了「同席對話」的新時期。雖然都還不是官方性的,道路還會是曲折的,但畢竟是已經開始了。臺灣當局官方的態度終究阻擋不了歷史發展的大趨勢。

(一)兩岸關係已取得重要進展

中共自十一屆三中全會以來,黨的戰略方針和各項重要政策都有調整,這對大陸形勢及兩岸關係發展都有重要作用。

一是高舉建設有中國特色的社會主義旗幟。自黨的十一屆三中全會以來,逐步確立了以鄧小平同志建設有中國特色社會主義的理論為指導、「一個中心、兩個基本點」的基本路線,使中國的社會主義現代化建設取得了巨大成就。

二是加速了改革開放的步伐,特別是自1992年初發表鄧小平南巡講話到中共第十四次全國代表大會的召開、並確定實行社會主義市場經濟體制以來,全國各地一波接一波地掀起了深化改革開放的新浪潮。

三是隨著黨和國家工作重點的戰略性轉移,在對臺工作上也及時提出了「和平統一、一國兩制」的大政方針,其基本點正像已發表的臺灣問題白皮書所闡述的,是「一個中國、兩制並存、高度自治、和平談判」。

這一系列的重大調整和變化,在很大程度上促進和帶動了兩岸關係的良性互動。正像白皮書所說,大陸無論在政治上、軍事上、經濟上以及文體學術交流等方面都採取了一系列有利於推動和促進兩岸關係向前發展的具體政策措施。與此同時,臺灣當局也相應地、部分地調整了大陸政策,採取了一些較前彈性和鬆動的做法。正因為這樣,兩岸關係出現了近40年來前所未有的和諧氣氛。僅1987年以來的五年,兩岸人民之間的互訪已超過了500萬人次,雙方的信件來往達700萬封,雙方的電話、電報、傳真等電信往來亦已逾7200萬次。各種文體學術等交流交往更方興未艾。值得特別提出的是,從1979年開始的15年內,兩岸經

香港轉口貿易總額累計已達379.26億美元,其中第15年為86億多美元,約等於第一年的112倍。臺商對大陸投資,估計累計協議金額已超過200億美元,實投金額100億美元左右。兩岸經貿文化等各方面的交流往來,必然要拉近兩岸的距離,對話接觸應是不可避免的。

(二)兩岸關係存在的主要問題

兩岸關係雖已經取得了上述發展,但存在的問題仍多。其中最主要的是臺灣當局的現行大陸政策已成為兩岸關係進一步發展的重大障礙。

關於李登輝的現行大陸政策,如果簡要地加以概括,那就是:「和而不統,分而不獨,一國兩體,拖中求變」。這裡所說的「一國兩體」就是「一國兩對等政治實體」,「拖中求變」就是寄希望於大陸的「和平演變」。

李登輝的現行大陸政策,說穿了就是「兩個中國」政策。只是前一個時期,「一個中國」講而不做,後來是「兩個中國」做而不講。而現在似乎是「兩個中國」又講又做了。1993年11月21日,臺「經濟部長」江丙坤在美國西雅圖就已拋出「一個中國為指向的階段性兩個中國政策」,頗值得注意。

李登輝時期的大陸政策是蔣氏父子時期大陸政策的延續和發展,但又有質的區別。綜合起來說,有以下四個不同:

1.從立足點看,蔣氏父子時期的大陸政策是以整個中國為著眼點的,其與中國大陸之爭在於中國實行社會主義還是資本主義兩種前途之爭。他們視臺灣前途與整個中國的前途密不可分,所稱「建設臺灣」是為「反共復國」服務的。李登輝時期的大陸政策則以臺灣作為政策主體,其與中國大陸所爭首先是爭奪對臺灣前途的定位,然後才是整個中國的前途。這一政策所強調的是「確保臺灣的安全」和「2000萬臺灣人的福祉」,臺灣前途高於中國前途。由此產生「臺灣優先」和「生命共同體」理念。

2.從目標上看,蔣氏父子時期的大陸政策是國民黨統治大陸時期反共政策的延續,其最終目標是「反共復國」,恢復在全中國的統治地位。儘管隨著客觀形勢和環境實力變化,而在做法上不得不有所改變,但其目標則始終確定不變。李

登輝時期的大陸政策，表面上雖強調「中國只有一個，中國必將統一」，但其政策重心則是「一國兩府」或「一國兩對等政治實體」。其所強調的「不統不獨」、「反急統也反急獨」，表面上似是保留可統可獨兩種選擇，實際上是反對統一這一目標的。

3.從觀念上看，蔣氏父子時期的大陸政策較重名分，始終不願承認國民黨政權作為中國的中央政府已被推翻的現實，堅持自己是正統，極力維護「中華民國法統」，強調「漢賊不兩立」，公開反對「雙重承認」和「雙重代表權」。李登輝時期的大陸政策則比較重實。其所主張的「一國兩府」或「一國兩對等政治實體」，其實就是要求「雙重承認」和「雙重代表權」，認為「漢賊可兩立」。

4.從策略上看，蔣氏父子時期大陸政策比較僵化。其所奉行的是「以不變應萬變」、「有所為有所不為」。他們的「反共復國」基本政策始終未變。對我，強調「不接觸、不談判、不妥協」的三不政策；對外，堅持「一個中國」原則，「你來我不來，你來我就走，你走我再來」，絕無鬆動調整餘地。李登輝時期的大陸政策則相對靈活，講一套做一套，以退為進。一方面，高喊統一口號，設置負責統一的名義機構，並推出「國家統一綱領」；另一方面，提出明知中國大陸不可能接受的談判條件，如承認臺為「對等政治實體」、承諾「放棄使用武力」等，將「一個中國」詮釋為帶象徵性的或虛幻的、不可捉摸的觀念，如「歷史的、地理的、文化的、民族的」或「未來的一個中國」等。在兩岸經貿文化交流上搞「政治掛帥」，有禁有導，時緊時鬆，利己為主。在對外關係上則實行「你來我也來，你來我不走，你不來我來」的策略。

造成以上不同的因素是多方面的。主要是兩者所處的時代背景不同。國際形勢的變化，本島資產階級的興起，權力結構的「本土化」等都是重要原因，李登輝等與蔣氏父子在思想、觀念、意識、經歷等方面的不同也有一定影響。

有人把李登輝的現行大陸政策及做法具體歸結為這樣幾句話：

政治上「不統不獨」，即「分離」而不「獨立」；

軍事上「不戰不和」，即「反共」而不「復國」；

經濟上「不即不離」，即「通商」而不「通航」。

總之，李登輝的現行大陸政策給兩岸關係帶來了新的問題，新的挑戰，給中國的和平統一大業帶來了新的困難。

（三）未來兩岸關係展望

目前的臺灣問題，看來拖不得，也急不得。越拖越複雜，問題越多。但急了也無用，欲速則不達。有大量工作要做，我們應積極地為進一步改善兩岸關係和實現中國的和平統一創造條件。

從短期看兩岸關係確實不容樂觀。但從長期看，則又完全沒有理由悲觀：一是港澳模式的影響。到本世紀末，港澳問題完全解決後，其對臺灣問題的和平解決無疑會產生巨大影響。臺灣當局難於接受的是「一國」，然而臺灣工商界和廣大臺灣民眾所最關注的是「兩制」。只要港澳回歸後能確實保障「兩制」的順利推行，臺當局將很難阻擋其影響。

二是大陸政經形勢的發展。只要大陸繼續堅持目前的改革開放政策，堅持「一個中心，兩個基本點」的路線，堅持有中國特色的社會主義道路，堅持正在逐步完善的社會主義市場經濟體制，保持政局穩定，經濟發展，社會安定，再持續若干年，大陸的政治經濟形勢一定會更好，其對臺灣的吸引力和影響力將是不可估量的。

三是兩岸經貿關係的發展。就目前來說，兩岸政治分歧似是越來越大，而經貿關係則越來越密切。從短期看，政治關係正在影響經濟關係；而從長期看，經濟關係終將決定政治關係。這是一種客觀規律，是不會隨少數人的主觀意志而改變的。臺灣媒體說「政治把兩岸分開，經濟將把兩岸重新聯結起來」。

四是國際形勢的發展趨向。前面已經談到，和平與發展仍是當今世界形勢發展的兩大主要特徵，世界經濟也在走向區域化和集團化。世界範圍的舊的中、美、蘇三角關係已不復存在，但亞太地區以經濟為中心的新的三角關係正在形成。隨著中國經濟和政治的發展，其在國際特別是亞太地區的地位和影響正在增大。中國又是聯合國安全理事會常務理事國。臺灣問題本來就是中國的內政，某

些國家在臺灣問題上的立場和態度隨著形勢變化而變化的可能性在增加。

總之，目前的兩岸關係有利和不利因素同時存在。但就島內、大陸、國際等各種因素來說，中國大陸因素是最主要的，只要大陸方面繼續朝好的和積極的方面變化，必然會影響和帶動其他各種因素朝著有利於中國統一的方向發展。一切操之在我。我們應堅守立場，把握時機，積極工作，創造條件，促使臺當局調整現行大陸政策，為早日實現兩岸的和平統一和中華民族的振興而努力奮鬥。

讀中國政府關於臺灣問題發表的第二個白皮書

按：作者曾多次參加此白皮書起草時的討論及後來的審定。此文是在白皮書發表後一次座談會上的發言稿。

《一個中國的原則與臺灣問題》白皮書已於2000年2月21日發表，這是中國政府繼1993年8月發表的《臺灣問題與中國的統一》白皮書之後的又一個重要歷史文獻。這個文件的發表，相信對於促進臺灣問題的早日解決，是有著積極和重要意義的。

白皮書是在當前這個新的歷史條件下發表的

其一，臺灣地區新的領導人的大選在即。究竟選一個什麼樣的領導人，執行什麼樣的大陸政策，才可能使海峽兩岸關係由「危機」變「轉機」，從而確保臺海地區的和平和臺灣社會的長治久安，這將是關係到兩岸中國人特別是生活在臺灣地區的中國人的福祉的重大問題，不可不慎也。

其二，時值港澳都已順利回歸之後和兩岸都將參加世貿組織WTO之前。前者已以事實證明，按照「一國兩制」原則實現中國統一是完全可行的。臺灣問題雖

與港澳情況不同，但絕不可以此作為拒統、拒和的藉口。後者將給兩岸發展經貿合作關係帶來新的契機，如果把臺、港、澳和中國大陸聯結在一起，加強協作，相信對各方的經濟發展都會有好處。

其三，中國大陸的改革開放正處於深化和擴大之時。外電認為，2000年是中國「經濟之年」。中國將制定「第十個五年計畫」，推動「西部大開發」計畫，並加速實行國有企業等三大改革。與此同時，臺灣新當選的領導人，亦將加緊推動臺灣經濟建設。兩岸關係此時如能在「一個中國」原則下求得緩和與發展，相信一定會為兩岸合作、共振中華開創新機。

白皮書非常突出地強調了一個中國的原則

一個中國原則是全文的核心內容。在臺灣與大陸之間，究竟是「一國」還是「兩國」，這不是一般的問題，而是原則問題，大是大非問題。這是每一個中國人，包括臺灣人民在內，都必須面對、也無法迴避的問題。

臺灣當局說：「中華民國自1912年起就是主權獨立的國家」。然而人所共知，「國家」和代表這個國家的「政府」，並不完全是一回事。歷史上代表中國的曾經是「中華民國政府」，然早在1949年，它已被全國人民所推翻，而為中華人民共和國政府所取代，這一點連原「中華民國總統」蔣介石先生在逃臺後不久也不得不承認「中華民國已經滅亡」，自己「乃亡國之民」。現臺當局自稱的所謂「中華民國政府」，其實不過是國共內戰遺留下來的一個歷史問題，無論根據國內法或國際法，都是非法的，根本無權代表中國。有些人想入非非，不惜偷天換日，竟把「中華民國是主權國家」，改成「臺灣是主權獨立國家」，這同樣是徒勞的。

還有人，為了反對新中國政府對於臺灣的主權，竟胡說什麼這個政府「一天也沒有統治過臺灣」，臺灣人民也從未向這個政府「交納一分錢的稅」，從而反對與新中國的政府談統一，這更是荒謬可笑。現在臺灣的國民黨政權，在從日本

人手中收復臺灣之前，曾經統治過臺灣嗎？臺灣人民曾經向它交納過稅負嗎？既然都沒有，那又為什麼會收回臺灣呢？同樣，新中國政府也從未統治過香港和澳門，那裡的人民過去也從未向新中國政府交過一分錢的稅，而新中國政府卻仍有權把它們收回，在臺灣的國民黨政權就不能這樣做。這是為什麼？道理很簡單，國家主權是由代表這個國家的政府行使的，舊的政府被推翻了，理所當然地要由新政府代表國家行使主權。不敢面對現實，強詞奪理，歪曲真相，欺騙人民，苟安一隅，這正是臺灣當局一些人的最大悲哀。

要不要維護一個中國原則，是「愛臺灣」還是「害臺灣」的分水嶺

目前在臺灣，由於一部分既得政治利益者的偏見，在他們的扭曲、誤導和欺騙下，出現了嚴重的黑白不分和是非混淆的情況，其中最突出的是對關於什麼是「愛臺灣」、什麼是「害臺灣」的顛倒。凡認同中國、主張「三通」、擁護統一、擁護「一國兩制」者，往往被視為是「急統派」，是「害臺灣」、「賣臺灣」或「禍臺灣」；反之，凡拒絕認同中國、拒絕兩岸「三通」、拒絕統一和「一國兩制」者，則被視為「愛臺灣」或「臺灣人利益的真正代表者」。與此同時，什麼「臺灣第一」、「臺灣優先」、「臺灣生命共同體」等提法滿天飛。在兩岸關係上諸如什麼「分裂分治」、「對等實體」、「主權分享」、「互不隸屬」，以至公開的「兩國論」等，也都紛紛出籠了。真是是非顛倒，荒謬透頂！

臺灣人都是中國人，只有先去臺灣和後去臺灣之分，而根本沒有臺灣人和中國人之別。海峽兩岸自古一家，山水相連，血脈相連，休戚相關，禍福與共。臺灣分裂論者，把「愛臺灣」和「愛中國」對立起來，把「愛臺灣」和「害臺灣」相互顛倒，不僅在島內造成思想混亂和「族群衝突」，在兩岸關係上更是造成對立和緊張局勢，這是絕不可行的。究竟是「愛臺灣」還是「害臺灣」，不是看言辭而是要看行動，要看他們在行動上能否真正維護臺灣人民的權益，能否把「愛

臺灣」和「愛中國」統一起來，能否把臺灣的局部利益和整個中華民族的根本利益結合起來，從而保障臺灣社會的長治久安和繁榮穩定。而這一切只有在堅持和維護一個中國原則下才能做到。故而，能否做到堅持和維護一個中國原則，實是真愛臺灣和假愛臺灣的分水嶺。

只有徹底清除「兩國論」流毒，兩岸和平統一才有希望

誠如這次發表的白皮書所言，一個中國原則是中國政府對臺政策的基石，只有堅持一個中國原則才能實現和平統一。然而從即將舉行的臺灣「大選」一些主要參選者所宣示的大陸政策看，李登輝「兩國論」的陰影仍然籠罩著許多人，使兩岸關係仍然隱憂重重。

例如，有的參選者仍在為李登輝的「兩國論」辯解，說它是「務實的自我定位」；有的則視兩岸關係為「相對主權的準國際關係」。至於一向與李登輝心心相印的民進黨候選人陳水扁，更是一再為李登輝的「兩國論」喝彩，他背負「臺獨黨綱」，叫囂什麼「臺灣已是主權獨立國家」，甚至高呼「臺獨萬歲萬萬歲」。這一切說明，我們對當前臺灣島內的形勢絕不可掉以輕心。

目前特別值得指出的是，國民黨與民進黨正在「合流」，即國民黨在「民進黨化」，民進黨也在「國民黨化」。國民黨的「兩國論」與民進黨的「臺獨論」正在相互靠近。他們所鼓吹的「分裂論」，絕不是「愛臺」，而是「害臺」和「禍臺」。臺灣的未來，中國的統一，只能寄希望於有著光榮愛國傳統的臺灣人民。只有他們真正覺悟了，並切實行動起來，才能徹底掃除各種分裂論的流毒和危害，才能維護和堅持一個中國原則，而兩岸的和平統一也才真正有希望。

（本文曾以《海峽兩岸關係的又一個重要歷史文獻》發表於《天津臺灣研究通訊》）

再讀中國政府關於臺灣問題發表的第二個白皮書

　　中國政府於2000年2月21日發表的《一個中國的原則與臺灣問題》白皮書，是繼1993年8月發表的《臺灣問題與中國的統一》白皮書之後的又一個重要文件。

　　從這兩份白皮書的標題，就可看到兩者發表的時間背景和側重點都有所不同。第一份白皮書的標題是《臺灣問題與中國的統一》，表明它的側重點是臺灣問題，這和當時的形勢是分不開的。那時國際上有一些國家，特別是中小國家，對於什麼是臺灣問題並不是很清楚，在處理兩岸關係上感到棘手，臺灣當局也正好利用這一點，在國際上大搞「務實外交」活動。於是這份白皮書的任務，就是要說清這個問題，說明臺灣問題的來龍去脈，說明中國政府在臺灣問題上的立場、方針和相關政策。新發表的白皮書的標題是《一個中國的原則和臺灣問題》，表明它的側重點是一個中國原則，這和最近幾年來李登輝越來越背離一個中國原則，甚至公開拋出「兩國論」，使兩岸關係越來越緊張的形勢是分不開的。因而這份白皮書的任務主要是要闡明一個中國原則的內涵、事實和法理基礎，以及中國政府在這個問題上的基本態度、立場和相關政策。

　　新發表的這份白皮書的基本內容有哪些值得指出或重視的呢？我想以「一、二、三、四、五、六」這幾個數字來加以說明：

　　一、一個「定位」。長期以來，人們老是感到困惑的是，究竟應該怎樣稱呼「臺灣」呢？它自稱「中華民國」和「中華民國政府」，然而自1949年中華人民共和國政府成立以後，這種說法無論在事實和法理基礎上都是根本站不住腳的，是非法的。這一次的白皮書明確地給它「定位」了，臺灣政權「只是中國領土上的一個地方當局」。

　　二、兩個「不變」。一個時期以來，特別是李登輝拋出「兩國論」之後，臺灣海峽黑雲翻滾，形勢十分嚴峻，於是關於中國政府對臺政策的傳說增多，諸如「用武」問題，「時間表」問題等。這次的白皮書明確地作了回答：中國政府

「和平統一、一國兩制」的方針不變，江澤民主席提出的「八項主張」不變。

三、三個「如果」。既然有兩個不變，會不會用武及在什麼條件下才可能用武呢？白皮書回答說：「如果出現臺灣被以任何名義從中國分割出去的重大事變，如果出現外國侵占臺灣，如果臺灣當局無限期地拒絕透過談判和平解決兩岸統一問題」，在這三種情況下，中國政府將被迫採取包括使用武力在內的一切手段，來維護中國的主權和領土完整。

四、四頂「帽子」。這一次的白皮書，集中地給「兩國論」者李登輝戴上四頂帽子：一是「臺灣分裂勢力的總代表」，二是「海峽安全局面的破壞者」，三是「中美關係發展的絆腳石」，四是「亞太地區和平與穩定的麻煩製造者」。李登輝主政臺灣12年，最後將戴著這四頂不光彩的帽子黯然下臺。後來者不可不引以為鑒也。

五、五個「問題」。對以下五個問題作了進一步的明確和表態：

（1）中國領土和主權沒有分裂，海峽兩岸並非兩個國家；（2）堅決反對以公民投票方式改變臺灣是中國一部分的地位；（3）「兩德模式」不能用於解決臺灣問題；（4）在一個中國原則下，什麼問題都可以談；（5）所謂「民主和制度之爭」，是阻撓中國統一的藉口。

六、六個「要點」。白皮書把「和平統一、一國兩制」的基本方針簡要地概括為六點：（1）爭取和平統一，但不承諾放棄使用武力；（2）積極推動兩岸人員往來和經濟、文化等各項交流，儘早實現兩岸直接通郵、通航、通商；（3）透過和平談判實現統一，在一個中國原則下什麼都可以談；（4）統一後實行「一國兩制」，中國的主體（中國大陸）堅持社會主義制度，臺灣保持原有的資本主義制度長期不變；（5）統一後臺灣實行高度自治，中央政府不派軍隊和行政人員駐臺；（6）解決臺灣問題是中國的內政，應由中國人自己解決，不需借助外國力量。

總之，新發表的白皮書，與上一次發表的白皮書比較起來，既有原有方針的延續和重申，如上面談到的六個「要點」，也有新的歷史條件下的發揮和概括，如上面談到的一個「定位」、兩個「不變」、三個「如果」、四頂「帽子」、五

個「問題」等。所有這些都是具有重要的現實意義的,特別是中國政府在捍衛一個中國原則上表示了堅定的決心。白皮書說,中國政府和人民「完全有決心、有能力維護國家主權和領土完整」。白皮書表示,「絕不容忍、絕不姑息、絕不坐視」任何分裂中國的圖謀得逞,認為它們是注定要失敗的。但願新當選的臺灣領導人,一定要接受李登輝主政臺灣期間的教訓,多做有利於促進兩岸關係的改善和促進和平統一大業的事,切不可背靠外國反華勢力而像李登輝那樣繼續玩火。

(原載香港《大公報》)

兩岸關係中有關美國因素的幾個問題——寫於1998年5月柯林頓總統訪華之前

兩岸關係問題,亦即臺灣問題。這是國共內戰遺留下來的,也是美國長期干涉中國內政造成的。正是在這個意義上,鄧小平說,臺灣問題歸根結底是美國問題,沒有美國干涉中國內政就不會有臺灣問題。這裡,我想僅就中國海峽兩岸關係中的美國因素,談以下四個問題:

(一)應如何對待以往的歷史。我們知道,美國在第二次世界大戰中曾經是中國的盟友,人們對此留有美好的回憶,中美兩國人民曾結下友好的感情。美國政府與當時曾經是中國合法政權的國民黨政府有過結盟關係,從而在此期間及其以後的一段時間,對中國共產黨有過這樣那樣的不友好做法,這是可以理解的,也是可以原諒的。然而自那時以來,中國已經發生了天翻地覆的變化,舊中國已為新中國所取代,早就改朝換代了。新中國自成立到現在快50年了,中美正式建立外交關係也快20年了,美國政府卻始終沒有完全轉過彎來,至今仍對這個已經被中國人民推翻,最後不得不逃至中國的一個省臺灣島的原國民黨政權保持著曖昧關係,含情脈脈,難捨難分,甚至在各方面或明或暗地給予支持,阻撓中國統一,這就不可理解、不可原諒了。應該說,這是完全違反國際上關於不干涉別國內政的原則的。說到底,臺灣早就不是美國的「資產」而是它的「政治包

袱」。當此世紀之交，美國政府是要繼續背著這個越來越沉重的包袱、留下「隱患」進入21世紀呢，還是儘早放下這個包袱，消除「隱患」，輕裝向前，與中國政府和中國人民友好合作，共同地和真心誠意地發展兩國間「建設性的戰略夥伴關係」呢？是應該認真考慮的時候了。

（二）關於《臺灣關係法》。1979年4月，即中美宣布建交後不久，美國政府又拋出一個所謂《臺灣關係法》，至今仍憑藉這個關係法干涉中國內政。這個關係法的實質，是企圖在某種程度上取代被廢止的美臺「共同防禦條約」。奇怪的是：（1）1978年12月，中美剛剛簽署《建交公報》，在公報中，美國政府承認臺灣是中國的一部分，承認中華人民共和國政府是中國的唯一合法政府，怎麼還不到四個月的時間，公報的墨跡未乾，就如此迫不及待地又拋出一個與公報原則相違背的《臺灣關係法》呢？（2）中美關係是國與國之間的關係，臺灣是中國不可分割的一部分，怎麼可以自己國家的國內立法，凌駕於中美建交的公報之上，對中國的一個地區說三道四和指手畫腳呢？這又將美國政府置於何地？公理何在？信譽何在？總之，這個《臺灣關係法》，一直是籠罩在中美關係發展上的陰影，它與中美《上海公報》、《建交公報》、《八一七公報》以及江澤民主席訪美時簽署的「聯合聲明」，都是背道而馳的。

（三）美國的對華政策問題。應該說，美國的對華政策是充滿矛盾的。問題之一，它一方面與中國政府建立正式的外交關係，承認「一個中國」，承認臺灣是中國的一部分，承認中華人民共和國政府是中國的唯一合法政府；一面卻又與中國的一個地區——臺灣保持著與上述原則不相稱的關係，不時踐踏自己所承諾的協議，諸如美國人民與臺灣人民只保持文化、商務和其他非官方關係，美國將逐步減少它對臺灣出售的武器直到最後終止這一出售等。問題之二，它一方面一再重申：「希望臺灣問題由中國人民自己和平解決」。這裡，一個是和平解決，一個是由中國人自己解決。然而，你美國政府，年復一年地賣給臺灣那麼多先進武器使它有恃無恐，就是拒絕和談，這又怎麼去「和平解決」？美國還企圖把臺灣海峽納入「日美安全合作範圍」，公開介入和干涉中國內政，這是「讓」中國人「自己解決」，還是企圖使臺灣問題「國際化」，「不讓」中國人「自己解決」？明為支持「和平解決」，實為支持和保護「和平分離」，明為防止這個地

區的「武力衝突」，實為製造這個地區的「武力衝突」。講的和做的正好相反。難道不正是這樣的嗎？

（四）中美關係和兩岸關係。這兩方面關係，過去幾乎都是朝著同一方向運動的，即中美關係緩和兩岸關係也緩和，中美關係緊張兩岸關係也隨而緊張。臺灣當局正是利用美國方面對社會主義中國的某種疑忌，而心甘情願地把自己作為美國手中的一張牌被利用，欲圖拖美國下水，與它一起對抗中共，從而實現偏安拒和與分裂中國的目的。這種情況往後會不會變化？我看變的可能性較大。這是因為，中國提出和實行的中國特色的社會主義，正在各個方面產生積極的和重大的影響。按照鄧小平的理論，中國大陸已不再「以階級鬥爭為綱」，而是「全力發展社會生產力」。這是一個重大的戰略轉變。它已不再以資本主義為敵，而是以資本主義為友，不僅對內允許多種經濟成分並存，允許港澳臺保存與大陸社會主義制度不同的資本主義制度；而且對外實行全方位的「和平共處」和睦鄰友好政策，與世界各國廣交朋友。這是深得人心的，也是與中國現階段社會生產力發展水準相適應的。根據中共十五大會議的精神，中國的這個政策將是相當長期的，中國不僅現在，就是將來也不會和不可能威脅其他任何國家。在這種情況下，就美國來說，還有無必要仍把中國視為「潛在敵人」來加以「遏阻」？有無必要把臺灣繼續當作手中的一張牌，藉以牽制中國大陸的發展？美國這樣做，實際上是不是在國際範圍內實行「以階級鬥爭為綱」，重蹈中國在國內的歷史錯誤，到頭來將是「自己整自己」呢？再就臺灣來說，且不管其現實表現如何，但假以時日，其現行大陸政策不能不有所調整。所有這一切，都是值得美國方面深思的。

美國總統柯林頓就要訪華了，人們都在抱著某種期待。臺灣問題是牽動12億中國人民感情的大事，但願這次柯林頓總統的訪問，能以中美兩國關係的大局為重，為進一步推動兩岸關係的改善和臺灣問題的最終解決創造良好的氣氛和條件。相信這對中美兩國人民的世代友好、對亞洲以至整個世界的和平穩定，都是有重大和積極意義的。

（根據北京外國問題研究會上的發言提綱整理）

從柯林頓訪華看中美和海峽兩岸關係——寫於1998年7月柯林頓總統訪華之後

美國總統柯林頓訪華，這是中美關係發展史上的一件大事。對於這件大事，究竟應做如何評估以及其對海峽兩岸關係的影響如何？這是各方比較關注的。這裡僅想就此談一點個人看法。

一、關於柯林頓總統訪華的影響和意義

柯林頓訪華，是對去年中國國家主席江澤民訪美的一次回訪，其意義自然遠不只是一種禮節性的。他的來訪是在中美兩國關係已經出現良好的發展趨勢、雙方宣布要「建立建設性的戰略夥伴關係」，並且隨著國際形勢的發展證明越加需要加強這種夥伴關係的歷史條件下進行的。中美兩國，一個是世界上最大的發達國家，一個是世界上最大的發展中國家，理應加強接觸和合作，而不是相互敵視和對抗，這不僅攸關兩國人民的切身利益，也關係到世界局勢的穩定和人類的和平發展。相信柯林頓總統這次訪華，一定有助於中美兩國關係的進一步改善，也一定會使兩國關係在江澤民訪美的基礎上取得新的進展，從而為建立面向21世紀的中美建設性戰略夥伴關係注入新的動力。

柯林頓是第五位在職期間訪問中國的美國總統，中美建交以後第三位訪問中國的美國總統，也是冷戰結束後近十年來第一位訪問中國的美國總統。中美兩國關係的改善乃大勢所趨，但又不是一帆風順的，仍時有波瀾和起伏。這次柯林頓來訪在美國國內就仍有不少噪音和阻力，但柯林頓毅然下定決心，排除各種干擾，並將訪問時間由今年11月提前到6月，這是具有政治家遠見和魄力的表現，我個人對此十分表示讚賞。

二、關於對柯林頓總統這次訪華所取得成果的評估

　　這一點，美國的一些學者和朋友們早有預見。今年5月中、下旬間，我和中國的一些學者應邀出席了美國有關學術單位在華盛頓舉辦的「世紀之交的中美關係」研討會，並拜訪了美國布魯金斯研究學會、喬治華盛頓大學，以及其他一些研究中國和中美關係的知名專家學者，也曾就柯林頓總統訪華問題向他們請教。他們幾乎完全一致的看法是，柯林頓總統訪華本身就是具有十分重要意義的，它標幟著中美兩國關係已開始並加快邁出歷史陰影的步伐，走向正常健康的發展道路。其中最重要的，將是建立兩國穩定的制度化的對話機制，進一步確定中美關係未來的發展方向和框架，當然也不排除會在某些具體領域的合作取得新的突破。他們中有些人對美國國內出現的反對柯林頓訪華之聲，認為有的是缺乏遠見，有的則是根本不瞭解事情的真相。其實，在中美之間，正像柯林頓最近所表示的那樣，由於「兩國人民的文化、社會制度和背景不同」，也「在一些問題上存在著分歧，而且一百年以後還可能有分歧」，重要的是「保持接觸」、「相互學習」、「求同存異」，以使兩國人民之間的友好關係不斷地得到促進和發展。（見《人民日報》海外版，於華盛頓報導）

　　這次克江高峰會談，據報導共達成47項共識，諸如人們所共同關心的亞洲金融危機問題，防止核擴散問題，特別是兩國經貿合作等許多方面，都取得了共識或達成某種協議。至於臺灣問題，這是12億中國人民所最關心的，會談自然不可能不涉及這個問題。總的看，這次會談是成功的，是積極的建設性的和富有成果的。

三、關於臺灣問題在這次克江高峰會談中所處地位

　　臺灣問題是牽動12億中國人民感情的問題。這個問題既是國共內戰遺留下來的歷史問題，也是美國長期干涉中國內政造成的結局。中國人民自然希望這個

問題早一天解決,希望美國政府不要再干涉中國內政,不要再以臺灣問題繼續作為牽制中國發展的一張「牌」,即向中國打「臺灣牌」;更不希望美國把自己作為臺灣手中的一張「牌」來與中國大陸對抗,即讓臺灣打「美國牌」。這對中美兩國和海峽兩岸的中國人,都是有百害而無一利。

值得高興的是,美國政府和朝野許多有識之士已越來越感覺到,必須從涉入中國內政這個泥潭和給美國帶來諸多困擾的臺灣問題中解脫出來。種種跡象顯示,這樣的時機完全有希望到來。事實上這也是大勢所趨,歷史發展的必然規律,不是任何人的主觀意志所能阻撓的。不過處理歷史問題畢竟需要時間,各有關方面都要有一個做工作和「轉彎子」的過程,不是一兩次高峰會議和達成某種協議就能完全解決的。最重要的,是要保持中美兩國關係的良好發展趨勢,以便為逐步和平解決臺灣問題創造良好的氣氛和條件。

在臺灣問題上,美國領導人已多次重申其承諾:美國堅持一個中國的政策,恪守中美三個聯合公報的原則,不支持「一中一臺」、「兩個中國」的主張,不支持臺灣獨立,不支持臺灣加入聯合國和其他由主權國家組成的國際組織。去年江澤民訪美,雙方簽署並發表了《中美聯合聲明》,這次高峰會談,美國領導人亦多次重申了以上原則和承諾。雖未就此發表正式聲明,但這並不是最重要的,最重要的應是各自的態度、誠意和往後如何使這些協議和承諾落實在行動上。

四、關於中美兩國關係的發展前景

我對中美關係的發展前景總的是看好的。中美兩國有著友好的傳統,兩國人民更是情深義重。目前兩國不僅在經濟貿易上有互補互惠之利,大有潛力可挖,就是在政治、外交、軍事、文化、教育、科技、法律等方面也存在著廣闊的合作空間和共同利益。

中國無論現在或未來都不可能威脅美國,這方面存在的種種非議完全是無稽之談。按照鄧小平的理論,中國現在所實行的是中國特色的社會主義,已全面糾

正歷史上「以階級鬥爭為綱」的錯誤做法，而改為「全力發展社會生產力」。這是一項長遠的根本性的戰略方針，而絕不是一時的權宜之計。根據這個方針，它不再以資本主義為敵，而是以資本主義為友，不僅對內允許多種經濟成分並存，允許港澳臺保持與中國大陸社會主義不同的資本主義制度，而且對外實行全方位的「和平共處」外交政策，與美國、日本、歐洲等所有資本主義國家交朋友。中國將來即使是強大了，也不會去威脅任何人。

就美國來說，如果硬是把矛頭對著一個對自己並無敵意、且願意長期與之友好相處的國家，是沒有任何好處的，也是完全失策的。冷戰結束，蘇聯解體，美國沒有對手了，有些別有用心者，竟想把中國「抬高」成美國的對手。沒有敵人，偏要樹個敵人，沒有現實的敵人，也要找個「潛在的敵人」，這不是在國際範圍內重蹈中國曾經在國內政策上犯過的「以階級鬥爭為綱」的錯誤嗎？到頭來必將是「自己整自己」，「自己孤立自己」。相信美國的朋友們一定會看清這一點。

五、關於中美關係和兩岸關係的交互影響

海峽兩岸關係或臺灣問題，是經常隨著中美關係的氣溫變化而變化的，兩者總是朝著同一個方向移動。中美關係在很大程度上決定兩岸關係。不過，海峽兩岸關係即臺灣問題，也經常反作用於中美關係。臺灣島內的一些分裂主義分子，總是不願看到中美關係的改善與緩和，他們千方百計地從中阻撓，欲圖以美國為靠山，實現其分裂中國的目的。最近一個時期來，他們接二連三地派遣代表團到美國，意在對美國的親臺和反華勢力施加影響，以牽制柯林頓總統訪華和阻止中美關係的改善。他們有時雖然也能掀起陣陣波瀾，但終究不可能改變歷史發展的趨勢。

目前有一個特別值得注意的情況，這就是香港按「一國兩制」原則順利實現回歸後，他們唯恐此一影響波及美國輿論，於是一個勁地喧嚷，香港是香港，臺

灣是臺灣，香港的「一國兩制」不適用於臺灣，臺灣絕不接受「一國兩制」。其唯一「理由」是，香港不是「國家」，而臺灣則是所謂「主權獨立的國家」。什麼是「主權獨立國家」？兩者必居其一：或者是「一中一臺」，實現「臺灣獨立國」；或者是「兩個中國」，繼續打著「中華民國」旗號來搞「變相獨立」。無論其中的哪一條路，都會要求加入聯合國和其他由主權國家組成的國際組織。顯然，這與中國政府所堅定不移地主張的「和平統一、一國兩制」的大政方針是格格不入的，同樣與中美兩國簽署的「三個聯合公報、一個聯合聲明」所宣示的原則精神也是完全相背離的。問題很清楚，只要臺灣不放棄「以省稱國」的圖謀，和平解決臺灣問題的希望就很渺茫，兩岸武力衝突的禍根就無法從根本上消除。在這種情況下，美國將如何對待？可見未來的中美關係仍將面臨臺灣問題的嚴峻考驗。但願美國政府面對現實，認真思考，慎重對待，不要讓臺灣問題長期拖著中美關係友好發展的步伐。我個人認為，中美兩國只有在完全排除臺灣問題的障礙以後，才有可能使已經建立起來的「建設性戰略夥伴關係」得到穩定和鞏固的發展，並把這種關係順利地帶向21世紀。而這樣，對中美兩國、海峽兩岸的中國人、對亞洲以至整個世界的和平與發展都是大有好處的。

（一次有關中美關係座談會上的發言）

港澳回歸話臺灣

一、中國統一大業的又一盛事

　　早在1553年，即明嘉靖三十二年，葡人即透過賄賂明朝官員辦法入據澳境，此後逐漸擴大居住地區，進而發展至長期盤踞以至強行霸占。如今整整446年了，終於在今年12月20日，繼香港回歸後一年半的時間，也順利地回歸中國懷抱了，這自然是值得高興的一大盛事。

中國著名愛國詩人聞一多先生，於1926年曾用一種特殊的「擬人化」即「第一人稱」的手法，表達了澳門對於中國的懷思之情。詩中寫道：「他們（指葡萄牙人）擄去的是我的肉體，你（指祖國）依然保管著我內心的靈魂……請叫兒的乳名，叫我一聲『澳門』！母親，我要回來，母親！」如今這個願望終於實現了。全國人民喜慶澳門回歸，澳門也早就披上盛裝，迎接這久所渴望的回歸祖國的節日。

澳門回歸，是殖民統治在中國的徹底終結。與此同時，澳門將開始一個偉大的新紀元。

二、臺、港、澳三地之異同

港澳回歸，人們自然會聯想到臺灣。港澳都是按鄧小平提出的「一國兩制」原則回歸祖國和實現統一的。臺灣與港澳有何異同，「一國兩制」適不適用於臺灣呢？

臺、港、澳三地有四點相同：

（一）都是中國領土不可分割的部分；

（二）都因外國勢力的染指而造成與中國的長期分割；

（三）都是實行資本主義制度；

（四）都適用以「一國兩制」原則來實現祖國統一。

臺、港、澳三地也有五點不同情況：

（一）與中國分割的長短時間不同，澳門446年，香港156年，臺灣50年（如加上日據時期，則共為100年）。

（二）人口與土地面積不同，澳門23.5平方公里，45萬人；香港1092平方公里，650萬人；臺灣3.6萬平方公里，2200萬人。

（三）資本主義的特點各有不同，香港以轉口業為主，高度自由化，係具某種香港地方特色的英式資本主義；澳門以博彩業為主，係發育不健全和帶某種怪胎式的葡式資本主義；臺灣以加工出口業為主，民用工業相對發達，係具某種臺灣地方特色的中式資本主義。

（四）統治者不同，香港原為英國人所統治，澳門原為葡萄牙人統治，兩者都是外國人統治中國的地方。而臺灣則不同，抗戰勝利後，已由國民黨政權收回，現在是在臺灣的中國人在實行統治。

（五）實踐「一國兩制」的做法各有不同，有「一國兩制」的香港模式，體現在《香港基本法》中；有「一國兩制」的澳門模式，體現在《澳門基本法》中；有「一國兩制」的臺灣模式，將體現在兩岸共同研商制定的《臺灣基本法》中。

三、「一國兩制」是「雙贏」政策

有一種奇怪現象，「一國兩制」越是在港澳實踐中取得成功，臺灣方面越是攻擊反對得厲害，特別強調它不適用於臺灣，把它說得一無是處。其實並不是這樣。

臺灣反對「一國兩制」，就主政當局來說，核心是反對「一國」。設若按「一國兩制」實現統一，臺灣就不能再自稱「國家」了，諸如「總統」、「院長」、「部長」等一系列「國家級」桂冠，就不能存在了，於是有人就認定這是「矮化」、「貶低」臺灣。其實這不過是恢復事物的本來面貌。臺灣作為中國的一部分，永遠是地方，但是作為國民黨在臺政權，即所謂「中華民國政府」，是國共內戰遺留下來的歷史問題，應透過平等協商，獲得合情合理、彼此都能滿意的解決。絕不可把這兩個不同性質的問題等同或混淆起來。

就臺灣民間來說，更多考慮的則是「兩制」。他們擔心自己的利益，諸如私人財產、房屋、土地、企業所有權、合法繼承權等，是否能受到法律保障；擔心

個人的職業、收入、養老金、工作待遇和生活水準等，會否受到影響；還有個人的人身自由、民主權利等，是否能和過去一樣。其實這些都是不成問題的問題，都將會在共同商定的《臺灣基本法》中得到回答和解決。之所以成了問題，主要是對「一國兩制」內涵缺乏真正的瞭解，甚至被人完全誤導了。

「一國兩制」其實是一種「雙贏」政策。它既可滿足全國人民久所渴望的國家統一，又能滿足臺灣人民長期盼望的「當家做主」的願望和要求。你的還是你的，我的還要讓你分享。在「一個中國」原則下，兩種制度，互補互利，和平共處，共同繁榮，這有什麼不好呢？

（原載《澳門日報》）

海峽兩岸關係中的幾個敏感問題

最近以來，臺灣島內有些人，在兩岸關係上有這樣那樣似是而非、混淆視聽的說法，其對兩岸關係的良性互動是絕對不利的。現就個人所感覺到的幾個問題發表如下看法：

（一）「不武不獨」和「不獨不武」。民進黨內有的人士說：「只要中共不武力犯臺，我們不會挑釁地宣布臺獨」。這是把問題完全顛倒了，難道是因為中共說要「動武」，臺灣才會出現臺獨的嗎？朱鎔基總理說得好：「先有『兩國論』，後有『白皮書』」。同樣是「先有『分裂論』，後有『用武論』」。設若沒有分裂、臺獨之說，怎會有用武之說？所謂「武力犯臺」的說法也不妥，臺灣問題是中國的內政，是國共內戰遺留下來的歷史問題，設若被迫而不得不動武，那也是內戰的繼續，並非兩國交兵，根本不存在國與國之間「誰侵犯誰」的問題。正確的提法，不是「不武不獨」而是「不獨不武」。所謂「獨」，不能侷限於名義上叫不叫「臺灣國」，而是看你言論上和行動上，搞不搞「臺灣主權獨立」。只要你搞「臺灣主權獨立」，把兩岸關係說成「國與國關係」，不管你叫什麼名稱，採取什麼形式，那就是臺獨。一旦踩破中國大陸所能容忍的「底

線」,那就非採取非和平手段不可了,這自然是誰也不願見到的。

（二）「一個中國的原則」與「一個中國的議題」。有人最近不止一次地說:「只要一個中國不是前提,不是原則,一個中國的議題,也可以坐下來討論」。「議題」與「原則」,兩字之差,霄壤之別。什麼是一個中國原則?猶記當年鄧小平,針對英國有人欲「以主權換治權」時,曾斬釘截鐵地回答說:「主權問題是不可以討論的」。我們今天講的一個中國原則,本質上就是主權問題,同樣是不可以作為「議題」來討論的。設若可以討論,那就是說,是一個中國還是兩個中國,臺灣是不是中國的一部分,還要等待討論,這與李登輝的「兩國論」如何劃清界限?又與美國當年有人拋出的「臺灣地位未定論」如何區別?事關原則問題,大是大非問題,應該立場明確,旗幟鮮明,不要再搞有人曾經用過的那套戲法,即似是而非、模稜兩可、騙人也騙己的「遮眼法」了。

（三）「公投黨綱」和「臺獨黨綱」。新當選的臺灣地區領導人,早在1999年元月就曾說過:「民進黨沒有臺獨黨綱」,只有「住民自決黨綱」,即民進黨黨綱所載:「臺灣前途應由臺灣公民投票決定」。民進黨某領導人最近也說,民進黨的「黨綱」,其實是「公投黨綱」,而不是「臺獨黨綱」。然則,「公投黨綱」與「臺獨黨綱」有無不同?從表面來看,似是有所不同,不能把兩者完全等同起來,但如深一層看,這不過是一種「策略性包裝」,沒有實質性區別。所謂「公投」、「自決」、「臺灣前途由臺灣人民自己決定」,說到底都是李登輝一心倡導的旨在分裂中國的「主權在民論」。臺灣是中國領土不可分割的一部分,臺灣人是中國人,居住在臺灣的不是一個獨立民族,而是整個中華民族的一個組成部分。臺灣主權是屬於全體中國人民的,怎麼可以由少數人「公投自決」呢?民進黨竟把這樣涉及整個中國國家主權的大事寫進自己的黨綱,顯然隱藏著不可告人的目的。其所謂「公投黨綱」和「臺獨黨綱」,並無本質上的區別。

（四）所謂「善意」與「惡意」。新當選的臺灣地區領導人,總是不時直接或間接地「放風」說:只要大陸「展現善意」,臺灣「願就兩岸直接通航、通商、投資、和平協定等各項議題進行協商」。還有,「歡迎江澤民先生、朱鎔基

先生、汪道涵先生能到臺灣訪問」。然則，什麼叫「展現善意」？臺灣方面表現的「善意」又在哪裡？顯然臺灣對大陸所要求的「善意」，就是放棄一個中國原則。他們開出的「要價」是：「確保臺灣的國家安全」，並在「尊重臺灣主權、尊嚴與安全」的前提下，與大陸就以上議題「進行協商」。換句說話，這不就是要大陸允許臺灣永遠保持「獨立」或「變相獨立」地位，才能進行談判協商嗎？其實，這不是「善意」而是「惡意」，是蓄意製造國家分裂和阻撓兩岸的統一。在這樣的惡意面前，中國大陸怎麼可能「展現」其所期望的「善意」？不接受一個中國原則，不放棄分裂和臺獨主張，別的什麼都談不上，更談不上什麼「善意」。

（五）所謂「獨臺」與臺獨。何謂「獨臺」？通常即所謂打著「中華民國」旗號，尋求「變相」或「實質」臺獨之謂。現今臺灣，臺獨和「獨臺」已越來越相互靠攏。民進黨的領導人說：「臺灣是主權獨立國家，它的現在的國名叫『中華民國』」。國民黨的領導人說：「臺灣是主權獨立國家，它的正式國名叫『中華民國』」。請看兩者有多大區別？其共同點是，都稱「臺灣是主權獨立國家」；其不同點是，一個說它現在的國名叫「中華民國」，一個說它正式的國名叫「中華民國」。一丘之貉而已！新當選的臺灣地區領導人，曾不止一次地表示，一不宣布臺獨，二不將「兩國論入憲」，三不更改所謂「國號」，四不搞「公投入憲」。如果僅僅如此，而不接受一個中國原則，那不過是從臺獨轉為「獨臺」，並未改變臺獨實質，一旦氣候適宜，條件成熟，未嘗不可將現在暫用的「國號」改為自己所一心追求的「國號」，如此禍根不除，埋下伏筆，難免遺患於後。此為兩岸人民所不可不洞察，不可不引為警戒也。

以上就是個人所感到的幾個敏感問題。心所謂危，不敢不說。願我兩岸同胞互勉互勵，提高警覺，為反對分裂和臺獨，為促進祖國的和平統一大業，而攜手合作和共同奮鬥。

（原載香港《大公報》）

江澤民「八項主張」的歷史和現實意義

國際先驅導報駐香港記者施春、記者李曄報導

1月26日，國務院臺辦發言人李維一表示，首都各界28日下午將在人民大會堂集會，紀念江澤民對臺重要講話發表10週年，屆時中央領導人將發表重要講話。專家分析，由於這是中國新一代領導集體接班以來，第一個對臺灣問題發表比較系統全面談話的契機，因此在紀念活動上，將有可能宣示中央對臺的最新政策。

兩年醞釀「江八點」

《國際先驅導報》：1995年，「江八點」的提出有什麼特別的歷史背景嗎？

李家泉（北京臺灣經濟研究中心理事長）：從1993年起，專家們經過多次論證修改醞釀，時經兩年才形成了1995年的「江八點」，當時是江澤民就任中國領導人後的第一次比較系統、全面地對臺灣問題表態。

從1960年代初期起，毛澤東就已經有了「和平解放臺灣」的思路；撥亂反正後，1979年元旦，人大常委會發表《告臺灣同胞書》第一次提出了「和平統一」；1982年，鄧小平首次提出「一國兩制」的科學構想。「江八點」其實是對「和平統一，一國兩制」思想的深化和具體化。必須看到，當時鄧小平提出兩岸「和平統一」是在中央工作重心轉移的大環境下，社會要求和平穩定，不再出現「中國人打中國人」的局面。如果把毛澤東、鄧小平的思想視為理論，1981年葉劍英元帥提出的「葉九條」視為政策，那麼「江八點」就是第一次明確了如何操作實踐這一理論和政策。「江八點」主要回答了「兩岸如何達到和平統一」、「在沒有統一之前的過渡時期如何辦」這兩個問題。

從「促統一」到「反分裂」

《國際先驅導報》：目前的兩岸形勢和十年前相比有什麼不同？

王家英（香港臺灣問題專家）：儘管兩岸情勢發生變化，但「江八點」所揭示的兩岸關係發展的總體方向未變。但是十年來，中央對臺政策的戰略重點和優先次序出現微調。十年前，臺灣沒有太嚴重地偏離「一中」原則的軌道，也沒有推動明目張膽的臺獨活動，因此，當時大陸對臺政策以促進兩岸協商和統一為主。當前，中央對臺政策的戰略優先次序，已經演變成以反分裂為主，在這一前提下，逐步推進統一大業。其中最令海內外矚目的動作，就是全國人大即將於今年3月完成《反分裂國家法》的立法程序。

李家泉：中央新一代領導集體接班以來，大陸對臺戰略出現了四個顯著變化。

一、把反臺獨和反分裂鬥爭提到前所未有的高度，即關係到我們國家的核心利益的高度來認識。這是給臺獨分子，給美國都亮出了底線。

二、反對臺獨和分裂主義的立場堅定、斬釘截鐵、決心很大。《五一七聲明》就指出，「如果臺灣當權者鋌而走險，膽敢製造『臺獨』重大事變，中國人民將不惜一切代價、堅決徹底地粉碎『臺獨』分裂圖謀」。

三、強調「寄希望於臺灣人民」的方針。對2300萬臺灣人民的工作一定要深入細緻、「入島、入腦、入心」地做好他們的思想工作。

四、以法制手段來對付臺獨分裂勢力。這是指當時正醞釀製定中的《反分裂國家法》。

《國際先驅導報》：未來幾年內的臺海局勢可能會有什麼樣的變化？大陸將如何應對？

王家英：春節包機共識的達成，絕不意味著臺灣當局放棄了臺獨分裂活動，兩岸關係從此樂觀可期。兩岸現在只是儘量不碰政治分歧，但未來兩岸關係走向取決於臺灣的態度。

當前兩岸關係正處於十字路口。預計臺灣當局絕不會乖乖就範，輕易接受大陸的《反分裂國家法》，短期內兩岸緊張關係極有可能出現。美國公開沒有反對

大陸立法，顯示中美在這一問題上已達成共識。美國認識到，大陸為臺獨畫線，是符合中美雙方利益的。中美聯手阻獨，將使臺灣的臺獨行動面對很大壓力，短期內，可能會使臺獨活動暫時穩定下來，但《反分裂國家法》的出臺，只是使以往以一中為基礎的、不統不獨的臺海現狀勉強得以維持，觀察臺海形勢發展最關鍵的時間點還是未來兩三年。未來幾年，兩岸關係最重要的觀察指標主要是，第一，2006年臺灣「公投制憲」；第二，2006年臺灣縣市長選舉和2008年「總統」選舉；第三，島內藍綠之間的力量對比變化走勢。可以預見，未來兩三年，兩岸圍繞統獨議題上的鬥爭將越來越嚴峻和激烈。

李家泉：現在中國統一工作面臨的最大問題是陳水扁拒絕接受「一中」。因此大陸政府在應對時，可以採取「宏觀調控，微觀放鬆」的做法，即明確對臺的兩條底線：一，不准搞「臺灣共和國」；二，不准搞「法理臺獨」（在「中華民國」的旗號下，透過「制憲」或「修憲」來造成「中華民國就是臺灣」事實）。如果臺灣當局不顧「一中」推動臺獨、碰撞這兩條底線，就將「不惜一切代價」地粉碎臺獨陰謀。而在這兩條底線之外的其他問題，我們可以置之不理，不能被臺獨分子牽著鼻子走。

（原載《國際先驅導報》）

制定《反分裂國家法》的重大意義

自從我人大常委啟動《反分裂國家法》的立法程序以來，臺灣、海峽兩岸以至國際輿論界，莫不十分關注這一立法的具體內容。如今終於公布了。在這以前，即今年3月8日，全國人民代表大會常務委員會副委員長王兆國，在第十屆全國人民代表大會第三次會議上還就《反分裂國家法（草案）》作了若干說明。以下謹就管見所及談一點個人看法。

（一）制定《反分裂國家法》是形勢發展的需要。眾所周知，在港澳相繼回歸前後，中國大陸一些從事臺灣研究的學者（含法律界），曾探討過有關臺灣的

基本法，即不同於《香港基本法》和《澳門基本法》的《臺灣基本法》，但也只限於研究探討而已。這是第一階段。自1999年李登輝提出「兩國論」、後來又有陳水扁提出「一邊一國論」後，這才主張、建議，呼籲和著手研究關於《國家統一法》。這是第二階段。自去年以來，由於在臺執政的民進黨與臺聯黨（臺灣團結聯盟）相呼應，加快了「修憲」、「制憲」、「正名」、「獨立建國」的步伐，來勢洶洶、氣焰囂張，經我高層慎重考慮，這才決定要制定《反分裂國家法》。這是第三階段。於此可見，這個《反分裂國家法》完全是臺獨分裂勢力逼出來的，是為適應當前臺海形勢發展需要而制定出來的。

之所以未制定《國家統一法》，是因為當前統一的條件還不完全成熟，當前最重要和最緊迫的任務是遏制臺獨的發展趨勢。

（二）已公布的《反分裂國家法》的重要意義。從公布的《反分裂國家法》的條文，以及從王兆國副委員長對這個《反分裂國家法》所作的說明看，很明顯有以下幾個特點：

　1.它是預防性質的——亮出「紅燈」或「警燈」，以防止臺當局盲目地闖入不該闖入的紅燈區或警燈區。

　2.它是和平性質的——反對臺獨就是保衛和平。「臺獨沒有和平，分裂沒有穩定」，這是中國大陸「兩辦」受權發表的《五一七聲明》所特別強調的。

　3.它是保護人民的——保護好人，反對壞人。臺灣島內99％以上都是屬於應該保護的好人，那些頑固不化的臺獨分子只是極少數。

　4.它是維護地區安全的——只要島內不搞臺獨，不搞分裂，中國大陸就不會動武，臺海就沒有戰爭，這個地區和人民的安全就一定會有保障。

因而，這個《反分裂國家法》，總的又是充滿善意的，是有利於改善兩岸關係和最終實現和平統一的。

那麼，這個《反分裂國家法》的制定又有什麼重要意義呢？我個人認為，其重要意義有二：一是「以法制法」，把黨和政府的對臺政策「法制化」，內制臺當局的「法理臺獨」，外製外國勢力以立法形勢干涉中國內政。這樣做，其較之

過去一些領導人的宣示更具權威性，更具法律約束力。二是「宏觀調控」，只要你臺灣不搞臺獨，不破壞「大陸與臺灣同屬於一個中國」的現狀，不破壞兩岸主權的統一性和完整性，其他屬於島內「治權」範圍內的事一概由在臺灣的中國人自己管理自己。

（三）關於《反分裂國家法》的各種流傳。一個時期來，各方面尤其是臺灣島內確實存在關於《反分裂國家法》的種種傳言。諸如，有的說它是「戰爭法」——為動武確立「法源」；有的說它是「授權法」——旨在授權軍方「先斬後奏」；有的說它是為「改變現狀」——實際是要「吞併臺灣」；有的說它將「踐踏人權」——為未來「亂扣帽子」和製造「紅色恐怖」作準備。諸如此類，搞得臺灣一些人很緊張，好像「大禍就要臨頭」，「刀已架在脖子上」了。這實在是「唯恐天下不亂」。

實際上呢？只要你不搞臺獨，不搞分裂，就什麼事情都沒有了。大陸不會動武，軍方也不會「先斬後奏」，其他顧慮更無必要。至於臺當局有人揚言要推動制定什麼「反吞併法」，要搞反吞併大遊行，更是可笑。既然大陸與臺灣同屬於一個中國，那還存在什麼「誰吞併誰」的問題呢？難道中國人會自己吞併自己嗎？如果不是這樣，硬要繼續推動「反併吞法」，那不就是「不打自招」，承認自己是臺獨嗎？要不然就是「做賊心虛」，用「臺獨綁人民」的做法，打著「臺灣人民」的旗號來掩護自己的臺獨勾當，到頭來不會有好下場。

（四）關於「和平方式」與「非和平方式」。我個人認為，《反分裂國家法》的基本精神，是要力爭要以「和平方式」解決臺灣問題。正如胡錦濤主席所講：「和平解決臺灣問題、實現祖國和平統一，符合兩岸同胞的根本利益，符合中華民族的根本利益，也符合當今世界和平與發展的潮流」。中國大陸的政府和人民，自然會以最大的誠意和最大的努力來爭取臺灣問題的和平解決。

然而「樹欲靜而風不止」。如果極少數頑固的臺獨分子，一意孤行，堅持臺獨分裂路線，那麼中國大陸為了捍衛國家主權和領土完整，為了保障中華民族的根本利益，在不得已的情況下，將被迫不得不「採取非和平方式及其他必要措施」。即使在這種情況下，相信中國政府仍會「盡最大可能保護臺灣平民和在臺

灣的外國人的生命財產安全和其他正當權益」。

所謂「非和平方式」及「其他必要措施」，我想應該包含武力，但也不一定就是武力，諸如海上封鎖、經濟制裁，以及其他政治、外交、法律等措施，就都屬於這一類。自然也會根據當時的具體情勢彈性應變。

還有，臺灣有人十分擔心大陸的統一或用武「有沒有時間表」。關於這一點，美國紐約大學有一個教授說得好：「大陸對臺灣會不會、或何時用武力，已不操之於北京；而是完全由臺灣當局決定會不會、或何時決定實現分裂而定」。

「九二共識」的迷津與真相

據臺灣媒體報導，陳水扁在「扁馬會」時說：只要連戰這次去北京，「呼籲北京當局公開對外宣稱，所謂『九二共識』就是『一中各表』」，他陳水扁「絕對尊重」。然而陳水扁的這段話，在官方公布的新聞稿中很快被篡改為他「對於九二年香港會談絕對尊重」，這與原來所說自然有很大不同。

究竟什麼是「九二共識」呢？由於複雜的歷史和現實原因，雖然當時雙方確有「共識」，各自也都有白紙黑字的文字根據，但卻並未留下共同簽署的文字記載，以至迄今仍存在「各說各話」現象。

臺灣方面，有「一中各表」之說。即雖然同意「一個中國」，但卻主張「各自表述」。從而有解讀「一個中國即中華民國」者。

大陸方面，有「各表一中」之說。即各自都以口頭方式表述「兩岸都堅持一個中國」，但暫時則不要去碰「一中」的具體內涵。

「一中各表」和「各表一中」，雖然只是把「一中」和「各表」相互顛倒一下，但所含內容卻有明顯的不同。儘管如此，但雙方都有一個共同點，即都認同「一中」。所以，「九二共識」實際上就是指的「求同存異」。「一中」是雙方都認同的，這是最重要的，是「九二共識」的靈魂，是雙方「求大同」的結果；

至於「各表」，這是「一中」的具體內涵，雖有不同，但是第二位的，可以說是「存小異」。因為，大家都認同「一中」，就是都承認是中國人；自然都是「一家人——中國人」，那麼，叫什麼「國號」自然是第二位的，雙方可以坐下來慢慢商討。

筆者傾向於「各表一中」所表達的「九二共識」，這是針對「一中各表」說的；但仍舊有不夠明確和準確的地方，存在著可能被任意扭曲和解讀的空間，故而在我的文章中一般不採用這個說法，仍多沿用「九二共識」。在我看來，「九二共識」的基本點，最大共同處，就是雙方都認同「一中」，其他的解釋都是不科學和不準確的。去年「胡宋會」所提出「兩岸一中」，我非常贊同，認為這才是真正的和最準確的「九二共識」的基本精神。

陳水扁一夥慣於鑽空子，他們看到國共雙方及有關學者關於「九二共識」的說法存在著微妙的不同，因此索性全部推翻這個共識，說什麼「根本不存在這個共識」。他們抓住中國大陸從未有過把「一中」和「各表」連在一起的說法，於是連「一中」和「各表」這四個字全部推翻，這就如同「倒髒水時連同孩子都一起倒掉了」一樣，真是荒唐之極。陳水扁在「扁馬會」中關於「一中各表」所說的一些「慷慨激昂」、自認為有理並且企圖「將對方一軍」的話，其實是「搬起石頭砸了自己的腳」。後來在公開發表的文稿中被刪改或篡改是很自然的。

有的臺灣朋友問我：你們為什麼對國民黨方面說的「一中各表」從不表態？別人我不好說，但就我自己來講，我是既不贊成，也不反對。之所以不贊成，是因為這種表述不準確，之所以不反對，是因為其中有「一中」，這是我們和他們之間的共同點，是兩岸未來對話和談判的基礎，這與陳水扁一夥的「一邊一國」論是有本質區別的。

總之，我們與陳水扁一夥的根本分歧，絕不是什麼「九二共識」存不存在，或如何解讀的問題，而是分裂和反分裂，要不要把臺灣從中國大家庭中分裂出去的大是大非問題。「九二共識」是存在的，其基本精神就是「一個中國」。正像胡錦濤總書記在「四個絕不」中所表達的那樣，臺灣問題是關係到我們國家的核心利益和根本利益的大事，我們堅持一個中國絕不動搖，反對臺獨分裂絕不妥

協,只有在「九二共識」或「一個中國」原則的基礎上才有可能真正實現兩岸的和解與和平。

(《中國評論》新聞網)

中國政府對臺政策的重大發展——紀念江澤民同志「八項主張」發表12週年

自1995年元月30日江澤民同志發表「八項主張」以來,到現在已整整12個年頭了。這中間,在臺灣經歷了李登輝和陳水扁兩個時期,兩岸間則一直是經熱政冷,「東邊日出西邊雨」。臺海風雲變幻,時雲時雨,起伏不定,如今又到了一個關鍵時期。陳水扁為擺脫島內困境,不能排除其為轉移焦點,而在兩岸關係上進行挑釁和冒險的可能性。我們對此不能不保持高度的警惕。

江澤民八項主張的主要點是:強調一個中國原則是實現和平統一的基礎和前提;對於臺灣同外國發展民間性經濟文化關係不持異議;海峽兩岸和平統一的談判可以分階段分步驟地進行。講話主張大力發展兩岸經濟交流與合作,主張共同繼承和發揚中華文化的優秀傳統,主張並歡迎臺灣各黨派、各界人士與大陸就兩岸關係交換意見,並提出雙方領導人以適當身分互訪。這個講話,是對鄧小平「和平統一、一國兩制」構想的具體、系統和全面的闡述和發揮,至今仍是指導我們對臺工作的綱領性文件。

自2002年迄今,胡錦濤同志主政以來,中國政府在有關對臺政策上又先後發表和公布了許多重要文獻。如《五一七聲明》、《反分裂國家法》,以及胡錦濤本人於2005年3月4日發表的關於兩岸關係「四點意見」的重要講話。這些都集中代表了中國政府新時期的對臺政策,體現了以胡錦濤為代表的中央領導集體在對臺政策上的新思維。

按照我個人的理解,可以把這個新思維概括為中國黨和政府在新的歷史條件

下，繼毛澤東和周恩來之後，在臺灣問題上提出的第二個「一綱四目」（亦可稱「一個中心、四個絕不」）：

一綱，就是中國必須統一，這是問題的核心，是毛、周以來歷代中國領導人所一致堅決主張的。不能把國家主權虛化和分割化，不能搞「兩個中國」和「一中一臺」。

四目，集中表現在胡錦濤提出的「四個絕不」：

一是「絕不動搖」。這是就一個中國原則說的。臺灣方面必須承認「九二共識」，也就是承認「一中」，以為恢復兩岸的對話和談判創造條件。二是「絕不放棄」。這是就兩岸的和平統一態度說的。中國大陸堅持「以和為貴」，以最大的誠意，盡最大的努力，爭取兩岸和平統一前景的實現。

三是「絕不改變」。這是就「寄希望於臺灣於人民的方針」說的。中國大陸堅持「以民為本」，將繼續出臺解決臺灣人民關心的問題，維護臺灣人民正當權益的政策措施。

四是「絕不妥協」。這是就反對臺獨分裂活動說的。胡錦濤說：「維護國家主權和領土完整，是國家的核心利益」，是不可能妥協的。大陸公布的《反分裂國家法》，已就此設置「底線」。

目前值得特別指出的是，陳水扁當局因貪腐和弊案，已陷入空前未有的危機和困境。根據過去經驗，陳水扁每當遇到這種情況時，就會打出「悲情牌」和「兩岸牌」，而現在打「悲情牌」已不怎麼靈了，這就主要依靠打「兩岸牌」，那就是渲染「中共威脅」，煽動「仇共情緒」，製造「兩岸對立」。並藉機在臺灣社會和政黨之間操弄「族群鬥爭」，大搞「綠色恐怖」。對臺灣當局的所作所為，島內輿論已有所謂「臺獨法西斯」和「臺獨紅衛兵」之說。他們名為「保衛本土政權」，實為保護陳水扁小集團的既得權益。

現在的陳水扁，已與島內深綠或基本教義派捆在一起。一方面，陳水扁太孤立，需要深綠或基本教義派來保護自己；另一方面，這些深綠、「基本教義派」、臺獨大佬們，也趁機利用陳水扁的困難，挾持和操弄陳水扁，讓他死心塌

地地跟著他們走臺獨之路。陳水扁似也心甘情願在為他們效力。過去陳曾對藍營製造所謂「七日柔性政變」說，現在又對某些不肯效忠自己的司法人員製造所謂「司法柔性政變」說。而實際呢，是陳水扁自己在製造「臺獨柔性政變」。他們正緊鑼密鼓、或明或暗地加緊推動的「修憲」和「制憲」，實即「法理臺獨」，亦即「臺獨柔性政變」。

明年是我舉辦「奧運會」的一年，也是臺灣地區領導人選舉的一年，今年年底臺灣還要進行所謂「立委」選舉。今年是兩岸關係的關鍵年。對於臺灣島內形勢和兩岸關係，都特別值得我們注意。

所以，當此紀念江澤民的「八項主張」發表12週年之際，我們必須倍加警惕，做好一切應變準備，防止極少數臺獨分裂主義者狗急跳牆，發飆挑釁，趁機破壞當前兩岸已日益趨於和平穩定的發展局面。

（寫於2007年元月28日）

大陸的對臺政策與兩岸關係——香港無線電視臺記者訪談摘要

本月27日，香港無線電視臺兩位記者，即潘蔚林和龍啟堅兩位先生，就近期兩岸關係採訪了我。該電臺是我過去的老關係，因我早就不在職，很久沒有聯繫了，不知什麼原因忽然又找上我，雖幾經推辭，最後還是接受了採訪。現根據回憶，特將所回答的幾點，摘要整理如下：

（一）臺灣地區領導人選舉即將舉行，北京的「兩會」也就要開始了，未知你們的對臺政策會否有什麼新變化？

答：按說這個問題不應該由我來回答，既然問到了，也可以說點個人看法。我認為，中國大陸這邊，對臺灣的大政方針，不可能有什麼變化。我們的對臺政策，與臺灣的大陸政策不同，一直是穩定的，不會變來變去。具體講，仍然是

「和平統一、一國兩制」，目前主要是「反獨」，不會搞什麼「急統」。我們非常珍惜目前和平發展的大好時機和環境，希望把統一問題能夠融入兩岸的和平合作與和平發展之中。當然，這也要看臺灣方面能不能和願不願配合。

正像我們中央領導所說的那樣，目前兩岸雖然沒有統一，但同屬於一個中國的大格局沒有變化，也就是說「中國是兩岸的共同家園」，我們是同一個「命運共同體」。現臺灣和大陸實行的也是不同的社會制度。就這個意義來說，兩岸實際上已經是「一國兩制」，不管你承不承認，那是一種客觀存在。現在的問題，就是要把這種「客觀存在」化為雙方的「主觀認同」。換句話說，就是要透過雙方接觸、對話、協商，達成協議，使之共識化、合法化、制度化和正常化，但願臺灣新的領導人產生後，也能夠朝著這個方向努力，爭取能夠早日實現。最好是在「一國兩制」原則下，盡快「構建兩岸和平發展框架」。

（二）臺灣方面3月分大選後，兩岸經貿關係會出現什麼形勢？面對臺灣新選出的領導人，大陸方面會否配合出臺什麼新的經貿政策？

答：總的有兩點估計：一是不管新選出的領導人是謝長廷還是馬英九，兩岸關係也包括經貿關係，都會有緩和與改進；二是不管是誰上臺，兩岸關係都很難有重大突破，尤其是政治關係。

根據也是兩條：一是臺灣人心思「安」，人心思「和」，人心思「變」，人心思「通」。臺灣人民已不能再忍受目前社會的這種「亂局」，不能再忍受政黨之間和族群之間的這種「惡鬥」，使社會沉淪，經濟下滑，人心浮動。二是，之所以說很難有重大突破，就謝長廷來說，「非不為也，是不願也」！這自然是他的政治理念和立場所決定的；就馬英九來說，「非不為也，是不敢也」！這與他的「外省人」背景，以及怕被扣「紅帽子」的心態，是分不開的。

兩岸經貿關係，估計節日、假日包機等都會實現，但要在很短時間就實現「直航」和「三通」，也不會是那麼簡單，還會有矛盾和鬥爭，諸如航線問題，是「國內航線」還是「國際航線」，還有所謂安全問題等，都會有一些「扯皮」。

這裡，我有三句話，也是三點希望：

一是「千利益、萬利益、經濟利益是第一利益」；

二是「千措施、萬措施、『直航』是第一措施」；

三是「大三通、小三通、大小都應該『通』」。

總之，只要臺灣方面能向好的方向發展，大陸這邊一定會出臺一系列的「惠臺」政策來配合。兩岸本來就都是中國人，不要再鬥下去了。

（三）國民黨和民進黨，都很注意所謂「國際生存空間」，面對臺灣大選後的「新團隊」，大陸會否放寬「外交打壓」？應該怎麼看臺灣的「入聯」和「返聯」？

答：這不叫打壓，這是分裂和反分裂的鬥爭。無論是舊團隊，還是新團隊，只要你搞分裂，搞臺獨，在國際上搞「擴大外交承認」，那就不行，一定「打壓」。過去如此，今後還會如此。國際上普遍承認一個中國原則，你想突破這個原則，想跟科索沃「建交」，想派具有官方背景的高層去韓國參加什麼總統就任「慶典」，那就必然會「碰釘子」，正像臺灣媒體所說，那是「自取其辱」和「自討沒趣」。

所謂「外交休兵」，那是有原則、有條件的，不能要我「休兵」，而讓你「進兵」，絕對行不通。基本原則是一個中國，只要不違背這個原則，許多問題都可以商量。

至於「入聯」和「返聯」，我們都是反對的。「入聯」，即以臺灣名義「入聯」，那是「變相臺獨」，是繞著彎子搞臺獨。「返聯」，即以「中華民國」名義「入聯」，那是「變相獨臺」，是繞著彎子搞「兩個中國」。有人說這是「維持現狀」，不對，「中華民國」是以「一中憲法」為基礎的，我們雖不承認這個稱號，但還可以容忍，但你若搞「返聯」，那就是要搞「國際承認」，使之「合法化」，變成脫離一中原則的「兩個中國」，這就是不能允許的。

民進黨終年炒作「主權」何時了？

臺灣民進黨自成立那一天起就炒作「主權」問題，執政八年是炒作的高峰，為此而大打「本土牌」、「民主牌」、「悲情牌」、「族群牌」，在島內鬧得烏煙瘴氣，雞犬不寧，也使兩岸關係和美臺關係長期為之緊繃對立。而結果呢，民進黨在今年春的「立委」選舉和地區領導人的選舉中，竟雙雙慘敗。如今這個黨已經變成在野黨了，其情勢還有可能進一步惡化，然卻不能記取教訓，仍在繼續炒作什麼「主權」。

　　全世界都知道，臺灣從來不是主權國家，其主權屬於中國，絕不是靠炒作就能炒到主權的。民進黨的做法未免太天真了！長此炒下去，對自己並無任何好處。

　　民進黨原主席謝長廷下臺了，新的黨主席蔡英文亦已上臺。因為蔡年輕，有朝氣，個性溫和，似比過去的幾位黨主席形象都好，人們抱著美好的期待。然而，蔡英文在今年7月20日，即民進黨「全代會」致辭時竟稱：「新政府（指馬政府）以主權的讓步，換取兩岸互談及包機觀光等不確定的經濟利益，導致臺灣主權面臨前所未有的危險」。蔡剛上任，就又開始炒作「主權」了！她並宣稱民進黨對此將「絕不袖手旁觀」。

　　果然，民進黨的「戰士」們一個個都出手了，其矛頭主要針對正在改善的兩岸關係和北京奧運會。綠營朋友們幾乎是炮火全開，說什麼「包機直航一天開放八個機場，置臺灣人民安全於不顧」，萬一發生「中國版的木馬屠城記」，臨時「將很難應對」。批評馬政府「太高估經濟效益」，而「置臺灣主權於不顧」。對於北京主辦的奧運會更是疑神疑鬼，誣衊中國大陸是在搞「奧運外交」，「對臺灣友邦搞『奧步』」，是在「以體育交流為名，行外交挖角之實」。民進黨「立委」塗醒哲還鼓動說，對於這次奧運會，臺灣「一定要硬起來，一定要展現『臺灣中國，一邊一國』」，甚至主張「帶著國旗去大陸」。

　　民進黨中的一些人，對於北京舉辦的奧運會，總是百般挑剔，「雞蛋裡面找骨頭」。先是陳水扁還在臺上時，以奧運聖火傳遞路線有「矮化臺灣主權」之嫌，而拒絕聖火入臺；繼而陳水扁下臺後，又藉口「中國臺北」是蓄意「矮化臺灣主權」，要求一定改為「中華臺北」；在這個問題獲得解決，即臺灣按照漢字

筆畫排序，以「中華臺北」名義參加，排在日本之後和中非之前入場，並獲得馬政府認可後，綠營中仍是嗆聲不斷，認為「中華臺北」的英文縮寫為TPE，應按「T」字排列順序，而現在按「中」字或英文「C」字順序排列，將有可能為未來的「矮化」留下「伏筆」。其中更奇怪的是，臺灣「立委」高金素梅將率領臺灣百餘名原住民在奧運開幕式上表演包括14個族的原住民傳統舞蹈，這本來是很光彩和應該感到自豪的事，竟也被一些人懷疑其中有什麼「政治意涵」。真難免有讓人「啼笑皆非」之感！

由上可見，臺灣在實現新的政黨輪替後，兩岸關係雖有明顯好轉和很大改善，但這種好轉和改善的基礎仍然是很脆弱的。尤其是民進黨中的一些人，死抱著臺灣所謂「主體性」和「主權」不放，戴著有色眼鏡看問題，什麼都懷疑，什麼都不信任，甚至扭曲事實，顛倒是非，製造矛盾，不是「主權」也說是「主權」，不是「打壓」也說是「打壓」。他們對中國大陸和島內反對黨，除了謾罵和攻擊外，從來沒有說過一句好話或肯定的話；而對於自己的政黨和領導人，卻又從來沒有說過一句批評或反對的話，問題再大也要「保」和「護」，一切只問立場，不管是非。這樣怎麼能和平共處、和諧相處呢！？

建議民進黨的朋友們不要再炒作主權了。大陸領導人提出的「建立互信，擱置爭議，求同存異，共創雙贏」，相信這是臺灣絕大多數人，兩岸絕大多數人，僑胞絕大多數人，以至全世界絕大多數人，都是認可的，歡迎的，但願民進黨和整個綠營的朋友們，能夠實事求是，並摘下有色眼鏡，重視溝通，加強交流，化異求同，攜手合作，共創臺灣和兩岸之間更美好的明天！

（中評網）

五、經濟透視篇

本篇實際上都是經濟專題，因作者早期曾是專門研究臺灣經濟的，對內對外寫了很多這方面的文稿，這裡僅選擇其中的幾個專題。雖然是1990年代以前的文章，但如《臺灣農村經濟關係的變化》、《臺灣經濟是怎樣發展起來的》等，仍覺有參考價值。

臺灣農村經濟關係的變化

按：國民黨政府自中國大陸退據臺灣後，接受在大陸的教訓，在農村進行了土地改革，封建地主經濟隨而迅速解體。而當時因為兩岸相互隔絕，大陸對臺灣「土改」真相毫無所知，一直認為是「假土改」。作者在劉映仙同志協助下於1977年完成這篇文章，在內部徵求意見時，不少人為之驚異。本文是在一年以後才公開發表的，個別數據後來有補充和修正。

1949年到1953年期間，國民黨在臺灣搞了一次和平性「土地改革」，對農村封建經濟有所觸動。其後若干年間，由於「加工出口」經濟的發展，臺灣農村的封建經濟進一步解體。農村地主階級趨於沒落，小自耕農漸居優勢地位，商品經濟和資本主義因而獲得發展。與1949年相比，目前的臺灣農村經濟關係與生產結構等都已發生很大變化。

一

臺灣農村封建經濟的解體是從「土改」開始的：

臺灣農民在日本占領時期受到了殘酷的封建剝削和殖民壓迫。國民黨接管後，同樣橫徵暴斂，搜刮掠奪，使農民達到不堪忍受的程度。農村動亂此伏彼起。1947年爆發的「二二八」事件，就是包括農民在內的一次大規模空前的人民抗暴運動。臺灣當局鑒於在大陸的教訓，為緩和農村階級矛盾和維持其統治，在1949—1953年期間，採取所謂「和平漸進」方式，搞了一次資本主義改良性質的土地改革。

「土改」前的1948年，臺灣當局掌握的「公有」耕地17.6萬餘公頃，地主占有耕地45.7萬餘公頃，兩者合計63.3萬餘頃，約占農村全部耕地的77.6%；而占農村總戶數88.3%的農民，卻只占有22.4%，相當18.3萬公頃耕地，其中將近半數的農戶為佃農和僱農，完全無地，土地問題十分尖銳。經過這次「土改」，使矛盾得到了緩和。

這次「土改」大體上包括三個內容：一是「三七五減租」。規定地租額不得超過出租地正產品全年收穫量的37.5%。從1949年4月開始到年底，地主出租地共25.6萬公頃，全部按此規定重訂租約。新租約除取消原定高地租率外，並取消租地押金及預付地租制。二是「公地放領」。臺灣當局把從日本人手裡沒收來的「公地」出售給農民，地價為一年正產物的兩倍半，由「承領」農民在10年內分期攤還。此一工作延續很長時間，至1972年止，「放領」土地12.2萬餘公頃，約占全部「公有」耕地的66%。三是「耕者有其田」。即由國民黨當局出面，徵購地主水田超過「三甲」或旱田超過「六甲」的耕地，再轉售給「現耕農民」。地價和償還辦法與「公地放領」相同。從1953年5月開始至當年底，共徵購耕地13.9萬公頃，約占地主原占有耕地的30%。

這次「土改」，地主保留地甚多，農民償付代價較大。雖然如此，但對整個封建地主階級仍然是一次沉重的打擊。國民黨在大陸時期，高官權貴中許多人本身就是大地主，因此，即使是一種改良性質的土地改革，也無法實行。國民黨去臺後，從大陸去的國民黨當權派與當地封建地主豪紳瓜葛較少，因而對臺灣的「土改」比較地無顧忌。這次改革由於部分地滿足了農民的土地要求，提高了農

民生產的積極性，對穩定當時的臺灣社會和發展農業生產起了相當的促進和推動作用。

經過「土改」及後來的繼續「放領」和出售，到1950年代末和60年代初，臺灣當局所占部分除官營農場外，已基本上無出租地；原地主所占部分除轉向「自耕」或者「自營」外，保留出租的「三七五」減租地不過7萬公頃，到1978年底則進一步減為4.7萬餘公頃。而這部分土地由於國民黨土地法令的種種限制，特別是不准地主任意撤租，使原地主實際上只有「所有權」而無「支配權」；農田產量增長而租額比例不變，佃農實際交租量繼續受到限制；因此，地主和農民之間也不再是原來意義上的租佃關係。封建土地所有制的解體，標幟著臺灣農村地主階級的沒落。

農村地主在「土改」中的損益情況各不相同。大地主受益最大，他們所得地價的30%，由臺灣當局搭配給水泥、工礦、農林、紙業四大公司的股票，價值6.6億元臺幣，許多人由此搖身一變成了工商巨頭。例如原臺灣四大封建豪主林伯壽、辜振甫、林猶龍和陳啟清，主要就是靠「土改」而發財的。1984年位居臺灣民營企業第九位，資產達2.6億美元的「臺灣水泥公司」，就是他們控制的重要公司之一。一部分中小地主，在應徵或自賣部分耕地而取得資金或股票後，亦轉營工商業，其中不少因經營不善，或被兼併而趨於破產。地主、商人和高利貸者，過去在農村往往是三位一體的，地主既從事地租剝削，又從事商業剝削和高利貸剝削。現在雖已沒有或者很少有地租，但其中不少人仍保持商業剝削和高利貸剝削，且較過去為甚。這些人或與基層「農會」關係密切，或把持農會，被稱為地方「惡勢力」，是農村地方派系或封建殘餘的主要代表。

以小私有製為基礎的個體小農取代了舊的租佃制下的地主經濟，使農業生產力獲得了一定解放。從1953—1968年，臺灣農業出現了歷史上少見的長達16年之久的好景。其間，農業生產年平均增長率達5.2%，1968年稻米年產量達251.8萬噸，較1952年的157萬噸，增長62.35%。與此同時，農、林、漁、牧各業都得到了發展，產業結構也有所變化。1953年到1968年期間，種植業增長0.9倍，林業增長1.7倍，漁業增長3.4倍，畜牧業增長2倍。四者的產值比重，1952年分

別為48.6、6.5、9.1、15.8，1968年分別為60.1、6.3、10.6、23.0。農業生產的發展和其生產結構的改善，為臺灣加工出口經濟的發展打下了必要基礎，並在資金、勞力、市場和農業資源等方面提供了較好的條件。

二

從1950年代起，臺灣當局農村政策的重點一直是「扶植自耕農」。「土改」中及後來繼續零星「放領」或出賣土地的對象，主要是「半自耕農」和「佃農」，目的是扶植其中有耕種能力的農戶成為自耕戶。原地主階級趨於沒落，其中許多人將「土改」中保留的耕地轉為「自耕」或「自營」；加之，許多半自耕農和佃農因購得土地而轉為自耕農，故自耕農戶自50年代中期起迅速增加。「土改」前自耕農戶比重不過26.2%，1953年上升為51.8%，1963年為65.7%，1973年為78.3%。80年代以來大體為85%，如再加上「半自耕農」則為95%左右，而所謂「佃農」不過5%左右。

臺灣所謂「自耕農」，實際上是極其複雜的組合體，它在很大程度上掩蓋了農村各個不同階層的農民關係。現在的「自耕農」實際包括了除「半自耕農」和「佃農」以外的各個農戶階層。根據臺灣1975年農業普查資料，自耕農共67.6萬餘戶，占有耕地55.4萬公頃，其中平均耕地3公頃以上，經營規模稍大、僱用工人較多、大體相當於富農者（臺報稱為「大農」）1.6萬戶，占2.3%，耕地6.5萬公頃，占11.8%；平均耕地在0.5公頃以上、3公頃以下、大多無雇工或雇工較少、大體相當於一般中農或富裕中農或經營規模較小的富農者（臺報統稱為「中農」）36.2萬戶，占53.5%，耕地40.4萬公頃，占73%；平均耕地在0.5公頃以下、大多屬貧苦農民（臺報統稱為「小農」或「過小農」）的約占29.9萬戶，占44.2%，耕地8.5萬公頃，占15.3%。此外，自耕農以下還有半自耕農、佃農共18.9萬餘戶，平均每戶占地約1公頃，其中平均耕地3公頃以上，大體相當於佃富農或較富裕的農戶約0.73萬餘戶，共占有耕地3萬公頃；其餘18.2萬戶亦多屬貧

苦農民，平均每戶不到1公頃耕地。由此可見，「土改」以後的臺灣農村，耕地主要集中在中等以上的農戶手中，農民兩極分化和土地大量兼併集中的現象並不嚴重。

農民兩極分化緩慢和影響土地集中的主要原因有三：一是臺灣當局政策法令的限制。例如，買地者必須具有自耕能力，雇工不得超過一定人數等。二是農民安土重遷。他們傳統的私有觀念極重，以土地為祖業，視同生命一般，非迫不得已時絕不輕易出售。三是「兼業農」的發展。從60年代開始，臺灣當局加緊發展「加工出口」工業。許多農民由於農村苛捐雜稅奇重，農業生產成本很高，靠農業收入已「入不敷出」，紛紛兼營他業。據臺灣1975年農業普查資料，全省88萬餘農戶中，專業農只有16萬戶，占18%，比1960年減少了22萬戶，減幅達59%；而同時期內，兼業農則達73萬戶，占82%，比1960年增加30餘萬戶，增幅達72%。專業農的減少和兼業農的大批出現，是臺灣農村階級分化的一種新趨向和新形勢。兼業農的發展，使大量瀕於破產的農戶可借兼業以維持生活，不必再出售小塊土地，這又阻礙了土地的兼併集中和農業資本主義的發展。

兼業農的主要特點是：（一）貧苦農民居多數，耕地未滿0.5公頃的兼業農占90%以上；（二）大部分受僱於加工製造部門，占一半左右，其他為服務業及商業的僱員；（三）多數就地兼業。據臺灣1975年農業普查資料，全省離村兼業者不過26萬餘人，平均每3.4戶一人，而不離村兼業者則高達89萬餘人，平均每戶一人。二者合計約占農業勞動力的50%。在這些兼業農中，約1／3以上係兼業為主者，即主要依靠出賣勞動力謀生，他們處在臺灣社會的「最底層」，是農村中的無產者或半無產者。

在「加工出口」工業帶動下，臺灣農村兼業農戶和以兼業為主的農戶大量增加，據官方1971年後三次公布的普查資料，農村兼業農戶占整個農戶的比重，1970年為69.6%，1975年為82.2%，1980年為89.8%。而在兼業農戶中，兼業為主占整個兼業戶的比重，1970年為41.7%，1975年為41.9%，1980年為61.6%。1985年的普查資料還未見到，估計仍會有新的發展。臺灣《自立晚報》（1985年12月31日）認為這是小農階級的「異質化」，即越來越帶有「非農」

的成分。

在此同時，廣大人民的生活亦越來越依賴於兼業收入。臺灣當局曾於1978年底對2000多農戶進行了家庭收支調查：每戶平均耕地0.99公頃，全年收入13萬元臺幣（合3600美元），其中非農業收入（以兼業為主）為8.1萬元臺幣（合2250美元），占總收入的62.3%，且耕地面積越小，非農業收入所占比例越高，耕地面積在0.3公頃以下者，非農業收入竟高達82%。另據400多戶中等以上水準的農家調查資料，1969—1978年的10年中，平均每戶農業收入按新臺幣計算增加1.8倍，而非農業收入卻增加6.1倍。由於農村兼業普遍化，農民貨幣收入較前增加，城市一些簡單的加工裝配產品亦開始大量銷往農村。

三

臺灣農村自實行「土改」後，農業生產雖得到了較快的發展，但這種以小私有製為基礎的農業經濟所能發揮的潛力畢竟是有限的。這種小私有經濟，一家一戶就是一個經營單位，稱為「家庭農場」，平均每戶耕地不到1公頃，較之歐洲美國的平均數十公頃、一百數十公頃相去甚遠。其中的40%～50%的農戶平均耕地更不到0.5公頃。這樣的小自耕農經濟，與臺灣大規模發展的加工出口工業自然是不相適應的。

這種不適應主要表現在三個方面：（一）農業與工業發展的速度差距越來越大。農業生產的年平均增長率，1950年代為工業的1／3弱，60年代降為1／4弱，70年代再降為1／6弱。（二）農民與非農民之間的收入差距越來越大。50年代末期，農民所得曾達非農民所得的84%，而70年代則已降至65%，專業農戶僅及全體農戶的1/10。農民經營興趣低落。（三）農業所提供的糧食和原料與加工出口所實際需要的數額之間的差距越來越大。如以70年代末期與60年代中期相比，糧食和原棉的年進口量都增加了幾十倍。

臺灣農村的資本主義大農場向不發達。據官方1975年普查資料，各種官

營、民營農場共1263個，其中大部分是從日本統治者手中接收過來的，少部分係由官辦「退除役官兵輔導會」及一些民營企業興辦的。耕地總面積為6.1萬公頃，其中官營的「臺灣糖業股份有限公司」即占4.6萬公頃，其餘多為20公頃以下的小型綜合性農場、畜牧場和鳳梨、茶葉、蠶桑等專業性農場。此外，在日本投降初期，國民黨曾將沒收的部分土地放租給臺灣農民，分別組成170多個「合作農場」，大部分種植水稻或其他經營作物。該類農場先是採取集中經營辦法，繼又改為分戶經營。但由於規模小，經營不善，70年代初期即已降為140多個，參加者約1.5萬農戶，耕地面積約1.5萬餘公頃。

　　臺灣的富農經濟也不發達。由於國民黨對土地買賣、雇工等方面諸多限制，故「土改」後除在戶數方面因部分地主轉入而一度有較多增加外，實際並無多大發展。地主轉入「自耕農」的，一般占有較多的土地或其他生產資料，並多以雇工勞動為主，故實際上應為富農，這類新轉入的富農戶究竟多少，尚無可靠統計資料，估計連同經營規模較小，但實際上仍為富農的戶在內，最少在3萬戶以上，總耕地約20萬公頃，經營的規模也還是有限的。

　　臺灣當局正是鑒於分散的小農經營越來越不適應「加工出口」工業發展的需要，從60年代中期開始，即著手在農村試行各種以不破壞小土地私有製為前提的、一般屬資本主義初級形態的企業化經營方式。其中最主要的一種形式是所謂「共同經營」，即土地相毗鄰的農民，或飼養同類禽、畜、魚的鄰近農民，自願結合而共同經營。耕種水田、旱地者，一般由20至30戶農家合作組成一個經營單位，其耕地面積15至20公頃。初期大體有兩種形式：一種是「合耕分營」，即生產過程的某些作業（如整地、插秧、收割等）由共同經營組織「協作進行」，而流透過程的全部或大部作業（如保管、運輸、出售等）仍由各農戶「分別經營」；另一種是「合營分耕」，正好與前者相反，流透過程的某些作業「協作進行」，生產過程的全部或大部分作業仍「分別經營」。後來個別地區亦曾出現兼有以上兩種特點，既共同生產又共同買賣的一種所謂較高級的「合耕合營」方式。但不論採用哪種形式，一切生產資料仍舊歸各農戶所有。到60年代末和70年代初，參加以上各種不同形式的共同經營組織的農戶，約占總農戶的5%。

進入70年代，臺灣當局著重發展農業生產「專業區」。這種「按農產別規定經營種類所劃定並建立產、制、儲、銷體系之地區」，實即把相鄰的若干個小型共同經營組織聯合成一範圍更大的共同經營組織。此類專業區，表面上規模更大，實際上仍多係商業性組織，即一種規模稍大的「產品銷售單位」而已，並不是真正的「合耕合營」。生產上一般限於病蟲害的防治、優良品種和新的栽培技術的統一推廣及指導等。每個「專業區」只生產一種特定的農產品，主要為「加工出口」工業提供原料。70年代中期以後，此類以原共同經營組織為基礎的農業「專業區」發展甚快。截至1978年6月底，以鄉鎮為單位計算，計有雜糧、香蕉、蘆筍、畜牧、魚類、水稻等20餘種「專業區」380多處，參加農戶達26萬餘公頃。但80年代以來進展似不大。

　　還有一種形式是「委託經營」，這也是目前臺灣農村所盛行的。即自耕地面積過小或勞力不足的農戶，將其生產過程的部分或全部作業委託另一家農戶或其他農業服務組織經營。部分委託者稱為「代耕」，如代耕地、代插秧等，全部委託者稱為「代營」。後者是較前者更高級的資本主義經營方式，為數甚少，而比較普遍的則是較初級的「代耕」形式。農村各種專營或兼營代耕業務的組織，一度猶如「雨後春筍，紛紛建立」。例如，各級農會及官、民營農場和農業試驗所、農業學校興辦的「機耕服務隊」，還有占有農機較多的「大農」、各種不同形式的共同經營組織建立的「代耕服務隊」等，不一而足。代耕業務主要有機器整地、插秧、收割等均占80％以上，代耕者估計亦在一半以上。

　　以上各種擴大經營規模的嘗試，都曾獲得較好的效果。例如農場共同經營班，同時接受委託經營，一般可擴大經營規模46％至1倍，每戶每期農作物可增收新臺幣8000元至1.6萬元之間。但由於農業生產利潤不佳，所有這些試行，又都仰賴官府的倡導、指導和獎勵補助，以及科技管理人才不足等，以致不能使之得到更好的推廣與擴大。特別是農業主管當局還曾擔心這樣搞下去會走上中共「農業合作社」的道路，而一度勒令「剎車」，就更影響了它的正常運作和實行。

　　「共同經營」、「專業區」、「委託經營」三種形式，現在臺灣都還是一種

商業性農業的資本主義經營方式，生產上多半處於簡單協作階段。在試行中，這三種組織形式其實權實際上均落在臺灣基層農會手裡。所謂農會係從日本人那裡沿襲而來的，它表面上為民間組織形式，實際上是官家、商人、封建殘餘代表聯合而成的一種組織形式，每年透過信用貸款、產品銷售、農技推廣、代耕服務等手段獲取大量經濟利益，真正的農戶發言權並不大。

四

1970年代以來，臺灣的產業結構和農業內部結構都進一步發生了變化。以1985年與1968年相比，農業生產淨值在整個產業中的比重已由22.0%降為7.0%；種植業產值在整個農業中的比重已由60.1%降為45.0%（估計）。這種下降本應是合理的，但臺灣的這種下降卻是在農業的畸形發展和縮下造成的。50年代農村「土改」所形成的小私有制經濟已進一步走向反面，成為發展農業生產的嚴重桎梏。從1969—1985年，農業生產的平均增長率已由過去16年的5.2%下降為1.7%，尤其是最近幾年農業已「幾等於零成長」。

臺灣現存的小農經營制度，勞動生產力低下，產品成本高昂。有些地區雖經採取代耕、委託經營和共同經營等各種辦法，實行不完全的機械化，並獲得節省勞動力的部分功效，但仍不能明顯地降低生產成本。現農產品價格約較進口高2—3倍，美國等農產品則挾其廉價優勢大量傾銷臺灣，使臺灣農業面臨嚴重威脅。臺灣當局為防止農村破產並帶來政局不穩，於1974年開始設置「糧食平準基金」，以保證價格收購，從1974年開始至1985年6月止，基金累積虧損已達新臺幣403億元（合10多億美元）。此項開支全靠金融機構周轉，每月僅支付利息即達新臺幣1.3億元，負擔至為沉重。更嚴重的是，一方面，自美國等進口的雜糧充斥市場；一方面是島內所產稻米大量積壓滯銷，人民怨聲載道，不滿情緒滋長，特別是農民的生產意願進一步低落。

臺灣當局鑒於情況的嚴重，早在1979年就已提出在農村實行「第二次土

改」。蔣經國先生在1979年12月國民黨十一屆四中全會上提出：「推動第二階段的土地改革，更進一步實現地盡其利，地利共享的目的」。其主要內容包括：加速農地重劃，輔導小農轉業，擴大農業經營規模，進一步推廣和發展上述「共同經營」、「專業區」、「委託代耕」等資本主義經營方式。據報導，它和第一次「土改」的不同點是：前者是「不患寡而患不均」，後者是「不患不均而患寡」；前者是解決「地權分配」，以「安定社會」為目的；後者是解決「經營管理」，以「提高利潤」為目的；前者是將土地「化整為零」，打破「大地主、小佃農」局面，後者是將土地「化零為整」，造成「小地主、大佃農」局面。其最終目的是要使農業實現專業化、企業化和機械化，擺脫小農經營的困境。臺灣官方顯然感到這樣還有不足之處。最近幾年，先是李登輝先生鑒於臺灣農村勞動力特別是技術管理人員不足而提出「建設八萬農業大軍」；後是邱創煥先生鑒於僅是擴大農業經營規模還不夠而提出「發展精緻農業」。對於這些做法，筆者都甚表欣賞，估計可以獲得部分成效，但並不認為可以在根本上解決臺灣的農業問題。

然則，臺灣農業的出路何在？臺灣的一些專家學者說得好：臺灣經濟的根本出路在大陸。農業是整個經濟的重要組成部分，自然與此不無瓜葛。兩岸經濟具有「互補性」，農業也具有「互補性」。臺灣的米、糖和大陸的雜糧、棉花，臺灣的輕工業品與大陸的農產品，本來就是可以互相貿易的。農業畢竟是國民經濟的基礎，但這樣的基礎還是不要建立在外國為好。

兩岸農業向來有許多相似之處，30多年來各自所經歷的發展道路也是不同中有同。這些都非本文所能討論的。但願條件成熟時，兩岸學者都能互至對方農村進行考察，以便共同探討中國的農業問題及其發展道路。

從對外貿易看臺灣經濟

按：本文寫於1985年下半年，對於臺灣經濟發展初期的外向型加工出口經

濟特徵有較詳細分析，至今仍有參考價值。

一、引言

　　臺灣經濟以出口為主要導向，出口是整個臺灣外貿和經濟的命脈所在。因此，本文將更多地涉及外貿的出口方面，並擬以出口為線條和重點，進行一些必要的分析和探討。

　　臺灣外貿的發展過程與出口大體是一致的。近30多年來，根據臺灣出口的情況，大體可將對外貿易分為以下四個時期：（一）1953—1960年，出口緩慢增長，年平均增長率為4.4%；（二）1961—1968年，出口中度增長，年平均增長率為21.7%；（三）1969—1973年，出口快速增長，年平均增長率為41.5%；（四）1974—1984年，臺灣經濟兩次受到世界石油危機的衝擊，出口起伏不定，年平均增長率為20.0%。其中第四時期的年平均增長速度雖仍遠高於第一階段，但卻已稍低於第二階段，遠低於第三階段。

　　1985年以來，臺灣出口貿易的這種情況還在繼續發展，上半年的出口增長速度與1984年同期比僅及1%，下半年估計也好不了多少。說明臺灣以出口為「主要導向」的經濟發展路線已經並正繼續走向下坡。對此，臺灣著名工商界頭面人物辜振甫早有預感，他曾頗有感慨地說，目前這種道路「似乎已經走到了盡頭」。

二、外貿在臺灣經濟中的地位和作用

　　自1960年代開始，臺灣即逐步形成一個以輕紡工業為主體的加工出口經濟體系。全部經濟活動基本上圍繞著「進口——加工——出口」這一公式進行。一面進口機器原材料，一面出口加工成品，以其勞動附加價值為收入來源。1966

年起工業品在出口貿易中取代了農產及農產加工品而居於主要地位；1971年起扭轉了50年代初以來延續達18年之久的連年入超局面，而轉為除個別年代外的基本上連年出超局面。如今，外貿已成為臺灣經濟的「動力」和「生命線」，外貿的盛衰直接影響著臺灣經濟的榮枯。外貿在臺灣經濟中之地位和作用，可從以下幾個數字中窺其一斑：

（一）對外貿易額占「國民生產毛額」（GNP）的比重：

年度	進口佔GNP%	出口佔GNP%	進出口合計佔GNP%
1952	11.2	7.0	18.2
1960	17.4	9.6	21.0
1970	27.1	26.4	53.5
1980	48.4	48.6	97.1
1984	37.9	52.5	90.4

（二）進口（包括勞務）在「總供給」中所占比重：

年度	合計	國內生產毛額	商品及勞務輸入 ③
1952	100	85.87	14.13
1956	100	86.15	13.85
1961	100	84.14	15.86
1966	100	83.21	16.79
1971	100	73.97	26.03
1976	100	68.91	31.07
1981	100	68.46	31.54
1984	100	68.60	31.40

（三）出口（包括勞務）在「總需求」中所占比重：

年度	合計	民間消費支出	政府消費支出	投資支出	商品及勞務輸出
1952	100	60.73	20.02	10.25	8.99
1956	100	59.39	22.23	10.73	7.66
1961	100	54.95	20.15	14.35	10.55
1966	100	51.09	17.07	16.03	15.82
1971	100	40.48	13.52	20.08	25.92
1976	100	35.18	10.38	21.25	32.50
1981	100	32.82	9.80	20.71	36.61
1984	100	34.26	11.07	14.95	39.72

（四）出口增長率與經濟增長率的關係

年度	出口貿易年平均增長率（％）（A）	「國民生產毛額」年平均增長毛額（％）（B）	A/B
1953—1960	5.90	7.60	0.77
1961—1968	23.80	9.50	2.50
1969—1973	40.16	11.90	3.37
1974—1984	20.24	7.69	2.63

注：此表係按新臺幣固定幣值計算，其中（A）與引言中①係按當年美元幣值計算的，增長率略有不同。

由上可見，臺灣外貿總額占「國民生產毛額」的比重已由1952年的18.2%上升至近幾年的90%以上，進口（包括勞務）在「總供給」中的比重已由1952年的14.13%上升至1984年的31.22%，出口（包括勞務）在「總需求」中的比重已由1952年的8.99%上升至1984年的39.72%。出口貿易年平均增長率對「國民生產毛額」年增長率的關係係數（「國民生產毛額」每增長1%時，出口貿易必須也相應增長的比例係數）第一階段為0.77，第二階段為2.50，第三階段為3.37，第四階段為2.63。另根據官方公布的資料，60年代出口對經濟增長率的貢獻為46%，1976—1980年間出口貢獻為71.8%，遠超出消費支出及資本形成的貢獻。可見，外貿對臺灣經濟發展所起的作用已越來越大。

臺灣對外貿易的大發展，帶動了臺灣商品經濟的大發展：（一）生產決定流

通，流通又反作用於生產。臺灣對外貿易的發展，首先刺激了農業，從50年代中期到60年代中期，農產及農產加工品曾經是臺灣出口貿易的主幹；其次是刺激了輕紡工業，從60年代初到70年代第一次石油危機前的這段時間，曾經被稱為臺灣輕紡工業發展的「黃金時代」；再次外貿也帶動了臺灣金融、商業、交通運輸，以及各種服務業的發展，諸如信託、保險、旅遊、觀光、航運、餐館、飲食等業更如同雨後春筍般的發展起來，城鄉就業人員也因而迅猛增加。

　　（二）貿易上「以出養進」，又「以進促出」。首先，賺取的外匯一年比一年更多。1968年以前，年出口量不過1億至數億美元，而今已突破300億美元大關。進出口由逆差變順差，由順差少變順差多。1971年的順差還不過2億美元，10年後的1981年即達14億美元，1984年更增至84.9億美元。其次，外匯多了，進行擴大再生產的資金就雄厚了。50年代，臺灣年平均用以進口機器設備原料的資金不過0.38億美元，60年代為1.73億美元，70年代增至17.67億美元，80年代以來年平均更增至54.87億美元。在此期間內用以進口農工原料的資金也大大增加。

　　內外市場搞活了，臺灣經濟對僑、外資的吸引力也就更大。1965年以來，外國對臺灣的各種長、短期貸款源源不絕。1952—1964年的13年內，華僑及外國人對臺私人直接投資累計不過0.93億美元，而1965—1970年6年內累計即達4.66億美元；1971—1984年14年內累計更高達39億美元，年平均額達2.78億美元，遠超過上述第一時期的0.07億美元和第二時期的0.77億美元。在同一時期內，與外國廠商的技術合作也在不斷增加，截至1984年底，臺灣與外國人的「技術合作」項目累計達2038件，其中97%都是1960年以後簽訂協議的。

　　總之，臺灣對外貿易的發展，對刺激、帶動和搞活臺灣經濟起了極其重要的作用。它是臺灣經濟賴以發展的「槓桿」。馬克思早就說過：「在世界市場上，諸商品必須普遍地展開它們的價值」。顯然，這是刺激競爭的一種力量，是商品生產和對外貿易的基本活力所在。從60年代到70年代初，先後不過10多年時間，臺灣終於在加工出口的商品經濟的帶動下，結束了一向以農業經濟為主的內向型自給自足式社會，而邁向了以工業經濟為主的外向型工商業社會。

三、臺灣對外貿易的基本特徵

臺灣在戰後之所以形成一種輕型的加工出口經濟體系完全不是偶然的。就臺灣本身說，它是一種海島型經濟，地狹人稠，資源有限，科技也落後，在當今社會化和商品化大生產日益發展的總趨勢下，很難形成一個自我獨立的經濟體系；而就美日來說，又急需有人接替它們為發展新興或先進的技術工業而不斷淘汰的二流或過分依靠勞工的傳統工業。就是在這種情況下，臺灣和韓國等起而充當了美日資本所希望扮演的角色。它們既是美日對自身現代化工業生產的一種補充，又是美日聯繫第三世界落後國家和地區的紐帶和橋樑。瞭解了臺灣建立加工出口經濟的這一歷史背景，是有利於我們分析和認識臺灣對外貿易的基本特徵的。

臺灣對外貿易的特徵主要有以下幾點：

（一）從吞吐量看，大進大出，高速膨脹。這一點，完全是由工商企業界無止境地追逐利潤的動機所決定的。因為單個加工品，其所含附加價值是有限的。從臺灣報刊透露的資料看，包括工資、利潤、利息在內，一般不過20%，因而要獲取高利潤就必須不斷擴大加工出口商品的數量。這種數量與其所獲利潤量是成正比的，而加工出口的數量越大，所獲利潤的絕對量也越大，正是工商企業者這種追逐利潤的動機，迫使臺灣的進出口貿易量越來越大。50年代每年的進出口吞吐量從未超過4億美元，60年代最高亦不過22億美元，而70年代末最高已達308億美元。1984年進出口貿易總值更高達524億美元，是1974年的4倍，1964年的60倍，1954年的172倍。其中出口為304.5億美元，是1974年的5倍，1964年的70倍，1954年的327倍。在此期間，進出口的噸位指數也幾倍、幾十倍，以至成百倍地增加。人們不禁要問：小小的臺灣，這樣的一種增加趨勢，究竟有沒有一個極限？它會不會像氣球一樣終有一天會引起爆炸？在可預見的將來也許不會有什麼問題，但從長遠看，人們的擔心又不是完全沒有道理的。

臺灣的出口值在60年代初僅及香港的1/4，新加坡的1/7；70年代初增為香港的57%，新加坡的92%。從1977年起，已超過香港和新加坡，1984年等於香港的1.05倍，新加坡的1.28倍。韓國的出口值原本低於臺灣，後仗其勞力資源

比臺灣豐富，於70年代逐漸追上並超過了臺灣。但近年又落在臺灣之後，1984年臺灣的出口額約等於韓國的1.04倍。

（二）從出口結構看，輕紡為主，勞力密集。所以如此，也是由多方面的條件決定的。馬克思在談到商品競爭時說過：資本家之間在市場上的「激烈競爭」，他們「各個人的勢力範圍，是與生產物的便宜程度成正比的」。臺灣的輕紡工業為主體的加工出口產品主要就是靠技術簡單、成本低廉而占據國際市場。從50年代中後期到70年代初，臺灣工人工資只及美國的1／20，日本的1／8左右。當時進口的能源、原材料等也相當便宜，加上美日等西方國家在資金、技術等方面的「支援」，於是終於建成以廉價產品為基礎的加工出口經濟體系。這類產品主要包括臺灣一些傳統的勞工產品，如紡織、食品、鞋類、合板、塑膠製品、手工藝品等，以及一些技術、資本密集程度雖然較高但主要仍用於個人或家庭、團體日常需要的消費性工業產品，如家用電子、電器以及體育、文化、娛樂產品等。70年代中期以來，臺灣雖一再說「工業升級」，但此類工業產品在整個出口中所占比重估計仍在3／4左右。臺灣自稱，現對外出口量最大堪稱「世界第一」的有電腦顯示器、自行車、毛衣、提箱、鞋子、帽子、洋傘、網球拍、太陽鏡、電風扇等22種，但這些絕大部分仍屬以廉價勞工為基礎的輕型工業產品。目前臺灣出口貿易時有不振，主要是這類產品受到了後起的發展中國家和地區的激烈競爭。

臺灣進口產品結構是由出口產品結構決定的。由於它是一種加工出口型經濟，進口必須為出口服務。現臺灣進口結構分為農工原料、資本設備和消費品三項，前者所占比重最大，約70％；資本設備次之，約占25％；消費品又次之，約占5％。

（三）從貿易對象看，美日為主，其他次之。臺灣的加工出口經濟是在美日資本一手扶植下發展起來的，美日也一直是臺灣的主要貿易對象國。美日對於臺灣這樣一個具有天然優越條件的加工出口基地的貿易影響力和控制權的爭奪一向也是很激烈的。50年代到60年代中期，美國居優勢，一直是臺灣的首位進口國，對臺貿易年年順差，而日本則一直是臺灣的第一大出口市場，對臺貿易順差

遠不及美國。1967年起，日本居優勢，逐漸成為臺灣的首位進口國，而美國則成了臺灣的第一大出口市場。從此兩國在對臺貿易中，日本年年有大幅順差，而美國則年年有大幅逆差。正如臺報所說，臺灣實際成了日本的「加工出口區」，美國的「次級消費品供應區」。長期以來，臺灣對外貿易主要集中美日，1984年臺灣自美日兩國的進口額約占臺灣總進口額的52%，出口額接近臺灣總出口的60%。

美日以外的主要貿易地區，根據1984年的資料，出口依次是香港、加拿大、新加坡、西德、澳洲、沙特等，其中香港僅次於美日而居第三位；進口依次為沙特、澳洲、西德、科威特、馬來西亞等，其中沙特僅次於美日而居第三位。包括美日在內，臺灣對前十位國家和地區的輸出約占總輸出的86%；自前十位國家和地區的進口約占總進口的80%。

臺灣銷往美國而價值在1億美元以上的產品有針織編鉤外衣、男外衣、婦孺外衣、塑膠靴鞋、電腦、彩色電視等21種，銷往日本、香港的有豬肉、針織編鉤外衣、光電晶體管，合成纖維紗、合纖製品5種。在進口方面，農產品以美國為主，糧食的80%以上，棉花的50%以上都靠從美國進口；工業品則以日本為主，進口的主要是電訊設備、高級鋼材、精密器械，以及電子電器等方面的零組件。

（四）從貿易政策看，獎出限入，小型開放。30多年來，臺灣外貿政策雖有多次變動和調整，但此一基本政策始終沒有太大變化。50年代，重點是發展「進口替代」工業，採取了保護色彩漸濃的所謂「內向型」貿易政策，那時，主要是拓展農產及農產加工品的外銷。50年代末到60年代初，本土輕紡工業品市場趨於飽和，於是又逐步轉向小型開放，即採取保護色彩漸淡的所謂「外向型」貿易政策，這是一次重要的轉變，用臺灣學者的話來說，就是把臺灣「由過去的『進口替代導向』逐漸轉變為『出口擴張導向』，而以往較為消極的進口管制，自此就逐漸由積極的『出口擴張』所取代」。臺灣為完成並鞏固發展這一轉變，先後採取了包括租稅減免、資金融通、技術指導和簡化手續等在內的許多鼓勵和獎勵外銷的政策與措施。三個「加工出口區」就是在60年代中期先後建立的。

在加工出口區裡，臺灣當局採取了比區外廠商更寬更優惠的政策，從而對發展臺灣對外貿易特別是扭轉貿易逆差、轉虧為盈等方面起了十分積極和重要的作用。

從70年代初開始，特別是第一次石油危機爆發後，臺灣感到原發展的一些傳統勞力密集型產品，在國際市場上的銷路已越來越窄。於是開始發展一些技術和資本密集程度較高的重化工業，如鋼鐵、造船、石化、機械、汽車、塑膠、化纖等，此即所謂「第二次進口替代」。但臺灣市場對此類產品容量更加有限，在內銷趨於飽和之後，再由第二次「進口替代」進入第二次「出口擴張」。80年代以來，儘管臺灣當局也在鼓勵出口上採取了各種優惠的政策措施，交替運用稅率（減低）、匯率（貶值）、利率（低利貸款）等各種手段和辦法，但由於本身科技落後，產品低次，成本上升，以及國際市場競爭激烈，貿易保護主義浪潮日高等原因，致使臺灣重化工業產品始終沒有出現過類似第一次「出口擴張」時期輕紡工業產品的好景。傳統輕紡工業產品的銷路更是越走越窄。

臺灣的對外貿易並不是全面開放。這不僅表現在進口限制上，例如第一次「進口替代」時期對於進口某些輕紡工業產品的限制，第二次「進口替代」時期對於進口某些重化工業產品的限制等，就都是為了保護自身工業發展而採取的政策措施。出口也有限制，最常見的是屬於政治上考慮或所謂「實質外交」需要的限制，有些應該出口的產品卻不准出口，例如，臺灣一些過剩大米，就往往因為有美國農場主的反對而被限制出口，僅1983年因過剩大米不能出口而虧損的即達5億餘美元。其實，進口也有類此情況，常有所謂「政治採購」，強迫廠商採購實際上並不怎麼需要的產品，要他們「去當冤大頭，花上十數億美元去換取微不足道的外交成果」。還有，外匯管理上對進出口也有限制，新臺幣的幣值一直緊盯住美元，自1979年起雖然建立了外匯市場，對美元採用浮動匯率，但實際上並沒有與美元脫鉤，它的幣值仍隨美元浮沉而浮沉，時常因此影響進口和出口。

四、當前臺灣外貿中的幾個問題

（一）與大陸貿易問題

當前主要是轉口貿易問題。從下表可以看出臺灣商品透過香港進行的轉口貿易情況：

香港轉口貿易趨勢分析表

（單位：萬港元，%）

排行	台灣商品名稱	1984年 金額	增長率	1983年 金額	增長率	1982年 金額	增長率	1981年 金額
1	按製造原料分類的製造品	196566	135.43	83492	-16.26	99710	-36.46	156928
2	機械及運輸工具	91068	366.05	19540	17.51	16628	-64.89	47366
3	其他製造品	26338	65.22	15941	256.87	4467	-33.49	6716
4	燃料以外的基本原料	10148	557.06	1544	-28.39	2156	-48.30	4172
5	化學原料及產品	7618	394.78	1539	-43.99	2749	-3.00	2834
6	食品	501	10.40	454	-27.29	625	243.52	181
7	雜項	487	275.15	129	132.43	55	77.87	31
8	燃料	18	5614.12	0.3	—	—	—	—
9	飲料、菸草	—	—	9.8	590.46	1.4	—	—
10	動植物油、脂	—	—	0.5	—	—	—	—
	合計	332748	171.29	122654	-2.97	126394	-42.08	218230

注：①資料來源：香港政府統計處。②新臺幣與港幣匯率：1984年底為5.03：1，1983年底為5.16：1，1982年底為6.14：1，1981年底為6.63：1。

海峽兩岸都是中國人，互相通商本來是正常的，也不屬於對外貿易。但由於人為的阻隔，目前互相間主要只能進行間接的轉口貿易。1978年以來，這種貿易有了快速增長。1984年兩岸僅經過香港實現的間接貿易額即達5.6億美元，較1983年增長125%，其中如上表所列，臺灣十類商品的輸出即達33.27億港元，

合4.2億美元,約占3/4。人們估計,1985年兩岸經香港的轉口貿易額有可能達到10億美元。轉口貿易目前在整個臺灣對外貿易特別是出口貿易中已占有重要地位。

臺灣經濟從1984年9月起,即因為美國經濟增長下降,市場需求減退而重陷困境,轉口貿易給臺灣廠商帶來了新的希望。一般認為,如果不是因為對大陸的轉口貿易,臺灣的經濟衰退程度還會加重,1985年頭幾個月的出口也必然會出現負成長。然而,就在這個時候,臺灣當局卻對此採取了互相矛盾的政策和做法:時而說「不干涉」,時而又頻發「警告」,稱「轉口貿易是糖衣毒藥」,要「小心上當」;時而說「無從干涉」,時而又尋找藉口,隨意抓人「問罪」。這是很不正常的。作者堅信,兩岸人心不可違,客觀的經濟發展趨勢不可抗,臺灣當局如不早日正視和解決這個問題,勢必在經濟和政治上都給自己帶來更大的被動和困難。

(二)貿易出超問題

從下表可以看出,臺灣自1971年貿易轉為出超起,出超數額及其所占「國民生產毛額」的比重除少數年分外已越來越大。

年度	國民生產毛額(A)	貿易超出額(B)	B/A
1971	65.36	2.16	3.30
1981	447.21	14.11	9.16
1982	457.53	33.15	7.24
1983	494.63	48.35	9.7
1984	537.62	84.97	15.8

貿易出超這本來是好事,它像徵一個國家或地區對外貿易的盈餘。但臺灣的出超則主要是進口減少引起的。從近幾年的進出口貿易情況來看,如各以1981年為100,到1984年,臺灣出口貿易的價值指數和數量指數分別為145.18和141.61,而進口則分別為111.84和97.46。其中1982年出口增長率為負1.8%,進口增長率為負10.9%,而貿易出超卻高達33億餘美元。以1984年與1981年比,進口機器設備的絕對金額數和在整個進口中所占比重都在下降。這說明臺灣的投

資意願相當不振。1984年6月,臺灣一記者即曾指出:「臺灣需求的主力在於投資,令人憂心忡忡的是,我們的進口長期遠落後於出口之後,顯示投資意願仍然低落,使目前的經濟繁榮有『吃老本』的隱憂,未來經濟成長可能後繼無力,產生嚴重的供需失調後果」。如今,不幸而果然言中。

臺灣投資意願為何長期不振?這裡既有經濟因素,也有政治因素,而政治因素則是主要的,許多人因「臺灣前途未卜」而自感灰心喪志。一方面投資嚴重不足,一方面卻又將大量外匯結餘存放外國不用,這是一種很不正常的情況,如再繼續下去,後果將很難設想。

(三)關於美臺貿易關係問題

當前最突出的問題,是臺對美的貿易順差(出超)或美對臺的逆差(入超)。1976年以來的大體情況如下表:

(單位:億美元,%)

年度	總出超(A)	對美出超(B)	B/A
1976	5.67	12.41	218
1977	8.49	16.72	196
1978	16.60	26.34	158
1979	13.29	22.71	170
1980	0.77	20.87	2710
1981	14.11	33.97	240
1982	33.15	41.96	126
1983	48.35	66.86	138
1984	84.97	98.27	115
1985(1—6)	48.00	47.00	98
合計	273.4	387	141

於此可見,1976—1984年的9年內,臺灣總的出超增達13.9倍,其中對美出超增達6.9倍。9年內,臺對美累計出超達340億美元,約等於臺灣累計全部出超額的1.5倍。1985年上半年,臺灣全部對外貿易出超額為48億美元,而美國卻占47億美元。這說明臺灣的貿易出超主要來自美國,除1985年上半年外,它在彌

補了臺灣對其他各個國家和地區的入超之後還有巨額盈餘。

臺灣對美貿易為什麼會有這麼大的出超？主要原因：（1）美元持續堅挺，美國內利率偏高，人們普遍增加對美元的反常需求；而新臺幣又盯住美元，隨美元做不完全的浮動，使臺灣對日對歐等地的出口遭受更大困難。（2）臺灣的輕紡傳統工業產品向以美國為主要市場，1985年以前的一段時間內，美國經濟強勁復甦，市場需求急增。1983年和1984年兩年，臺灣平均每年對美出口的增長率都在30%左右，是近6年來最高的；這兩年臺灣經濟的復甦，主要受益於對美輸出的增長。而在此同時，臺工商界投資意願低落，自美輸入則相對減少。（3）日本廠商在臺灣設立的分公司約143家，代表人辦事處約229家，他們近年來以臺灣為基地，加強了以美國為對象的加工出口活動。由於輸臺原料及中間性產品增多，而自臺輸入又不能增加，因而臺對日貿易逆差也在不斷上升。在上述9年內，臺對日貿易逆差累計達227億美元，約等於同時期臺灣對美順差的66.7%。（4）石油輸出國家和地區，因油價下跌而收入減少；第三世界的其他國家和地區，近年也因債務危機等原因，經濟上處於收縮狀態。它們對包括臺灣在內的進口需求也隨而減弱。

美臺間貿易的實際情況並非表面上的貿易差額所能完全反映。因為這個差額，並未扣除臺灣向美國支付的利息、運費、保險費、技術移轉費，以及其他服務費用；也未把臺灣支付的美國軍售款項計算在內。

臺灣對美貿易的順差額，在美國對外貿易中僅次於日本、加拿大，而居於第三位。因而，美國朝野都比較重視，現正圍繞這一問題對臺施加壓力。美國總統雷根在1984年底給美臺經濟協會主席大衛肯裡迪的信中，「表達了他個人對美國、臺灣貿易赤字的關切」，並「希望很快採取有效行動來降低這個數字」。美國參議員穆考斯基，參議院外交關係委員會東亞分會主席等也都向臺灣「率直呼籲要求降低關稅及非關稅障礙」。臺灣對此自然是不能置之不理的。自1978—1985年5月，臺已先後向美派出十次「政策性採購團」，共採購74.58億美元，1985年內，還得再增派兩次，並將相應採取鼓勵臺灣廠商增加自美進口的其他措施。

（四）臺灣出口產品的競爭力問題

60年代到70年代初，臺灣輕紡工業產品在國際市場上曾經是不愁銷路的。如同其他某些國家和地區一樣，「由於有些發達的大國為了自己的利益在資金、技術等方面支持了它們，它們的廉價產品在一定時期的國際市場上也比較容易鑽空子」。但如今已經物換星移，情況完全不同了。

1984年3月，臺灣「中華經濟研究院」院長蔣碩杰先生曾發表一篇文章，慨嘆臺灣工業已經失去「兩種優勢」和面臨「兩種挑戰」：「（1）工資已較其他新進開發中國家高出甚多，於是在勞工密集產品之生產上，已失去比較優勢」；「（2）高度工業開發國家又紛紛採用自動化之生產方法，使許多過去勞工密集之工業一變而為資本及科技密集之工業，因而使臺灣失去成本上之比較優勢」。他的這種看法在臺灣是頗具代表性的。但官方及另一部分學者則不以為然，指責為「有害的」、「散布悲觀情緒」的「夾殺論者」，並有針對性地陸續組織發表了不少「批駁性」文章。且不去管他們內部的這種爭論。事實是最有說服力的。當前臺灣的工業生產確已出現兩種情況：一是資本及科技密集程度較高的工業品，如鋼鐵、機械、化纖等，品質上確實比不上美日等工業發達的國家和地區；二是許多傳統的輕紡工業品，如紡織、膠鞋，家用電器等，成本上確實比不上東南亞等一些新起的發展中國家和地區。在國際市場趨於萎縮的情況下，銷路確大不如前了。據報導，最近七八年內，臺灣廠商工資的增長速度約相當於生產力增長速度的四至六倍。這對以出口為生命線的臺灣來說，不能不是十分頭痛的問題。

以上只是臺灣貿易方面存在的幾個主要問題。其他還有對日貿易逆差問題，分散貿易地區問題，貿易商問題，匯率、稅率、利率政策問題等。這裡就不再一一進行專門探討了。

五、結論

綜上所述，我們大體可以就臺灣貿易問題提出如下初步看法：

（一）外貿在臺灣經濟中居舉足輕重的重要地位。過去二三十年內，它促進和帶動了臺灣商品經濟的大發展，這是應該充分肯定的。正像臺灣報刊所總結的那樣：臺灣是「農工支持了貿易，貿易支持了農工」。

（二）臺灣外貿上的特徵是臺灣內部經濟特徵的反映和表現，說明臺灣不過是一種海島型的「淺碟子式」經濟，一種「無根」的經濟，本質是虛弱的。主要依靠外貿的臺灣經濟，具有相當的脆弱性、依賴性和不穩性。

（三）當前臺灣外貿和經濟上存在的問題很多，但歸根到底最重要的還是政治問題，是人們對於臺灣政治、經濟發展前景的信心問題。正像臺灣一些經濟專家和學者所指出的那樣，如果這個政治上的基本原因不解決，臺灣經貿發展前景是不容樂觀的。

（四）最近，臺灣當局為挽救經貿困局而成立的「經革會」，就貿易問題提出了包括強化組織、重整秩序、培育人才在內的所謂「五路並進的因應策略」。我們不能排除這些措施對臺灣外貿所可能造成的某種緩解作用，但可以肯定，它絕不可能從根本上解脫臺灣外貿所面臨的基本難題。

祖國統一與臺灣經濟

近40年來，臺灣經濟取得了較快的發展。1950年代（1953—1959）年平均經濟增長率為7%，60年代為8.5%，70年代為8.9%，80年代為8.2%。從1952年到1989年，臺灣無論國民生產總值、進出口貿易總值、人均國民收入都有很大的增加或提高。最近10多年的外匯儲備，也已由1976年的22億美元增至現今的大體700億美元左右。我們作為中國同胞，自然不勝為之高興。但不幸的是，臺灣當局竟以經濟為「王牌」，傲視大陸，作為偏安拒和的資本。說什麼兩岸經濟差距太大啦，統一對臺灣沒有好處，甚至自我膨脹，欲把自己的「經濟模式」作為所謂「臺灣經驗」的重要組成部分向大陸推廣，以影響大陸政權並最後顛覆大

陸的社會主義制度。

　　這裡至少有四個問題值得探討：一、究應如何看待臺灣經濟的發展？二、所稱臺灣「經濟模式」是否也適合於大陸？三、兩岸經濟差距是不是實現和平統一的障礙？四、實現和平統一與「一國兩制」對臺灣經濟發展究竟是有害還是有利？筆者擬就此略抒管見，以求教於海內外所有關心中國統一大業的專家學者。

一

　　究應如何看待臺灣經濟的發展？對於這個問題必須歷史地、全面地和實事求是地加以分析。

　　筆者認為，戰後臺灣經濟是在特定的歷史條件下發展起來的。第二次世界大戰後，世界資本主義經濟因第三次技術革命而出現長期的持續繁榮的局面。根據一些專家學者的介紹，從50年代到70年代，世界性的機遇有過兩次：第一次大約是50年代中期到60年代初期，美國產業結構大調整，最得益的是日本與西德，臺灣趕上後半截的尾聲；第二次是60年代中後期到70年代初期，美國的部分調整帶來了日本西德的部分調整，最受益的是亞洲「四小龍」和西班牙、巴西等國家，臺灣是受益最大的地區之一。在這兩次機遇特別是第二次機遇中，美國和後來的日本先後向臺灣轉移了大量的資本和技術比較簡單的勞力密集工業；加上當時臺灣低廉而充沛的勞動力，以及廉價的進口原料和燃料，廣闊的輕紡工業外銷市場，這幾者的結合，就給臺灣造成了發展輕紡加工裝配工業的大好時機。從60年代初到70年代初這10年，是臺灣輕紡工業發展的「黃金時代」，整個加工出口經濟體系就是在這段時間內打下基礎的。

　　以上是就臺灣經濟發展的一些大的背景和過程來講的，如果再聯繫到一些具體的個別特殊的背景和原因，無可迴避，其對臺灣經濟的發展也是有影響的。例如，日本的資本主義發展比較早，它在臺灣統治50年，尤其是後期為適應對外發動侵略戰爭的需要，為臺灣的農業、工業，特別是交通、電力等基本設施是做

了不少投資的。教育也有一定普及。日本投降後，國民黨從日本人手中接收了如食品工業、機械器具業、化學工業、金屬製造業、紡織業等不少工廠。戰爭對臺灣雖有相當破壞但畢竟是建設艱難恢復易。

又如，國民黨從大陸敗退到臺灣時，帶走不少資金、機器設備和科技人才。先後三批實際運到臺灣的黃金即達277.5萬兩，銀元1520萬元。臺灣原有棉紡錠不過1萬多錠，而1949—1950年劇增至19萬錠，全是由大陸運去的。至於帶走的財經技術人才就更多。特別值得指出的是，美國給予的支持。戰後臺灣經濟的發展幾乎是美國一手扶植的。美國給予的扶植，主要是「經援」、「軍援」、低利貸款、直接投資和技術轉讓等。根據一項統計，截至1982年年底，美國等西方國家透過以上方式給予臺灣的資金累計達205億美元，「技術合作」項目1700餘件。美國對臺灣軍事科技的轉讓和支持歷來是不公開的，而這方面對臺灣經濟的發展也多有直接或間接的作用。從50年代到70年代，美國發動的朝戰和越戰，也給臺灣經濟的發展提供了良好的機遇。

當然，我們也要看到臺灣方面的主觀努力。國民黨到臺灣後，接受了在大陸時期的經驗教訓，為求生存和發展，根據臺灣海島型經濟的特點，又結合天時地利之便，發展了以廉價勞動力為基礎的加工出口工業，因而取得了一定的成功。

由上我們至少可以得出如下結論：

（一）臺灣經濟獲得發展是好的，其原因是多方的：既有內在因素，也有外在因素；既有主觀因素，也有客觀因素；既有現實因素，也有歷史因素。它是特定的歷史條件下的產物，國民黨亦有一定貢獻。

（二）任何國家或地區的資本主義經濟的發展，其最首先和最重要的一條是資本的積累。而臺灣資本是怎樣積累的呢？如上所述，一是日本「丟」的，二是大陸「帶」的，三是美國「給」的，四是靠本地勞工「創」的。歸根結底，絕大部分都來自兩岸勞動人民的血汗。不過，有的是過去的勞動，有的是現今的勞動。兩岸人民都對臺灣經濟的發展作出過重要貢獻。

（三）國民黨在大陸丟給中共政權的完全是一個「爛攤子」。中共發展經濟所面臨的條件和臺灣完全不同，不僅沒有美國的「援助」，而且還要應付美國的

圍堵、孤立和其在周邊地區所發動的戰爭。時至今日也還要應付它們的和平滲透與顛覆。其他許多條件和當時的臺灣也不能相比。中共政策的某些失誤，也和其欲急於改變歷史上這種長期受欺壓的狀況有關。如今有人把臺灣經濟的發展，完全歸之於西方資本主義制度的優越，而把大陸某些方面存在的暫時困難和問題，統統歸罪於中國社會主義制度的「失敗」，這不僅不公平，而且是荒謬的。

（四）臺灣經濟雖然取得了較快發展，但也存在許多嚴重的問題和弱點，前途隱憂重重。例如，以輕紡工業和服務業為基礎的加工出口型經濟畸形膨脹的結果，對發達資本主義國家所造成的依附性和附庸性日深，名曰「國際化、自由化」，而實際上像臺灣媒體所說的成了它們的「經濟殖民地」和「科技殖民地」。所謂「民主政治」也不過是外國勢力控制下的「金權政治」。由於片面地追求經濟的快速發展，也已使臺灣社會「衍生諸多負債」，諸如「勞動、土地、能源、環保、勞動立法、社會秩序」等方面，都已使投資環境產生「迅速而全面的惡化」（參見臺灣《工商時報》1989年2月1日）。未來的吉凶禍福尚為未定之數。

二

所稱臺灣「經濟模式」是否也適合於大陸？這同樣要實事求是地對待，不能為了追求某種政治宣傳效果而有意扭曲事物的本來面目。

不可否認，臺灣當局在發展經濟上確實採取了一些符合當時島內客觀實際的政策和措施。例如，它在總體上所確定的「穩定中求發展，發展中求穩定」的基本政策，它所實行的「農業——輕工業——重工業——策略性工業」的建設順序，它根據不同時期和不同情況所採取的不同內容的經濟改革，它所採取的引進華僑、外國投資和技術以及在島內設置「加工出口區」、「科學園區」等一系列的政策和措施，就都有一些正面的經驗，對臺灣經濟的發展起過積極的推動作用。還有一點也應該作某種肯定，就是臺灣在發展外貿上以出口為導向，並採取

了很多政策措施和組織措施，使外銷管道暢通，商業比較發達，使島內勞工所創造的每一「個別價值」，都能很快在國際範圍內得到承認從而轉化為「社會價值」，並體現為貨幣財富。如此循環往復，資本得到不斷積累，勞工大眾的待遇也會適當有所改善。其所進行的雖然是資本主義的生產方式，但對一切社會主義國家或地區同樣具有某種借鑑和參考作用。

但是，作為戰後西方發達資本主義國家所培植的這種「經濟模式」，且不管它的「負」面作用和影響如何，是不是就可以照搬於中國大陸呢？筆者的回答是否定的。所稱臺灣「經濟模式」，其中最主要的是指出口導向型發展模式，即透過擴大出口輕紡工業產品帶動經濟發展。應該說，這種做法對中國大陸沿海的某些地區仍有參考作用，完全不應放棄這方面所存在的一切機遇。但就整個中國大陸來說，絕不可以照搬臺灣的這種模式。主要理由如下：

（一）地區條件不同。臺灣四面環海，資源貧乏，地少人稠，市場狹小，內部發展餘地有限，在當時的歷史條件下，爭取以廉價勞動力為基礎的外向型發展戰略可以揚長避短，即使在現今的歷史條件下，它仍可在一些方面，在原有基礎上透過改進生產技術等做法，爭取適當保持某種優勢。而中國大陸則不同，一方面地域遼闊，資源豐富，人口眾多，市場寬廣；另一方面各個地區之間生產力的發展極不平衡，交通地理條件也不一樣，很難生搬硬套地都來發展出口導向型經濟。

（二）國際環境不同。當年臺灣面臨的是戰後西方資本主義長期持續繁榮的局面，一些工業發達國家進口需求增加，貿易自由化傾向增強，給臺灣發展出口導向型經濟提供了良好的外部環境和條件。加之當時採取出口導向戰略的國家和地區不多，許多發展中國家和地區仍在採取進口替代戰略，這對臺灣更加有利。而如今中國大陸面臨的情況已完全不同，一是發達國家的新貿易保護主義已取代貿易自由化傾向，它們所採取的高關稅政策或設置的非關稅壁壘更多的和主要的是針對發展中國家和地區的勞力密集型產品；二是地區性集團化趨勢加強，標幟著以經濟和貿易集團為基礎的集團貿易保護主義色彩增濃，其對集團內部國家之間雖相互減少或取消了限制，但對集團外部則相對地加強或擴大了限制；三是發

展中國家之間的競爭加劇，互以更廉價的勞動力、更優惠的投資條件來吸引外國的資金和技術，即使已走在前面的亞洲「四小龍」，至今也並未退出勞動力密集型產業，並正就某些方面加劇競爭。

（三）經濟體制不同。臺灣實行的是資本主義制度的所謂「自由經濟」，本質上是面向西方某些發達資本主義國家的附庸性經濟，可以在某些「不平等」的經濟協約條件下，完全向它們開放，放手讓它們經營。中國大陸則不同，它所實行的是社會主義制度，是一種計畫經濟與市場經濟相結合的商品經濟。中國大陸是中國的主體部分，為全中國人民的利益著想，必須建立一個獨立自主的經濟體系，而絕不可以建成一個對西方國家具有高度依附性或附庸性的經濟。而且，由於地理條件、國際環境、經濟政策以及其他許多方面的不同，也不可能要求各地都像臺灣那樣採取「兩頭在外、大進大出」的所謂出口導向型發展戰略。

由上可見，所謂臺灣「經濟模式」從總體上說是不適用於中國大陸的。臺灣當局中某些人故意加以渲染和兜售，更多的可能出於某種政治上的考慮。筆者以為，大陸完全可以根據自己的情況，創造出自己的模式。依據大陸的特點和條件，實行「進口替代與出口導向兼顧、勞力密集型與資本技術密集型兼顧、立足國內市場與發展對外貿易兼顧」的戰略，似比較可行。

三

兩岸經濟差距是不是實行和平統一的障礙？顯然，這不過是一種藉口，是不能也不應該成為什麼理由的。

第一，兩岸在經濟發展上確實在某些方面還有差距，中共官方和民間也從未否認或迴避這種差距。然所謂差距，不過是事物發展不平衡的一種表現，幾乎是普遍存在的。僅就經濟發展和生活水準來說，不僅國與國之間存在差距，就是在一國之內，一省之內，一縣之內，以至一鄉一村甚至一個家庭之內都是存在的。但這並不能影響它作為一個國家、省、縣、鄉、村以至家庭的整體而存在。臺灣

不過是面積3.6萬平方公里的土地，大體相當於中國大陸的1／267左右，然而東部和西部，南部和北部，山區和平原，沿海和內地，城市和鄉村，其經濟發展和生活水準就都有不少差距，何況大陸如此之大、兩岸又都經歷多年滄桑變換、相互起步點和內外條件那麼多不同，怎能沒有差距？又怎能把一個小島的人均GNP和整個大陸相比？說實在的，中共主張在保存「兩制」的基礎上實現「一國」，這本身就是承認差別的表現。

第二，兩岸人民和實際生活水準，並不如臺灣當局所渲染的那麼懸殊。兩岸各自用官方匯率折算美元進行比較，因受許多人為的複雜因素的影響，往往很難準確反映各自的經濟發展水準、生活水準和各自的經濟實力地位的高低。例如，近數年來，中國大陸為鼓勵出口，已將人民幣的匯率從1980年的1.49元比1美元調低至1990年的4.73元比1美元；而與此同時，新臺幣匯率在美國壓力下，則從1985年的40.8元比1美元升值至1989年的26.5元比1美元。這一貶一升之間，使大陸經濟近數年所取得的巨大增長全被淹沒於折合美元計算的GNP之中；而臺灣則相反，這幾年經濟發展的明顯轉慢也被淹沒在折合美元計算而大大膨脹了的GNP之中。此外，中國大陸實行的是低工資、高福利政策，職工的不少現金收入和許多實惠均列在工資之外，城市職工僅房租一項就比臺灣要少支付很多，醫療保險差不多是國家包下來的。至於城市居民的糧食、蔬菜等各種生活必需品，國家所給予的補貼就更多。難怪許多臺胞來大陸實地觀察後頗有感慨地說：大陸人民的實際生活水準並不像外界傳播媒體所宣傳的與臺灣那麼懸殊。

第三，兩岸的土地和人口等不成比例，情況千差萬別，絕不可以單項的人均的GNP等來比較，而應看整體或綜合的經濟實力。大陸的整個的GNP總值在世界排名第三。大陸已建立起獨立的和比較完整的工業體系。大陸的許多重要產品已躍居世界前列，例如，鋼由1949年占世界的第26位上升至第4位，原煤由第9位上升至第1位，原油由第27位上升到第5位，布、糧食、棉花、肉類等也均居世界首位。大陸已擁有一支數量可觀、實力雄厚的科技隊伍，在航天技術、核技術、生物工程、農業科學、高能物理、電腦技術等高科技領域的許多方面已達到世界先進水準。根據中國學者設計的「綜合國力動態方程」測驗，1949年中國綜合國力居世界第13位，1961年為第10位，1980年為第8位，目前已上升至第6

位。而這些則都是遠非臺灣所能相比的。中共鑒於中國一百多年來受欺侮、受壓迫、受奴役的歷史教訓，絕不可能把自己的國家政權和經濟的發展，建立在外國勢力的扶植和保護之下，這樣就不可能去單純追求人均的GNP的提高，而是必須著重於整體或綜合的經濟實力的發展，以求自強自立於世界民族之林，這和臺灣同樣是不可比的。

第四，所謂經濟差距，即臺灣某些單項經濟指標比大陸好，這不僅是暫時的、部分的，而且會隨著條件的變化而變化。經濟的發展是有自己的規律的，它不會隨著任何個人的主觀意志為轉移。過去大陸曾經是政治干擾經濟，衝擊經濟，結果受到了經濟規律的懲罰；而今天的臺灣實際上也是在以政治干擾經濟，衝擊經濟，明明兩岸經貿已是人心所向，大勢所趨，而臺灣當局則百般限制，這也不許，那也不准，至今在兩岸「三通」上還在強調什麼要有「憂患意識」和「敵我意識」，只許「間接」，不准「直接」，不推不動，大推小動，甚至推而不動。放眼未來，目前臺灣經濟雖暫時還可，但前途隱憂重重；大陸經濟目前雖問題不少，但前途無限光明。臺灣作家王曉波先生在談到兩岸經濟時曾說：臺灣「這種經濟力量還是相對的，它必須基於大陸經濟落後和臺灣經濟繼續繁榮的條件，而如果大陸經濟繼續成長和臺灣經濟衰退，則其間的差距是以雙倍的速度減少的」。（臺《自立晚報》1989年12月5日）這對目前以臺灣經濟傲視大陸的臺灣當局來說，無疑是一副清醒劑。

第五，臺灣一些報刊文章，把三民主義說成是主張「富」，即允許差別，而把社會主義和共產主義說成是主張「均」，即反對差別，這是一種嚴重的誤解。鄧小平曾再三強調「貧窮不是社會主義」。現在大陸強調發展社會生產力，實即共同致富之道。富是要靠自己發展生產去獲得，而不是要靠「均」和「共」別人的產來獲得。大陸曾經犯過這一方面的錯誤，早就得到糾正，而且像這樣深刻的歷史教訓永遠不會忘記和再犯。事情已經過去多年，不應再用以為維持兩岸的隔絕現狀服務。共產主義和社會主義是有質的區別的兩個不同階段，社會主義也有高級階段和初級階段之分。現在大陸實行的不過是初級階段的社會主義，距中高級階段還不知有多遠，更遑論共產主義。臺灣某些報刊文章卻把這些混同起來，著重強調三民主義和共產主義的不同，企圖擴大現階段兩岸意識形態的差別，這

是不應該的，其對改善兩岸關係和實現祖國的和平統一也是沒有好處的。

　　四

　　最後，實現和平統一與「一國兩制」，對臺灣經濟究竟是有害還是有利？這個問題，實際上被臺灣當局攪亂了，把是與非混淆和顛倒了，應該還其本來面目。

　　臺灣與大陸，自古就是山水相連，整然一體，是不可以長期人為地加以分割的。臺灣人的「根」在大陸，臺灣經濟的「根」也在大陸。正像臺灣一些著名人士、學者專家所曾指出的那樣，臺灣經濟的「前途、希望和出路」也在大陸。兩岸如能在「一國兩制」基礎上實現和平統一，別的且不說，僅就臺灣經濟來說至少有以下好處：

　　（一）可以為臺灣經濟的發展提供一個安定的環境。由於島內廠商對臺灣的政治前途一直存在「不確定感」，因而對大量長期的投資缺乏信心和安全感，多以維持和擴充眼前的產業和產能為主，缺乏長遠打算。以近年民間固定資本投資年實質增長率為例，1987年為26.11%，1988年降為18.65%，1989年再降為8.39%，1990年上半年已較上一年同期降為1.7%。與此同時，資金外流的情況日趨嚴重，1988年臺灣的資本淨流出為75億美元，1989年為82億美元，其中多為長期資本的流出。這與臺灣經濟實力的增長和正常的資本輸出有一定關係，但無可否認，其中不少與廠商對臺灣政治前途的不確定與心存戒懼是分不開的。這對臺灣人的心理和社會治安也有相當影響。如果兩岸關係得到合理定位，或統一問題得到合理解決，在「一個中國」的原則下實行「兩種制度」，中共既不必擔心外國人拿走臺灣，臺灣也不必擔心中共會兵犯臺島，兩岸都可以安心從事經濟建設。

　　（二）大陸可以為臺灣經濟的發展提供廣闊的市場。大陸11億人口，具有廣闊的產品銷售潛力。1990年8月1日，大陸《工商時報》公布了瀋陽市一批廠

商「吸收臺資項目和意向」的資料，共49家，其中可以在大陸內銷10%～30%的有16家，占32.7%；可以在大陸內銷40%～60%的有22家，占40.9%；可以內銷70%以上的4家，占0.8%。此材料具有一定代表性，它足以說明大陸市場對臺灣經濟發展具有重要意義。假若臺灣當局長期堅持偏安拒和，以政治損害經濟，必將自食苦果。大陸改革、開放的方針不會改變，世界銀行在發表的《一九九〇年世界發展報告》中預測，中國90年代的經濟增長率將高於東亞地區的平均水準，年均增長率和人均經濟增長率將分別達到6.8%和5.4%。這時，中國和發達國家與周邊國家和地區的經貿關係肯定將更臻密切。在這種情況下，臺灣當局如仍堅持其現在僵硬的大陸政策，會帶來什麼樣的嚴重後果呢？那就會像臺灣民進黨人康寧祥先生所曾經預測的那樣：「將來在亞洲各國（或地區）中，只有臺灣不能參與大陸市場的競爭，對臺灣將形成極為不利的局面」。（參見《八十年代》雜誌）

（三）臺灣過剩的閒散資金可以在大陸找到出路。自1981年以來，臺灣對外貿易大幅增長，其外匯儲備也隨貿易盈餘增多而加速膨脹。1980年臺灣外匯儲備不過22億美元，1986年增至463億美元，近三年大體穩定在700億美元左右，約等於1980年的30多倍。這些外匯儲備必須放出等量的新臺幣，造成巨大的潛在通貨膨脹壓力。由於資金過剩，又無正當出路，從而帶來兩方面問題：一是部分資金湧向市場，炒股票，炒房地產，炒熱門產品，大搞投機活動，從而引發股價、房價、物價的「三價危機」。二是部分資金湧向島外找出路，僅私人直接對外投資一項，1987年為7億美元，1988年為40美元，1989年為70億美元，使社會許多人士擔心島內「產業空洞化」。假若能在「一國兩制」原則下實現兩岸合作，臺商在大陸將大有用武之地。一可解決島內的「三價危機」，二可防止「肥水流入外人田」。如此不僅功在中華，彪炳史冊，也會利及臺灣，促進本身經濟的進一步繁榮和發展。

（四）兩岸經濟還可在許多方面造成互補作用。臺灣開放較早，搞得較活，在輕紡工業和某些科技工業上有自己的優勢，在國際貿易方面積累不少經驗；大陸人力資源和自然資源豐富，在一些重工業、基礎工業和高科技工業上也有自己的優勢。臺灣在許多個別經濟指標上優於大陸，而大陸在整體經濟力量上又遠勝

於臺灣。相互結合，完全可以取長補短，發揮更大優勢。一家美國報紙最近在展望以中國海峽兩岸合作為基礎的「大中國」前景時描繪了一幅藍圖，它說：目前「大中國」正在「初露頭角」，「是一個正在形成的經濟和社會現實」，只要「國民黨與共產黨不發生內戰，是改變不了這個趨勢的」，「它是一個商業和軍事巨人，它將擁有中國的人口、自然資源、核武器和科學人才，擁有香港的貿易手段和金融威力，擁有臺灣的資本儲備和製造技術」，如再加上「具有魅力的澳門和分布在世界各地商業中心的有著善良願望的3000萬富裕而受過教育的兒女及五千年的文明」，那麼中華民族的振興將是大有希望的。（美國《洛杉磯報》1990年6月12日）這個美好的前景能否實現，關鍵還在能否實現兩岸經濟的互助和合作。

總之，兩岸實現和解和統一之後，對臺灣、對大陸、對整個中國的現在和未來都有好處。有沒有不利呢？我看主要是「興利」和「防弊」的問題。只要「一國兩制」的一些基本原則都能保證認真地加以落實，一切可能產生的弊端都是可以預先防止的。

（原載北京《統一論壇》）

兩岸經貿現狀、前景和希望——在上海「二十世紀世界經濟對海峽兩岸之挑戰」研討會閉幕式上的發言摘要

這次參加這項會議，很高興會見了老朋友，結交了新朋友。與臺灣來的朋友，雖然交談的機會不是很多，但是我們在許多問題上心是相通的。因此，想要利用這個機會，說說自己的感受：

（一）對這次會議總體的印象

這次會議主題是「二十世紀世界經濟對海峽兩岸之挑戰」。會議是以經貿為主，聯繫到世界經濟、兩岸政治與兩岸經貿發展一切相關的科技、教育、法律規

範問題。簡單地說，我覺得這次會議是一個中心、兩個重點。所謂一個中心，就是世界經濟對兩岸經貿的影響。兩個重點，一是科技，談到科技就要聯繫到科技教育。另一，則是法律規範。我考慮過這個問題。依照資本主義發展的程序，大體上是勞動力密集、高資本密集、高技術密集，最後到高智力密集。另外，從商品輸出發展到資本輸出，再從資本輸出到技術輸出。從這兩個程序來看，資本主義經濟的每一步發展，都是與科技分不開的。資本主義為什麼會有生命力？就是因為它有競爭，有競爭就要科技，要科技就先要辦教育。鄧小平說：「科技是第一生產力」。這道理是很深奧的。另一方面，經濟發展要靠科技、教育，但是如果競爭沒有法律規範的話，大家都只顧競爭，那麼就會混亂。所以現在的大陸，要發展科技、教育，同時也要完善法律。

我自己深刻地感覺到，這次會議討論相當深入，發言是熱烈的，氣氛是友好的。如汪道涵會長所說的：坦誠相見，求同存異。特別是幾位朋友提出了很多寶貴意見，我個人覺得受益很多，因此我認為這次會議是成功的。

（二）關於海峽兩岸的經貿形勢

當前海峽兩岸的經貿形勢總體來講是很好的。就貿易來講，正處於從1979年以來的第四個高潮，這四個高潮分別是：

第一個高潮：1979年至1980年。

第二個高潮：1984年至1985年。

第三個高潮：1987年至1988年。

第四個高潮：1991年至現在還未結束。

兩岸經貿從1979年以來，去年是74.4億美元，累計的數字是289.8億美元，臺灣順差估計在180億美元，這個數字可能有點出入，但成長是很快的。

從投資方面而言，層次立體化、方式多樣化、經營多元化、投資區域擴大化，這種貿易形勢是很好的。但也有不足之處，主要是僅限於民間、間接、單向、低層次、不對等，也不穩定。不過現在已經逐漸走向穩定。所以，我們希望借由以下幾種方式能早日實現穩定的貿易形勢：

1.由間接到直接；

2.由民間到官民並重；

3.由單向到雙向；

4.由低層次到中高層次；

5.由不對等到對等；

6.由不穩定到穩定、健康、正常的發展。

（三）關於兩岸經貿的發展前景

我個人認為前景看好，其根據為：

1.國際經濟區域化、集團化趨勢加速，亞洲許多國家和地區間的投資和貿易正不斷增長，這個局勢迫使兩岸要在經濟上互動。

2.大陸加速改革開放，也走向市場經濟、商品經濟，使兩岸的共同點增多，臺灣工商界顧慮減少。我想可以用江澤民總書記的新年賀詞來形容兩岸的前景：日出江花紅似火，春來江水綠如藍。

3.兩岸都是中國人，有共同的民族文化和語言背景，加上政治關係已逐步走向緩和，必能為兩岸的交流和合作提供更好的契機和原動力。這也可以引用民間兩句話來形容：河山鋪滿三春錦，海水猶連兩岸心。

4.兩岸經濟各有所長和所短，完全可以相互補充，取長補短，共同發展。

（四）對兩岸發展的希望

1.希望臺灣方面繼續發揚愛國主義的光榮傳統。兩岸雖然政治制度和意識形態不同，但多少年來，我們對臺灣相當肯定的有三點：第一是「一個中國」的理念。蔣氏父子長期以來，頂住外國的壓力，堅持一個中國，反對兩個中國，也反對「一中一臺」，反對「臺灣獨立」，這是非常不容易的。第二是「臺灣經濟」的成果。臺灣經濟的發展雖然有特殊的歷史背景和條件，但能夠發展到今天這種水準，同樣是中國人的光榮，大陸從上到下都是肯定的。國民黨到臺灣後也實行了土地改革，鄧小平對臺灣經濟也是肯定的。第三是開放大陸探親。這是具有重

要歷史意義的一步,堅冰從此突破,道路從此打開。兩岸關係在此基礎上不斷有所發展。

基於對以上三點的肯定,所以我們希望臺灣能堅持愛國主義光榮傳統,為兩岸關係進一步改善以及兩岸的和平統一創造良好氣氛。

2.希望兩岸能夠加強溝通,化解矛盾,共同謀求和平解決之道。首先在經貿上努力,減少政治衝擊。目前存在三種提法:

(1)「和平演變」,如臺灣對大陸講的,叫做「以通促變」。

(2)「和平消化」,即大陸有人對臺灣講的做法。

(3)「和平融合」,這是我的想法和看法,也就是自然的融合。中國特色的社會主義就是理性的社會主義、實事求是的社會主義,當代中國條件下的科學社會主義,它和臺灣三民主義式的社會制度有許多交接點、共同點。另外,當前兩岸最大的共同利益就是經濟利益,也可以說是兩岸社會經濟的共同穩定和繁榮。兩岸都在搞商品經濟、市場經濟,發展社會生產力,盡最大力量為人民謀福祉,即滿足人民日益增長的物質文化生活需求。再則,希望不要再講什麼「共產暴政」,不要再去宣傳實際上不存在的東西,造成人們的恐懼感。多少年以後,多少代人以後,說不定有一天走向共產主義道路,那不是大陸去共臺灣的產,而是臺灣來共大陸的產。所以不必用不存在的東西,干擾兩岸的交流。

3.希望臺灣方面至少應把對大陸的經貿政策和整體的大陸政策區別開來,不要混在一起,並且應把握以下四個「不要」原則:一是不要以外制內(外是指外國,內是指中國),兩岸同胞都是一家人,臺灣方面曾說過:使經貿「國際化」防止「大陸化」,說大陸化是個危機,這句話實在不合適。還提出什麼「依存度」、「產業空洞化」、「安全保障」等問題。我想兩岸都是中國人,兩岸經貿的依存度,根據臺灣的資料來計算,到目前為止4.08%,大陸對臺灣比較高,大概8%,臺灣約5%～7%。臺灣對美國、日本的依存度都非常高,為什麼就沒有危機感呢?再則就對外投資而言,臺灣對外投資約250億美元,對美就超過100億以上,對大陸不到50億,就說不安全,這對兩岸經貿是很不公平的。二是不要捨近就遠,兩岸一海之隔,到現在還不能直接「三通」。臺灣現在的對外貿

易，遠到歐洲、拉美、澳洲，而一水之隔的大陸，卻還要從香港過去，連經貿也是捨近就遠。三是不要利「分」避「統」，就是指分裂、分開，現在臺灣的提法是「一國兩府」、分而兩立，把大陸政策也搞到經貿政策上來了，這樣的做法實在不妥。四是不要用政治捆住經濟，以政治衝擊經濟。

4.希望兩岸廣泛地進行交流計畫，例如經貿合作、科技合作、人力合作、金融合作、能源開發合作、電訊通信合作，臺灣工商界在大陸將大有用武之地，不要肥水外流。

最後，希望將來能多舉辦這樣的會議，更希望能在臺灣召開，多交流多溝通，坦誠相見，增進共識，促進兩岸經貿發展，這樣才能為進一步改善兩岸關係，為未來的兩岸統一創造條件。

（原載《亞洲與世界》月刊1993年2月）

兩岸經貿關係現狀及發展趨向探討

自1978年以來，隨著兩岸政治形勢的緩和與兩岸關係的改善，兩岸經貿往來取得了快速的發展。誠如臺灣一家報紙登載的一副春聯所說：「春風終解千層雪，碧海猶連兩岸心」。兩岸同為中國人，本是一家，山水相連，利害與共，未來經貿關係更緊密和更快速的發展是完全可以預期的。

一、兩岸經貿的新形勢及特點

1991年至今，兩岸貿易仍處於第四波高潮：

第一波是1979年到1980年，雙方經香港轉口的貿易總值分別較上年增長64.8%和300.18%；

第二波是1984年到1985年，分別較上年增長123.34%和99.34%；

第三波是1987年到1988年，分別較上年增長58.60%和79.54%。

新的第四波是從1991年開始的，1991年和1992年分別較上年增長43.26%和27.86%。（附表一）這兩年增幅雖較過去為低，但是在基數越來越大的情況下，仍舊保持如此高的增幅，已經不容易了。1992年兩岸貿易總額為74.069億美元，約等於1989年的2.1倍，1979年的95.3倍。

從1979年到1992年的14年內，兩岸經香港轉口的貿易總額累計為289.49億美元，臺灣順差為186.83億美元。但如果再加上經香港轉口外的各種貿易數字，相信兩岸實際貿易總額和臺灣順差會遠超過此數。在大陸加速改革開放的形勢下，1993年的兩岸經貿繼續看好，今年1至5月，兩岸經香港轉口貿易總額33.86億美元，較上年同期增22.5%。其中臺輸往大陸29.51億美元，較上年同期增27.25%；臺自大陸輸入4.34億美元，較去年同期減6.9%；臺灣順差25.18億美元。估計1993年全年兩岸經香港轉口的貿易總額可能超過90億美元。近幾年來的兩岸經貿，不僅是量的擴張，相互間輸出入產品的層次也不斷提高，工業品、工業用原料及科技產品在不斷增加。

兩岸間的貿易也帶動了臺商在大陸的投資，兩者是相互促進的。臺商投資大陸大體也有三次高潮：

第一次是，自1987年臺灣解除外匯管制，並開放民眾赴大陸探親開始，許多中小企業以「短期投機心態」前來大陸投資。

第二次是，1989年春夏之交北京政治事件後，大陸外商投資急劇下降，大批臺商趁機向大陸轉移輕型勞動密集型企業。

第三次是，自1992年「鄧小平南巡講話」發表，大陸加速推動改革開放至今，臺灣不僅是中小企業，許多大型企業、集團企業、資本及技術密集型企業也紛紛湧向大陸。

近年來，臺商對大陸的投資正呈不斷上升之勢。據報導，截至1993年3月底，累計已逾1萬項，總金額超過90億美元。據臺灣「經濟部投審會」最新統

計，今年頭6個月，該會核准臺商赴大陸投資案件共計1649件，總金額為6.67億美元，較去年同期8600萬美元增長6倍多。有人估計臺商實際投資金額應遠超過官方公布的數額。

臺商在大陸的投資，同樣不僅是量的增加，也有質的提高。一是投資行業「廣泛化」，已由單個行業擴展到包括製造業、房地產業、旅遊業及服務業等；二是投資層次「立體化」，由勞動密集擴展到資本密集和技術密集，同一行業往往涵蓋上、中、下游各業；三是投資方式「多樣化」，包括委託加工、補償貿易、整廠輸出與資源開發等；四是投資經營形態「多元化」，既有臺商獨資，又有合資經營與合作經營，水平分工和垂直分工交錯；五是投資地區「擴大化」，由東南沿海的福建、廣東等地逐漸擴展至包括武漢、長沙在內的長江沿岸城市以及其他內陸各地；六是投資時間「長久化」，由最初之「打跑」戰略轉變為「生根」策略，由三年、五年延長到十年、二十年、三十年，甚至五十年、七十年。今年4月以來，由於「辜汪會談」的成功舉行，兩岸關係進一步緩和，臺灣大企業、大財團宛如「吃了定心丸」，更競相前來大陸尋找經商和投資機會。其總的做法是，「由南到北、由東到西、由外到內、先小後大、先點後面」。

兩岸經貿關係趨於熱絡，互利互惠，取長補短，給各自經濟的發展都注入了新的活力。大陸有「臺灣熱」，臺灣有「大陸熱」，雙方經濟都呈穩定增長之勢。以臺灣來說，近兩年能在舉世經濟處於低迷不振的情況下，獲得高達7.3%和6.2%的年增長率，無疑與兩岸經貿關係的發展是分不開的。一家臺刊對此曾又驚又喜地發表評論說：想不到「政治、軍事與臺對峙40年的中國大陸，一夕之間竟變成臺灣經濟成功所繫的靠山」。臺灣《聯合報》亦曾發表社論說：近兩年在「美國經濟狀況欠佳」的情況下，臺灣「卻能擺脫美國經濟的陰影，勉強維持正常水準，對大陸投資所帶動的原料、零件的大幅成長是一項很重要的貢獻因素」。

二、兩岸經貿存在的主要問題

兩岸經貿關係近數年雖有較快發展,但存在的問題也不少。兩岸經貿至今仍基本停留在「間接、民間、單向、低層次、不對等」階段。應該說,大陸無論在改善軟環境或硬環境方面都還存在著不少缺陷,許多工作都跟不上形勢發展的需要。但基本態度是積極的,政策是明確的,可說是敞開大門,自由進出,並且也不遺餘力地採取鼓勵推動的措施。而臺灣方面,雖也較前明顯放寬,但卻限制仍多,進嚴出寬,而且不時傳出「警訊」或設置「警戒線」。據報導,「辜汪會談」結束不久,臺灣當局即因擔心兩岸經貿關係發展過快,而決定採取「策略性剎車」以「緩和民間大陸熱」,保留臺方「在未來兩岸談判籌碼」。

　　在兩岸經貿上,臺當局不時強調所謂「憂患意識」或「危機意識」,特別是把對大陸的經貿政策與大陸政策緊緊地聯在一起,阻撓兩岸直接「三通」的實現。其在發展兩岸經貿上所提出的「務實、穩健、前瞻」六字方針,實際上就是把兩者緊緊地捆在一起。臺主管當局在解釋這六字方針時說:

　　——所謂「務實」,就是在世界「各國都集中注意大陸市場的開拓」的形勢下,臺灣「處於地緣、語言的有利地位」,不能「刻意忽略甚至於放棄此一廣大市場」,否則「將會陷入孤立主義」;

　　——所謂「穩健」,就是臺灣「不應因經濟利益而喪失政治的警覺性」。為了「保障廠商的權益」,臺灣「不能讓企業毫無規範地進行貿易活動,必須採取漸進、穩健的方式進行,俟中共有良性的回應再加強經貿活動」。

　　——所謂「前瞻」,就是「經貿交流的目的是要促使大陸的質變」,使大陸「政治民主化、經濟市場化,成為促使大陸和平演變、朝向兩岸統一的帶動力量」。

　　這六字方針對兩岸經貿關係的負面影響至大。臺灣當局依據這一方針所制定的大陸經貿政策具有以下四大特點:

　　(一)「禁重於導」。禁是為了維護「政治利益」,導是為照顧「商業利益」,避免自身「陷於孤立」。所謂「政治利益」,就是上面談到的一要「中共有良性的回應」(承認臺為「對等政治實體」等),二要「促使大陸的質變」,即「和平演變」。「禁重於導」實際就是把政治利益置於商業利益之上。這在執

行上自然困難很多，時而「禁多於導」，時而「導多於禁」，時而「禁導並重」，反映了臺當局在處理政治與經濟、官意與民意之間矛盾上的舉棋不定。「辜汪會談」實現後，形勢很好，而臺當局卻忽然提出大陸熱要「降溫」、「放慢腳步」，並透過「信用管制」、「金融檢查」、「道德勸說」等做法來阻止臺資「登陸」。臺當局不止一次地強調說，直接「三通」必須中共先承諾臺方提出的「政治條件」。這說明儘管臺灣當局一再表示要「導禁結合，以導為主」，而實際上「禁重於導」的方針並未根本改變。

（二）「捨近就遠」。兩岸不過一水之隔，又都是中國人，本可在經貿上更多地搞些合作，相互取長補短，但卻出於政治考慮，作出種種限制，使一些臺商顧慮多端，望而卻步，並不得不棄近就遠，跨洋渡海地奔向幾千海里或幾萬海里的遠方，徒增經營成本。以燃煤來說，大陸比澳洲和南非儲藏量約大八至十倍，且質量高，成本低，但因臺當局大陸政策的限制，而致不能合作開採。兩岸人物交流，本可直接進行，省時省事省錢，但卻偏要規定繞道第三地區，人為地拉長距離，造成許多不便，對此，島內各界雖反應強烈，一再呼求解決，但當局卻仍置之不理。

（三）「熱外冷內」。積極鼓勵臺灣經貿「國際化」，防止「大陸化」或「中國化」；引導和推動臺商到大陸以外的地方投資設廠，並提供種種方便，而對臺商自發形成的「大陸投資熱」，則不時提出要「降溫」、「踩刹車」，或「從嚴審核」。對外人投資島內優禮有加，而對大陸去臺投資則至今仍在禁止之內。臺對美出口占全臺出口總額最高時曾接近50%，自日進口占全臺進口總額最高時亦曾接近1／3，臺當局從未發出什麼「警訊」。而如今，臺灣對大陸經香港轉口輸出占全臺出口總額一般在2%～4%之間，最高達7.7%，經香港轉口輸入占全臺輸入總額一般為1%左右，從未達到2%（附表二），臺當局則頻頻驚呼「依存度過高！」對外投資亦然，根據各方報導的資料估計，目前臺灣對外投資累計總額至少在300億美元以上。臺灣當局也並未就此表示異議，而如今，臺商對大陸的投資還不及此數的1／3，則驚呼此將造成臺「產業空洞化」！其對內外冷熱之差竟至如此。

（四）「以經壓政」。就是把暫還握有的臺灣經濟上的某種優勢作為「政治籌碼」，壓大陸在國家主權等重要問題上作出讓步。臺灣高層曾就此發表過無數次講話，無非都是一個意思，即只要中共不承認臺為「對等政治實體」，不放棄「武力犯臺」，以及不允許「臺在國際上拓展生存空間」，臺就不會開放兩岸直接「三通」。今年僅5月分，李登輝先生即曾就此發表兩次談話；一次是5月4日，他說：「『三通』不只是經濟問題，還蘊涵政治含義，目前談『三通』的時機與環境都不成熟」；一次是5月20日，他說「中華民國在臺灣是一個主權的國家，它有它的尊嚴」，兩岸之間「最重要的問題」是從「互信」進到「兩個政治實體的承認」，否則，「比方說『三通』」，那將「很難、很難」。而臺所要求的「對等政治實體」等，誰都瞭解它的真實含義所在。這實際上是把經濟和政治、兩岸「三通」和臺灣當局的大陸政策搞成「捆綁式火箭」了。

總之，由上可見，當前兩岸經貿關係存在的障礙，主要來自臺灣當局現行的大陸經貿政策。該政策具有兩重性：一方面，它在總體上是從屬於當局的大陸政策的，是這個大陸政策的一部分，這是主要的一面，因而往往受制於上，受制於政，處於被動地位，缺乏就經貿利益本身作前瞻性考慮；另一方面，它與臺灣當局的大陸政策又不完全相同，有其特殊的方面，因其與島內廣大工商業者的切身利益緊密相關，從而又必須受制於下，受制於民，崇尚實務，這樣自然要與官方的大陸政策發生衝突與矛盾。這種兩重性，使它在執行中必然會出現搖擺，亦即臺報所說的「民間與政府拔河、經濟與政治較勁」局面。

三、未來兩岸經貿關係之展望

如上所述，儘管存在問題甚多，尤其是政治上存在的障礙一時很難突破，然筆者對今後的兩岸關係，特別是兩岸經貿關係的前景依然看好。臺當局不時傳出的「警訊」、「降溫」之說即使得逞於一時，也絕不會長久。兩岸經貿關係必將衝破重重障礙而繼續發展。主要根據有三：

（一）大陸正加速改革開放的步伐，特別是社會主義市場經濟的提出，更廣泛地激發和調動了人們潛在的發展經濟的積極性，各行各業意氣風發，大力發展具有中國特色的社會主義現代化商品生產，這將為臺商投資大陸和兩岸經貿關係的進一步發展提供更多新的契機。客觀經濟規律是不以任何人的主觀意志為轉移的。人往高處走，水向低處流，資金總是要奔向最有利潤的地方。據報導，現大陸的投資環境和利潤頗具「吸引力」，臺商在大陸投資的年均利潤率達13%，遠超過臺灣島內和世界各地。因而，這絕不是任何行政命令所禁止得了的。不久前一家日本雜誌亦曾就此發表文章說：在「以中國加速改革開放為背景」，和「以地理和血緣聯繫起來的兩岸交流面前」，臺灣方面就經貿所「作出的各種限制，已經變得有名無實」。

（二）兩岸經貿關係的發展已成為帶動臺灣經濟增長的主要動力之一。目前，臺灣投資環境已日益喪失往日的比較優勢，工商業者把自己的「生存和發展空間」更多地寄託在大陸是很自然的。根據臺灣「中華經濟研究院」的調查，臺灣各產業為配合大陸市場需求所激發的生產總值比率達2%，即如果臺對大陸出口衰退，臺生產總值就會下降2%。又據東吳大學經濟研究所長侯家駒談，臺商每對大陸投資1元，約可增長臺灣出口2元。由此可見，兩岸貿易和臺商對大陸投資，不僅對大陸有好處，對保持臺灣經濟的穩定和發展更有好處。島內有人曾不時提到要「確保臺灣二千萬人的福祉」。這並沒有錯。然而這「福祉」歸根結底還必須落實在經濟利益上。既然，「大陸的人力、土地、市場與原料已逐漸成為臺灣發展經濟的憑藉」，臺當局如硬要人為地阻止，必將受到島內人民的強烈「反彈」。

（三）未來世界正趨向以經濟為主的區域聯合，臺灣與大陸經濟亦已成為亞太經濟循環系中的重要一環。海峽兩岸同為中國人，同時面臨著世界性的經濟挑戰，一切愛國的中國人無不迫切期望大陸、臺灣、香港、澳門能首先在經濟上聯合起來，相互合作，共同走向世界，迎接新的挑戰和競爭。正像臺一家報紙所說的：「地緣血緣、源源相連，人情親情、情情相結」其呼聲越來越強烈。這必將有力促進和推動兩岸經貿關係的進一步發展。然而，值得注意的是，有人不是強調整個中華民族的利益，而是只強調在臺灣的2000萬同胞是「新的生命共同

體」，這是有悖民意的。（有人試圖透過「大中華經濟圈」、「共同發展經濟圈」，或「亞洲經濟共同體」等，來達到兩岸「分離」或「分立」的政治目的，這同樣不符合民意。）筆者完全贊同以經濟為紐帶，採取某種形式，把大陸、臺灣、香港、澳門連接起來，攜手合作，共振中華，這是大勢所趨。但絕不贊成那種試圖以經濟為手段，而達到使兩岸分裂「長期化」和「合法化」的一切想法和做法。

記得1991年12月，李登輝先生在接受美國之音專訪時曾說：「從歷史文化來看，在臺灣的臺灣人或外省人都是中華民族的一分子，我們不能切斷與中華民族的關係，也不能切斷與中國文化的關係」，「從現實的利益來看，臺灣未來經濟的發展，不能侷限於這一小島，必須有大陸作為腹地來維持、來支持」。筆者認為，其所表達的主要是兩條：一是民族感情，二是共同利益。這兩者將是兩岸發展經貿關係，以至實現和平統一的基石，世界上沒有任何力量——無論是島內的臺獨分子或國際支持臺獨的勢力，都將無法改變這個鐵一般的現實和發展趨勢。

關於這一點，臺灣《工商時報》說得最清楚。該報說：兩岸「情感的融合」和共同「利益的追求」，「就像兩把利錐，銳利地將既有的由對立與敵意所緊密編織的兩岸關係，鑽出縫隙，並將逐日擴大」。臺當局的大陸經貿政策只有反映兩岸人民這兩方面的願望和要求，才能真正得到兩岸人民的共同擁護。

總之，兩岸以投資和貿易為主軸的經貿關係的前景十分看好。兩岸存在著廣泛的合作領域，比方科技方面，人力方面，金融方面，農業方面，能源開發，電訊通信，等等，都大有可為。兩岸關係歸根結底以兩岸人民共同的經濟利益為最重要。「過去——政治把兩岸分開，今後——經濟將把兩岸再聯結起來」。

政治和經濟的關係確是密不可分的，然而它們之間卻又是相對獨立的，不能把兩者等同起來，而就兩岸關係來說，真正的政治利益必須建立在真正的經濟利益之上，設若脫離兩岸共同的經濟利益去片面強調政治利益甚至是局部或少數人的政治利益，那就必然會是脫離基礎的「空中樓閣」。基於這一點，筆者認為，臺灣著名工商企業家王玉雲先生，在兩岸經貿關係上一再提醒臺灣當局「拋棄政

治第一」的想法，不是沒有道理的。

（本文係作者為《大陸、臺灣、香港經濟合作趨向研討會》提供的學術論文，發表於《臺灣研究》，後收入筆者所著《李登輝主政臺灣以來的兩岸關係》一書）

附表1　海峽兩岸經香港轉口貿易統計

單位：百萬美元

年度	貿易總額 金額	貿易總額 與上年比較(%)	經香港轉口 台灣向中國輸出 金額	經香港轉口 台灣向中國輸出 與上年比較(%)	經香港轉口 台灣從中國輸入 金額	經香港轉口 台灣從中國輸入 與上年比較(%)	出入超
1979	77.76		21.47		56.29		-34.82
1980	311.18	300.18	234.97	994.41	76.21	35.39	+158.76
1981	459.33	47.61	384.15	63.49	75.18	-1.35	+308.97
1982	278.47	-39.37	194.45	-49.38	84.02	11.76	+110.43
1983	247.69	-11.05	157.84	-18.83	89.85	6.94	+67.99
1984	553.20	123.34	425.45	169	127.75	42.18	+297.70
1985	1,102.73	99.34	986.83	131.95	115.90	-9.28	+870.93
1986	955.55	-13.35	811.33	-17.78	144.22	24.43	+667.71
1987	1,515.47	58.60	1,226.5	51.18	288.94	100.35	+937.59
1988	2,720.91	79.54	2,242.223	82.81	478.69	65.67	+1,763.53
1989	3,483.39	28.02	2,896.49	29.18	586.90	22.61	+2,309.59
1990	4,043.62	16.08	3,278.26	13.18	765.36	30.41	+2,512.90
1991	5,793.12	43.26	4,667.16	42.36	1,125.96	47.11	+3,541.20
1992	7,406.90	27.86	6,287.92	34.73	1,118.97	-0.92	+5,168.95
合計	28,949.32		23,815.07		5,134.24		18,680.83

資料來源：香港政府統計處。

附表2　兩岸貿易依存度統計

單位：％

年度	台灣對中國			中國對台灣		
	出口依存度	進口依存度	貿易依存度	出口依存度	進口依存度	貿易依存度
1986	2.04	0.60	1.49	0.46	1.89	1.29
1987	2.30	0.83	1.38	0.73	2.84	1.83
1988	3.70	0.96	2.47	1.01	4.06	2.65
1989	4.38	1.22	2.94	1.12	4.90	3.12
1990	4.88	1.40	3.32	1.23	6.14	3.50
1991	6.12	1.79	4.16	1.57	7.32	4.27
1992	7.72	1.55	4.83	1.32	7.80	4.47

資料來源：臺灣「陸委會」兩岸經貿統計。

臺灣經濟是怎樣發展起來的？

在國民黨政府從日本人手裡光復和接管臺灣的最初幾年，經過多方面的努力，經濟雖逐步有所恢復，但存在的問題仍多。尤其是1949年前後，國民黨在大陸的敗局已定，其所裹脅的150萬左右的大陸軍民相繼湧向臺灣，而臺灣經濟還未從戰爭的廢墟中重建起來，物質相當匱乏，通貨膨脹率和失業率都很高，資產和外匯嚴重短缺，這就更增加了困難的程度。然而，從1949年到1952年，臺灣經濟卻能很快地得到恢復，而後40年又在此一基礎上取得新的發展，與韓國、香港、新加坡一起並稱「亞洲四小龍」，受到世人注目。臺灣當局更以此而自傲於世。

如以1993年與1952年相比，41年來臺灣經濟確有如下重要變化：「國民生產總值」由16億餘美元增至2218億美元，增加137倍；進出口貿易總值由3億餘美元增至1620億美元，增加539倍；人均「國民收入」由136美元增至10570美元，增加76倍。近幾年的外匯儲備也已由1980年的22億美元增至1993年底的835億美元，增加36倍。

然則，臺灣經濟究竟是怎樣發展起來的？為什麼會這麼快？其客觀與主觀因

素如何？現狀和前景怎樣？本文擬作點探討，並提出一些不成熟的看法，以供各有關方面研究參考。

一、特殊的歷史條件和背景

臺灣經濟的發展既有內部條件，又有外部條件；既有客觀原因，又有主觀原因；既有現實因素，又有歷史因素。我們必須全面地、歷史地和客觀地加以分析，注意把它與整個世界經濟，尤其是與戰後世界資本主義經濟的發展聯繫起來考察，也要注意資本主義所固有的經濟規律在新的歷史條件下的作用和表現。

（一）戰後國際資本主義的發展

這裡，要特別加以強調的是戰後科學技術的發展。戰後冷戰時期及冷戰結束後，世界資本主義經濟，借助新的第三次技術革命而獲得新的生命力。美國《時代》週刊曾刊登一位名叫費雷德里克佩因頓的文章，他在談到當今科學技術的地位時說：「在冷戰逐步結束的形勢下，國家實力將不再用軍事力量來衡量，而是用一國在世界市場上所占份額和它在技術方面的成就來衡量」。世界科學技術的發展這是當今世界資本主義經濟獲得快速發展的重要原因，也是臺灣經濟獲得快速發展的重要國際背景和原因。

資本主義最重要的經濟規律是剩餘價值規律，亦即追求利潤的規律。而資本家階級由主要追逐絕對剩餘價值（依靠提高工人的勞動強度和延長他們的勞動時間）的生產到主要追逐相對剩餘價值（依靠技術革新和提高勞動生產率）的生產的轉變，「使勞動的技術過程和社會組織發生了根本的革命」。這是社會發展的一大進步。它推動了資本主義社會先後進行了三次技術革命：第一次，1760年代初到1860年代，發生了以蒸汽機為代表的技術革命；第二次，1870年代至第一次世界大戰前，發生了以電氣工業為代表的技術革命；第三次，1950年代到現在，發生了以電子技術為代表的技術革命。每一次技術革命都使資本主義獲得新的生命力。近若干年來，各國面臨高科技帶來的巨大生產力增長，世界市場需

求急劇擴充，更為新的經濟繁榮創造了良好機遇。

「相對剩餘價值的衝動——科學技術革命——生產力大發展」，這就是推動戰後資本主義不斷向前發展的決定性動力。至於生產關係和上層結構的變革，都是圍繞著這個變革而來的。跨國公司的形成和發展，地區性和國際性壟斷組織的出現和擴展，以及它們在西方經濟發展中所起的調節作用等都與此密不可分。

臺灣經濟就是在這樣大的背景和歷史條件下發展起來的。第二次世界大戰後，世界資本主義經濟因第三次技術革命而出現長期的持續繁榮的局面。根據一些專家學者介紹，從1950年代到70年代，世界性的機遇有過兩次。第一次大約是50年代中期到60年代初期，美國產業結構大調整，最得益的是日本與西德，臺灣趕上後半截的尾聲；第二次是60年代中期到70年代初期，美國產業結構的部分調整帶動了日本、西德的部分調整，最受益的是亞洲「四小龍」和西班牙、巴西等國家，臺灣是受益最大的地區之一。在這兩次機遇、特別是第二次機遇中，美國和後來的日本，先後向臺灣轉移了大量的資本和技術比較簡單的勞動密集工業；加上當時臺灣低廉而充沛的勞動力，以及廉價的進口原料和燃料，廣闊的輕紡工業外銷市場，這幾者的結合，就給臺灣造成了發展輕紡加工裝配工業的大好時機。從60年代初到70年代初的10年，是臺灣輕紡工業發展的黃金時代，整個加工出口經濟體系就是在這段時間內打下基礎的。

（二）各種特殊因素的交互作用

以上是就臺灣經濟發展的一些大的背景和過程來講的，如果再聯繫到一些具體的個別特殊的背景和原因，則可大概歸結為以下四個字：

「丟」——即指日本人丟下的。日本的資本主義發展比較早，它在臺灣統治50年，把近代資本主義的生產方式帶進了臺灣。為適應對外發動侵略戰爭的需要，日本在統治期間尤其是後期，為臺灣的農業、工業，特別是交通、電力等基本設施是作了不少投資的，教育也有一定普及。本篇第一章第三部分曾提到，1946年11月，國民黨從日本人手中接收的工廠共5969家。其中：食品工業2815家，機械器具業645家，化學工業620家，金屬製造業116家，紡織業109家。這些工廠計有工業從業人員25萬人，受過大學和高等技術專業教育的有1500餘

人。戰爭對臺灣雖有相當破壞,但畢竟是建設艱難恢復易。特別是已經建立起來的資本主義生產關係是不那麼容易破壞的。一位臺籍學者認為,「到1945年,臺灣社會的資本主義生產關係和生產力的發展程度,比之當時仍處在半封建半資本主義的中國大陸社會要『進步』多了」。

「帶」——即國民黨從大陸敗退到臺灣時,帶走不少資金、機器設備和科技人才。例如,蔣氏父子去臺前夕,透過俞鴻鈞等人從上海一次運走的黃金即達80萬餘兩,由孔宋家族運往美國大眾、花旗等銀行的美鈔更高達20億美元。而根據《人民日報》公布的有關歷史資料,國民黨集團撤離大陸前,先後三批實際運去臺灣的黃金共277.5萬市兩,銀元1520萬元。臺灣原有棉紡錠不過1萬多錠,而1949—1950年劇增至19萬錠,全是由大陸運去的。現在臺灣最大100家集團企業中,外省籍的有21家,資產占1／4強,基本上都是在大陸帶去的資金和設備的基礎上發展起來的。至於帶走的財經技術人才就更多,例如臺灣財經政壇比較著名的尹仲容、李國鼎、俞鴻鈞、嚴家淦、孫運璿、俞國華等便都是。原臺灣行政院長郝柏村在一次記者招待會上就說:「我們假定,如果民國38年(1949年),先總統蔣公(指蔣介石)沒有帶著60萬的軍隊(後多變為勞工)到臺灣來,以及大陸上的傑出人才,以及幾百萬兩黃金到臺灣來,今日的臺灣又是什麼樣的臺灣?」

「給」——即美國給予的支持。戰後臺灣經濟的發展幾乎是美國一手扶植的,美國給予的扶植,主要是「經援」、「軍援」、低利貸款、直接投資和技術轉讓等。根據一項統計,截至1982年底,美國等西方國家透過以上方式給予臺灣的資金累計達205億美元;「技術合作」項目1700餘件。其中大部分是80年代以前的。這實際上是大大縮小了的數字。美國對臺灣軍事科技的轉讓和支持歷來是不公開的,而這方面對臺灣經濟的發展也多有直接或間接的作用。臺灣一高級經濟官員曾著文稱,如果沒有美國日本等西方國家的「經濟與技術的合作」,那麼「臺灣經濟的發展至少要比現在落後20—30年」。

「賺」——即本身透過發展加工出口工業而賺到的實惠。要做到這樣,一是客觀條件,例如:市場、資金、技術、原材料、勞動力等,這在上面已經談到,

都具備了。二是主觀條件,就是自己要有正確的政策和策略,能夠抓住和把握好客觀機遇,這一點臺灣大體上也是做得好的。國民黨退臺後,接受了在大陸時期的經驗教訓,為求生存和發展,根據臺灣海島型經濟的特點,齊心協力地發展以廉價勞動力為基礎的加工出口業。應該說,臺灣經濟取得的發展,與國民黨當局當時的危機感,它的主觀努力,它的大體符合客觀的各種內外經濟政策是分不開的。

臺灣在這種外向型的經濟發展中,其所得到的好處是很大的。根據政治經濟學的公式和臺灣報刊透露的資料:

W(商品價值)＝C(不變資本)＋V(可變資本)＋M(剩餘價值)

100＝80(C)＋10(V)＋10(M)

這就是說,臺灣每出口100億美元,可以淨創匯20億美元。如果從1960年算起,那麼60年代出口48億,可得9.6億美元;70年代出口682億美元,可得136.5億美元;80年代出口3710.32億美元,可得742.06億美元。90年代至1993年底計出口3098.09億美元,可得619.62億美元。以上從1960年至1993年,34年內共出口7538.41億美元,可賺外匯1507.7億美元。這就是歷年所創新價值的總和。這就不難理解,為何臺灣1971年外匯存款才不過3.9億美元,1980年就增加到22億美元,1993年又增加到835億美元,這與臺灣對外貿易的大發展、外貿順差的不斷增加是完全分不開的。上述外貿所取得的好處,實際上數字是偏小的,因為它是根據臺灣報刊70年代資料計算的。而80年代以來,臺灣的科技水準在逐步提高,工商企業家更多地得益於相對剩餘價值,附加於產品裡的新價值(V＋M)也早就不是20％而是30％或者更多了。這樣,可能實際要少算700億—1000多億美元。這裡僅是指外銷的,還未包括內銷部分。無怪乎人們稱臺灣為「小富翁」或「暴發戶」了。

附加於產品的新價值(V＋M)越來越高,這個新價值中包含的相對剩餘價值(依靠複雜加工)也越來越大於絕對剩餘價值(依靠簡單加工)。這就說明了臺灣成千上萬勞動人民(含大陸去的)以及他們所掌握的科學技術在臺灣經濟中所作的重要貢獻和所發揮的巨大作用。

上面所說的「賺」，還包含有另外的意思。這就是從50年代到70年代，臺灣在朝戰和越戰中，也是發了不少財的。在此期間，臺灣獲得了大筆美國軍援，美國軍工用品的加工訂貨，工業品出口年平均增長率由10%左右劇增至34%以上。

根據以上所述，近40餘年來臺灣經濟的迅速發展，也可以大體歸結為以下六個字：「天時、地利、人和」，所謂「天時」，就是戰後資本主義經濟長期持續和平發展所提供的外部環境，以及兩岸長期隔海休戰所提供的國內環境。所謂「地利」，就是臺灣「在經濟上的地理位置頗為優越」，四面環海，港口眾多，交通發達，農林漁產資源豐富，它的經濟基礎和人民生活也一向「優於大陸的任何地方」。所謂「人和」，就是對內的危機感，迫使國民黨去臺軍政人員在「同舟共濟」之下，協力共赴難局；對外則獲得美國為首的許多西方國家的經濟和其他方面的支持和援助。當然，這和中國大陸一個時期的政策失誤也有一定關係。不過隨著時局的轉移，許多情況都已或正在發生變化，其中有的不屬本書討論範圍，有的本書其他一些章節還會涉及。

二、經濟發展策略上的一些做法

臺灣所謂經濟發展策略，並不是當局當時就很清楚，而是後來一些學者幫助總結的。其內部對經濟究應如何搞法，過去也曾進行多次爭論和研討。後來臺灣當局吸收了部分專家學者的意見，制定了「穩定中求發展，發展中求穩定」的「基本策略」。其主要做法是：

（一）優先發展農業和輕工業

實行「農業—輕工業—重工業—策略性工業」的建設次序。40年代末至60年代初：主要發展農業，為的是解決吃穿問題。實行了土地改革——「三七五減租」、「公地放領」、「耕者有其田」。這在大陸時期是搞不了的，到臺灣能搞是因為與當地地主瓜葛較少。其基本特點是：對地主實行「贖買」政策，進行

「和平土改」，再把地主資金引向工商業。既在一定程度上調動了農民的積極性，又為發展輕紡工業積累了資金。1953—1962年期間，農業固定資本投資年平均增長4.82％，主要糧食作物稻米的年產量由164萬噸增至211萬噸。在此期間，日用輕工業也相應地有所發展，特別是城鎮加工工業。除依靠美國「經援」恢復、發展電力和化肥等工業外，還著重以農業發展所積累的資金建立和發展了農產加工、食品、紡織、肥皂、牙膏、藥品及合板、塑膠等輕工業，以滿足人民生活的基本消費需要。

60年代初至70年代初：重點是發展輕型工業。當時也發生輕重工業孰先發展之爭，但鑒於臺灣的資金、技術、資源、市場等方面的條件，最後還是決定先發展輕紡工業。1963—1972年，在採取一系列措施後，出現了輕紡工業大發展的局面，不僅已有的紡織、食品、塑膠等各種工業進一步膨脹，而且電子、電器等家庭耐用消費品工業也迅速建立並發展起來。與上一時期比較，工業生產年平均增長率由11.7％增長至18.5％，國民生產毛額年平均實質增長率由6.9％增至10.1％，此為臺灣輕紡工業的「鼎盛時期」。這一時期產品由內銷為主轉為外銷為主，在各種鼓勵政策及措施下出口量大幅增加。

70年代初至80年代初：重點轉向發展重化工業。主要為提高經濟應變能力和加工出口層次。這時，一方面農業和輕紡工業的發展已為重化工業在資金、技術以及產品的銷售容納等方面準備了一定的條件；另一方面，兩次石油危機以及島內外的政治經濟形勢，也使臺灣急於發展重化工業。這一時期主要發展了石油煉製和石化、鋼鐵、造船、電力，以及交通運輸等動力工業和部分基礎工業。1973年以後開始的「十項建設」中，交通運輸占6項。到1978年重化工業在整個工業中所占比重已達40％左右。這一年又開始搞「十二項建設」，多為上述「十項建設」的延續與擴大。

80年代以來，重點轉向發展策略工業。為順應現代世界科技革命的新潮流，提出科技導向發展戰略。具體做法為，從發展中間技術入手，優先發展「策略性」工業和服務業，進而建立科技產業。所謂策略性工業，係指技術程度高、附加價值高、能源密度低、汙染程度低、產業關聯效果大、市場潛力大，即所謂

「兩高、兩低、兩大」的產業，如電子、資訊、機械及其他技術、智力密集性工業等。現電子工業在外銷上已取代傳統紡織業而居第一位，近年外銷額已達100餘億美元。1991年以來又制定高科技產業規劃，積極發展通訊、資訊、消費性電子、半導體、精密機械與自動化、航天、高級材料、特用化學品與製藥、醫療保健及汙染防治等十大新興產業。

（二）把島內經濟建設與國際市場結合起來

40年代末至60年代初，主要是搞輕紡工業的進口替代；60年代初至70年代初，主要是搞輕紡工業的出口導向或出口擴張；70年代初至80年代初，主要是搞重化工業的進口替代，又稱第二階段的進口替代；80年代以來，主要是搞科技產品的出口導向或出口擴張，又稱第二階段的出口擴張。每一次的調整或轉變都是適時的和必要的。應該說，60年代初至70年代初那次轉變是尤為重要的戰略轉變。臺灣是海島型經濟，資源貧乏，市場狹窄，加上國民黨新去不久，又與大陸隔絕，經濟發展上存在的困難和問題很多。為進一步謀求生存和出路，於是在農業和進口替代工業取得初步發展、內部市場已呈飽和狀況的情況下，決定由「內向發展」轉為「外向發展」，以出口貿易為導向，大搞加工出口經濟，從而使以廉價勞力為基礎的出口輕紡工業獲得很快發展。依靠外資、外貸、外貿；進口——加工——出口，大買大賣，大進大出，島內加工，兩頭在外，並不斷提高加工產品的技術層次，這不只是那一個時期而且是臺灣40多年總的經濟循環發展戰略。臺灣經濟學者認為，這樣做有五大好處：一是擴大就業，二是增闢稅源，三是活躍市場，四是培養技術力量，五是積累資金。僅以60年代中期設置的3個加工出口區為例，21年內僅累計淨創匯（出超）即100餘億美元，解決就業9萬餘人。

在發展加工出口經濟中，臺灣除積極改善電力、交通、港口、電訊等「硬環境」外，還積極致力於各種「軟環境」的改善，如制定《獎勵投資條例》、《加工出口條例》、《技術合作條例》等，這對更好地吸收和運用外資、外貸、外國技術起了一定的作用。

（三）把發展官營企業與民營企業結合起來

國民黨接管臺灣的最初幾年，如同其在大陸時期的做法一樣，也是壓榨和排斥當地民間資本的。它利用從日本手裡接收的工商企業，建立起龐大的官營資本體系，一統天下，管得很死，臺灣經濟在很長時間內幾乎談不上什麼發展。後來，美國對臺「經援」，而美國「經援」的條件之一，就是要求臺灣當局鼓勵和扶植私人企業的發展。在內外壓力下，國民黨政府公布了《公營事業轉移民營條例》，將部分接收的敵產轉移民營，並對民營企業實行低利貸款，減免捐稅等鼓勵和扶植政策。國民黨的基本做法是，凡被視為具有獨占性，容易操縱國計民生的企事業，如銀行、鐵路、公路、郵政、電力、石油、化肥、菸酒專賣，以及鋼鐵、造船、石化等重化工業，一律由官營企業經營；其他凡被視為不具獨占性、不易操縱國計民生的企事業，如礦業、一般製造業、營造業、百貨業、服務業，進出口貿易、儲運及通訊業等，則放手讓私營資本經營。這樣，臺灣經濟就逐漸活絡起來。

　　在臺灣經濟的發展上，50年代的紡織、食品工業，60年代的軍工電子工業，70年代的石油化學工業，80年代的資訊電子工業，都始終以民營企業為重要支柱。

　　從大的方面來講，臺灣經濟領域所實行的也是兩種所有制，即資本主義的「公有制」和「私有制」。它的「公有制」並不是千篇一律的。有「中央營」與「地方營」之分，有政營、黨營、軍營與校營之分，有大團體營與小團體營之分，也有直接經營、轉投資經營與委託經營之分。至於民營企業，更是「百花齊放」，什麼形式都有。除少數集團企業和大企業外，各類中小企業無論在家數、人員、產值、外銷額上都一直居主導地位。現臺灣各類中小企業總計約70餘萬家，點多面廣，經營靈活，競爭力強，是臺灣加工出口工業的主要依靠力量。國民黨原稱臺灣為「計畫性自由經濟」，實即在國民黨政權控制下的以官營和部分集團企業為主體的半開放性市場經濟。一些海外人士當時分析時認為：「現在臺灣的經濟結構，內銷是國家資本主義，寡頭獨占；外銷是私人資本主義，自由開放」。看來似比較符合實際，不過近幾年已有所變化。

　　（四）把宏觀控制與微觀管理緊密結合起來

在穩定方面，著重控制物價。一是掌握物資，如注意糧食、石油等重要物資的儲備；二是貨幣調劑，貨幣供給額的年增長率一般不准超過15%～20%，如超過30%，那就要採取嚴厲措施；三是沖銷措施，發行各種有價證券，鼓勵儲蓄，吸收游資，調節社會供需。在發展方面，著重鼓勵出口，以出口帶動生產，採取出口退稅、新臺幣貶值、租稅減免、低利貸款、設加工出口區等辦法，減輕或消除出口障礙。

60年代以前，國民黨實行的基本上是一種統制性經濟，往後逐步有所開放，注意市場調節機制，但進展不快。直至現在，臺灣的一些重要部門如油、電、糖、鹽、菸、酒、交通、郵電、金融等，仍由官營企業單位或部門嚴格控制（有的正醞釀開放民營）。但對其他被認為非關係國計民生的部門或行業，則較多地注意發揮市場機制的作用。80年代以來，隨著經濟「自由化、國際化」的推行，臺灣經濟已進一步對外實行開放，主管當局更著重於利用價格政策以及利率、匯率、稅率等政策進行宏觀控制，但對出口什麼產品，怎樣進行生產，怎樣對外推銷等，則主要由私營工商業者自己去管。當然，有關主管部門也要制定法規，如《反獨占法》、《公平交易法》、《消費者保護法》等來進行必要的管理。

（五）適時地進行必要的經濟改革

近40餘年來，臺灣曾先後進行過3次較大範圍的經濟改革。第一次，40年代末至50年代初實行的貨幣改革和「土地改革」。先是貨幣改革，把舊臺幣改為新臺幣，並配合以各種貿易保護與管理措施，如實行嚴格的外匯管制，使用高估幣值的固定式多元複式匯率和「結匯證」制度等，以加強統制經濟，平抑通貨膨脹。在此同時，實行「土地改革」，推行「三七五減租」，「公地放領」和「耕者有其田」，以調動農民進行生產的積極性。第二次，50年代末至60年代初，開始重視市場機制的作用，實行有限的小型開放，搞局部自由化，進行以擴大出口為中心的外匯貿易改革。1958年將多層匯率改為雙層匯率，1961年又將雙層匯率改為固定式單一匯率；與此同時，並將幣值由24.78：1貶到1美元兌40新臺幣的價位。這對推動60年代的出口貿易和改善國際收支起了重要作用。第三

次，大體上從1986年開始，至今仍在進行中。這一次改革是經國民黨十二屆三中全會正式通過的，主要以「自由化、國際化、制度化」為現階段發展經濟的指導方針，降低進口關稅，放寬進口管制，減少出口補貼。1986年將外匯核准制度改為申報制度，1987年7月將固定匯率改為機動匯率，解除外匯管制，1980年起實行「利率完全自由化」。其目的是實行全面開放，大力吸收僑外資，極力使臺灣經濟國際化，並鼓勵自由競爭，健全市場調節機能，謀求經濟穩定增長，從而達到以國際勢力作依靠，以經濟實力作後盾，進而實現政治上繼續維持不統不獨，偏安拒和的局面。

三、對臺灣經濟發展的評估和看法

對臺灣經濟的發展，過去「怎麼看」，現在「怎麼樣」，未來會「怎麼辦」？這裡試提出如下幾點評估與看法。

（一）臺灣經濟與整個資本主義經濟

西方資本主義的發展，總體上可以分為三個階段：一是商品輸出為主時期。一些資本主義發展較早的國家，提倡貿易自由，積極向外開拓市場，主要是為「實現」本國或本地區勞工創造的剩餘價值；二是資本輸出為主時期。一些發達的資本主義國家為取得外國市場，而到那裡直接投資設廠，主要是興辦勞力密集型工業，直接占有當地廉價勞工創造的剩餘價值；三是技術輸出為主時期。一些工業高度發達的資本主義國家，為更好地適應本國調整產業層次和經濟結構的需要，把本國已經或準備淘汰而在發展中國家或地區尚稱先進的工業技術設備（含汙染程度高者）輸往那裡，以合夥或獨資方式去占有或分享那裡勞工創造的價值。在以上三個階段中，即無論是商品輸出、資本輸出或技術輸出為主時期，臺灣都曾經是主要資本主義國家的輸入對象。發達的資本主義國家從中撈取了好處，臺灣本身也從中撈取了好處。臺灣作為加工出口經濟，目前尚處在資本輸出為主的時期，不過是以更低的層次，扮演著少數發達的資本主義國家與眾多的發

展中國家和地區的中間紐帶或「二東家」的角色。

（二）臺灣經濟發展的正面和負面

應該説，臺灣經濟發展的速度是快的，當局根據不同發展階段在戰略和策略上所採取的一些「因應」對策和做法，大體上符合客觀實際因而獲得了較好的經濟效益。其所採取的出口導向，面向國際市場，使臺灣城鄉勞動者所創造並包含在商品裡的「價值」都能迅速地充分地得到「實現」，從而刺激和推動了臺灣社會商品生產的大發展。人們的每一種勞動都能在更大範圍內得到社會承認，由「個別價值」轉化為「社會價值」。隨著臺灣生產科技的發展，勞力密集工業正逐步為資本密集、技術密集或腦力密集的工業所取代，物化於商品中的「個別價值」雖越來越少，而透過商業貿易轉化成的「社會價值」卻越來越大。商業貿易在生產者和消費者之間，在島內市場和國際市場之間，扮演了重要的角色。臺灣作為加工出口經濟，其所生產的商品不僅有量的擴張，也有質的提高，透過商品流轉而表現的貨幣收入的個人財富和社會財富自然也越來越多。這就是臺灣所以能在亞洲成為「小富翁」和「暴發戶」的最重要原因和「祕密」之一。工商企業家獲得不斷擴大再生產的資金，勞動人民的生活也隨而相對地獲得改善。

這裡需要著重補充的是它的負面。臺灣經濟的發展這本來是一件大好事，但它卻正在變成臺灣的「包袱」。且不談既得利益集團的形成和本土意識膨脹對整個中華民族可能帶來的損害，僅就經濟和社會本身來說，由於指導思想和政策的某種偏頗，也帶來不少問題。臺灣向有「淺碟子經濟」之稱，由於位處海島，地少人稠，資源有限，「以對外貿易為主導」，「絕大部分的生產依賴外國市場」，故而「天生的就有不安定、多波動的性格」。由於片面地追求經濟的快速發展，從而使臺灣社會「衍生諸多負債」，諸如「勞動、土地、能源、保護、勞動立法、社會秩序」等，都已使投資環境產生「迅速而全面的惡化」。臺灣東海大學生物系一教授著文説：「全世界沒有一個政權像臺灣這樣對待自己的土地，看看我們的環境，森林、河川、海洋、空氣、土地、水等生態環境的破壞程度，都是全世界絕無僅有的」。社會上更是崇金拜利，投機惡勞，淫蕩成風，道德敗壞，法紀蕩然。臺灣當局所渲染的「經濟奇蹟」，特別一再宣傳的外匯儲備，更

使越來越多的人引起「反彈」。他們說，這是「犧牲臺灣人民土地、生態環境，付出極高的代價換來的，臺灣人民或許感受不到這種巨大的犧牲，因為整個社會代價是由2000萬人在分擔，就像『分期付款』，不會讓人感到心疼，但它確確實實造成人民生命尊嚴和健康的損失」。島內學者說，臺灣社會正在走向「腐爛」，「惡質化」，「金玉其表，敗絮其中」。1994年2月7日，臺「行政院青輔會」公布的第一部《青少年白皮書》指稱，近11年來僅青少年犯罪人數即增加近三倍，並趨向低齡化。由於社會的「脫序」，治安的惡化，人民的生命財產無保障，資金和人才外流的情況日趨嚴重，這對未來臺灣經濟的發展不能不產生重大影響。

（三）臺灣社會經濟的結構及形態

從臺灣經濟和社會的發展歷程看，目前已由傳統的農業型社會轉變為比較發達的加工出口型經濟社會。其產業結構，已由農業為主轉為工業和服務業為主。農業在GDP中所占比重已由1952年的35.9％降為近幾年的3.5％左右；與此同時，工業由18.0％升至41％左右，服務業由46％升至54％左右。資本結構，已由大陸傳統資本為主轉為臺籍地方資本為主。50年代初期，國民黨當局利用從日本人手裡接收的資產以及從大陸帶去的官營資產，建立了一個龐大的以本省籍人為主體的官營資本體系，而近幾年來隨著臺灣地方資本的壯大和臺灣權力結構的變化，這些官營資本已逐步轉入臺籍地方資本勢力的控制之下。社會結構，城市數目在增加，規模在擴大，城市人口迅速增加，農村人口大幅減少。工人階級在壯大，其人數已由50年代的百萬人發展到700萬人左右；以中小企業為主及相當於他們的收入和生活水準的人被稱為「中產階級」，其人數亦大量增加，在社會上具有舉足輕重的影響力；以官營企事業為主、包括地方財團和國際跨國公司核心人物在內的大資產者，是目前臺灣經濟命脈的控制者和主導力量。總之，目前的臺灣經濟是以臺籍地方資本勢力為主、對外依附性很強的加工出口型經濟。

（四）關於「臺灣經驗」的提法

如上所述，近40餘年來臺灣經濟確實取得了較快的發展，其在實踐過程中也曾採取了一些符合當時島內客觀實際的政策措施。就這個意義來說，它在發展

經濟上確有值得借鑑的地方。然而臺灣當局所説的「臺灣經驗」並不是這個意思。臺灣當局鼓吹要向大陸推廣的所謂「臺灣經驗」，實際上是指包括臺灣現行社會制度在內的所謂「臺灣模式」。這不僅在政治上完全不適用於中國大陸，且僅就經濟層面來説也是不適用於中國大陸的。臺灣在發展經濟上的所謂「經驗」，主要指外向型的經貿發展戰略，而這絕不可以生搬硬套。第一，地區條件不同。臺灣四面環海，資源貧乏，市場狹小，內部發展餘地有限；而大陸地域遼闊，資源豐富，市場寬廣，生產力發展極不平衡，又蘊藏著很大潛力。第二，國際環境不同。當年臺灣面臨的是世界資本主義經濟的持續高漲局面，它給臺灣提供了發展外向型經濟的良好國際環境和條件；而如今情況不同了，自80年代以來國際貿易保護主義日熾，市場競爭激烈，以出口為主要導向是很困難的。第三，經濟體制不同。中國大陸實行的是社會主義制度和社會主義市場經濟，在地區遼闊，條件不一的情況下，是不可能統一要求各地都像臺灣那樣，實行所謂「大進大出、兩頭在外」的發展戰略的。許多學者專家都認為，看來在中國大陸實行進口替代與出口導向兼顧、勞力密集型與資本技術密集型兼顧、立足國內市場與發展對外貿易兼顧的戰略，是比較可行的。再就臺灣經濟來講，目前面臨的各種問題，絕不是突然冒出來的，而是長期積累的結果。臺灣《經濟日報》最近即曾發表文章説：所謂「經濟奇蹟」，在很大程度上不過是「經濟虛胖」，而如果至今還侈談「臺灣經驗」，「未免令有識之士啼笑皆非」。

（五）科技與管理人員的作用

在臺灣所謂「中產階級」中，包含有相當一部分其工資與生活水準大體相當於中小企業主的管理人員、技術人員、科學研究人員、教育人員、公職人員以及記者、作家、藝術家、醫生、律師等自由職業者。其中科技和管理人員至少在百萬以上，他們和其他廣大腦力勞動者一樣，實際屬於工人階級。馬克思曾經説過：「科學與技術會使資本有一種與機能資本的定量相獨立的伸張力」。因而掌握了科學技術與管理技術的人，實是生產力諸因素中的最重要因素。在臺灣主要發展以廉價勞動力為基礎的加工出口工業時期，對於這一部分人的作用，以及對這支隊伍的培養與擴大是很不重視的；而現在，由於推動經濟轉型升級，即發展資本密集和技術密集以至腦力密集工業的需要，這一方面已有所改進和扭轉。這

一部分人是搞複雜勞動的,因而不只是一般價值和剩餘價值的創造者,而是量更大、質更高、有別於絕對剩餘價值的相對剩餘價值的創造者,他們可以透過技術革新、提高勞動生產效益,使工商企業家獲得更多的超額利潤。我們可以從這裡得到啟發。今後,不同社會制度國家之間的競爭,同一種社會制度而處於不同發展階段或層次的國家和地區之間的競爭,將主要決定經濟和科學技術,而這一點最終又都將取決於能否培養和建立起一支優秀的、以現代科學技術和管理技術知識武裝起來的知識分子隊伍。

(六)臺灣經濟發展的趨向和前景

自90年代以來的四年,臺灣年經濟增長率大體保持在5%～7%之間,與過去年平均增長的8%～9%相比,屬中速增長水準。展望未來,在現有條件不變的情況下,大體仍可保持年平均6%或稍低的增長率,但存在的困難和問題仍多。其所面臨的挑戰有三:一是國際貿易保護主義浪潮仍高,近年對外貿易順差已從1989年的140.3億美元下降到1993年的78.6億美元,1994年估計會進一步下降至60億至65億美元;二是島內投資環境惡化,內資大量外流,外資逐年減少,內資近幾年僅流向東盟各國的已達160餘億美元,外資已從最高1989年的22.4億降至近年的10億多美元;三是相對競爭優勢正在喪失,勞力密集型工業正為許多新發展中的國家和地區所取代,而資本和技術密集的工業進展緩慢,工業的進一步升級還存在許多困難和問題。此外,還有諸多「失衡」問題,例如經濟內部的失衡,經濟發展與社會文化建設的失衡,城鄉發展的失衡,區域發展的失衡等。其中值得特別指出的是島內外非經濟因素與經濟因素的衝擊和影響。未來臺灣經濟的發展無疑將受到這些因素的制約。不過,從目前的情況看,美國等西方國家的經濟已有所復甦,亞太經濟仍保持強勁的發展趨勢,大陸經濟蒸蒸日上,這是有利於臺灣島內經濟發展的外部條件。就島內來說,其經濟已有一定基礎,工業升級雖慢但畢竟有所前進,前不久所提出的「振興經濟方案」等措施也會收到一些效果。因而,在正常條件下,若干年內臺灣經濟仍會有所發展,不過速度會明顯轉慢。生產將由外向型轉向內外兼顧,產品將由中低層次轉向高中層次。

（七）臺灣經濟與兩岸關係

　　臺灣經濟近數十年來取得較快較好的發展，這本來是一件大好事，但在某些內外因素交互作用的影響下，卻對兩岸關係和祖國統一產生某種負面作用。有些人對臺灣經濟過去所以取得如此成績的主客觀條件缺乏全面的瞭解與分析，片面地認為它是在與中國大陸較長期地分割的條件下取得的，因而擔心如果一旦實現統一反而有可能不利於臺灣經濟的發展。有些人則以臺灣經濟成績傲視大陸，對大陸過去一個時期相對經濟滯後也缺乏歷史和全面的評估與分析，特別是對大陸目前社會主義市場經濟發展的巨大潛力和兩岸經濟結合的好處也認識不足，因而在改善與發展兩岸關係以及謀求祖國統一上趑趄不前。這種情況對臺灣經濟和兩岸關係的發展都無好處。如果長此繼續下去，不僅會阻礙兩岸關係的發展，也會影響兩岸經貿關係的正常發展。這對臺灣經濟的發展尤其是工業升級會更加不利。經濟發展是有自己的規律的，兩岸經濟關係的發展也不例外。過分的人為的干預，到頭來終將受到客觀經濟規律的懲罰。

（本文原題為《對臺灣經濟發展的再認識》，收入作者主編《臺灣經濟是怎樣發展起來的》一書，；後收入作者主編的《臺灣經濟總覽》時有重要修改）

從香港資本地區構成看兩岸經貿發展趨勢

　　香港已經在舉國一片歡騰聲中順利回歸。香港在兩岸關係中一向扮演著積極而重要的角色，其回歸祖國後的情況又將如何？此為許多人所關注。這裡，我僅想從香港資本地區構成的幾個特點，以及它與各方面的經濟關係，來探討一下香港回歸後的兩岸經貿關係發展趨勢，當然也會涉及整個兩岸關係。

一、在港外資與兩岸經貿

香港是外國資本利益的匯合點，這是香港資本地區構成的第一個特點。

根據香港資料，截至1996年6月底，僅英、美、日三國資本額即近700億美元，其中英資近1000家，金額400億美元；美資1000餘家，金額150億美元；日資2000家，金額135億美元。實際都是偏小的數字，由於各國對香港回歸後的前景看好，去年以來都不斷增加投入。據香港《信報財經月刊》最近報導，美國1996年在港投資較之過去有明顯增加。另據香港《遠東經濟評論》月刊等報導，截至1996年底，日本在港企業達2200家，金額為250億美元。估計英、美、日三國實際資本已接近甚至超過900億美元。英資在金融、保險、地產、通訊、交通等方面居優勢，美資多集中於製造業，日資則多集中於交通運輸、基建工程等方面。

除英、美、日資本外，還有東南亞的新加坡、馬來西亞、印尼、菲律賓、泰國，歐洲的法國、義大利、荷蘭、瑞士，以及澳大利亞、韓國等都在香港有份額不等的投資，這些國家在香港資本總額中所占比重不到20%。

由於香港是國際性大都市，金融和經貿方面的各種機構雲集於此。現各國和地區在港開業的掛牌銀行已近200家，外資銀行在港設置的辦事處有150家，全球最大的100家銀行在港落戶開業者有85家。有近5000家外國公司在港設有辦事處，有800多家外國跨國公司在港設有區域總部，是亞洲最大的向外直接投資者，還有各種貿易公司多達10萬家以上。

這就說明香港經濟的國際性。這些國際資本，透過香港，既與中國大陸，也與臺灣保持著密切的經濟聯繫。中國政府不斷擴大與深化的改革開放政策，無疑將使這種關係更趨密切。中國政府對香港實行的是「一國兩制」政策，會兼顧各方合法的經濟權益，這不僅有利於化解與各有關國家的政治矛盾，也有利於化解與他們在經濟上的矛盾，從而將帶動和促進兩岸經貿關係的發展。

二、在港華資與兩岸經貿

香港是華人資本利益的集中點，這是香港資本地區構成的第二個特點。

現香港人口650萬人，其中95%以上為華人。其來源有三：（1）原來就住在香港的中國人，這部分人所占比重不大；（2）從海外各地移居去的，例如19世紀末，就有一大批華僑華商先後從北美洲、大洋洲和東南亞各國回到香港定居；（3）從中國移居去的，例如20世紀初及1930年代，即因中國不穩定、世界經濟危機影響，以及日本發動侵華戰爭等，使中國國內許多工商業者移居香港。無論從海外或中國移住香港的華僑華人，他們都帶去不少資金、技術以及機器設備。從1931年至1937年，僅當時中國工業最發達的城市上海搬遷至香港的工廠即逾千家。中國流入的勞工也不少。就是這些華人華僑華商為香港經濟的發展和繁榮做出了不可磨滅的貢獻。

現在的在港華資，就是由來自中國國內、東南亞和世界其他各地的華人資本與香港本地的華人資本融合一起而形成的。居住在香港的華人，與散居在全球各地的華僑華商有著千絲萬縷的聯絡。全球各地的華僑華商，亦向以香港為基點和聯絡點與香港保持著往來和合作關係。故香港又享有「僑都」，即「華僑首都」或「華僑經濟首都」之稱。

香港華資，過去在外國殖民經濟下長期受到壓制，直到新中國建國後隨著內外形勢的變化才逐步得到擴大與加強。70年代特別是中國實行改革開放以後，華資迅速崛起一躍而成為香港舉足輕重的力量。截至1996年底，在港華資達400億美元，與英國資本實力相當。華資在製造、航運、地產等業中居絕對優勢，在金融、貿易、公用事業、百貨零售等行業中亦有相當地位。

華資的背後是華人和華僑，他們一向具有光榮的愛國傳統，他們中的絕大多數都是心向祖國，希望中國統一的。這次香港回歸，他們全都歡天喜地、欣喜若狂，就是很好的證明。他們與海峽兩岸都有密切的往來關係，出於自身利益和愛國心的驅動，一定會在兩岸經貿以至祖國統一大業方面發揮積極作用。

三、在港臺資與兩岸關係

香港是臺灣資本利益的必爭點，這是香港資本地區構成的第三個特點。

這裡所說的在港臺資本利益非指狹義的直接投資數額，而是指廣義的臺灣資本在香港的各種經濟利益。從前一種意義講，現臺灣在香港的直接投資不過60億美元，在整個香港資本地區構成中所占比重有限；而從後一種意義講，則臺灣資本在香港的經濟利益遠不止此。根據中國對外經貿部的有關資料，截至1996年底，臺灣工商界僅透過香港向中國大陸的轉投資協議金額即達300餘億美元，實際投資金額也在150億美元以上。特別值得指出的是臺灣在香港的貿易利益，根據臺灣海關統計，1996年臺港間貿易總額為285億美元，約等於1986年的8.4倍。同一年度，臺灣對香港的貿易順差為251億美元，約等於1986年的9.8倍。值得注意的是，1996年臺灣對全球的貿易順差不過147億美元，與臺對港貿易順差相差竟達104億美元。這就是說，臺灣如果不能取得對港貿易如此的巨額順差（其中相當部分來自對中國大陸的轉口），其對外貿易早就是大筆逆差了。目前香港已成為臺灣最大的出口對象，也是臺灣外貿順差的主要來源，足見香港在臺灣對外貿易中的重要地位。

香港回歸後，已成為直轄於中華人民共和國中央政府的一個特別行政區，不再是英國政府管轄下的一個地區。香港是中國大陸的一個特殊部分，臺港關係自然在實際上也是兩岸關係不可分割的一個部分。香港對於臺灣，至少是經濟利益上的必爭之地，僅憑這一點臺灣當局就不得不面對現實。不過，就中國大陸各個地區來說，香港既然是不同於其他各省市的特殊部分，政策上也會更寬鬆和更具彈性，臺灣仍會有很大的活動餘地。因而，香港回歸之後，不但不會阻礙兩岸經貿關係的發展，而且因為兩岸關係事實上已拉得更近，便於直接地溝通和對話，從而會更有利於促進兩岸經貿關係的發展。

四、在港中資與兩岸經貿

香港是中國資本利益的伸展點，這是香港資本地區構成的第四個特點。

中國資本即「中資」，係指投資於香港的來自社會主義中國的國家資本。它是隨著中國大陸的改革開放而逐步形成和發展起來的。早在建國初期，中國的國家資本雖已進入香港，但其經濟實力還十分有限，真正的大發展是在改革開放以後。根據香港資料，截至1996年4月底，香港中資企業為1870家，250億美元，是僅次於英資和華資的第三大資本力量。然近據報導，目前中資已躍升至400億美元。如果報導屬確實，那麼中資與英資、華資已有並駕齊驅之勢。

中資是香港一支不可忽視的力量。中資公司的勢力範圍遍及貿易、金融、保險、運輸、倉儲、建築、製造、旅遊、房地產等。其在港貿易約占香港貿易總額的22%，承辦貨運量約占香港貨運總量的25%，承建各類工程約占香港總量的12%，承辦旅遊業約占香港旅遊業總量的50%。中銀集團吸納的存款約占香港吸納總量的25%，中資股市的資產約占香港總量的20%。隨著中國大陸改革開放的擴大與深化，以及香港主權和管轄關係的變化，在港中資企業將有更多的發展機會，其對聯結和改善包括經貿在內的兩岸關係，一定可以更好地發揮作用。

再從貿易方面看，中國從1995年起，即取代美國成為香港第一大貿易夥伴，穩占三個「第一位」——香港進口來源的第一位，香港產品出口市場的第一位，以及香港轉口貿易的第一位。以1995年為例，三者所占比重依資為36%、27%和92%。根據有關部門的預測，今後隨著中國經濟的發展，中國進出口貿易總額將由1995年的2809億美元增加到2000年的4000億美元左右，這對香港的轉口貿易以及兩岸經貿關係的發展無疑是一個有力的推動。

由上可見，從香港資本地區構成的幾個特點來看，香港回歸後對於兩岸經貿關係的改善以至祖國統一大業的完成，都存在著許多積極和有利的因素。

香港是在中國擴大開放與深化改革的過程中回歸的，這一點具有特別重要意義。中國大陸有廣闊的市場資源，豐富的人力和物力資源，在其經濟上和東方明珠香港結合以後，必將進一步吸引全世界的注目。香港對於中國大陸，本來就是一個「雙向窗口」——一方面是中國大陸望向世界的窗口，一方面又是世界望向中國大陸的窗口。其在臺灣和大陸之間，也有「雙向窗口」的作用，彼此可以透過香港相互觀察對方。不僅是「窗口」，也是「橋梁」和「管道」，無論中國與

西方、大陸與臺灣，都可借香港這個窗口、橋梁、管道，增強彼此之間的瞭解、溝通和對話，消除彼此之間的誤解和增強合作關係。今後在新的歷史條件下，香港原有的這些功能不僅不會削弱，而且會越益加強。臺灣和中國大陸之間，完全可以透過香港而更緊密地聯合和結合起來，經貿方面尤其應該如此。不能排除，臺灣當局出於這樣那樣的考慮，在包括經貿在內的兩岸關係上會採取一些人為的限制措施，然而客觀形勢的發展，臺灣本身利益的驅動，以及廣大臺灣人民的醒悟和努力，必將衝破種種阻力，促使包括經貿在內的兩岸關係的改善和發展，並為未來的和平統一創造條件。

國家圖書館出版品預行編目(CIP)資料

臺海風雲六十年：大陸如何看待台灣問題. 政策論述篇 / 李家泉 著.
-- 第一版. -- 臺北市：崧博出版：崧燁文化發行, 2019.02
　　面；　公分
POD版

ISBN 978-957-735-650-5(平裝)

1.兩岸關係 2.臺灣政治 3.文集

573.09　　　　108001291

書　　名：臺海風雲六十年：大陸如何看待台灣問題（政策論述篇）
作　　者：李家泉 著
發行人：黃振庭
出版者：崧博出版事業有限公司
發行者：崧燁文化事業有限公司
E-mail：sonbookservice@gmail.com
粉絲頁　　　　　　網　址：
地　　址：台北市中正區重慶南路一段六十一號八樓815室
8F.-815, No.61, Sec. 1, Chongqing S. Rd., Zhongzheng Dist., Taipei City 100, Taiwan (R.O.C.)
電　　話：(02)2370-3310　傳　真：(02) 2370-3210
總經銷：紅螞蟻圖書有限公司
地　　址：台北市內湖區舊宗路二段121巷19號
電　　話：02-2795-3656　　傳真：02-2795-4100　網址：
印　　刷：京峯彩色印刷有限公司（京峰數位）
　　本書版權為九州出版社所有授權崧博出版事業股份有限公司獨家發行電子書及繁體書繁體字版。若有其他相關權利及授權需求請與本公司聯繫。
定價：750 元
發行日期：2019 年 02 月第一版
◎ 本書以POD印製發行